T0364899

VW Golf & Jetta
Gör-det-själv handbok

I M Coomber

Modeller som behandlas
VW Golf och Jetta inklusive vissa specialmodeller
med 1043cc, 1272cc, 1595cc och 1781cc bensinmotorer

Behandlar ej dieselmotorer eller cabriolet

(3036-320-1AB2/1081-1Y10)

En bok i **Haynes serie Gör-det-själv-handböcker**

ISBN 978 0 85733 960 7

British Library Cataloguing in Publication Data
En katalogpost för denna bok finns tillgänglig från British Library

Haynes Group Limited
Haynes North America, Inc

www.haynes.com

Tillverkarens auktoriserade representant i EU för produktsäkerhet är:

HaynesPro BV
Stationsstraat 79 F, 3811MH Amersfoort, The Netherlands
gpsr@haynes.co.uk

Ansvarsfriskrivning
Det finns risker i samband med fordonsreparationer. Förmågan att utföra reparationer beror på individuell skicklighet, erfarenhet och lämpliga verktyg. Enskilda personer bör handla med vederbörlig omsorg samt inse och ta på sig risken som utförandet av bilreparationer medför.
   Syftet med den här handboken är att tillhandahålla omfattande, användbar och lättillgänglig information om fordonsreparationer för att hjälpa dig få ut mesta möjliga av ditt fordon. Den här handboken kan dock inte ersätta en professionell certifierad tekniker eller mekaniker. Det finns risker i samband med fordonsreparationer.
   Den här reparationshandboken är framtagen av en tredje part och är inte kopplad till någon enskild fordonstillverkare. Om det finns några tveksamheter eller avvikelser mellan den här handboken och ägarhandboken eller fabriksservicehandboken, se fabriksservicehandboken eller ta hjälp av en professionell certifierad tekniker eller mekaniker.
   Även om vi har utarbetat denna handbok med stor omsorg och alla ansträngningar har gjorts för att se till att informationen i denna handbok är korrekt, kan varken utgivaren eller författaren ta ansvar för förlust, materiella skador eller personskador som orsakats av eventuell felaktig eller utelämnad information.

Innehåll

DIN VOLKSWAGEN GOLF ELLER JETTA

Reparationer vid vägkanten

Rutinmässigt underhåll

Innehåll

REPARATIONER & RENOVERINGAR

Motor och tillhörande system

Kraftöverföring

Bromsar och fjädring

Elsystem

Karossutrustning

Supplement

Kopplingsscheman

REFERENS

Register

Presentation av Volkswagen Golf och Jetta

De nya modellerna av Volkswagen Golf och Jetta introducerades i mars 1982 och den huvudsakliga förändringen jämfört med tidigare modeller var modifiering av kaross och dekordetaljer.

Motor och växellåda är tvärmonterade fram och drivningen ligger på framhjulen. Detaljförbättringar som införts innebär att bilarna fått ökad motoreffekt och bättre bränsleekonomi.

Liksom de tidigare modellerna har de nya blivit populära bilar som är ekonomiska, pålitliga och bekväma. Om man ska döma av erfarenheter från de tidigare modellerna, bör de även bli långlivade.

Bokens uppläggning

Boken är indelad i 12 kapitel, som vart och ett behandlar en viss del av bilen. Kapitlen är sedan indelade i numrerade avsnitt vilka i sin tur är uppdelade i punkter

Boken är riktligt illustrerad, speciellt i de delar där arbetsmoment måste utföras i flera steg. Det finns två typer av bilder; tecknade bilder och fotografier. De tecknade bilderna är numrerade i den ordning de kommer – dvs fig. 6.4 är den fjärde figuren i kapitel 6. Fotografier numreras på samma sätt (antingen var för sig eller i samhörande grupper) som det avsnitt/ de punkter de tillhör.

I början av boken finns en innehållsförteckning och sist i boken ett alfabetiskt

VW Golf GL

register. Varje kapitel inleds också med en egen innehållsförteckning.

Anvisningar om höger och vänster på bilen utgår från en person som sitter i förarsätet och tittar framåt.

Om inget annat anges lossas muttrar och skruvar genom vridning moturs och dras fast genom vridning medurs.

Bilfabrikanter ändrar efter hand specifikationer och rekommendationer, och när dessa uppgifter kommer till vår kännedom införs de i böckerna så snart som möjligt. Denna handbok är inte en direkt kopia av biltillverkarens uppgifter och får inte heller betraktas som godkänd av vare sig bilhandlare eller importör.

VW Jetta GLX

Stor omsorg har lagts ned för att garantera att informationen i denna handbok ska vara så riktig som möjligt. Biltillverkare gör dock ibland ändringar vid tillverkningen av en speciell bil om vilka vi inte informeras. Varken författaren eller förlaget accepterar något ansvar för förlust, skada eller personskada som orsakas av felaktigheter eller brister i den givna informationen.

Att arbeta på din bil kan vara farligt. Den här sidan visar potentiella risker och faror och har som mål att göra dig uppmärksam på och medveten om vikten av säkerhet i ditt arbete.

Allmänna faror

Skållning

• Ta aldrig av kylarens eller expansionskärlets lock när motorn är het.
• Motorolja, automatväxellådsolja och styrservovätska kan också vara farligt varma om motorn just varit igång.

Brännskador

• Var försiktig så att du inte bränner dig på avgassystem och motor. Bromsskivor och -trummor kan också vara heta efter körning.

Lyftning av fordon

• Vid arbete nära eller under ett lyft fordon, använd alltid extra stöd i form av pallbockar eller använd ramper. *Arbeta aldrig under en bil som endast stöds av en domkraft.*

• När muttrar eller skruvar med högt åtdragningsmoment skall lossas eller dras, bör man lossa dem något innan bilen lyfts och göra den slutliga åtdragningen när bilens hjul åter står på marken.

Brand och brännskador

• Bränsle är mycket brandfarligt och bränsleångor är explosiva.
• Spill inte bränsle på en het motor.
• Rök inte och använd inte öppen låga i närheten av en bil under arbete. Undvik också gnistbildning (elektrisk eller från verktyg).
• Bensinångor är tyngre än luft och man bör därför inte arbeta med bränslesystemet med fordonet över en smörjgrop.
• En vanlig brandorsak är kortslutning i eller överbelastning av det elektriska systemet. Var försiktig vid reparationer eller ändringar.
• Ha alltid en brandsläckare till hands, av den typ som är lämplig för bränder i bränsle- och elsystem.

Elektriska stötar

• Högspänningen i tändsystemet kan vara farlig, i synnerhet för personer med hjärtbesvär eller pacemaker. Arbeta inte med eller i närheten av tändsystemet när motorn går, eller när tändningen är på.

• Nätspänning är också farlig. Se till att all nätansluten utrustning är jordad. Man bör skydda sig genom att använda jordfelsbrytare.

Giftiga gaser och ångor

• Avgaser är giftiga. De innehåller koloxid vilket kan vara ytterst farligt vid inandning. Låt aldrig motorn vara igång i ett trångt utrymme, t ex i ett garage, med stängda dörrar.

• Även bensin och vissa lösnings- och rengöringsmedel avger giftiga ångor.

Giftiga och irriterande ämnen

• Undvik hudkontakt med batterisyra, bränsle, smörjmedel och vätskor, speciellt frostskyddsvätska och bromsvätska. Sug aldrig upp dem med munnen. Om någon av dessa ämnen sväljs eller kommer in i ögonen, kontakta läkare.
• Långvarig kontakt med använd motorolja kan orsaka hudcancer. Bär alltid handskar eller använd en skyddande kräm. Byt oljeindränkta kläder och förvara inte oljiga trasor i fickorna.
• Luftkonditioneringens kylmedel omvandlas till giftig gas om den exponeras för öppen låga (inklusive cigaretter). Det kan också orsaka brännskador vid hudkontakt.

Asbest

• Asbestdamm kan ge upphov till cancer vid inandning, eller om man sväljer det. Asbest kan finnas i packningar och i kopplings- och bromsbelägg. Vid hantering av sådana detaljer är det säkrast att alltid behandla dem som om de innehöll asbest.

Speciella faror

Flourvätesyra

• Denna extremt frätande syra bildas när vissa typer av syntetiskt gummi i t ex O-ringar, tätningar och bränsleslangar utsätts för temperaturer över 400 °C. Gummit omvandlas till en sotig eller kladdig substans som innehåller syran. *När syran väl bildats är den farlig i flera år. Om den kommer i kontakt med huden kan det vara tvunget att amputera den utsatta kroppsdelen.*
• Vid arbete med ett fordon, eller delar från ett fordon, som varit utsatt för brand, bär alltid skyddshandskar och kassera dem på ett säkert sätt efteråt.

Batteriet

• Batterier innehåller svavelsyra som angriper kläder, ögon och hud. Var försiktig vid påfyllning eller transport av batteriet.
• Den vätgas som batteriet avger är mycket explosiv. Se till att inte orsaka gnistor eller använda öppen låga i närheten av batteriet. Var försiktig vid anslutning av batteriladdare eller startkablar.

Airbag/krockkudde

• Airbags kan orsaka skada om de utlöses av misstag. Var försiktig vid demontering av ratt och/eller instrumentbräda. Det kan finnas särskilda föreskrifter för förvaring av airbags.

Dieselinsprutning

• Insprutningspumpar för dieselmotorer arbetar med mycket högt tryck. Var försiktig vid arbeten på insprutningsmunstycken och bränsleledningar.

⚠️ *Varning: Exponera aldrig händer eller annan del av kroppen för insprutarstråle; bränslet kan tränga igenom huden med ödesdigra följder*

Kom ihåg...

ATT

• Använda skyddsglasögon vid arbete med borrmaskiner, slipmaskiner etc, samt vid arbete under bilen.

• Använda handskar eller skyddskräm för att skydda händerna.

• Om du arbetar ensam med bilen, se till att någon regelbundet kontrollerar att allt står väl till.

• Se till att inte löst sittande kläder eller långt hår kommer i vägen för rörliga delar.

• Ta av ringar, armbandsur etc innan du börjar arbeta på ett fordon - speciellt med elsystemet.

• Försäkra dig om att lyftanordningar och domkraft klarar av den tyngd de utsätts för.

ATT INTE

• Ensam försöka lyfta för tunga delar - ta hjälp av någon.

• Ha för bråttom eller ta osäkra genvägar.

• Använda dåliga verktyg eller verktyg som inte passar. De kan slinta och orsaka skador.

• Låta verktyg och delar ligga så att någon riskerar att snava över dem. Torka upp olje- och bränslespill omgående.

• Låta barn eller husdjur leka nära en bil under arbetets gång.

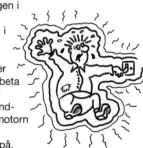

För information om senare modeller, se kapitel 12

Dimensioner

Total längd:

Golf	3 985 mm
Jetta	4 315 mm

Total bredd:

Golf	1 665 mm
Jetta	1 665 mm

Total höjd:

Golf	1 415 mm
Golf GTI	1405 mm
Jetta	1 415 mm

Axelavstånd:

Alla modeller	2 475 mm

Vändcirkel:

Alla modeller	10,5 m

Vikter (ungefärliga)

Körklar:

Golf (basmodell)	837 kg

Golf C och C formel E:

Manuell	847 kg
Automat	867 kg

Golf GL:

Manuell	892 kg
Automat	912 kg
Golf GTI	1 003 kg
Jetta C	897 kg
Jetta CL formel E	897 kg

Jetta GL:

Manuell	922 kg
Automat	952 kg

Max släpvagnsvikt – med bromsar:

1,05 liter motor	800 kg
1,3 liter motor	1 000 kg
1,6 och 1,8 liter motor	1 200 kg

Max taklast:

Alla modeller	75 kg

Volymer

Motorolja:

1,05 och 1,3 liter motorer:

Kamaxel med vipparmar:

Med filterbyte	3,0 liter
Utan filterbyte	2,5 liter

Hydrauliska ventillyftare

Med filterbyte	3,5 liter
Utan filterbyte	3,0 liter

1,6 och 1,8 liter motorer:

Före augusti 1985:

Med filterbyte	3,5 liter
Utan filterbyte	3,0 liter

Fr o m augusti 1985:

Med filterbyte	4,0 liter
Utan filterbyte	3,5 liter

Manuell växellåda samt slutväxel:

4-växlad (typ 084)	2,2 liter
4-växlad (typ 020)	1,5 liter
5-växlad (typ 085)	3,1 liter
5-växlad (typ 020)	2,0 liter

Automatlåda:

Totalt från torr	6,0 liter
Service (avtappning och påfyllning)	3,0 liter
Slutväxel	0,75 liter

Kylsystem:

Total volym (ungefärlig)	6,3 liter

Bränsletank:

Total volym (alla modeller)	55 liter

Att hitta läckor

Pölar på garagegolvet (eller där bilen parkeras) eller våta fläckar i motorrummet tyder på på läckor som man måste försöka hitta. Det är ibland inte så lätt att se var läckan är, särskilt inte om motorrummet är mycket smutsigt. Olja eller andra vätskor kan spridas av fartvinden under bilen och göra det svårt att säga var läckan egentligen finns.

 Varning: de flesta oljor och andra vätskor i en bil är giftiga. Vid spill bör man tvätta huden och byta indränkta kläder så snart som möjligt.

HAYNES TiPS *Lukten kan vara en hjälp när det gäller att avgöra varifrån ett läckage kommer. Vissa vätskor har en färg som är lätt att känna igen. Det kan vara en god idé att göra ren bilen ordentligt och ställa den över rent papper över natten för att lättare se var läckan finns. Tänk på att motorn ibland bara läcker när den är igång.*

Olja från sumpen

Motorolja kan läcka från avtappnings-pluggen. . .

Olja från oljefiltret

. . . eller från oljefiltrets packning

Växellådsolja

Växellådsolja kan läcka från bl a den utgående drivaxeln

Frostskydd

Läckande frostskyddsvätska lämnar ofta kristallina avlagringar liknande dessa

Bromsvätska

Läckage vid ett hjul är nästan alltid bromsvätska

Servostyrningsvätska

Servostyrningsvätska kan läcka från styrväxeln eller dess anslutningar

Lyftpunkter och bogsering

Lyftpunkter

Den domkraft som följer med i bilens verktygsutrustning är enbart avsedd att användas för hjulbyte vid vägkanten, om en punktering inträffat. Ska den användas för annat ändamål än vid normalt hjulbyte, måste pallbockar användas för att stödja bilen och för att förhindra olyckstillbud om domkraften skulle släppa.

Domkraften som levereras med bilen är av enkel halv-saxtyp. Innan domkraften anbringas måste bilen köras till plan och fast mark, därefter ska handbromsen dras åt. Om marken är mjuk ska en stabil platta av plywood, plåt eller kraftigt trä läggas under domkraftens fot för att hindra den att sjunka ned.

Blockera det hjul som är placerat diagonalt mot det som ska lyftas. Placera en bräda, tegelsten e dyl på båda sidor om detta hjul. Om det behövs, ta bort navkapseln. Lossa därefter alla fälgskruvarna ett halvt varv. Placera domkraften i det förstärkta domkraftfästet under sparkplåten och närmast det hjul som ska lyftas, se fotot nedan. Fästet syns som en kilformad inpressning i karossplåten, se även instruktionsbokens anvisningar. Veva domkraftens handtag tills domkraftsfoten tar mark rakt under fästet. Fortsätt sedan och höj bilen tills hjulet går fritt från marken. Skruva

bort fälgskruvarna och lyft av hjulet. På lättmetallfälgar bänds navkåpan loss och flyttas över till reservhjulet där den ska tryckas fast, se foto nedan.

Sätt upp reservhjulet på navet, sätt tillbaka fälgskruvarna och dra dessa växelvis och diagonalt tills de är fastdragna. Veva ner och ta bort domkraften, efterdra sedan fälgskruvarna växelvis. Sätt tillbaka navkapseln och ta bort blockeringen vid det diagonalt placerade hjulet. Lägg tillbaka de rengjorda verktygen och domkraften samt det utbytta hjulet på sina avsedda platser i bagageutrymmet.

När bilen ska lyftas i en pelarlyft eller med en garagedomkraft, ska lyftarmen placeras så att dess lyftpunkt ligger mitt för den förstärkta svetssömmen i sparkplåten, intill hjulhusen. Samma stödpunkter ska användas för pallbockar. *Försök aldrig lyfta bilen med domkraft eller lyftarmar placerade under fjäderfästen, länkarmar och axlar, motorns oljetråg eller växellådshus.*

Bogsering

Bogseröglor finns både fram och bak, se foton. Den främre bogseröglan skyddas av en plastkåpa som kan fällas ut. Tryck ihop plastkåpan och skjut den nedåt/framåt för att göra bogseröglan åtkomlig. Bogserlinan får bara kopplas till denna ögla, inga andra

fästpunkter får användas. En bogserlina bör vara något elastisk för att minska påkänningarna på båda bilarna. Bogserlinor av elastiskt plastmaterial eller en med inbyggd elastisk länk rekommenderas.

Vid bogsering måste följande regler observeras:
(a) *Tändningsnyckeln i det bogserade fordonet måste vridas om så att rattlåset kopplas ur*
(b) *Bilens elsystem, signalhorn, belysning, blinkers och bromsljus måste fungera. Om motorn inte är igång är också bromsservon ur funktion. Detta innebär att bilens bromspedal kräver flera gånger kraftigare pedaltryck än normalt för inbromsning. Den reservkapacitet som bromsservon har, försvinner helt efter ett par inbromsningar och sedan blir bilen mycket tungbromsad.*
(c) *För bilar med automatväxellåda gäller, med växelväljaren i läge "N", maximal bogserhastighet 45 km/h (enl tillverkaren; lagen tillåter dock för närvarande en högsta hastighet vid bogsering av 30 km/h) och en längsta bogsersträcka på 45 km. Vid längre bogsersträcka måste framhjulen lyftas från marken.*
(d) *På modeller med styrservo kommer det att gå trögt att vrida ratten när inte motorn är igång.*

Domkraftsfästen

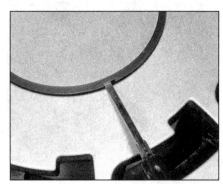
Demontering av navkapseln

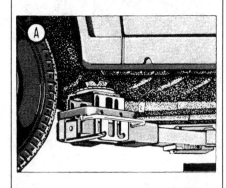

Bogserögla – fram

Bogserögla – bak

Alternativ lyftpunkt fram (A) och bak (B)

HAYNES TiPS

Start med startkablar löser ditt problem för stunden, men det är väsentligt att ta reda på vad som orsakade batteriets urladdning. Det finns tre möjligheter:

1 *Batteriet har laddats ur efter ett flertal startförsök, eller för att lysen har lämnats på.*

2 *Laddningssystemet fungerar inte tillfredsställande (generatorns drivrem slak eller av, generatorns länkage eller generatorn själv defekt).*

3 *Batteriet defekt (utslitet eller låg elektrolytnivå.*

När en bil startas med hjälp av ett laddningsbatteri, observera följande:

✔ Innan det fulladdade batteriet ansluts, stäng av tändningen.

✔ Se till att all elektrisk utrustning (lysen, värme, vindrutetorkare etc) är avslagen.

Starthjälp

✔ Kontrollera att laddningsbatteriet har samma spänning som det urladdade batteriet i bilen.

✔ Om batteriet startas med startkablar från batteriet i en annan bil, får bilarna INTE VIDRÖRA varandra.

✔ Växellådan skall vara i neutralt läge (PARK för automatväxellåda).

1 Koppla den ena änden på den röda startkabeln till den positiva (+) anslutningen på det urladdade batteriet.

2 Koppla den andra änden på den röda kabeln till den positiva (+) anslutningen på det fulladdade batteriet.

3 Koppla den ena änden på den svarta startkabeln till den negativa (–) anslutningen på det fulladdade batteriet.

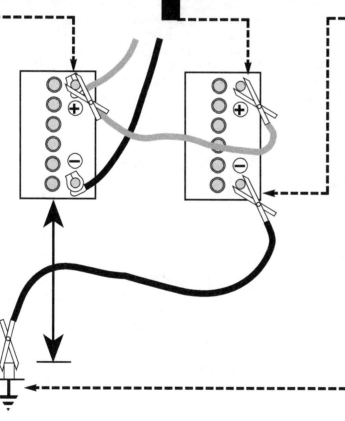

4 Koppla den andra änden på den svarta kabeln till en skruv eller ett fäste på motorblocket, på gott avstånd från batteriet, på bilen som ska startas.

5 Se till att startkablarna inte kommer i kontakt med fläkten, drivremmarna eller andra rörliga delar i motorn.

6 Starta motorn med laddningsbatteriet, sen med motorn på tomgång, koppla bort startkablarna i omvänd ordning mot anslutning.

Beträffande ändringar och information om senare modeller, se kapitel 12

Regelbundet underhåll är nödvändigt för att bilen ska kunna fungera säkert och störningsfritt, och ha fullgod prestanda med bibehållen ekonomi. Utvecklingen av bilarnas egenskaper har under årens lopp lett till att behovet av periodisk rundsmörjning har minskats dramatiskt, i en del fall helt bortfallit. Detta har tyvärr medfört att många bilägare har den uppfattningen att det inte behövs något regelbundet underhåll alls, att delarna inte ens existerar eller att de varar för evigt. Så är givetvis inte fallet. Det är fortfarande nödvändigt att göra så ingående kontroller som möjligt, för att i god tid hitta eventuella fel innan dessa blir omfattande och dyrbara att reparera.

Varje vecka eller var 400:e km – det som först inträffar

☐ Kontrollera oljenivån och fyll på vid behov
☐ Kontrollera kylvätskenivån och fyll på vid behov
☐ Kontrollera nivån av elektrolyt i batteriet och fyll på vid behov
☐ Kontrollera däcktrycket (se sidan 0•15))
☐ Kontrollera att däcken inte har skador eller onormalt slitage
☐ Kontrollera att alla lampor fungerar
☐ Rengör strålkastare
☐ Kontrollera vätskenivån för vindrute- och bakrute-spolare och fyll på vid behov. Tillsätt även spolarvätska
☐ Kontrollera nivån i bromsvätskebehållaren och fyll på vid behov. Om påfyllning behövs, kontrollera om det finns något läckage i systemet

Varje år eller var 15 000:e km – det som först inträffar

☐ Kontrollera och justera vid behov kopplingen (kapitel 5)
☐ Kontrollera om det förekommer läckage av kyl-vätska, bensin eller smörjolja
☐ Kontrollera frysskyddet i kylsystemet och justera vid behov
☐ Kontrollera och justera vid behov ventilspelet (kapitel 1)
☐ Kontrollera konditionen hos drivremmar för generator, styrservo och/eller luftkonditioneringens kompressor. Byt ut eller justera spänningen vid behov
☐ Byt tändstift
☐ Byt brytarkontakter och justera kamvinkeln (kapitel 4)
☐ Justera tändläge (kapitel 4)
☐ Byt olja och oljefilter (kapitel 1)
☐ Kontrollera avgassystemet beträffande skador och läckage
☐ Justera tomgången (kapitel 3)
☐ Kontrollera oljenivå och fyll på vid behov
☐ Kontrollera om det förekommer oljeläckage
☐ Automatlåda – kontrollera oljenivå, fyll på vid behov

☐ Kontrollera drivknutarnas damasker beträffande läckage och skador
☐ Kontrollera bromsledningar, slangar och kopplingar för läckage och skador
☐ Kontrollera slitage på bromsklossar och bromsbackar
☐ Kontrollera bromsvätskenivån och fyll på vid behov.
☐ Kontrollera funktionen hos alla elektriska enheter, glödlampor etc
☐ Fyll på spolvätska för vindrute- och bakrutespolare vid behov
☐ Kontrollera batteriets elektrolytnivå och fyll på destillerat vatten vid behov
☐ Kontrollera strålkastarinställningen och justera vid behov
☐ Kontrollera kuggstångens tätningsbälgar beträffande skador och läckage
☐ Kontrollera kondition och slitage på styrleder och dammskydd
☐ Kontrollera styrservons oljenivå och fyll på vid behov
☐ Kontrollera slitbanans mönsterdjup och däckens allmänna tillstånd (se sidan 0•15)
☐ Smörj alla gångjärn och lås
☐ Kontrollera hela underredet för rostangrepp eller skador och åtgärda vid behov

Vartannat år eller var 30 000:e km – det som först inträffar

☐ Byt luftfilter (kapitel 3)
☐ Byt bränslefilter (kapitel 3)

Vartannat år

☐ Byt bromsvätska och kontrollera skicket på samtliga gummidetaljer i bromssystemet

Var 60 000 km

☐ Byt kamrem (kapitel 1)

Motorrum (1.3 liter) – luftrenare demonterad

1 Oljesticka
2 Bränslefilter
3 Bromsvätskebehållare
4 Förgasare

5 Tändspole
6 Expansionskärl
7 Spolarvätskebehållare
8 Strömfördelare

9 Batteri
10 Kylfläkt
11 Oljepåfyllningslock

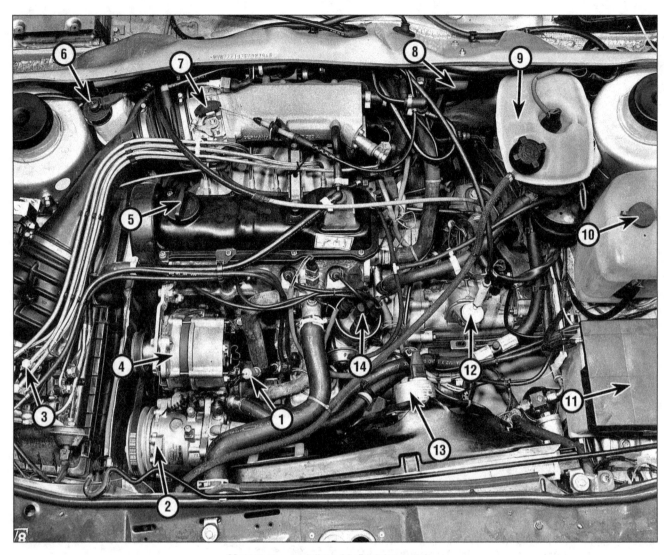

Motorrum – modell med bränsleinsprutning

1 Oljesticka
2 Kompressor (A/C)
3 Bränslefördelare
4 Generator
5 Oljepåfyllningslock

6 Bromsvätskebehållare
7 Gasspjällhus
8 Tändspole
9 Expansionskärl
10 Spolarvätskebehållare

11 Batteri
12 Kopplingsvajer
13 Kylfläkt
14 Strömfördelare

Framvagn sedd underifrån

1.3 liters motor

1 Generator
2 Oljefilter
3 Drivaxel
4 Främre motorfäste
5 Undre kylarslang
6 Växellåda
7 Undre bärarm
8 Styrstag
9 Avgasrör
10 Oljetråg

Framvagn sedd underifrån

modell med bränsleinsprutning

1 Drivaxel
2 Främre motorfäste
3 Startmotor
4 Växellåda
5 Undre bärarm
6 Styrstag
7 Krängningshämmare
8 Avgassystem
9 Oljetråg

Bakvagn sedd underifrån

1.3 liters modell

1 Avgassystem
2 Bränsletank
3 Undre stötdämparfäste
4 Bakaxel
5 Handbromsvajer (höger)
6 Handbromsvajer (vänster)
7 Bromstrumma

Bakvagn sedd underifrån

**modell med
bränsleinsprutning**

1 Avgassystem
2 Bränsletank
3 Undre stötdämparfäste
4 Bakaxel
5 Bränslepump och
 anslutningar
6 Bromstryckregulator
7 Bromsskiva

Däckens skick och lufttryck

Det är väldigt viktigt att däcken är i bra skick och har korrekt lufttryck - däckhaverier är farliga i alla hastigheter.

Däckslitage påverkas av körstil - hårda inbromsningar och accelerationer eller snabb kurvtagning bidrar till högt slitage. Generellt sett slits framdäcken ut snabbare än bakdäcken. Axelvis byte mellan fram och bak kan jämna ut slitaget, men om detta är för effektivt kan du komma att behöva byta alla fyra däcken samtidigt.

Ta bort spikar och stenar som bäddats in i mönstret innan dessa tränger igenom och orsakar punktering. Om borttagandet av en

spik avslöjar en punktering, stick tillbaka spiken i hålet som markering, byt omedelbart hjul och låt en däckverkstad reparera däcket.

Kontrollera regelbundet att däcken är fria från sprickor och blåsor, speciellt i sidoväggarna. Ta av hjulen med jämna mellanrum och rensa bort all smuts och lera från inre och yttre ytor. Kontrollera att inte fälgarna visar spår av rost, korrosion eller andra skador. Lättmetallfälgar skadas lätt av kontakt med trottoarkanter vid parkering, stålfälgar kan bucklas. En ny fälg är oftast enda sättet att korrigera allvarliga skador.

Nya däck måste alltid balanseras vid

monteringen, men det kan vara nödvändigt att balansera om dem i takt med slitage eller om balansvikterna på fälgkanten lossnar.

Obalanserade däck slits snabbare och de ökar även slitaget på fjädring och styrning. Obalans i hjulen indikeras normalt av vibrationer, speciellt vid vissa hastigheter, i regel kring 80 km/tim. Om dessa vibrationer bara känns i styrningen är det troligt att enbart framhjulen behöver balanseras. Om istället vibrationerna känns i hela bilen kan bakhjulen vara obalanserade. Hjulbalansering ska utföras av en däckverkstad eller annan verkstad med lämplig utrustning.

1 Mönsterdjup – visuell kontroll
Originaldäcken har slitagevarningsband (B) som uppträder när mönsterdjupet slitits ned till ca 1,6 mm. Bandets lägen anges av trianglar på däcksidorna (A).

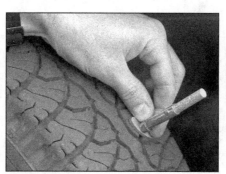

2 Mönsterdjup – manuell kontroll
Mönsterdjupet kan även avläsas med ett billigt verktyg kallat mönsterdjupmätare.

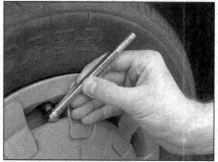

3 Lufttryckskontroll
Kontrollera regelbundet lufttrycket i däcken när dessa är kalla. Justera inte lufttrycket omedelbart efter det att bilen har körts eftersom detta leder till felaktiga värden.

Däckslitage

Slitage på sidorna

Lågt däcktryck (slitage på båda sidorna)
Lågt däcktryck orsakar överhettning i däcket eftersom det ger efter för myckct, och slitagebanan ligger inte rätt mot underlaget. Detta orsakar förlust av väggrepp och ökat slitage.
Kontrollera och justera däcktrycket
Felaktig cambervinkel (slitage på en sida)
Reparera eller byt ut fjädringsdetaljer
Hård kurvtagning
Sänk hastigheten!

Slitage i mitten

För högt däcktryck
För högt däcktryck orsakar snabbt slitage ii mitten av däckmonstret samt minskar väggrepp och ger stötigare gång samt fara för skador i korden.
Kontrollera och justera däcktrycket

Om du någon gång måste ändra däcktrycket till högre tryck, specificerade för max lastvikt eller ihållande hög hastighet, glöm inte att minska trycket efteråt.

Ojämt slitage

Framdäcken kan slitas ojämt till följd av felaktig hjulinställning. Do floota bilåterförsäljare och verkstäder kan kontrollera och justera hjulinställningen för en rimlig summa.
Felaktig camber- eller castervinkel
Reparera eller byt ut fjädringsdetaljer
Defekt fjädring
Reparera eller byt ut fjädringsdetaljer
Obalanserade hjul
Balansera hjulen
Felaktig toe-inställning
Justera framhjulsinställningen
Notera: *Den fransiga ytan i mönstret, ett typiskt tecken på toe-förslitning, kontrolleras bäst genom att man känner med handen över däcket*

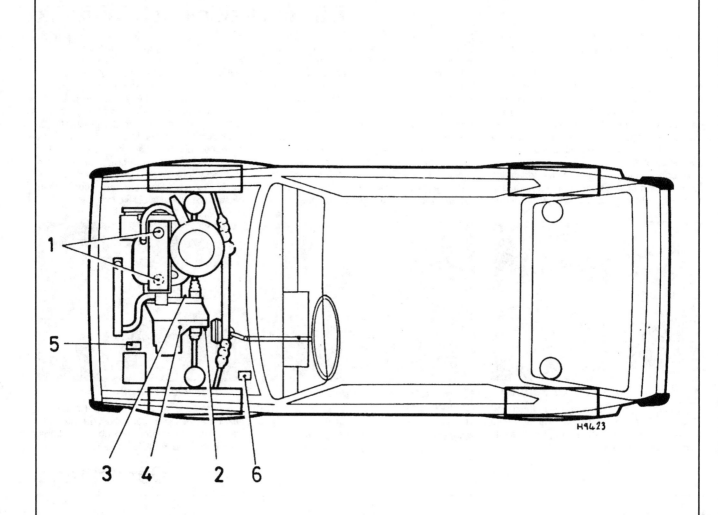

H9423

Komponent eller system

1 Motor

2 Manuell växellåda/slutväxel

3 Slutväxel (automatväxellåda)

4 Automatväxellåda

5 Styrservo
Före april 1989
Fr o m april 1989

6 Bromssystem

Smörjmedel typ/specifikation

Multigrade motorolja, viskositet SAE 15W/50 eller 20W/50

Växellådsolja, viskositet SAE 80

Hypoid växellådsolja, viskositet SAE 90EP

Dexron typ ATF

Dexron typ ATF
VW olja G 002 000

Hydraulvätska upp till FMVSS 116 DOT 4

Kapitel 1
Motor

Beträffande ändringar och information om senare modeller, se kapitel 12

Innehåll

Svårighetsgrader

Enkelt, passar novisen med lite erfarenhet	**Ganska enkelt**, passar nybörjaren med viss erfarenhet	**Ganska svårt**, passar kompetent hemmamekaniker	**Svårt**, passar hemmamekaniker med erfarenhet 	**Mycket svårt**, för professionell mekaniker

Specifikationer

Allmänt

Typ	Fyrcylindrig, vätskekyld radmotor med överliggande kamaxel
Tändföljd	1-3-4-2 (Nr 1 närmast kamdrivning)

Borrning:
1 043 cc	75 mm
1 272 cc	75 mm
1 595 cc	81 mm
1 781 cc	81 mm

Slaglängd:
1 043 cc	59,0 mm
1 272 cc	72,0 mm
1 595 cc	77,4 mm
1 781 cc	86,4 mm

Kompressionsförhållande:
1 043 cc (motorbet GN)	9,5:1
1 272 cc (motorbet HK)	9,5:1
1 595 cc (motorbet EZ)	9,0:1
1 781 cc (motorbet EV Jetronic – bränsleinsprutning och GU - förgasare)	10,0:1

Kompressionstryck: .... **bar**
1,05 och 1,3 liter (ny)	8 - 10
1,05 och 1,3 liter (min)	7
1,6 liter (ny)	9 - 12
1,6 liter (min)	7,5
1,8 liter (ny)	10 - 13
1,8 liter (min)	7,5
Max skillnad mellan två cylindrar	3

Vevaxel

Ramlager, diameter (standard)	54,0 mm
Ramlager, underdimensioner	53,75; 53,50 och 53,25 mm

Vevtappar, diameter (standard):
1,05 och 1,3 liter	42 mm
1,6 och 1,8 liter	47,80 mm

Vevtappar, underdimensioner:
1,05 och 1,3 liter	41,75; 41,50 och 41,25 mm
1,6 och 1,8 liter	47,55; 47,30 och 47,05 mm

Vevaxel axialspel (max):
1,05 och 1,3 liter	0,20 mm
1,6 och 1,8 liter	0,25 mm
Vevaxel axialspel (min)	0,07 mm
Ramlagerspel (max)	0,17 mm

Vevstakar

Vevlagerspel (max):
1,05 och 1,3 liter	0,095 mm
1,6 och 1,8 liter	0,012 mm

Vevlager, axialspel (max):
1,05 och 1,3 liter	0,40 mm
1,6 och 1,8 liter	0,37 mm

Kolvar

Kolvspel (max)	0,07 mm
Kolvspel (min)	0,03 mm

Kolvdiameter (standard):
1,05 och 1,3 liter	74,98 mm
1,6 och 1,8 liter	80,98 mm

Kolv, överdimensioner 1,05 och 1,3 liter:
1:a överdimension	75,23 mm
2:a överdimension	75,48 mm
3:e överdimension	75,98 mm

Kolv, överdimensioner –1,6 och 1,8 liter:
1:a överdimension	81,23 mm
2:a överdimension	81,48 mm

Kolv, slitagegräns (mätt 10 mm från underkant, vinkelrätt
mot kolvbult) . . . . 0,04 mm

Kolvringar
Spel i spår (max) . . . . 0,15 mm
Ändgap – kompressionsringar . . . . 0,30 - 0,45 mm
Ändgap – oljeskrapring . . . . 0,25 - 0,40 mm

Kolvbult
Passning i kolv . . . . Skjutpassning vid 60°C

Aggregataxel (1,6 och 1,8 liter)
Axialspel (max) . . . . 0,25 mm

Topplock
Max skevhet . . . . 0,1 mm

Kamaxel
Kast vid mittre lager:
  1,05 och 1,3 liter . . . . 0,02 mm
  1,6 och 1,8 liter . . . . 0,01 mm
Axialspel . . . . 0,15 mm

Ventiler
	1,05 och 1,3 liter	1,6 och 1,8 liter
Sätesvinkel	45°	
Huvuddiameter:		
Insug	34,0 mm	38,0 mm
Avgas	28,1 mm	33,0 mm
Spindeldiameter		
Insug	7,97 mm	7,97 mm
Avgas	7,95 mm	7,95 mm
Längd (standard):		
Insug	110,5 mm	98,70 mm
Avgas	110,5 mm	98,50 mm

Ventilstyrningar
Max spel (ventilspindel i plan med styrning):
  Insugningsventil får röra sig . . . . 1,0 mm
  Avgasventil får röra sig . . . . 1,3 mm

Ventiltider (noll ventilspel vid 1 mm lyft)
1,05 liter:
  Insug öppnar . . . . 9° EÖDP
  Insug stänger . . . . 13° EUDP
  Avgas öppnar . . . . 15° FUDP
  Avgas stänger . . . . 11° FÖDP
1,3 liter:
  Insug öppnar . . . . 3° FÖDP
  Insug stänger . . . . 38° EUDP
  Avgas öppnar . . . . 41° FUDP
  Avgas stänger . . . . 3° FÖDP
1,6 liter:
  Insug öppnar . . . . 5° FÖDP
  Insug stänger . . . . 21° EUDP
  Avgas öppnar . . . . 41° FUDP
  Avgas stänger . . . . 3° FÖDP
1,8 liter (motorbet GU)
  Insug öppnar . . . . 1° FÖDP
  Insug stänger . . . . 37° EUDP
  Avgas öppnar . . . . 42° FUDP
  Avgas stänger . . . . 2° EÖDP
1,8 liter (motorbet EV):
  Insug öppnar . . . . 2° FÖDP
  Insug stänger . . . . 45° EUDP
  Avgas öppnar . . . . 45° FUDP
  Avgas stänger . . . . 8° FÖDP

Ventilspel

Varm:	1,05 och 1,3 liter	1,6 och 1,8 liter
Insug	0,15 - 0,20 mm	0,20 - 0,30 mm
Avgas	0,25 - 0,30 mm	0,40 - 0,50 m
Kall:		
Insug	0,10 - 0,15 mm	0,15 - 0,25 mm
Avgas	0,20 - 0,25 mm	0,35 - 0,45 mm

Smörjning

Olja typ/specifikation	Se *Rekommenderade smörjmedel och vätskor*
1,05 och 1,3 liter:	
Oljepump typ	Excenterdrev, driven av vevaxel
Oljetryck vid 2 000 rpm, oljetemp 80°C	2,0 bar min
Volym:	
Med filterbyte	3,0 liter
Utan filterbyte	2,5 liter
1,6 och 1,8 liter:	
Oljepump typ	Dubbla hjul, driven av aggregataxel tillsammans med fördelare
Oljetryck vid 2 000 rpm, oljetemp 80°C	2,0 bar min
Volym:	
Med filterbyte	5 liter
Utan filterbyte	3,0 liter

Åtdragningsmoment

Alla modeller (se Fig. 1.1, 1.2 óch 12.7)

	Nm
Motorfästen (inoljade gängor):	
(a) M8 – 1,05 och 1,3 liter	25
(a) M10 – 1,05 och 1,3 liter	45
(a) 1,6 och 1,8 liter	25
(b) alla modeller	35
(c) alla modeller	45
(d) alla modeller	50
(e) alla modeller	60
(f) alla modeller	70
(g) alla modeller	80

1,05 och 1,3 liter

Motor till växellåda	55
Avgasrör till grenrör	25
Svänghjul	75
Koppling	25
Oljetråg (fästskruvar)	20
Avtappningsplugg	30
Ramlageröverfall	65
Oljepump	10
Vevstakslager (anoljade gängor):	
Steg 1	30
Steg 2*	Dra ytterligare 90°
Sugrör till oljepump	10
Plugg för regulatorventil	25
Tryckgivarkontakt	25
Kamremskåpa	10
Kamkåpa	10
Kamaxeldrev	80
Vevaxeldrev (centrumskruv)	80
Kylvätskepump	10
Strömfördelarfläns	20
Topplock (kall motor):	
Steg 1	40
Steg 2	60
Steg 3	Dra ytterligare 180°

1,6 och 1,8 liter

Motor till växellåda:

M1O	45
M12	75
Avgasgrenrör	25
Avgasrör till grenrör	10
Svänghjul/drivplatta	20
Koppling, skruvar med bricka (byt alltid)	100
Oljetråg	20
Avtappningsplugg	30
Ramlageröverfall	65

Vevstakslager:

Steg 1	30
Steg 2*	Dra ytterligare 90°
Oljepump	10
Oljetryckskontakt	25
Filterfäste	25

Fläns, främre tätning:

Liten	20
Stor	10
Aggregataxel, fläns	25
Kamaxel, lagerbockar (i ordningsföljd)	20
Kamaxeldrev	80
Kamkåpa	10
Remspännare	45
Vevaxeldrev (anoljade gängor)	200
Aggregataxeldrev	80
Kilremskiva	20
Kamremskåpa	10
Bakre kåpa, undre skruvar	30
Bakre kåpa, övre skruv	10
Kylvätskepump	20
Bränslepump	20
Strömfördelare, klämskruv	25
Topplock (kall motor)	Se 1,05 och 1,3 liters motorer

Vid kontroll av vevlagerspel med plastigagetråd, dra endast till 30 Nm.

Del A: 1,05 och 1,3 liters motor

1 Allmänt

Motorn är en fyrcylindrig radmotor med överliggande kamaxel, monterad tvärställd framtill i bilen. Växellådan är monterad till vänster.

Vevaxeln har fem ramlager och separata tryckbrickor vid det mittre ramlagret, som kontrollerar axialspelet.

Kamaxeln drivs av en tandrem som också driver vattenpumpen – kamremmen spänns genom att man flyttar vattenpumpen i dess infästning. Ventilerna styrs av kamaxeln via vipparmar ledade på en kula. Strömfördelaren drivs av kamaxeln och är placerad på topplockets vänstra gavel.

Oljepumpen är av excentertyp och drivs från vevaxeländen.

Topplocket är av typ "crossflow" med insugningsgrenröret monterat bakåt och avgasgrenröret framåt.

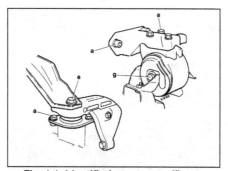

Fig. 1.1 Identifiering av motorfästets skruvar - se Specifikationer för åtdragningsmoment

2 Rutinmässigt underhåll – motor

Följande åtgärder bör rutinmässigt företas enligt de intervall som angivits i början av boken. Dessa intervall gäller fordon som

Fig.1.2 Identifiering av skruvar för motor/växellåda - se Specifikationer för åtdragningsmoment

används under normala förhållanden. Då fordonet dagligen utsätts för större påfrestningar, som stadstrafik eller varma och fuktiga förhållanden, rekommenderas att man kortar vissa intervall.

Kontroll av motorolja: Kontrollera motoroljan då fordonet står stilla på plan mark och motorn varit avstängd en stund. Detta ger

2.2 Påfyllning av olja

Fig. 1.3 Oljestickans märkning, 1.05 och 1.3 liter (avsn 2)

oljan tid att rinna tillbaka till tråget så att avläsningen blir riktig. Ta upp oljestickan och torka av den, sätt sedan tillbaka den helt och ta upp den på nytt. Om oljenivån är vid det nedre märket, krävs en liter för att nivån skall bli den rätta. Fyll inte på för mycket. Påfyllning görs genom hålet i kamaxelkåpan **(se bild)**. Kontrollera att påfyllningslocket sätts tillbaka riktigt och torka bort allt spill. Kontrollera på nytt oljenivån.

Byte av motorolja: Med fordonet på plan mark, ta bort avtappningspluggen i tråget och samla upp den gamla oljan i lämplig behållare. Avtappning sker bäst då fordonet nyss använts eftersom oljan då är varm och rinner lättare. Sätt sedan tillbaka påfyllningspluggen (på 1,6 och 1,8 liters motorer, byt O-ring), fyll sedan på olja av rätt sort och mängd.

Oljefilter: Oljefiltret måste bytas vid angivna intervall. Filtret tas bäst bort medan man väntar på att oljan ska rinna ut. Byte av filter beskrivs i avsnitt 20 i detta kapitel.

Allmän kontroll: Kontrollera motorn regelbundet beträffande olje-, kylvätske- och bränsleläckage. Åtgärda vid behov.

3 Arbeten möjliga med motorn på plats i bilen

Följande arbeten kan utföras med motorn på plats i bilen:

(a) *Demontering av och arbeten på topplock, kamaxel och kamrem*

(b) *Demontering av svänghjul och vevaxelns bakre tätning (efter demontering av växellåda)*
(c) *Demontering av oljetråg*
(d) *Demontering av kolvar/vevstakar (efter demontering av topplock och tråg)*
(e) *Byte av vevaxelns främre och bakre tätningar samt kamaxelns främre tätning*
(f) *Byte av motorfästen*
(g) *Demontering av oljepump*

4 Arbeten med motorn demonterad

Följande arbete kan endast utföras sedan motorn demonterats:

Byte av ramlager

5 Metod för demontering av motor

1 Motorn, tillsammans med växellådan, måste lyftas ut ur bilen innan växellådan kan avlägsnas. Två personer måste hjälpas åt.
2 En lyft med kapacitet på 150 kg (3 cwt), krävs för att motorn skall kunna lyftas 1 meter. Om lyftanordningen inte kan flyttas, måste utrymme lämnas bakom bilen, så att den kan skjutas tillbaka så långt att drivaggregatet kan

sänkas ned. Träklossar krävs som stöd för motorn efter demontering.
3 Bilen skall helst vara placerad över en grop. Om detta inte är möjligt måste bilen hissas upp och stödjas på pallbockar så att framhjulen kan roteras vid demontering av drivaxelns muttrar. Den vänstra muttern är åtkomlig uppifrån, men den högra måste lossas underifrån. Andra arbeten som bäst utföres underifrån är t ex demontering av växellänkage och demontering av avgasrörsfästet. Då alla arbeten under bilen utförts, sänk ned den på marken igen.
4 En sats tolvtandnycklar krävs för vissa skruvar på motorn, t ex topplocksskruvarna **(se bild)**.
5 Avtappning av olja och kylvätska görs bäst på annan plats. Detta sparar arbete med rengöring av spill från arbetsplatsen. Om luftkonditionering finns, observera föreskrifterna i avsnitt 48 i detta kapitel.

6 Motor – demontering

1 Lossa batteriets negativa anslutning.
2 Demontera huven enligt beskrivning i kapitel 11, lägg den på lämplig plats.
3 Tappa av kylvätska och ta bort kylaren, komplett med kylfläkt enligt beskrivning i kapitel 2.
4 Demontera luftrenaren enligt kapitel 3.
5 Lossa slangklamman och övre kylslangen från termostathuset.
6 Placera lämplig behållare under motorn, lossa sedan oljetrågets avtappningsplugg **(se bild)**. Då oljan tappats av, rengör pluggen och brickan och sätt dem på plats igen.
7 Sök reda på bränslematnings- och returslangar, lossa dem från bränslepumpen **(se bild)** samt från bränslebehållare/förgasare. Plugga igen slangarna för att undvika spill.
8 Lossa slangklamman och undre kylarslangen från kylvätskeröret baktill på motorn.
9 Lossa gasvajern och, i förekommande fall, chokevajern, se vidare kapitel 3.
10 Lossa kylvätskeslangarna från termostathuset och bakre kylvätskeröret.
11 Lossa följande anslutningar, men märk

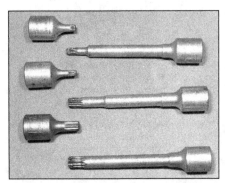

5.4 En sats tolvtandnycklar erfordras för diverse arbeten på bilen

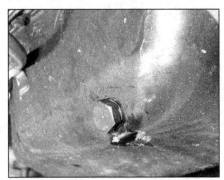

6.6 Oljetrågets avtappningsplugg

6.7 Lossa slangarna från bränslepumpen

6.14 Jordledning (A) och kopplingsvajer (B)

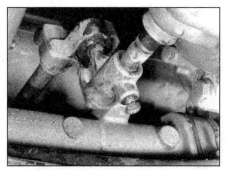

6.18 Skruv i växellänkagets knut

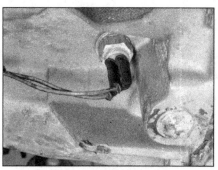

6.21 Backljuskontakt

varje ledning så att de inte förväxlas vid monteringen:

(a) Oljetrycksgivarkontakten baktill (förgasarsidan) på motorn
(b) Anslutning vid grenrörets förvärmningselement
(c) Termokontaktens anslutning (kylslangens mellanstycke)
(d) Tändkablar samt lågspänningsledningar från strömfördelaren
(e) Startmotor
(f) Kylvätsketempgivare (termostathus)
(g) Bränsleavstängningssolenoid på förgasaren
(h) Jordledning på växellåda

12 Lossa kabelstammen från klamman på undre kylslangen och för den åt sidan.
13 Lossa och ta bort vakuumslangarna från strömfördelare och insugningsgrenrör vid behov.

14 Lossa kopplingsvajer enligt kapitel 5 **(se bild)**.
15 Lossa främre avgasröret från grenröret, enligt anvisning i kapitel 3.
16 Lossa hastighetsmätarvajern från växellådan och lägg den åt sidan.
17 Dra åt handbromsen, hissa sedan upp framdelen på bilen och stöd den på pallbockar.
18 Demontera skruven som håller växellänkagets knut och sedan knuten från stången **(se bild)**. Gängorna är låsta med vätska, om den är svår att ta bort, värm den med en värmepistol. Vidtag nödvändiga åtgärder för att förhindra brand. Notera att sedan den här skruven en gång demonterats, måste den bytas.
19 Kontrollera hur knuten den sitter, ta sedan bort den.
20 Lossa staget från främre avgasröret och kopplingshus/startmotor.

21 Ta bort backljuskontaktens ledning **(se bild)**.
22 Skruva loss drivaxlarna från flänsarna, se kapitel 7, bind sedan upp dem på lämpligt sätt.
23 Anslut lämplig lyftanordning till motorns lyftöglor, en i varje ände på topplocket på förgasarsidan **(se bild)**. Avlasta motorns och växellådans tyngd.
24 Lossa, uppifrån, de tre muttrarna från motorfästet under förgasaren **(se bild)**.
25 Lossa och ta bort fästskruven för växellådsfästet (vänster bakre sidan på motorrummet).
26 Lossa och ta bort motorns främre fästskruv och sedan muttrarna som håller fästet till motorn. Ta bort fästet **(se bilder)**.
27 Innan motor och växellåda lyfts ut, ta hjälp av någon som håller motorn och styr den så att den går fri från omgivande detaljer vid demonteringen.
28 Hissa upp motor och växellåda från motorrummet **(se bild)**, vrid dem vid behov så att de går fritt. Kontrollera att alla kablar, vajrar och slangar har lossats.
29 Sänk ned enheten på en bänk eller stor träplatta på golvet.

7 Demontering av växellåda från motor

1 Motorn måste stödjas så att växellådan kan dras bort från den. Stöd antingen motorn på klossar så att växellådan hänger utanför bänken, eller utför arbetet då motor och

6.23 Lyftögla på motorn

6.24 Motorinfästning - höger bak

6.26A Lossa främre fästets genomgående skruv

6.26B Lossa och ta bort fästet

6.28 Motor och växellåda lyfts ut

7.3 Startmotor och avgasrörsfäste

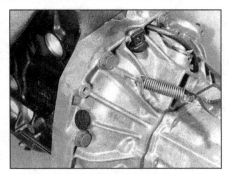

7.6A Lossa fästskruvarna mellan motor och växellåda . . .

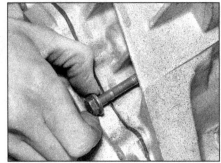

7.6B . . . glöm inte den förstärkta skruven . . .

växellåda fortfarande hänger i lyftanord-ningen.
2 Lossa ledningen från generatorn, haka sedan loss den från fästena på sidan av tråget.
3 Eftersom startmotorns bakre lager sitter i kopplingskåpan, är det nödvändigt att ta bort startmotorn innan motor och växellåda delas. Om detta inte redan gjorts, ta också bort fästet för främre avgasröret **(se bild)**.
4 Lossa kylvätskeröret vid anslutningen på vattenpumpen samt från kopplingskåpan.
5 Lossa skruven för plåten under kopp-lingshuset och ta bort plåten.
6 Lossa övriga fästskruvar mellan motor och växellåda, ta bort växellådan. Driv inte in kilar mellan motor och växellåda, ytorna kan skadas. Knacka försiktigt på växellådan och

ruska bort den från styrpinnarna. Mellan-stycket kommer att sitta kvar **(se bild)**.
7 Montering sker i omvänd ordning.

8 Isärtagning av motor – allmänt

1 Om möjligt, montera motorn i ett stöd vid isärtagning, placera i annat fall motorn upprätt stödd av träklossar.
2 Renlighet är av yttersta vikt, om motorn är smutsig bör den rengöras med avfettnings-medel medan den står upprätt.
3 Undvik att arbeta med motorn på ett betonggolv, eftersom betongflisor kan innebära problem.

7.6C . . . och sära på motor och växellåda

4 Då delarna tas bort, rengör dem med avfettningsmedel. Sänk dock inte ned delar med oljekanaler i avfettningsmedel, eftersom det kan vara svårt att få bort igen, i regel krävs tryckluft. Rengör oljekanaler med piprensare av nylon.
5 Det är lämpligt att ha askar i vilka smådetaljer placeras så att man kan hålla ordning på dem.
6 Skaffa alltid kompletta packningssatser då motorn tas isär, men spar de gamla packning-arna ifall nya måste tillverkas.
7 Då så är möjligt, sätt tillbaka muttrar, skruvar och brickor under arbetet, detta skyddar gängor och är till hjälp vid mon-teringen.
8 Behåll delar som skall bytas så att de kan jämföras med de nya detaljerna.

9 Demontering av detaljer

Med motorn demonterad från bilen och lossad från växellådan kan de yttre detaljerna nu avlägsnas. De behöver inte nödvändigtvis demonteras i följande ordning:

Generator och drivrem (kapitel 9)
Insugningsgrenrör och förgasare (kapitel 3)
Avgasgrenrör (kapitel 3)
Strömfördelare (kapitel 4)
Bränslepump (kapitel 3)
Termostat (kapitel 2)
Koppling (kapitel 5)

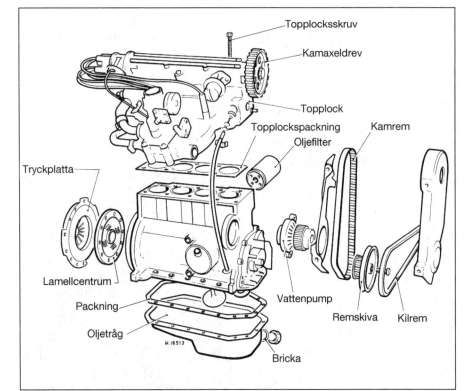

Fig. 1.4 Sprängskiss av motorns detaljer (avsn 8)

9.1A Lossa de två muttrarna (vid pilen) . . .

9.1B . . . och lyft bort fästet

9.1C Höger, bakre fäste sett uppifrån

9.1D Oljesticka och rör

9.1E Lossa muttrarna . . .

9.1F . . . och ta bort bakre kylvätskeröret

Vevhusventilationsslang (avsnitt 21 i detta
kapitel)
Strömfördelarlock och tändstift (kapitel 4)
Oljefilter (kapitel 20 i detta kapitel)
Motorfästen **(se bild)**

Oljesticka **(se bild)**
Oljetryckskontakter
Termokontakt, kylvätsketemperatur-
givare (kapitel 2)
Generatorfäste och jordledning för motor
Bakre kylvätskerör **(se bild)**

(e) Demontera insugnings- och avgasgrenrör
(kapitel 3) även om dessa även kan
demonteras från topplocket sedan det
tagits bort
(f) Lossa kablar från kylvätsketempgivare och
oljetryckskontakt

10 Topplock – demontering

Om motorn är på plats i bilen, utför först
följande:

(a) Lossa batteriets negativa anslutning
(b) Demontera luftrenare och bränslepump
(kapitel 3)
(c) Tappa av kylsystemet och ta bort övre
kylarslang och termostat (kapitel 2)
(d) Demontera strömfördelare och tändstift
(kapitel 4)

1 Lossa muttrar och skruvar för kamkåpan
och ta bort den tillsammans med packning
och förstärkningar **(se bilder)**.
2 Vrid motorn så att märkningen på
kamaxeldrevet syns i hålet som utmärker ÖDP
i kamremskåpan, märket på remskivan ska då
också överensstämma med ÖDP-visaren
framtill på oljepumpen **(se bilder)**. Vrid nu
vevaxeln ett kvarts varv moturs så att ingen av
kolvarna är i ÖDP.
3 Lossa och ta bort kamremskåpan **(se bild)**,
notera att röret för oljestickan samt
jordledningen hålls av övre muttrarna. Ta loss
oljesticksröret från blocket.

10.1A Lossa muttrarna och skruvarna . . .

10.1B . . . och ta bort kamkåpan . . .

10.1C . . . samt packningen

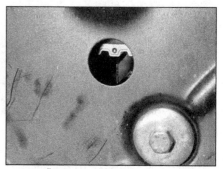

10.2A ÖDP-märke på kamaxeldrev samt
visare

10.2B Märke i remskiva mot inställningsmärke

10.3 Demontering av kamremskåpa

10.8 Demontering av topplock . . .

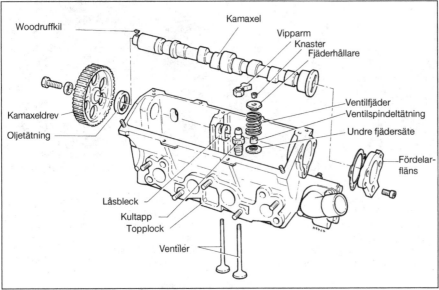

Woodruffkil
Kamaxel
Vipparm
Knaster
Fjäderhållare
Kamaxeldrev
Oljetätning
Ventilfjäder
Ventilspindeltätning
Undre fjädersäte
Fördelar-fläns
Låsbleck
Kultapp
Topplock
Ventiler

Fig. 1.5 Sprängskiss av topplockets detaljer (avsn 11)

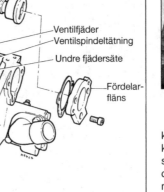

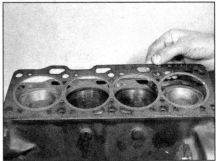

10.9 . . . och packning

4 För en hylsa genom hålet i kamdrevet, lossa sedan övre fästskruven för kamremskåpan.

5 Lossa vattenpumpens fästskruvar, vrid sedan pumphuset medurs så att kamremmen slackas. Ta bort remmen från kamaxeldrevet.

6 Ta bort muttrarna och sedan kamrems-kåpan, vid behov ta sedan bort vatten-pumpen.

7 Använd en tolvkantnyckel, lossa topplocks-muttrarna ett halvt varv åt gången i omvänd ordning mot den som anges i **fig. 1.11**. Notera placeringen av lyftöglorna.

8 Ta bort topplocket från blocket **(se bild)**. Om det sitter fast, knacka loss det med en träklubba. För inte in något brytverktyg mellan ytorna eftersom de då kan skadas.

9 Ta bort packningen från blocket **(se bild)**.

11 Kamaxel – demontering

Om motorn är på plats i bilen, utför först följande:
(a) Lossa batteriets negativa anslutning

(b) Demontera luftrenare och bränslepump (kapitel 3)

(c) Demontera strömfördelare och tändstift (kapitel 4)

Om topplocket sitter kvar på motorn, utför först de arbeten som beskrivs i punkterna 1 till 4.

1 Lossa muttrar och skruvar för kamkåpan, demontera sedan kåpan, tillsammans med packning och förstärkningar.

2 Vrid runt motorn tills märkningen på

11.5 Demontering av oljerör

kamaxeldrevet syns i hålet för ÖDP i kamremskåpan. Spåret i vevaxelremskivan ska då stå mitt för visaren framtill på oljepumpen. Vrid nu vevaxeln ett kvarts varv moturs så att ingen av kolvarna är i övre läge.

3 Lossa och ta bort kamremskåpan, notera att oljestickans rör samt en jordkabel sitter under de övre muttrarna.

4 Lossa vattenpumpens fästskruvar, vrid sedan pumphuset medurs så att remspänningen avlastas. Ta bort remmen från kamaxeldrevet.

5 Bänd loss oljeröret upptill på topplocket **(se bild)**.

6 Notera hur kamföljarnas låsbleck är monterade, bryt sedan bort dem ifrån kultapparna **(se bild)**.

7 Märk varje kamföljare beträffande placering, ta sedan bort dem genom att bryta loss dem med en skruvmejsel, men se till att kamnocken pekar bort från kamföljaren. Vrid

11.6 Demontering av kamföljarens låsbleck

11.7 Demontering av kamföljare

11.8 Lossa skruven . . .

11.9 . . . och ta bort kamdrevet (tidigt utförande visat)

11.10 Kontroll av kamaxelns axialspel

11.11 Demontering av fördelarfläns

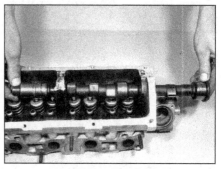

11.12 Kamaxeln lyfts bort

slutligen på kamaxeln så som erfordras (se bild).

8 Lossa skruven för kamaxelns drev och ta bort distansen (se bild). Drevet kan hållas stilla med hjälp av en metallstång och ett par skruvar, en skruv förs in i ett hål och den andra vilar mot utsidan av drevet.

9 Knacka loss drevet från kamaxeln med en träklubba och ta vara på woodruffkilen (se bild).

10 Använd bladmått, kontrollera sedan kamaxelns axialspel genom att föra in bladmåttet mellan kamaxeländen och strömfördelarflänsen (se bild). Om det överstiger värdet angivet i Specifikationer, måste detaljerna kontrolleras beträffande slitage och bytas vid behov.

11 Lossa med hjälp av en insexnyckel muttrarna för strömfördelarflänsen och ta sedan bort den (se bild). Ta även bort packningen.

12 Dra försiktigt ut kamaxeln från topplocket, se till att de tre lagren inte skadas då kamnockarna förs igenom dem (se bild).

13 Lossa kamaxelns oljetätning från topplocket (se bild).

12 Topplock – isärtagning, kontroll och renovering

1 Demontera topplock och kamaxel, enligt beskrivning i föregående avsnitt.

2 Använd en fjäderkompressor, tryck ihop ventilfjädrarna tills knastren kan tas bort. Lossa fjäderkompressorn och ta bort hållare och fjädrar (se bilder). Om det är svårt att trycka ihop fjädrarna, pressa inte hårdare, knacka försiktigt på övre brickan med en hammare. Se till att fjäderkompressorn hela tiden är ansatt.

11.13 Demontering av kamaxelns oljetätning

3 Ta bort alla ventiler och märk ut var de sitter.

4 Lossa tätningarna från ventilstyrningarna, ta bort det undre fjädersätet (se bild).

5 Lossa inte kamföljarnas kultappar annat än

12.2A Sammantryckning av ventilfjäder för demontering av knaster

12.2B Demontering av ventilfjädrar och hållare . . .

12.4 . . . samt undre fjädersäte

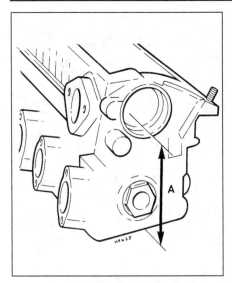

Fig. 1.6 Mät topplockets höjd enligt
figuren (avsn 12)

Min höjd a = 119,3 mm

om de inte kan användas, de sitter antagligen hårt fast i locket.

6 Sotning krävs förmodligen endast om motorn gått långt. Om motorns prestanda försämrats trots att den är rätt justerad, kan sotning krävas, även om detta också kan bero på slitna kolvar och kolvringar.

7 Med topplocket demonterat, använd en skrapa för att ta bort koksrester. Ta bort alla packningsrester, rengör topplocket omsorgsfullt med avfettningsmedel och torka sedan torrt.

8 Använd en linjal för att kontrollera att topplocket inte är skevt. Ett skevt lock måste planas av en specialist. Om topplocket planas måste ventilsätena fräsas om så att ventilerna sitter något djupare, detta för att de inte ska slå i kolvarna och kanske medföra stora skador. Arbetet bör utföras av en specialist.

9 Kontrollera ventilskallarna beträffande gropar och brännskador, speciellt avgasventilerna. Byt vid behov. Kontrollera

samtidigt ventilsätena. Om de endast har små ojämnheter, kan dessa tas bort genom att ventil och säte slipas samman med först grov, sedan fin slippasta. Notera att avgasventilerna inte bör slipas, och därför ska bytas då tätningsytan bearbetats vid inslipningen.

10 Om stora skador finns, måste ventilsätena fräsas om eller bytas av en specialist.

11 Slipning av ventiler utförs enligt följande: Placera topplocket upp och ner på bänken med en träbit i varje ände.

12 Stryk ett tunt lager grov slippasta på ventilsätet och fäst inslipningsverktygets sugkopp på ventilhuvudet. Gnugga skaftet mellan händerna, så att ventilskalle och säte slipas samman, lyft regelbundet upp ventilen och vrid den något så att slippastan fördelas jämnt. Då en matt yta syns på ventilskalle och säte, torkas pastan av och slipningen görs på nytt med fin slippasta. En mjuk fjäder under ventilskallen underlättar operationen. När man har en jämn ring runt både säte och ventil är operationen avslutad.

13 Skrapa bort alla koksrester från ventilspindeln och torka bort slippastan. Rengör ventiler och säte med en trasa och avfettningsmedel, torka sedan torrt.

14 Kontrollera ventilstyrningarna beträffande slitage. Detta kan göras genom att man monterar en ny ventil i styrningen och kontrollerar hur mycket kanten på ventilskallen kan röra sig åt sidan, då ventilspindeln går jäms med styrningen. Insugningsventilen får inte vicka mer än 1 mm, avgasventilen inte mer än 1,3 mm. Detta kan mätas med bladmått mot t ex en tving, men det måste göras med en ny ventil. Om den gamla ventilen inte rör sig mer än angivet, tyder detta på att ventilstyrningarna inte kräver någon åtgärd. Kontrollera varje styrning, men kom ihåg att insugnings- och avgasventiler inte har samma värde. Om värdet överskrids med ny ventil tyder detta på att styrningen måste åtgärdas. Demontering och montering av ventilstyrningar måste utföras av en fackman.

15 Jämför, om möjligt, ventilfjädrarnas längd mot en ny fjäder. Alla fjädrar måste bytas om någon är för kort.

16 Om motorn fortfarande är på plats i bilen,

rengör kolvtopparna och cylinderloppens övre kant, men se till att inga koksrester faller ner mellan kolvar och cylinderlopp. Ställ därför kolven i övre läge och täck för övriga lopp med papper och maskeringstejp. Pressa lite fett mellan de två kolvarna och loppen så att koksrester kan samlas upp, och sedan torkas bort när kolven förs ned. För att undvika koksbildningar, polera kolvtoppen med polermedel, men ta bort alla rester av det efteråt.

13 Kamrem och drev – demontering

Om motorn fortfarande är på plats i bilen, utför först följande:

(a) Lossa batteriets negativa anslutning
(b)Demontera luftrenaren (kapitel 3)
(c) Demontera generatorns drivrem (kapitel 9)

1 Vrid runt motorn så att märket på kamaxeldrevet kommer fram i hålet för ÖDP i kamremskåpan, märket på vevaxelns remskiva ska då stå mot visaren på oljepumpen.

2 Lossa och ta bort remkåpan, notera att oljestickans rör samt en jordkabel hålls av de övre skruvarna.

3 Lossa vattenpumpens fästskruvar, vrid pumphuset medurs så att remspänningen avlastas. Ta bort kamremmen från kamdrevet **(se bild)**.

4 Lossa remskivans skruvar med en insexnyckel, ta bort skivan, sedan kamremmen.

5 Vid demontering av kamdrevet, lossa skruven och ta bort distansen. Knacka loss skivan och ta bort woodruffkilen. Vrid inte kamaxeln. Drevet kan hållas stilla med hjälp av två skruvar och en metallstång. En skruv genom ett av drevets uttag, den andra vilande mot ytterkanten.

6 Vid demontering av vevaxelns drev, lossa skruven och bryt loss drevet från vevaxeln **(se bild)**. Vrid inte vevaxeln, kolvarna kan slå i

13.3 Kamrem lossas från kamdrev

13.6 Demontering av vevaxeldrevets skruv och bricka

14.2 Ett sätt att hålla svänghjulet stilla

14.3 Demontering av svänghjul

14.4 Demontering av motorplåt

ventilerna. Håll vevaxeln stilla med lämpligt verktyg i startkransen (ta bort startmotorn). Ta vara på woodruffkilen.

14 Svänghjul – demontering

1 Montera kopplingen enligt beskrivning i kapitel 5.
2 Håll svänghjulet stilla med lämpligt verktyg **(se bild)** i startkransen.
3 Lossa muttrarna och ta bort svänghjulet **(se bild)**.
4 Ta bort motorplåten från topplocket **(se bild)**.
5 Svänghjulets fästskruvar måste bytas då de tagits bort.

15 Vevaxelns oljetätningar – byte

Främre oljetätning

1 Demontera kamremsdrevet enligt avsnitt 13.
2 Använd, om möjligt, VW verktyg 2085 vid demontering av främre tätningen från oljepumphuset. Demontering av tätning med motorn och oljepumpen på plats i bilen kan vara svårt utan detta speciella verktyg. I detta fall kan man alternativt borra två hål, diagonalt motställda i tätningen. Skruva i två självgängande skruvar och använd sedan muttrarna för att bryta loss tätningen. Om denna metod används, se till att inte borren skadar huset.

3 Om oljepumpen tagits bort från motorn kan den gamla tätningen brytas loss och den nya monteras **(se bild)** 33.1a och 33.1b).
4 Rengör läget i oljepumphuset.
5 Stryk lite motorolja på tätningsläppar och ytterkant på den nya tätningen, montera sedan med VW verktyg 10-203 eller genom att knacka den på plats med lämpligt metallrör.
6 Montera kamremsdrevet enligt avsnitt 39.

Bakre oljetätning

7 Demontera svänghjulet, enligt avsnitt 14.
Metod 1
8 Borra två diagonalt ställda hål i oljetätningen, skruva i två självgängande skruvar och använd dessa för att bryta loss tätningen.
9 Rengör tätningens läge i huset.
10 Stryk lite motorolja på tätningsläpp och ytterkant på den nya packningen, knacka den sedan försiktigt på plats med en lämpligt rörbit.
11 Montera svänghjulet enligt beskrivning i avsnitt 35.
Metod 2
12 Ta bort oljetråget enligt beskrivning i avsnitt 16.
13 Lossa muttrarna och frigör huset från styrpinnarna på topplocket. Ta bort packningen **(se bilder)**.
14 Stöd huset och knacka ut tätningen **(se bild)**.
15 Rengör läget för tätningen i huset.
16 Stryk lite motorolja på tätningsläpp och ytterkant på den nya tätningen och knacka den sedan på plats med en träbit **(se bild)**.

15.13A Bakre vevaxeltätning och hus

15.13B Ta bort det bakre tätningshuset . . .

15.13C . . . och packningen

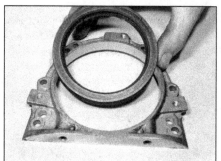

15.14 Ta bort tätningen från huset

15.16 Montera ny bakre tätning

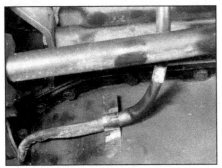

16.1 Klammer för generatorledning på tråg

16.2 Demontering av tråg

17.3A Ta bort stagskruvarna . . .

17 Rengör tätningsytorna, montera sedan huset tillsammans med ny packning. Dra åt muttrarna jämnt och växelvis diagonalt.
18 Montera tråg och svänghjul enligt beskrivning i avsnitt 34 och 35.

16 Oljetråg – demontering

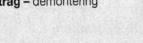

1 Om motorn är på plats i bilen, utför först följande arbeten:
(a) *Hissa upp framänden på bilen och stöd den på pallbockar. Dra åt handbromsen*
(b) *Lossa höger drivaxel (kapitel 7) samt avgassystemet (kapitel 3)*
(c) *Lossa generatorns ledning från tråget* **(se bild)**
(d) *Tappa av motoroljan i lämplig behållare.*

17.3B . . . flänsskruvarna . . .

17.4A Demontering av oljepump . . .

Rengör avtappningsplugg och bricka, montera den igen. Dra åt till angivet moment
2 Lossa muttrarna och ta bort tråget från motorblocket **(se bild)**. Sitter det hårt, bryt försiktigt eller skär igenom packningen med en kniv.
3 Skrapa packningen från tråg och motorblock.

17 Oljepump – demontering

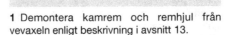

1 Demontera kamrem och remhjul från vevaxeln enligt beskrivning i avsnitt 13.
2 Demontera tråget enligt beskrivning i avsnitt 16.
3 Lossa och ta bort pick-up röret med sil från

17.3C . . . samt pick-up rör och sil

17.4B . . . och packning

oljepump och motorblock. Ta bort flänspackningen **(se bilder)**.
4 Lossa muttrarna och ta bort oljepumpen från styrstiften framtill på motorblocket. Notera att inställningsplåten är fäst med de två övre muttrarna samt remkåpan av de två vänstra muttrarna. Demontera packning **(se bilder)**.

18 Kolvar och vevstakar – demontering

1 Demontera topplocket enligt beskrivning i avsnitt 10.
2 Demontera tråget enligt beskrivningen i avsnitt 16.
3 Lossa och ta bort pick-up rör och sil från oljepump och motorblock. Demontera flänspackningen.
4 Använd ett bladmått, kontrollera sedan vevstakarnas axialspel på varje vevsläng. De skall motsvara angivna specifikationer **(se bild)**. I annat fall måste detaljerna kontrolleras beträffande slitage och bytas vid behov.
5 Kontrollera att ramlager- och vevstaksöverfall är märkta, märk dem i annat fall med körnslag så att de kan monteras rätt. Notera att uttagen i vevstakar och överfall skall vändas mot kamremmen. Pilarna på kolvtopparna pekar också mot kamremmen **(se bild)**.
6 Vrid vevaxeln så att ettans vevsläng står i undre läge.
7 Lossa storändens muttrar och knacka loss

18.4 Kontroll av vevstakens axialspel

18.5 Kolvtopp, pilen pekar mot motorns kamremssida

18.7 Demontering av vevstaksöverfall

18.8 Demontering av kolv

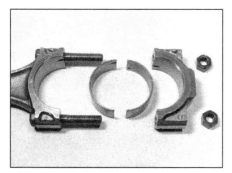

18.9 Storändens lagring

överfallet tillsammans med lagerskål **(se bild)**.
8 Använd ett hammarskaft för att försiktigt knacka kolv och vevstake uppåt och ta sedan bort dem från motorblocket **(se bild)**.
9 Sätt tillbaka överfallet löst på vevstaken **(se bild)**.
10 Upprepa proceduren i punkterna 7-9 på fjärde cylindern, vrid sedan vevaxeln ett halvt varv och gör på samma sätt med cylinder nummer 2 och 3.
11 Notera att vevstaksbultarna måste bytas under ihopsättningen.

19 Vevaxel och ramlager – demontering

1 Lossa vevstakarna från vevaxeln enligt beskrivning i avsnitt 17. Man behöver däremot

inte ta bort kolvarna och därför inte heller topplocket.
2 Demontera oljepump enligt beskrivning i avsnitt 17, samt bakre oljetätning och hus enligt beskrivning i avsnitt 15.
3 Använd ett bladmått för att kontrollera vevaxelns axialspel, det skall vara inom ramen för specifikationerna **(se bild)**. För in ett bladmått mellan ansatsen på mittre ramlagret och tryckbrickorna. Detta visar om nya tryckbrickor erfordras.
4 Kontrollera att ramlageröverfallen är märkta – det bör finnas ingjutna siffror på den sida som vätter mot ventilationsrör/kylvätskerör. Cylindrarna numreras från kamremmen **(se bild)**.
5 Lossa muttrarna och knacka loss överfallen. Håll reda på lagerskålar och, där sådana förekommer, tryckbrickor.
6 Ta bort vevaxeln från topplocket, övre

lagerskålar samt tryckbrickor. Blanda inte ihop dem **(se bild)**.

20 Oljefilter – byte

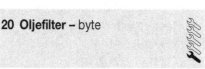

1 Oljefiltret är placerat framtill på motorn bredvid generatorn **(se bild)**.
2 Placera en behållare under oljefiltret, lossa sedan filtret med lämpligt verktyg och förvara det på lämpligt sätt **(se bild)**.
3 Torka rent tätningsytan på motorblocket.
4 Stryk lite ren motorolja på det nya filtrets tätning, sätt det sedan på plats och dra åt det för hand.
5 Kontrollera sedan motorns oljenivå, fyll på vid behov. Torka rent filtret och, när motorn startas, kontrollera beträffande läckage.

19.3 Kontroll av vevaxelns axialspel

19.4 Ramlageröverfallens numrering

19.6 Demontering av vevaxel

20.1 Oljefiltrets placering

20.2 Demontering av oljefilter med kedjenyckel

21 Vevhusets ventilationssystem – beskrivning

Vevhusets ventilationssystem består av en oljeseparator baktill (samma sida som kylvätskeröret) på blocket, ansluten till luftrenaren med en gummislang. Undertrycket i luftrenaren åstadkommer vakuum i vevhuset, läckgaser dras således igenom oljeseparatorn till förbränningsrummen.

Slangen bör regelbundet kontrolleras beträffande anslutning och skador. Den behöver normalt sett inte rengöras annat än när motorn är mycket sliten.

22 Kontroll och renovering – allmänt

Då motorn är helt isärtagen, rengör alla delar och kontrollera dem beträffande slitage. Varje del bör kontrolleras och bytas eller åtgärdas vid behov, enligt beskrivning i följande avsnitt. Byt ram- och vevstakslager rutinmässigt, om det inte är säkert att de är obetydligt slitna.

23 Vevaxel och lager – kontroll och renovering

1 Kontrollera lagerytorna på vevaxeln beträffande repor och spår, använd en mikrometer. Kontrollera sedan lagertapparna beträffande ovalitet. Om ovaliteten överstiger 0,17 mm, måste vevaxeln slipas och lager med underdimension monteras.
2 Slipning av vevaxel skall utföras av en fackman, som normalt också levererar passande lager.
3 Om vevaxelns axialspel överstiger rekommendationen, måste nya lagerskålar med flänsar monteras i det mittre ramlagret. Dessa ersätter då tryckbrickorna och medföljer vanligen i en lagersats.

24 Motorblock/vevhus – kontroll och renovering

1 Cylinderloppen måste kontrolleras beträffande konicitet, ovalitet, spår och repor. Börja undersökningen upptill i loppen: om dessa är slitna finns en vändkant som visar var det övre läget är på kolvringen. Om loppet är mycket slitet, har motorn dragit en hel del olja och avgivit blå rök från avgasröret.
2 Använd om möjligt en invändig indikator för

24.6 Pluggarna i blocket

25.6 Kontroll av ringgap

att mäta cylinderloppet just under vändkanten och jämför det med diametern nedtill i loppet, som inte slits så mycket. Om skillnaden är mer än 0,15 mm bör cylindrarna borras och överdimensionskolvar monteras.
3 Under förutsättning att cylinderloppens slitage understiger 0,20 mm, kan man däremot montera speciella oljeringar för att minska oljeförbrukningen.
4 Om nya kolvar monteras i de gamla loppen, måste de putsas med fint slippapper så att de nya ringarna kan slitas in ordentligt.
5 Undersök vevhus och motorblock beträffande brickor eller skador och använd en tråd för att kontrollera att alla olje-/kylkanaler är fria.
6 Kontrollera pluggar beträffande läckage och kondition (se bild).

25 Kolvar och vevstakar – kontroll och renovering

1 Undersök kolvarna beträffande ovalitet, spår och repor. Kontrollera vevstakarna beträffande slitage och skador.
2 Demontera kolvarna från vevstakarna, märk de två detaljerna i förhållande till varandra – uttaget i vevstakens lagerända skall vara vänt åt samma håll som pilen på kolvtoppen.

25.7A Förskjut ringgapen till 120° intervall

3 Bryt ut låsringarna, doppa sedan kolven i hett vatten (ca 60°C). Tryck sedan ut kolvbulten och lossa kolven från vevstaken.
4 Montering sker i omvänd ordning.
5 Om nya ringar monteras på gamla kolvar, lossa de gamla ringarna över kolvtoppen genom att använda två eller tre bitar gammalt bladmått så att ringarna inte hamnar i tomma spår.
6 Innan nya ringar monteras, sätt dem i motorblocket ungefär 15 mm från underkanten och kontrollera att ändgapen är enligt specifikationerna (se bild).
7 Då nya ringar monteras på kolven, kontrollera att märkningen "TOP" är vänd uppåt,

25.7B Kontroll av ringarnas sidospel i spår

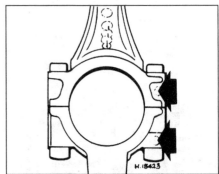

Fig 1.7 Urtagen i ramlagren (vid pilarna) ska peka åt samma håll som pilen på kolvtoppen (avsn 25)

26.1A Ta loss pluggen för övertrycksventilen . . .

26.1B . . . och ta bort fjäder och tryckkolv

26.2A Använd slagskruvmejsel, ta bort skruvarna . . .

26.2B . . . lyft bort locket

26.3A . . . och rotorerna

26.3B Yttre rotorns försänkning (vid pilen) måste vändas mot locket

placera ringgapen förskjutna 120° **(se bild)**. Kontrollera ringarnas spel med bladmått. Spelen skall vara enligt specifikationerna **(se bild)**.

26 Oljepump – kontroll och renovering

Tillverkaren anger inga tolerans för kontroll av oljepumpens hjul, oljepumpen måste därför bedömas vara i gott skick om oljetrycket är enligt specifikationerna. Detta kan endast kontrolleras med motorn ihopsatt och eftersom en oljetrycksmätare förmodligen inte

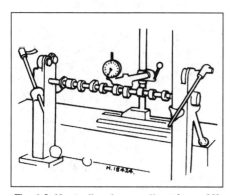

Fig. 1.8 Kontroll av kamaxelkast (avsn 29)

finns till hands, får det överlåtas åt en fackman. Man kan däremot göra en kontroll av oljepumpen på följande sätt:

1 Använd en insexnyckel, skruva bort ventilpluggen och ta bort fjäder och tryckkolv **(se bilder)**.
2 Använd en slagskruvmejsel, demontera stjärnskruvarna som håller ihop pumphuset **(se bilder)**.
3 Ta bort rotorerna, notera att försänkningen i den yttre rotorn är vänd mot locket **(se bilder)**.
4 Rengör detaljerna med avfettningsmedel och torka dem torra, kontrollera sedan beträffande slitage och skador. Om skador påträffas, byt oljepumpen komplett. Är den däremot i gott skick sätts den samman i omvänd ordning, dra åt muttrarna och pluggen.

27 Svänghjul – kontroll och renovering

1 Det är inte mycket man kan göra med ett skadat svänghjul utom att byta det.
2 Kontrollera startkransens kuggar. Om dessa är skadade eller slitna kan man byta bara startkransen. Detta innebär att man värmer ringen tills den kan lossas från svänghjulet, alternativt kan man spräcka den. Ny startkrans måste krympas på. Om detta

arbete är obekant kan man skaffa en ny startkrans och låta en fackman utföra arbetet.
3 Djupa spår på svänghjulets kopplingssida kräver ett nytt svänghjul. Försök inte slipa bort reporna med slippapper.

28 Kamrem och drev – kontroll och renovering

1 Kamremmen bör rutinmässigt bytas om den varit i tjänst mer än 30 000 km då motorn tas isär. I annat fall skall den bytas var 60 000 km.
2 Drev på kamaxel och vevaxel behöver normalt sett inte bytas eftersom de slits mycket lite.

29 Kamaxel – kontroll och renovering

1 Kontrollera kamaxellagren, kamnockarna och följarna beträffande slitage. Är slitaget stort, byt kamaxel och kamföljare.
2 Kontrollera kamaxelns radialkast. Montera kamaxeln mellan dubbar och använd en mätklocka på mittre lagret. Om radialkastet överskrider specifikationen, byt kamaxel.

31.2A Montering av mittre lagerskål

31.2B Lagerskålarna oljas in

31.3 Tryckbrickor vid mittre ramlager

30 Ihopsättning av motor – allmänt

1 För att erhålla maximal livslängd och ett minimum av problem med en renoverad motor, måste inte bara allt vara korrekt sammansatt, det måste också vara absolut rent. Alla oljekanaler måste rengöras, låsbrickor och fjäderbrickor måste monteras där så är avsett. Olja alla lager och andra arbetsytor med motorolja under sammansättningen.

2 Innan sammansättningen påbörjas, byt alla skruvar och pinnbultar med skadade gängor.

3 Ta fram momentnyckel och oljekanna, rena trasor och en packningssats med oljetätningar, ta även fram ett nytt oljefilter.

31 Vevaxel och ramlager – montering

1 Rengör baksidan på lagerskålarna och uttag i block och överfall.

2 Tryck lagerskålarna på plats i motorblock och överfall och olja in dem rikligt **(se bilder)**.

3 Då tryckbrickor är monterade (istället för ramlager med flänsar i det mittre ramlagret), smörj in tryckbrickorna med fett, sätt dem på plats på sidorna om det mittre ramlagret. De måste placeras så att oljespåren är vända från lagren i blocket och överfallet **(se bild)**.

4 Lägg vevaxeln på plats och sätt sedan

tillbaka överfallen på ursprunglig plats **(se bild)**. Notera att lagerskålarnas styrning sitter bredvid varandra.

5 Sätt i muttrarna och dra åt dem jämnt till angivet moment **(se bild)**. Kontrollera att vevaxeln roterar fritt, kontrollera sedan att axialspelet är enligt specifikationerna, använd ett bladmått mellan ansatsen på vevaxeln och tryckbrickorna eller lagerflänsen.

6 Montera bakre oljetätning (avsnitt 15) och oljepump (avsnitt 33). Anslut vevstakarna (avsnitt 32).

32 Kolvar och vevstakar – montering

1 Som tidigare påpekats rekommenderar tillverkaren att vevstaksbultarna bytes, montera därför nya bultar i stakarna.

2 Rengör baksidan av lagerskålar och lagerlägen i stake och överfall.

3 Tryck lagerskålarna på plats i stake och överfall och inolja dem rikligt **(se bilder)**.

4 Montera en ringkompressor på kolv nummer 1, för sedan vevstaken ned i cylinderloppet och sedan kolven **(se bild)**. Vevslängen för cylinder 1 ställs i undre läge, för försiktigt kolven in i cylinderloppet med ett hammarskaft, styr samtidigt storänden över vevslängen. Kontrollera att pilen på kolvtoppen pekar mot kamremmen.

5 Montera överfallet på vevstaken (kontrollera att det är rätt överfall). Dra åt muttrarna jämnt till angivet moment **(se bild)**.

6 Kontrollera att vevaxeln rör sig fritt. Använd ett bladmått för att kontrollera att vevstakarnas axialspel motsvarar det specificerade.

7 Upprepa arbetet enligt punkt 3 till 5 för cylinder nr 4. Vrid vevaxeln ett halvt varv och

31.4 Montering av mittre överfall

31.5 Åtdragning av ramlagerskruvarna

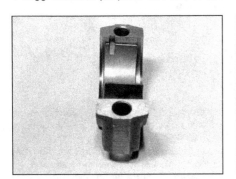

32.3A Montering av vevlagerskål

32.3B Rätt placering av styrningar (vid pilarna)

32.4 Ringkompressor vid kolvmontering (cyl nr 2 visad)

32.5 Åtdragning av vevstaksmuttrar

33.1A Oljepumpens tätning bryts loss

33.1B Montering av ny tätning på oljepumpen

gör på samma sätt med cylinder nummer 2 och 3.

8 Om motorn är på plats i bilen, sätt tillbaka oljepumpens pick-up och sil (avsnitt 33), oljetråg (avsnitt 34), samt topplock (avsnitt 38).

33 Oljepump – montering

1 Byt oljetätningen i pumphuset enligt beskrivning i avsnitt 15 **(se bilder)**.

2 Placera ny packning över styrstiften framtill på motorblocket.

3 Placera oljepumpen på blocket, se till att rotorn går i uttagen i vevaxeln. Se till att inte skada tätningen.

4 Sätt sedan i muttrarna tillsammans med fäste för visaren och remskyddet och dra åt dem jämnt till de angivna momenten **(se bild)**.

5 Använd en ny flänspackning och montera sedan oljeröret med pick-up och sil. Sätt sedan i muttrarna och dra dem till rätt moment.

6 Montera tråget (avsnitt 34) samt kamrem och drev (avsnitt 39).

34 Oljetråg – montering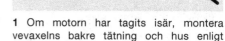

1 Om motorn har tagits isär, montera vevaxelns bakre tätning och hus enligt beskrivning i avsnitt 15.

2 Rengör tätningsytorna mellan tråg och motorblock.

3 Sätt den nya packningen antingen på blocket eller tråget, sätt tråget på plats, för in muttrarna och dra åt dem jämnt diagonalt till angivet moment **(se bild)**. Vid behov kan de två muttrarna som sitter vid svänghjulet bytas mot insexskruvar för att underlätta demonteringen med motorn på plats. Notera att åtdragningsmomentet för utbytesskruvar är 8 Nm.

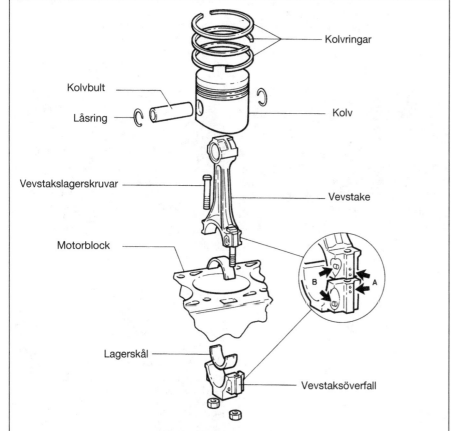

Kolvringar

Kolvbult

Låsring

Kolv

Vevstakslagerskruvar

Vevstake

Motorblock

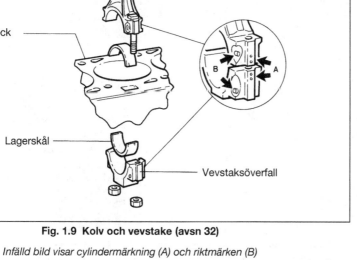

B   A

Lagerskål

Vevstaksöverfall

Fig. 1.9 Kolv och vevstake (avsn 32)

Infälld bild visar cylindermärkning (A) och riktmärken (B)

33.4 Oljepumpen monterad

34.3 Montering av trågpackning

35.3A Låsvätska på svänghjulets skruvar

35.3B Åtdragning av svänghjulets skruvar

36.3 Sätt plasthylsan över ventilspindeln . . .

4 Om motorn är på plats i bilen, fyll på motorolja, sätt fast generatorkabeln i klipset på tråget och sänk ned bilen på marken.

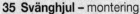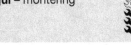

35 Svänghjul – montering

1 Sätt mellanplåten över styrstiften på blocket.
2 Rengör tätningsytor mellan svänghjul och vevaxel, sätt sedan svänghjulet på plats. Notera att skruvhålen endast passar i ett läge.
3 Stryk låsvätska på skruvgängorna, sätt dem på plats och dra åt dem diagonalt till angivet moment. Håll svänghjulet stilla **(se bilder)**.
4 Montera kopplingen enligt beskrivningen i kapitel 5.

36 Topplock – ihopsättning

1 Montera ventilerna på rätt plats i topplocket.
2 Ta en cylinder i taget, sätt undre fjädersätet på plats.
3 Innan ventiltätningen monteras, ta reda på plasthylsan som medföljer packningssatsen **(se bild)**.
4 För den nya tätningen över ventilspindeln och tryck den över styrningen med en rörbit **(se bild)**. Ta bort plastskyddet.
5 Montera fjädrar och hållare över ventil-spindeln, tryck ihop fjädern med en kom-

pressor och sätt dit knastren. Avlasta kompressorn och ta bort den.
6 Upprepa momenten i punkt 2-5 på övriga ventiler. Knacka på varje ventilspindeländе med en mjuk klubba så att knastren kommer rätt.
7 Montera kamaxeln enligt beskrivning i avsnitt 37.

37 Kamaxel – montering

1 Stryk lite motorolja på oljetätningens läpp och utsida, knacka den på plats med en träbit.
2 Olja in kamaxelns lager och sätt den på plats, se till att oljetätningen inte skadas **(se bild)**.
3 Montera strömfördelarfläns, tillsammans med ny packning, och dra åt muttrarna.

36.4 . . . montera sedan tätningen

4 Använd ett bladmått, kontrollera att kamaxelns axialspel motsvarar det som angivits i specifikationerna.
5 Montera woodruffkilen, sedan drevet på kamaxeln, följt av distans och skruv. Dra åt skruven, håll drevet stilla med en stång och två skruvar **(se bild)**.
6 Montera kamföljarna genom att vrida kamaxeln så att respektive kamnock pekar bort från ventilen, knacka sedan försiktigt följaren mellan ventilspindel och kam samt på kultappen.
7 Sätt låsblecken på plats i spolen på kultapparna och övre änden på kamföljarna.
8 Justera ventilspel enligt beskrivning i avsnitt 40.
9 Vrid kamaxeln så att märket i drevet pekar nedåt och står i linje med visaren på rem-kåpan **(se bild)**.
10 Vrid vevaxeln ett kvarts varv så att spåret i

37.2 Smörj in kamaxellagret

37.5 Åtdragning av kamdrevets skruv

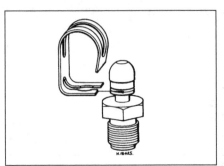

Fig. 1.10 Kamföljarens låsbleck och motsvarande spår i kultapp (avsn 37)

37.9 Kamdrev (senare utförande) med inställningsmärke mot ÖDP-märket

38.2 Korrekt montering av topplockspackning

38.4 Åtdragning av topplocksskruvar

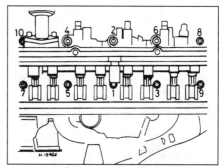

Fig. 1.11 Åtdragningsföljd för topplock (avsn 38)

kamaxeldrevet står i linje med visaren för ÖDP framtill på oljepumpen.

11 Montera kamremmen över drevet på kamaxeln och vattenpumpen.

12 Använd en skruvmejsel vid vattenpumpen och vrid pumpen moturs så att remmen spänns. Den skall precis kunna vridas 90° mellan tummen och pekfingret halvvägs mellan kamaxeldrev och vattenpump.

13 Dra åt vattenpumpens skruvar då spänningen är korrekt, samt kontrollera att inställningsmärkena stämmer.

14 Montera oljestickans rör på motorblocket.

15 Montera kamremskåpan, sätt i muttrarna med jordledning och fäste för oljestickans rör och dra åt muttrarna.

16 Tryck in smörjrör upptill i topplocket.

17 Montera kamkåpa med ny packning, placera förstärkningarna, dra åt muttrar och skruvar.

18 Om motorn är i bilen, fortsätt i omvänd ordning gentemot avsnitt 11.

38 Topplock – montering

1 Ställ cylindrarna 1 och 4 i ÖDP, vrid sedan vevaxeln ett kvarts varv moturs så att ingen kolv är i ÖDP.

2 Kontrollera att tätningsytor på block och lock är helt rena, lägg en ny packning på blocket och se till att alla olje- och kylvätskehål är synliga. Packningens reserv-

delsnummer skall vara vänt uppåt **(se bild)**.

3 Lägg topplocket på packningen och sätt skruvarna på plats tillsammans med motorns lyftöglor.

4 Använd en tolvtandnyckel och dra åt skruvarna gradvis enligt specifikationerna, dra i den ordning **fig. 1.11** visar **(se bild)**.

5 Montera vattenpumpen, om den lossats (kapitel 2).

6 Montera kamkåpans bakre del och sätt i vattenpumpens skruvar löst.

7 Om så erfordras, montera kamaxel enligt avsnitt 37.

8 Sätt tillbaka och dra åt övre muttrarna för kamkåpan.

9 Sätt tillbaka vevaxeldrevet om så erfordras, samt kamrem enligt avsnitt 39 **(se bild)**.

10 Vrid vevaxeln så att märket i drevet står mot visaren på kamremskåpan.

11 Vrid vevaxeln ett kvarts varv medurs så att spåret i drevet (sätt tillbaka temporärt vid behov) står mot visaren för ÖDP framtill på oljepumpen.

12 Sätt tillbaka kamremmen på kamdrev och vattenpump.

13 Använd en skruvmejsel i vattenpumpen, vrid pumpen moturs så att kamremmen spänns. Den skall precis kunna vridas 90° mellan tummen och pekfingret halvvägs mellan kamdrev och vattenpump **(se bild)**.

14 Dra åt vattenpumpens skruvar då remspänningen är riktig, kontrollera att inställningsmärkena stämmer.

15 Montera oljestickans rör till motorblocket.

16 Sätt tillbaka kamkåpan, sätt i muttrarna

med jordledning och fäste för oljestickan och dra åt muttrarna.

17 Sätt tillbaka kamkåpan, med ny packning, lägg förstärkningarna på plats, dra åt muttrar och skruvar.

18 Om motorn är i bilen, fortsätt sedan i omvänd ordning gentemot avsnitt 10.

39 Kamrem och drev – montering

1 Sätt woodruffkilen på plats i vevaxeln och knacka försiktigt drevet på plats.

2 Sätt i skruven och dra den till angivet moment, håll drevet stilla med hjälp av en mejsel i startkransen.

3 Sätt woodruffkilen på plats i kamaxeln, sedan drevet följt av distans och skruv. Dra åt skruven, håll drevet stilla med en stång och två skruvar.

4 Placera kamremmen på vevaxeldrevet, sätt sedan på remskivan, sätt i muttrarna och dra åt dem med en insexnyckel.

5 Vrid kamaxeln så att märkningen på drevet står mot visaren i kamremskåpan. Kontrollera att spåret på vevaxeldrevet pekar mot visaren framtill på oljepumpen.

6 Montera kamremmen över kamdrevet och vattenpumpen.

7 Använd en skruvmejsel i vattenpumpen, vrid pumpen moturs så att kamremmen spänns, den skall kunna vridas 90° mellan tummen och pekfingret halvvägs mellan kamaxeldrev och vattenpump **(se bild 38.13)**.

8 Dra åt vattenpumpens skruvar när remspänningen är korrekt, kontrollera att inställningsmärkena fortfarande står rätt.

9 Montera kamkåpan, sätt i muttrarna med jordledning och fäste för oljestickans rör, dra åt muttrarna.

10 Om motorn är på plats i bilen, monteras resten i motsatt ordning i förhållande till avsnitt 13.

38.9 Montering av vevaxeldrev och kamrem

38.13 Kamremmen spänns

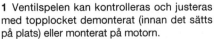

40.4 Justering av ventilspel

40 Ventilspel – kontroll och justering

1 Ventilspelen kan kontrolleras och justeras med topplocket demonterat (innan det sätts på plats) eller monterat på motorn.
2 I avsnittet Specifikationer ges två ventilspel, dessa gäller för kall respektive varm motor (kylvätsketemperatur över 35°C). Då spelen kontrolleras med motorn på plats i bilen, kör motorn tills den får normal arbetstemperatur, stäng sedan av den och ta bort kamkåpan.
3 Med kamkåpan borttagen, vrid kamaxeln (om topplocket är löst) tills bägge kamnockarna för cylinder nummer 1 pekar uppåt.
4 För in ett bladmått av rätt tjocklek mellan kam och kamföljare, bladet skall passa styvt. Om det går för lätt, vrid den justerbara kulleden med en insexnyckel (se bild). Ventilerna sitter i följande ordning från kamremmen räknat: insug – avgas – insug – avgas – insug – avgas – insug – avgas.

5 Gör om momenten i punkterna 3 och 4 för återstående ventiler. Om motorn går runt i normal riktning, justera ventilerna på cylinder nummer 3 följd av cylinder nummer 4 och sedan cylinder nummer 2.
6 Sätt tillbaka kamkåpan, använd ny packning.
7 Om spelen har justerats med kall motor, kontrollera på nytt efter 900 km med varm motor.

41 Övriga motoraggregat samt växellåda – montering

1 Se avsnitt 9, montera övriga komponenter, se även respektive avsnitt och kapitel.
2 Montera växellådan till motorn i omvänd ordning mot beskrivningen i avsnitt 7.

42 Motor – montering

Montering sker omvänt mot beskrivningen i avsnitt 6, men notera följande:
(a) Då motorn sänks ned i motorrummet, kontrollera att drivaxlarna går rätt mot flänsarna
(b) Sätt fast motorfästena löst, dra inte åt dem förrän aggregatet är på plats och inte spänner i fästena
(c) Justera kopplingen, enligt beskrivning i kapitel 5
(d) Justera gasvajer och, i förekommande fall, chokevajer, enligt beskrivning i kapitel 3
(e) Fyll på motorolja och kylvätska

43 Motor – justering efter renovering

1 Med motorn på plats i bilen, gör en sista kontroll för att försäkra dig om att allt har anslutits och att inga trasor och verktyg har lämnats kvar i motorrummet.
2 Om ventilföljarna har bytts, är det viktigt att motorn inte startas tidigare än 30 minuter efter monteringen. Motorn skadas om ventilerna tar i kolvarna.
3 Om nya kolvar och vevaxellager har monterats, vrid förgasarens justerskruv ca ett halvt varv in för att kompensera trögheten hos de nya komponenterna.
4 Dra ut choken helt (manuell choke) och starta motorn. Detta kan ta lite längre tid än vanligt, beroende på att det inte finns något bränsle i flottörhuset.
5 Så fort motorn startar, skjut in choken till det markerade läget. Kontrollera att oljetryckslampan slocknar.
6 Kontrollera oljefilter, bränsle- och kylvätskeslang beträffande läckage.
7 Låt motorn gå tills den får normal arbetstemperatur, justera sedan tomgångsvarv enligt beskrivning i kapitel 3.
8 Om nya kolvar eller vevaxellager har monterats, måste motorn köras in de första 750 km. Kör inte med full gas och låt inte motorn arbeta hårt.
9 Även om det inte är helt nödvändigt, kan det vara på sin plats att byta motorolja och filter efter inkörningsperioden. Man blir då av med de små metallpartiklar som produceras då detaljerna slits in.

Del B: 1,6 och 1,8 liter

44 Allmän beskrivning

Motorn är en fyrcylindrig radmotor med överliggande kamaxel, monterad tvärställd framtill i bilen. Växellådan (manuell eller automat) är monterad i svänghjulsänden på motorn.
Vevaxeln har fem lager och axialspelet styrs av ett mittre ramlager med flänsar, eller med tryckbrickor på ömse sidor om mittre ramlagret.
Kamaxeln drivs av en tandrem som spänns av en excentriskt monterad spännare. Ventilerna manövreras med kamföljare i direktkontakt med kamaxeln.
En aggregataxel, som också drivs av tandremmen, driver strömfördelare och oljepump samt, på förgasarmotorer, bränslepumpen.
Oljepumpen har två drev som drivs från aggregataxeln, den innehåller också en tryckregleringsventil.

Topplocket är av aluminium och konventionellt utförande, med insugnings- och avgasgrenrör monterade baktill (sett med motorn i bilen).

45 Rutinmässigt underhåll – motor

Proceduren är den samma som beskrivs för 1,05 och 1,3 liters motorerna i avsnitt 2 i detta kapitel.

46 Arbeten möjliga med motorn på plats i bilen

Följande arbeten kan utföras utan att motorn demonteras:
(a) Demontering och renovering av topplock, kamaxel och kamrem

(b) Byte av vevaxelns bakre tätning (efter demontering av växellåda, drivplatta eller koppling)
(c) Demontering av oljetråg och oljepump
(d) Demontering av kolvar/vevstakar (efter demontering av topplock och tråg)
(e) Byte av vevaxelns främre tätning, aggregataxelns tätning, samt kamaxelns främre tätning
(f) Byte av motorfäste

47 Arbeten med motorn demonterad

Följande arbeten kan endast utföras med motorn demonterad:
(a) Byte av ramlager
(b) Demontering och montering av vevaxel
(c) Demontering och montering av aggregataxel

49.4 Trågets avtappningsplugg

49.7A Placering av 0,3 bar oljetryckskontakt baktill på topplocket

49.7B Placering av 1,8 bar oljetryckskontakt i filterfästet

48 Metod för demontering av motor

1 Motorn, tillsammans med växellådan, måste lyftas ut ur motorrummet för att sedan delas på arbetsbänken. Två personer måste hjälpas åt.
2 En lyft som klarar 150 kg krävs för att motorn skall kunna lyftas ca 1 m. Om lyften inte är portabel och motorn lyftes, måste tillräcklig plats lämnas bakom bilen så att den kan rullas undan och motorn sänkas ned. Klossar behövs för att stödja motorn efter demonteringen.
3 Helst bör bilen ställas över en grop. Om detta inte är möjligt måste karossen stödjas av pallbockar, så att framhjulen kan vridas och drivaxelns muttrar kan lossas. Den vänstra är tillgänglig ovanifrån, men höger axels muttrar måste lossas underifrån. Även andra jobb utförs bäst underifrån, t ex demontering av växellänkage och demontering av främre avgasrör.
4 Främre avgasrörets infästning i grenröret säkras av speciella fjäderklämmor och inte skruvar och muttrar. Vid isärtagning och ihopsättning av skarven måste ett VW specialverktyg med nummer 3049A användas. Utan detta verktyg blir isärtagning och ihopsättning nästan omöjligt, se därför till att låna eller hyra ett sådant verktyg i förväg. Se kapitel 3 för närmare detaljer.
5 Det enda andra specialverktyg som krävs är en omgång tolvtandnycklar, vilka behövs för att lossa muttrarna som håller bl a topplock (se bild 5.4).
6 Tappa av olja och kylvätska på annan plats än där arbetet utförs. Detta besparar besvär med spilld olja på arbetsplatsen.
7 I bilar med luftkonditionering måste följande iakttas vid handhavande av kylledningar och övriga komponenter:

(a) Belasta eller böj inte mjuka ledningar till en radie som understiger 101 mm
(b) Ledningarna måste placeras korrekt, får inte skava mot kringliggande komponenter och måste hållas borta från avgasgrenrör och främre rör.

(c) Alla metalledningar måste kontrolleras så att de inte böjs eller skadas
(d) Lossa inte någon av ledningarna
(e) Värm eller löd inte i närheten av luftkonditionering eller övriga komponenter
(f) Om någon del av luftkonditioneringssystemet måste kopplas bort och/eller demonteras av någon orsak, måste de först tömmas av en fackman med riktig utrustning. Det enda undantaget gäller kompressorns drivrem. Denna kan tas bort och sättas på plats enligt beskrivning för generatorrem (se kapitel 9)

49 Motor (förgasare) – demontering

1 Lossa batteriets negativa anslutning.
2 Ta av huven enligt beskrivning i kapitel 11, förvara den så att den inte skadas.
3 Tappa av kylvätskan enligt beskrivning i kapitel 2.
4 Ställ en lämplig behållare under motorn, lossa sedan trågets avtappningsplugg och ta reda på oljan (se bild). Då motorn är tom, sätt tillbaka pluggen. Byt O-ring.
5 Demontera kylaren, tillsammans med kylfläkten, enligt beskrivning i kapitel 2.
6 På förgasarmodeller, demontera luftrenaren och lossa sedan gasvajern från förgasaren (se kapitel 3). För kabeln åt sidan.
7 Lossa följande elanslutningar, men märk ut dem så att de kan sättas tillbaka på rätt plats:

(a) Generatorledning
(b) Ledning för oljetryckskontakt vid topplock (se bilder) och oljefilterhållare
(c) Termokontakt för insugningsrörsvärme
(d) Chokelockets termokontakt (där sådan förekommer)
(e) Tändsystemets hög- och lågspänningsledningar
(f) Chokelockets övriga anslutning
(g) Kylvätsketempgivare
(h) Jordkabel till växellåda (se bild), samt multikontakt på växellådan
(i) Startmotorledningar

49.7C Jordkabel på växellådan

8 Lossa bränsleledningen från pumpen samt returledningen (till bränsletanken). Plugga igen slangarna för att undvika spill.
9 Lossa kyl- och värmeslangar från motorn.
10 Om modellen har manuell växellåda, lossa kopplingsvajer enligt beskrivning i kapitel 5.
11 Lossa följande detaljer runt förgasaren. Märk ut alla anslutningar så att de kan sättas tillbaka på rätt plats:

(a) Termotidkontakt
(b) Tomgångs-/motorbromsavstängningsventil
(c) Värme för insugningsrör
(d) Delgasvärmekanal

12 Lossa hastighetsmätaren från växellådan.
13 Lossa och ta bort vakuumbehållaren.
14 Lossa bromsservovakuumslangar samt vakuumslangarna från insugningsröret.
15 Lossa och ta bort växellådans fästskruvar.
16 Hissa upp bilen och stöd den på pallbockar, se till att det finns tillräcklig med plats under.
17 Lossa växellänkaget, se kapitel 6 (manuell växellåda).
18 På automatväxellåda, välj läge P (park), lossa sedan gas- och väljarvajer från växellådan enligt anvisning i kapitel 6.
19 Lossa drivaxlarna från växellådan enligt kapitel 7, bind upp dem så att de inte är i vägen.
20 För att lossa främre avgasröret från grenröret krävs VW specialverktyg 3049A. Det kan vara möjligt att lossa klämmorna utan

detta verktyg, men det behövs definitivt för att kunna montera dem; se kapitel 3 för ytterligare detaljer.

21 Bilen kan nu sänkas ned igen, övrigt arbete sker ovanifrån.

22 Fäst en lämplig lyftanordning i motorn och avlasta tyngden.

23 Lossa bakre motorfästet genom att lossa de tre muttrarna **(bild 6.24)**.

24 Främre infästning för motor/växellåda måste nu lossas genom att man tar bort den genomgående bulten. Det kan vara nödvändigt att lyfta lite grand, sänka eller vrida motor och växellåda så att bulten kan dras bort **(bild 6.26A)**.

25 Motor/växellåda kan nu lyftas ut, men kontrollera först att alla vajrar, kablar och slangar är lossade.

26 Ta hjälp av någon som kan styra motor och växellåda tills de går fritt från komponenterna i motorrummet då de lyfts ut. Man måste vrida motor och växellåda något då de höjs. Då de går fritt från bilen, sänk ned dem på golvet eller arbetsbänken.

50 Motor (bränsleinsprutning) – demontering

På bilar med bränsleinsprutning sker demontering av motorn på liknande sätt, bortsett från de detaljer som rör förgasaren. Följande utrustning för bränsleinsprutning måste lossas istället. Ytterligare information kan fås i kapitel 3 rörande losstagning av bränsleinsprutningens detaljer.

1 Lossa kablarna från varmkörningsventilen (grön anslutning).

2 Lossa kablarna från kallstartventilen (blå anslutning).

3 Lossa kablarna från tillsatsluftssliden.

4 Lossa gasvajer vid snabbtomgångskam och fäste, men ta inte bort fästklamman.

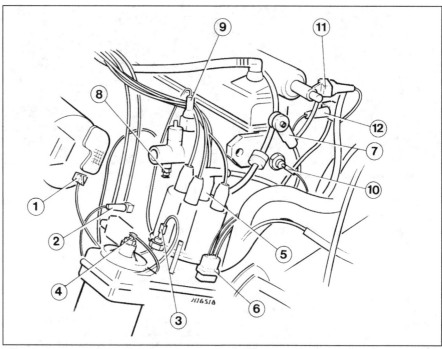

Fig. 1.12 Kabelanslutning som ska lossas - modeller med bränsleinsprutning (avsn 50)

1	Generator	4	Oljetempgivare	7	Vakuumkontakt	10	0.3 bar oljetryckskontakt
2	Varmkörningsventil	5	Fördelarens tändkabel	8	Kylvätsketempgivare	11	Kallstartventil
3	1,8 bar oljetryckskomtakt	6	Hallgivare (fördelare)	9	Termotidkontakt	12	Tillsatsluftsslid

5 Ta bort kallstartventilen, men låt bränsleledningarna vara anslutna. Lägg den åt sidan.

6 Lossa luftkanalen vid gasspjällhuset.

7 Lossa vakuumslangarna från insugningsrör och bromsservo.

8 Låt bränsleledningarna vara anslutna, lossa fästmuttrarna och ta bort varmkörningsventilen från motorblocket. För den ur vägen.

9 Lossa insprutarna från topplocket, plugga igen hålen. Lossa insprutarledningarna från fästena på gasspjällhuset, för dem ur vägen.

10 Lossa vakuumslangarna vid gasspjällhusets T-stycke på torpedväggen. För undan slangarna.

11 Lossa oljetempgivarens kabel **(se bild)**.

12 Då motor och växellåda lyfts ur bilen, måste stor försiktighet iakttagas så att insugningsröret går fritt från torpedväggen. Man kan vara tvungen att dra motorn lite och sedan vrida den under lyftet.

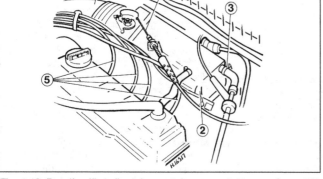

Fig. 1.13 Detaljer för bränsleinsprutning som ska lossas (avsn 50)

1 Gasvajer
2 Kallstartventil
3 Vakuumslangar
4 Luftintag
5 Insprutare

50.11 Oljetempgivare - vid pil (modeller med bränsleinsprutning)

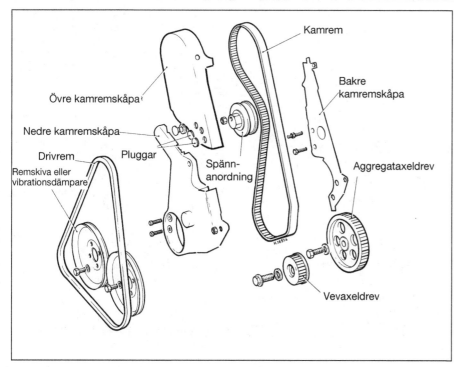

Kamrem

Bakre
kamremskåpa

Övre kamremskåpa

Nedre kamremskåpa

Drivrem   Pluggar

Remskiva eller
vibrationsdämpare

Spänn-
anordning

Aggregataxeldrev

Vevaxeldrev

Fig. 1.14 Kamrem och kåpa (avsn 54)

51 Motor och växellåda –
isärtagning och ihopsättning

Proceduren sker helt enligt beskrivning i
kapitel 6, avsnitt 10 (manuell växellåda) eller
avsnitt 22 (automatväxellåda). Man behöver
däremot bara titta på det som rör den
speciella metod man använder. Motorn måste
stödjas på block, men växellådan kan också
dras undan då motorn fortfarande är
monterad i lyften.

52 Isärtagning av motor –
allmänt

Se avsnitt 8 i detta kapitel.

53 Motorns yttre detaljer –
demontering

1 Med motorn demonterad från bilen och
delad från växellådan, kan de yttre detaljerna
demonteras innan motorn tas isär.
Demonteringen behöver inte ske i någon
speciell ordning.
2 Demontera generator och drivrem (kapitel
9).
3 Lossa och ta bort insugningsrör och
förgasare eller insugningsrör och gasspjällhus
(bränsleinsprutning). Se kapitel 3 vid behov.

4 Demontera avgasgrenrör (kapitel 3).
5 Demontera bränslepump (kapitel 3).
6 Om den fortfarande är ansluten, ta bort
varmkörningsventilen på modeller med
bränsleinsprutning (kapitel 3).
7 Demontera strömfördelaren (kapitel 4).
8 Demontera oljefilter med kylare (där sådan
förekommer) samt oljefilterfäste (avsnitt 62).
9 Demontera givare för oljetryck och
kylvätsketemperatur, notera var de är
monterade.
10 Demontera vattenpump och kylvätske-
slangarnas anslutningar från motorblock och
topplock (kapitel 2). Notera att nya O-ringar
erfordras där sådana förekommer.
11 Demontera koppling enligt beskrivning i
kapitel 5 på modeller med manuell växellåda,
lossa sedan mellanplåten. På modeller med
automatväxellåda, lossa drivplattan från

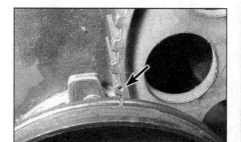

54.5 Aggregataxeldrevets
inställningsmärke (vid pilen) mot märket i
vevaxelns remskiva

vevaxeln, notera placering av distanser och
brickor.

54 Kamrem och drev –
demontering

Om motorn fortfarande är på plats i bilen,
utför först följande arbeten:
(a) Lossa batteriets negativa anslutning
(b) Demontera generatorns drivrem (kapitel 9)
(c) Lossa och ta bort vattenpumpens
    remskiva

1 Beroende på typ, lossa fästskruvar/muttrar
och låsbleck och ta bort övre delen av
kamremskåpan. På vissa modeller är det
nödvändigt att ta bort locket framtill på kåpan
så att en insexskruv blir åtkomlig. På övriga
modeller är muttrarna synliga, men de sitter
djupt (åtkomliga genom hålet mitt i kåpan).
2 Lossa muttrar och skruvar från kamkåpan
och ta bort den, ta bort packning och
förstärkningar. Lossa vevhusventilationens
slangar från kåpan.
3 Märk ut hur vevaxelns remskiva och
kamdrev sitter i förhållande till varandra, lossa
sedan de fyra muttrarna och ta bort
remskivan.
4 Skruva loss och ta bort undre kamrems-
kåpan.
5 Motorn måste nu ställas in så att
märkningen överensstämmer. Sätt tillfälligt
tillbaka remskivan. Drevet för aggregataxeln
har en kugge märkt med ett körnslag. Vrid
motorn tills denna står mitt för ett spår i
vevaxelns kilremsskiva (se bild). För att
underlätta vridning av motorn, demontera
tändstiften, sätt sedan en lämplig nyckel på
vevaxelns centrumbult och vrid motorn i
normal rotationsriktning.
6 När dessa märken överensstämmer, se på
kamdrevet. En kugge är märkt och på denna
märkning skall stå vid tätningsytan för
kamkåpan (se fig. 1.15). Då motorn vridits så
att märkena överensstämmer, kontrollera
kamnockarna för ettans cylinder, närmast
kamremmen. De skall stå så att bägge
ventilerna är stängda (se bild). Titta nu genom
hålet där givaren för ÖDP skall sitta, notera

54.6 Kamnockar för 1:ans cylinder då
ventilerna är helt stängda

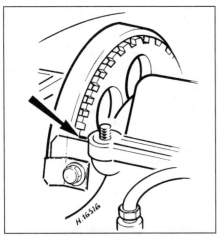

Fig. 1.15 Kamdrevets inställningsmärke
(vid pilen) med 1:ans cyl vid ÖDP på
kompressionsslaget (avsn 54)

Fig. 1.16 Kontroll av kamremmens
spänning (avsn 54 och 79)

var märkena på svänghjulets periferi är placerade.

7 Innan kamremmen demonteras, kontrollera dess spänning. Håller man den mellan tummen och pekfingret halvvägs mellan aggregataxel och kamaxel, så ska den inte gå att vrida mer än 90°. Om den är för slak, justera den genom att lossa skruven som håller spännhjulet. Om den går att justera till rätt spänning, demontera den och kontrollera

beträffande slitage. Man bör beställa en ny om detta krävs.

8 Lossa spännaren, ta sedan bort kamremmen från kamaxel, aggregataxel och vevaxel.

9 Dreven hålls vid respektive axel av en skruv och bricka. Aggregataxel-, kamaxel-, och vevaxeldrev (särskilt det senare) dras åt relativt hårt. Dreven måste därför hållas fast då muttrarna lossas.

10 Demontera kamaxeldrevet, lossa skruven och håll samtidigt drevet stilla genom att föra in ett lämpligt verktyg genom ett hål i drevet och stödja mot ventilkåpsytan på topplocket, se till att ytan inte skadas. Ta bort skruven och distansbrickan, ta sedan bort drevet, knacka på det vid behov. Kontrollera passningen för woodruffkilen i kamaxeln, sitter den löst måste den bytas. Bryt loss kilen och förvara den tillsammans med drevet.

11 För att demontera vevaxelns drev, håll vevaxeln stilla med en mejsel i startkransen (demontera startmotorn vid behov). Låt inte vevaxeln vridas, eftersom ventilerna då kan slå i kolvarna. Lossa och ta bort fästskruven tillsammans med distansbrickan, bryt sedan loss drevet från vevaxeln. Kontrollera woodruffkilens (om sådan finns) passning, sitter den löst måste den bytas. Bryt loss kilen och förvara den tillsammans med drevet.

12 Aggregataxelns drev demonteras på samma sätt som kamdrevet.

55 Kamaxel – demontering och montering

För att demontera kamaxeln med motorn i bilen, utför först följande arbeten:

(a) Demontera kamrem och kamkåpa, lossa sedan kamremmen från kamaxeldrevet enligt beskrivning i avsnitt 54
(b) Om kamaxelns tätning ska bytas, måste kamaxeldrevet också demonteras

1 Se fig. 1.17 och 1.18. Demontera kamaxelns lageröverfall. Dessa måste sitta på samma plats och vända på samma sätt vid monteringen. De är numrerade (se bild), men gör ett körnslag på den sida som är vänd mot kamdrivningen. Nummer ett är det som har oljetätning.

2 Ta bort överfallen 5, 1 och 3 i nämnd ordning. Lossa sedan muttrarna som håller nummer 2 och nummer 4 diagonalt, ventilfjädrarna kommer då att trycka upp kamaxeln. Då fjädrarna är avlastade, ta bort överfallen och lyft bort kamaxeln. Oljetätningen följer med axeln.

3 Ventiltryckarna är nu fria och kan tas bort

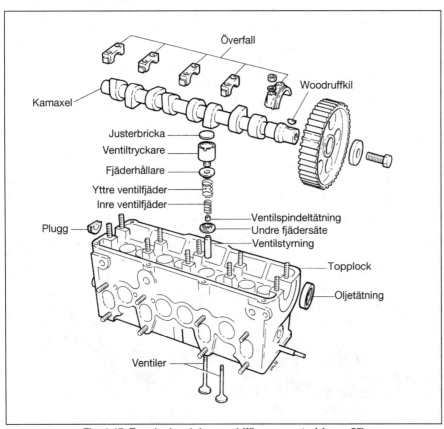

Fig. 1.17 Topplock och kamaxel (förgasarmotor) (avsn 55)

Labels: Överfall, Woodruffkil, Kamaxel, Justerbricka, Ventiltryckare, Fjäderhållare, Yttre ventilfjäder, Inre ventilfjäder, Plugg, Ventilspindeltätning, Undre fjädersäte, Ventilstyrning, Topplock, Oljetätning, Ventiler

55.1 Demontering av lageröverfall för kamaxeln

55.3 Ventiltryckare och justerbricka

(se bild). Ta bort dem i tur och ordning, ta bort den lilla brickan i koppen genom att föra in en liten skruvmejsel på sidan och lyfta ut den. På baksidan är brickan märkt med storlek (t ex 3.75). Detta anger tjockleken. Notera siffran när du gör rent brickan och sätt tillbaka den med siffran vänd nedåt. Det finns åtta brickor och de får inte blandas ihop. Vid hopsättningen måste de placeras där de tidigare suttit. Detta gäller även för ventilerna, så det är lämpligt att förvara dem tillsammans. Numrera dem 1-8, 1 och 2 gäller då cylinder 1, avgas respektive insug. Nummer 3 är avgasventil till cylinder nummer 2 och nummer 4 är dess insugningsventil. Nummer 5 är insugningsventil för cylinder nummer 3 och nummer 6 är avgasventil, nummer 7 är avgasventil för cylinder nummer 4 och nummer 8 avgasventil. Notera juster-brickornas tjocklek, nummer 1-8.
4 Vid kontroll av kamaxel, se avsnitt 29 i detta kapitel.
5 Montering beskrivs i avsnitt 57 i detta kapitel.

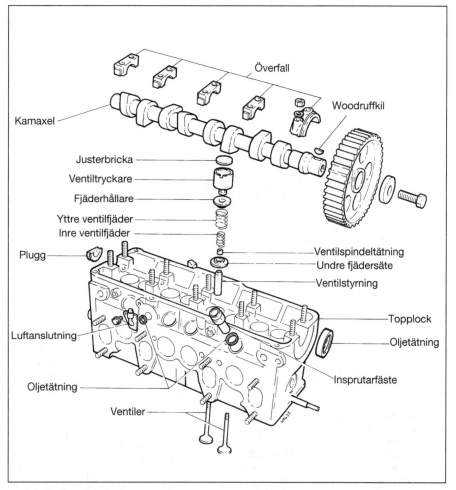

Fig. 1.18 Topplock och kamaxel (motor med bränsleinsprutning) (avsn 55)

56 Topplock – demontering

1 Om topplocket demonteras med motorn uttagen, fortsätt från punkt 17. Om topplocket demonteras med motorn i bilen, sker detta bäst med insugnings- och avgasgrenrör monterade. De kan tas bort senare, men notera att ett specialverktyg krävs för att lossa (och senare ansluta) klammorna för främre avgasröret (se kapitel 3, avsnitt 24). En tolvtandnyckel krävs också för att lossa topplocksmuttrarna.
2 Lossa batteriets jordledning. Tappa av kylsystemet, lossa sedan kylvätskeslangarna från topplocket (kapitel 2).
3 Lossa termokontaktens och oljetrycks-givarens anslutningar.
4 På förgasarmodeller, lossa och ta bort luftrenaren (kapitel 3).
5 Lossa generatorn från fästet på topplocket, ta bort kilremmen (kapitel 9).
6 Lossa/ta bort insugnings- och avgasgrenrör vid behov, men som påpekats kan man ta

bort dem efter det att topplocket demon-terats, om anslutningen för främre avgasröret kan lossas. Om grenrören sitter kvar på locket, lossa vakuumanslutningarna från insugningsröret samt gasvajer (och choke-vajer om sådan finns).
7 Lossa tändkablarna från tändstiften.

Modeller med bränsleinsprutning

8 På modeller med bränsleinsprutning måste även följande lossas:
9 Lossa insprutarledningar från topplocket och deras klämmor och vik dem åt sidan (se kapitel 3).
10 Lossa luftkanalen och slanganslutningen till gasspjällhuset.
11 Ta bort vakuumslangarna vid gasspjällhus och vid trevägsanslutningen på torpedsidan av topplocket. Vik undan dem och fäst upp dem.
12 Lossa ledning till tillsatsluftssliden på undersidan av insugningsröret och dess slang från flexslangen på gasspjällhuset.
13 Lossa servovakuumslangarna från den gröna anslutningen på slangen från gas-spjällhuset.

14 Om luftkonditionering finns, lossa slang-arna från tillsatsluftssliden och röret.
15 Lossa MFI-slangen vid anslutningen för servoslangen.
16 Lossa kontaktstycket från kallstart-ventilen.

Alla modeller

17 Ta bort kamremskåpan och kamkåpan, lossa sedan kamremmen från kamdrevet enligt beskrivning i avsnitt 54.
18 Ta bort kamaxeln enligt beskrivning i avsnitt 55.
19 Nu ska topplocksmuttrarna tas bort. Dessa sitter försänkta i topplocket och har speciella skallar. Man måste använda ett speciellt tolvtandverktyg. Om en insexnyckel används är det troligt att muttrarna förstörs och de blir då i stort sett omöjliga att ta bort.
20 Topplocksmuttrarna måste lossas växelvis och i omvänd ordning mot åtdragning, **(se fig. 1.25)**.
21 Då alla tio muttrarna har tagits bort, lyft bort topplocket. Man kan behöva knacka på det lite för att det ska lossna, men bryt inte, använd inte heller kilar. Ta bort packningen, samt om motorn inte skall tas isär, rengör

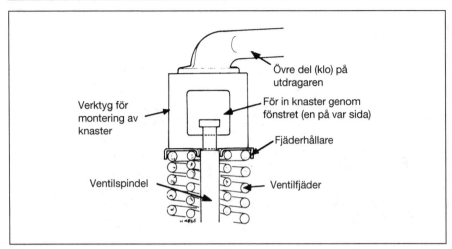

Fig. 1.19 Hemmagjort verktyg för demontering och montering av ventilknaster (avsn 57)

kolvtoppar och lockets yta. Notera att topplocksmuttrarna måste bytas, man bör därför skaffa en ny sats när man köper packning.

57 Topplock – isärtagning, kontroll och renovering

1 Placera topplocket på en plats där det kan rengöras med stålborste, en trubbig skruvmejsel och stålull. Ta bort koksavlagringarna i förbränningsrummen, på ventilytor och i avgasportarna. Då locket är rent, tvätta händerna och ta tillbaka locket till arbetsplatsen. Ta bort tändstiften för rengöring.
2 Ventilerna är inte lätta att demontera om man inte har en speciell fjäderkompressor. Eftersom knaster och tryckbrickor sitter så djupt, krävs en lång klo på kompressorn. Den måste öppnas så mycket att knastren kan tas bort och sättas på plats. Om sådant verktyg inte är tillgängligt, får man skaffa en bit stålrör, med en innerdiameter på ca 25 mm som då får trycka ner ventilbrickan (se fig. 1.19). Längden beror på fjäderkompressorn, sätt därför kompressorn på plats helt utdragen, mät avståndet mellan klon och ventiltryckbricka. Kapa röret till denna längd.
3 Härnäst måste två fönster, ungefär 25 mm

långa och 16 mm breda, skäras på ömse sidor om röret. Röret kan sedan användas tillsammans med kompressorn så att knastren kan tas bort från ventilspindlarna. Förvara fjädrar, knaster och säten i samma fack som ventiltryckaren för respektive ventil. Det bör monteras på den plats de suttit (se bild).
4 Ventilfjädrarna måste bytas om de är skadade, missformade eller om de har gått länge. Om tveksamhet råder beträffande kondition, låt en fackman kontrollera fjäderspänningen.
5 Ventilerna bör rengöras och kontrolleras beträffande slitage eller skador. Då skador finns, kan man låta en fackman slipa insugningsventilen med hjälp av en maskin, men avgasventilen måste slipas för hand. Slitage i ventilstyrningen kan märkas när man monterar en ventil i styrningen, och kontrollerar hur mycket den kan röras i sidled när ventilspindeln går jäms med ventilstyrningen. Gränsvärden finns angivna i specifikationerna. Nya ventilstyrningar måste monteras och brotchas av en fackman.
6 Slipa inte in ventilerna för länge. Om inte ventilsäte och ventil tätar tillfredsställande efter 15 minuters hårt arbete, gör man fortsättningsvis förmodligen mer skada än nytta. Kontrollera att båda ytorna är rena, stryk lite slippasta jämnt på ventilen och använd en sugkopp så att ventilen kan röras

fram och tillbaka mot sätet, lyft ventilen och vrid den lite under arbetet. Rengör säte och ventil flera gånger och fortsätt tills man kan se ett jämnt grått band på både ventil och säte. Torka bort all slippasta.
7 Topplockets planhet måste kontrolleras med en linjal och ett bladmått. Placera linjalen mitt på och längs med topplocket. Kontrollera att det inte finns några kanter i topplockets ändar, mät sedan med bladmåttet mellan varje förbränningsrum. Här är topplockspackningen smalast och det stället där den troligast går sönder. Om bladmått tjockare än 0,1 mm kan föras in mellan linjal och lock måste topplocket planas eller bytas.
8 Om sprickor är synliga, låt en fackman bedöma huruvida locket kan användas. Det kan behöva bytas.
9 VW rekommenderar att ventiltätningarna alltid byts för att hindra högre oljeförbrukning. De gamla kan lätt tas bort med en tång. Med de nya tätningarna följer en plasthylsa, den ska placeras över ventilspindeln och smörjas in. Tätningen förs sedan över plasthylsan tills den kommer på plats över ventilstyrningen. Detta bör utföras med ett specialverktyg (VW 10204) som passar på utsidan av tätningen och fördelar trycket jämnt. Om tätningarna monteras utan plasthylsa kommer tätningen att skadas och oljeförbrukningen att bli hög. Om arbetet inte kan utföras riktigt, ta hjälp av en fackman.
10 Innan topplocket sätts ihop, kontrollera kamaxelns skick enligt beskrivning i avsnitt 29.
11 När alla detaljer, lock, ventil, säten, fjädrar, styrningar, tätningar och kamaxel har bedömts användbara kan ihopsättningen påbörjas. Sätt ventilerna på plats där de tidigare suttit, montera undre fjädersäte, ventilfjäder och övre säte. Ta fram fjäderkompressorn och vid behov röret, tryck ihop ventilfjädrarna tills knastret kan sättas på plats (se bilder). Gör på samma sätt med det andra knastret och håll försiktigt fast dem då trycket på fjädern avlastas. Ta bort fjäderkompressorn, lägg en trasa över ventilspindeln och knacka på den med en hammare. Detta gör att knastren sätter sig ordentligt – i annat fall kommer de att lossna. Gör på samma sätt med alla åtta ventilerna.

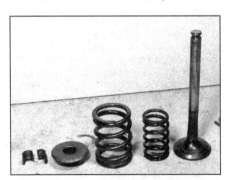

57.3 Knaster, säte, fjädrar och ventil

57.11A Montering av ventil

57.11B Fjädrar och säte sätts på plats . . .

57.11C ... och knastren

57.12 Montera tryckarna

57.13 Montera lageröverfallen

 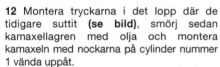

> **HAYNES TiPS** *Om fingrarna är för stora, sätt en fettklick på knastret och plocka upp det med en liten skruvmejsel, sätt det sedan på plats på ventil- spindeln.*

12 Montera tryckarna i det lopp där de tidigare suttit **(se bild)**, smörj sedan kamaxellagren med olja och montera kamaxeln med nockarna på cylinder nummer 1 vända uppåt.

13 Montera ny oljetätning på drivsidan, smörj lagren och sätt sedan axeln och därefter överfallen nummer 3 och 4 på plats **(se bild)**. Dra åt muttrarna diagonalt och växelvis tills axeln är på plats. Sätt sedan på övriga överfall, se till att de är rätt vända (körnslag mot drivsidan). Dra åt överfallen diagonalt till angivet moment. Montera nya gummitätningar på ömse sidor om drevet.

14 Justera ventilspelen enligt avsnitt 77.

15 Sätt tillbaka topplocket enligt avsnitt 78.

58.5 Montering av oljepump

58.6 Montering av oljetråg

58 Oljetråg och oljepump – demontering och montering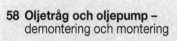

1 Om motorn är i bilen, ställ en lämplig behållare under avtappningspluggen, lossa sedan pluggen och tappa av oljan. Notera att pluggen har en O-ring som måste bytas.

2 Lossa trågets fästskruvar, ta ned tråget. Ta bort packningen och notera att denna även måste bytas.

3 Demontera oljepumpen, lossa de två fästmuttrarna och sänk ned pumpen komplett med pick-up och sil.

4 Isärtagning och kontroll av oljepumpen behandlas i avsnitt 69.

5 Vid montering av pump, kontrollera att tätningsytorna är rena, sätt pumpen på plats, sedan muttrarna. Dra åt till angivet moment **(se bild)**.

6 Sätt den nya trågpackningen på plats, men lägg inte på något tätningsmedel. Sätt tillbaka tråget och dra åt muttrarna jämnt till angivet moment **(se bild)**.

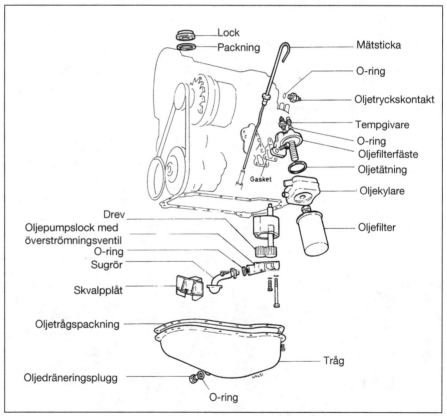

Lock
Packning
Mätsticka
O-ring
Oljetryckskontakt
Tempgivare
O-ring
Oljefilterfäste
Oljetätning
Oljekylare
Oljefilter
Gasket
Drev
Oljepumpslock med överströmningsventil
O-ring
Sugrör
Skvalpplåt
Oljetrågspackning
Tråg
Oljedräneringsplugg
O-ring

Fig. 1.20 Tråg, oljepump och oljefilter (avsn 58)
Modell med bränsleinsprutning visad

7 Sätt tillbaka avtappningspluggen med en ny O-ring, dra åt till angivet moment.

59 Kolvar och vevstakar – demontering

1 Demontera topplocket enligt beskrivning i avsnitt 56.
2 Demontera tråget enligt beskrivning i avsnitt 58.
3 Lossa de två fästmuttrarna för oljepumpen, ta sedan bort pumpen komplett med pick-up. Lägg den åt sidan för senare rengöring och kontroll.
4 Kolvar och vevstakar demonteras enligt beskrivning i avsnitt 18.

60 Vevaxel och ramlager – demontering

1 Lossa kolvarna och vevstakarna från vevaxeln enligt beskrivning i föregående avsnitt. Motorn måste demonteras om vevaxeln ska tas bort, däremot kan topplock, kolvar och vevstakar lämnas på plats.
2 Vid svänghjulet, lossa och ta bort de sex muttrarna som håller oljetätningshuset till vevhuset. Ta bort oljetätningshuset, tätningen och packningen.
3 Kontrollera ramlageröverfallen. Man ser att överfallen är numrerade 1-5 och att numreringen är på den sida som är vänd från oljepumpen. Lokalisera numren. Om de inte kan läsas, märk överfallen med körnslag på samma sätt som för vevstaksöverfallen. Innan överfallen tas bort, kontrollera vevaxelns axialspel med hjälp av ett bladmått mellan tryckbricka och flänsen på mittre ramlaget **(se bild)**. Det får inte överskrida värdet i specifikationerna.
4 Ta bort överfallets fästskruvar, ta bort överfallet och sedan tryckbrickorna på ömse sidor om det mittre ramlaget.
5 Ta bort vevaxeln och sedan de övre lagerskålarna. Om lagren inte byts, se till att

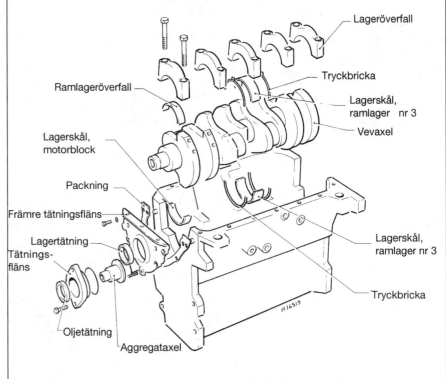

Fig. 1.21 Vevaxel och motorblock (avsn 60)

de kommer tillbaka på samma ställe, och rätt vända.

61 Aggregataxel – demontering

1 Aggregataxeln kan endast tas bort då motorn är demonterad (avsnitt 49 eller 50, vilket som gäller).
2 Ta bort kamremmen enligt beskrivning i avsnitt 34.
3 Ta bort strömfördelaren (kapitel 4) samt på förgasarmotorer även bränslepumpen (kapitel 3).
4 Innan aggregataxeln demonteras, kontrollera att axialspelet är enligt specifikationerna.

5 Lossa de två muttrarna till flänsen som håller axeln, dra ut axeln komplett med fläns **(se bilder)**.
6 Ta bort flänsen från axeln. Tätningen i flänsen och O-ringen måste bytas vid ihopsättningen (se avsnitt 70).

62 Oljefilter – byte

1 Oljefiltret är placerat på sidan av vevhuset under fördelaren **(se bild)**, som är en sluten enhet skruvad i ett fäste på vevhuset. På modeller med bränsleinsprutning är en oljekylare monterad mellan filter och fäste.

60.3 Kontroll av vevaxelns axialspel vid mittre ramlaget (nr 3)

61.5A Aggregataxelns flänsskruvar (vid pilarna)

61.5B Demontering av aggregataxeln

62.1 Oljefiltret sett underifrån

2 Filtret måste bytas vid angivna intervall, se början av boken.

3 Placera en lämplig behållare under filtret, lossa filtret med lämpligt verktyg, skruva bort det och ta hand om det på lämpligt sätt. För bättre utrymme, hissa upp bilen eller ställ den på ramper.

4 Rengör tätningsytorna på filter och fäste/oljekylare.

5 Om oljekylaren demonteras (bränsleinsprutade modeller), tappa av kylsystemet (kapitel 2) samt lossa kylslangarna från oljekylaren. O-ringen mellan oljekylare och fästen måste bytas.

6 Om fästet för filtret demonteras, lossa ledningen till oljetryckskontakten, lossa fästmuttrarna och ta bort fästet med packning. Oljetryckskontakten kan skruvas från infästningen upptill vid behov. Ta bort och byt kontaktens O-ring.

7 Montera i omvänd ordning. Byt packning och O-ring (-ar) om så erfordras.

8 Stryk lite olja på filtrets gummitätning, sätt det på plats och dra åt det för hand (eller enligt anvisningar på filtret).

9 Fyll på motorolja och kylvätska (vid behov). Starta motorn och kontrollera beträffande läckage.

63 Tätningar för vevaxel, kamaxel och aggregataxel – byte (motorn i bilen)

Vevaxelns tätning (vid svänghjul/drivplatta)

1 På modeller med manuell växellåda, demontera koppling och tryckplatta enligt beskrivning i kapitel 5. På modeller med automatväxellåda, ta bort växellådan enligt beskrivning i kapitel 6, skruva sedan loss drivplattan från vevaxeln, notera hur distans och justerbrickor är placerade.

2 För alla modeller, bryt ut tätningen med en skruvmejsel eller en stabil tråd, torka rent sätet.

3 Fyll utrymmet mellan den nya tätningens läppar med ett universalfett, vrid den sedan på plats rakt i huset med ett trästycke eller en lämplig rörbit. Om möjligt, använd VW verktyg nummer 2003 för att hindra att tätningsläpparna skadas.

4 Sätt tillbaka drivplatta eller koppling i omvänd ordning mot beskrivningen i kapitel 5 och 6.

Vevaxelns tätning (vid kamdrivningen)

5 Demontera generatorn enligt beskrivning i kapitel 9, tillsammans med drivremmen.

6 Demontera kamremskåpa och kamrem enligt beskrivning i avsnitt 54, se till att inställningsmärkena står rätt.

7 Lossa skruven i vevaxeländen, ta bort remskiva och kamremsdrev samt woodruffkil. Om remmen är svår att lossa, ta hjälp av någon som lägger i högsta växeln och

bromsar, om bilen har manuell växellåda. För automatväxellåda, ta bort startmotorn och lås vevaxeln med hjälp av ett lämpligt verktyg i startkransen.

8 Bryt ut tätningen eller dra ut den med VW verktyg nummer 2085, torka rent läget.

9 Fyll utrymmet mellan tätningsläpparna på den nya tätningen med universalfett, driv den sedan på plats med hjälp av en träbit eller lämplig rörbit, använd om möjligt VW verktyg nummer 3083.

10 Resten av arbetet sker i omvänd ordning mot demonteringen, men kontrollera att inställningsmärkena för kamremmen fortfarande står rätt, justera enligt avsnitt 79.

Kamaxelns främre tätning

11 Demontera generatorn enligt beskrivning i kapitel 9, tillsammans med drivrem.

12 Ta bort kamremskåpa och kamrem enligt beskrivning i avsnitt 54, se till att inställningsmärkena står rätt.

13 Håll fast kamaxeldrevet med en skruvmejsel genom ett av hålen, lossa sedan skruven och ta bort bricka, drev och woodruffkil.

14 Bryt ut oljetätningen eller använd VW verktyg nummer 2085, torka rent läget.

15 Fyll utrymmet mellan tätningsläpparna på den nya tätningen med universalfett, vrid den på plats med en träbit eller lämplig rörbit. Använd om möjligt VW verktyg nummer 10-203.

16 Arbetet sker i omvänd ordning mot demontering, men kontrollera att inställningsmärkena fortfarande står rätt, spänn remmen enligt anvisning i avsnitt 79.

Aggregataxelns tätning

17 Demontera generatorn enligt beskrivning i kapitel 9, tillsammans med drivrem.

18 Ta bort kamremskåpa och kamrem enligt

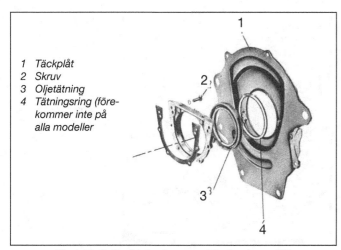

1 Täckplåt
2 Skruv
3 Oljetätning
4 Tätningsring (förekommer inte på alla modeller

Fig.1.22 Svänghjul och vevaxeltätning (avsn 63)

Fig. 1.23 VW verktyg 2085 för demontering av vevaxeltätning (vid kamdrivning) samt kamaxelns oljetätning (avsn 63)

69.2 Kontrollera oljesumplocket beträffande slitage

69.3 Kontroll av kuggspel i pumpen

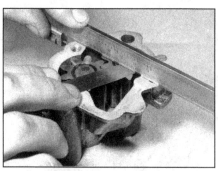

69.4 Kontroll av oljepumpens axialspel

beskrivning i avsnitt 54, kontrollera att inställningsmärkena står rätt.

19 Håll fast aggregataxelns drev med en skruvmejsel genom ett av hålen, lossa sedan skruven och ta bort bricka, drev och woodruffkil.

20 Byt tätningen enligt beskrivningen i avsnitt 70.

21 Resten av arbetet sker i omvänd ordning mot demontering, kontrollera att inställningsmärkena fortfarande står rätt, spänn remmen enligt anvisning i avsnitt 79.

64 Vevhusets ventilationssystem – beskrivning

Vevhusets ventilationssystem består av en slang från svänghjulsänden på kamkåpan till luftrenaren.

På bränsleinsprutade modeller finns det en slang till insugningsröret och en slang till luftrenaren från en trevägsanslutning på kamkåpan.

Slangarna bör kontrolleras regelbundet beträffande kondition och fastsättning. Rengöring behövs normalt inte annat än om motorn är mycket sliten.

65 Kontroll och renovering – allmänt

Se avsnitt 22 i detta kapitel.

66 Vevaxel och ramlager – kontroll och renovering

Se avsnitt 23 i detta kapitel.

67 Motorblock/vevhus – kontroll och renovering

Se avsnitt 24 i detta kapitel.

68 Kolvar och vevstakar – kontroll och renovering

Se avsnitt 25 i detta kapitel.

69 Oljepump – kontroll och renovering

1 Med oljepumpen demonterad, bryt loss locket med en skruvmejsel och rengör silen med bensin. Sätt tillbaka silen och locket.

2 Ta bort de två små muttrarna och sedan locket från pumphuset. Kontrollera lockets tätningsyta **(se bild)**. Som synes på bilden kommer märken från dreven att finnas. Om dessa märken är djupa måste locket bearbetas.

3 Ta bort dreven, rengör hus och drev med ren fotogen. Torka och sätt tillbaka dreven, smörj dem med ren motorolja. Kontrollera kuggspelet med hjälp av ett bladmått **(se bild)**. Detta bör vara 0,05 till 0,20 mm.

4 Lägg en linjal över pumphuset och drevens axlar, mät spelet mellan linjal och drev **(se bild)**. Detta får inte vara mer än 0,15 mm.

5 Kontrollera även att axlarna inte är glappa i huset, sätt ihop pumpen för montering på motorn.

6 Om tvivel föreligger beträffande pumpens kondition, byt ut den. Då en gång slitage uppstår i pumpen förvärras det snabbt. Med tanke på de följder som kan uppstå på grund av oljebrist, är det dumt att snåla med pumpen.

70 Aggregataxel – kontroll och renovering

1 Kontrollera axelns passning i lagren. Om det finns stort spel, måste axeln jämföras med en ny. Om axeln är bra, men lagren slitna, måste detta arbete utföras av en fackman; det kan till och med behövas ett nytt block.

2 Kontrollera kammen som driver bränslepumpen (i de fall där sådan förekommer). Om den är kraftigt sliten måste axeln bytas.

3 Kontrollera kuggarna som driver strömfördelaren. Kontrollera också remdrevet.

4 Det är inte troligt att denna axel slits, men skulle så vara fallet, rådfråga en fackman.

5 Axelflänsen har också en oljetätning. Denna kan behöva bytas om tecken på läckage finns. Ta då först bort drevet och sedan flänsen från axeln. Oljetätningen kan nu brytas ut och en ny pressas in. Montera alltid ny O-ring på flänsen innan montering i blocket.

71 Svänghjul/drivplatta – kontroll och renovering

1 Det är inte mycket man kan göra om svänghjulet är skadat.

2 Kontrollera startkransen. Om kuggarna är skadade eller slitna kan startkransen bytas. Detta görs genom att ringen värms tills den kan tas bort från svänghjulet, alternativt kan man spräcka den. Ny startkrans måste krympas på. Vet man hur detta går till kan man skaffa en ny ring, men detta är dock mer än de flesta klarar.

3 Grova repor mot kopplingslamellen kräver ett nytt svänghjul. Försök inte slipa ytan med slippapper, ytan måste bearbetas med maskiner.

4 Om nytt svänghjul erfordras måste tändningsmärket göras samtidigt. Det nya svänghjulet har endast ÖDP-märkning i form av en nolla på periferin. En körnare eller ritspets måste därför användas för vidare märkning (se kapitel 4). Märket ska sitta till vänster om ÖDP-märket, på rätt avstånd **(se fig. 1.24 på nästa sida)**.

5 På modeller med automatväxellåda, kontrollera drivplattan på samma sätt som svänghjulet; ny drivplatta måste också märkas.

72 Kamrem och drev – kontroll och renovering

Se avsnitt 28 i detta kapitel. Denna information gäller även för aggregataxelns drev.

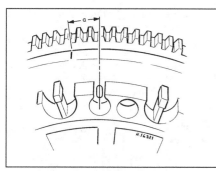

Fig. 1.24 Tändinställningsmärket på svänghjul/drivplatta (avsn 71)

Motorbeteckning EZ (1.6) - svänghjul :
a = 37,0 mm 18° FÖD
Motorbeteckning EZ (1.6) - drivplatta :
a = 42,0 mm 18° FÖD
Motorbeteckning EV (1.8) - svänghjul :
a = 12,5 mm 6° FÖD
Motorbeteckning GU (1.8) - svänghjul :
a = 37,0 mm 18° FÖD
Motorbeteckning GU (1.6) - drivplatta :
a = 42,0 mm 18° FÖD

73 Ihopsättning av motor –
allmänt

Se avsnitt 30 i detta kapitel.

74 Vevaxel och ramlager –
montering

1 Om vevaxel monteras på modeller med automatväxellåda måste nållagret i änden på vevaxeln demonteras. Det kan redan vara borttaget, men kontrollera att så är fallet.
2 Rengör lagerlägen i överfall och vevhus noggrant, montera sedan lagerskålarna så att styrningarna går in i urtagen. Kontrollera att lagerskålarna som monteras i vevhuset har oljespår samt att hålen genom dem passar mot hålen i blocket. Då lagerskålar monteras i överfallen, notera att lager 1, 2 och 5 saknar oljespår, medan nummer 4 har ett sådant. Lagerskålarna för mittre ramlager (nr 3) kan ha

74.2A Montering av lagerskål med fläns vid mittre ramlager

74.2C ... samt dess tryckbrickor

74.2E Överfall med separata tryckbrickor på plats

flänsar eller separata tryckbrickor. Tryckbrickor ska monteras med oljespåret utåt **(se bilder)**. Montera lagerskålarna så att deras ändar går jäms med delningsytan **(se bilder)**.
3 Olja lager och ramlagertappar **(se bild)** lägg sedan axeln på plats i blocket.

74.2B Montering av lagerskål med tryckbricka vid mittre ramlager ...

74.2D Lager med fläns i överfall

74.2F Se till att lagerskålarna går jäms med delningsytan

4 Montera ramlageröverfall, med tryckbrickor där sådana förekommer, på ursprunglig plats **(se bild)**.
5 Sätt i skruvarna. Dra mittre ramlagret till angivet moment **(se bild)**. Kontrollera att vevaxeln roterar fritt.

74.3 Smörj lagren

74.4 Montera överfallen ...

74.5 ... och dra åt skruvarna

74.8 Vevaxelns bakre tätning

 Om det är svårt att vrida runt vevaxeln, kontrollera att lagerskålarna är på plats ordentligt och att överfallen är rätt vända. Det går bara tungt om något är fel, felet måste i så fall lokaliseras. Smuts på baksidan av lagerskålarna kan också orsaka detta fenomen.

6 Dra åt övriga lager från mitten och utåt, kontrollera efter varje åtdragning att vevaxeln roterar fritt.
7 Kontrollera vevaxelns axialspel, använd bladmått mellan vevaxelns fläns och lagrets tryckyta. Bryt vevaxeln fram och sedan tillbaka och mät på båda sidor om ramlagret.
8 Smörj in bakre delen på vevaxeln, använd ny packning, montera sedan bakre tätningshus. Dra åt de sex muttrarna **(se bild)**.
9 Smörj in främre änden på vevaxeln och montera främre tätning och fläns med ny packning. Dra åt muttrarna till angivet moment.

75 Aggregataxel – montering

Smörj in aggregataxeln och sätt den på plats i blocket. Montera O-ring och fläns tillsammans med tätningen, dra åt muttrarna. Notera att oljehålet måste vara undertill i flänsen.

77.4 Kontrollera ventilspelen med bladmått

76 Kolvar och vevstakar – montering

1 Följ beskrivningen i avsnitt 32 i detta kapitel, punkt 2-7. Då överfallen monteras, olja in gängorna.
2 Kontrollera sedan vevstakarnas axialspel på samma sätt som för vevaxeln.
3 Oljepump och tråg kan nu monteras enligt beskrivning i avsnitt 58.

77 Ventilspel – kontroll och justering

1 Om nytt eller renoverat topplock monterats komplett med kamaxel, är ventilspelen redan justerade.
2 Ventilspelen kan kontrolleras och vid behov justeras, i samband med rutinkontroll eller då topplocket är demonterat (innan montering).
3 Specifikationerna anger olika mått för varm och kall motor (kylvätsketemperatur över 35°C). Då motorn är i bilen, kör den till normal arbetstemperatur, stäng av motorn och ta bort kamkåpan.
4 Kontrollera varje ventil i tur och ordning genom att vrida motorn så att ventilen kan kontrolleras då kamnocken pekar uppåt. I detta läge är ventilen helt stängd och ett bladmått mellan kammen och justerbrickan i ventiltryckaren mäter ventilspelet **(se bild)**. Om motorn är helt sammansatt, är det lättare att vrida runt vevaxeln om tändstiften tas bort, men vrid inte runt motorn med hjälp av kamaxeldrevet då detta kommer att sträcka remmen. Använd generatorns rem eller hissa upp ett framhjul, lägg i en växel och snurra på hjulet. **Observera:** *Dra inte runt motorn då någon av justerbrickorna är borta, kamaxel och tryckare kan skadas.*
5 Gör på samma sätt med alla ventiler, jämför resultatet med angivna mått i avsnittet Specifikationer.
6 Notera ventilspelen och beräkna differensen. Anta att avgasventil nummer 1 har ett uppmätt spel på 0,15 mm. Detta är 0,3 mm för

litet, så det måste justeras genom att en 0,3 mm tunnare bricka monteras. Eftersom brickorna finns i intervall om 0,05 mm kan ny bricka väljas när man vet tjockleken på den som sitter där. Om mekanismen varit isärtagen är brickans dimension känd, i annat fall måste brickan tas ut.

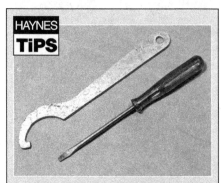

Helst ska VW verktyg 2078 och 10.208 användas för demontering av brickorna, men vi klarade oss bra med de verktyg som visas i bilden. Dessa är en liten elektrikermejsel och en haknyckel av lagom storlek för att föra ned tryckaren utan att låsa fast justerbrickan.

Ställ kammen så att max spel erhålls, för ned tryckaren och bryt ut brickan med specialverktyg eller skruvmejsel. Var försiktig, om verktyget slinter då brickan är halvvägs ute far den iväg **(se bild)**.
7 När tjockleken på alla brickor är känd kan man göra en tabell för att räkna ut de brickor som erfordras. Vi går tillbaka till exemplet. Om den nuvarande brickan är märkt 3,60 behövs en bricka märkt 3,30. Brickorna finns i 26 olika tjocklekar med 0,05 mm intervall, från 3 till 4,25 mm.
8 Eftersom man förmodligen inte har tillgång till alla dimensioner, måste nya brickor anskaffas innan ventilerna kan justeras.
9 När brickorna läggs på plats, kontrollera att märkningen är vänd nedåt.
10 Om justering görs då motorn är kall måste den kontrolleras igen sedan motorn nått normal arbetstemperatur (över 35°C). Om topplocket renoverats bör det kontrolleras på nytt med varm motor efter 900 km. Ventilspelen behöver annars bara kontrolleras vid service enligt de intervall som angivits.
11 Då korrekta ventilspel erhållits, sätt tillbaka tändstiften och kamkåpan (motorn i bilen).

 Om du nu känner till alla brickornas tjocklek, notera dessa och förvara informationen på ett säkert ställe. Det kommer att spara mycket tid vid nästa renovering.

77.6 Demontering av en justerbricka

78.2 Topplockspackning på blocket

78.3A Topplocket monteras

78.3B Åtdragning av topplocksskruvar

78 Topplock – montering

Observera: *Nya topplocksskruvar måste användas vid montering*

1 Rengör blockets övre yta. Kontrollera loppen en sista gång och smörj in dem. Vrid vevaxeln så att kolvarna är halvvägs i cylindrarna.

2 Mellan cylinder 3 och 4 på den sida fördelaren sitter finns motornumret. Använd detta som referens då packningen läggs på plats. Ordet "OBEN" på packningen ska ligga vid motornumret och vara vänt uppåt (**se bild**).

3 Lägg topplocket på plats, för ner det över styrpinnarna om sådana finns. Om motorblocket inte har styrpinnar, sätt tillfälligt skruv nr 8 och 10 på plats. Använd inte tätningsmedel. Kontrollera att packningen ligger rätt och sätt i resten av skruvarna (**se bilder**). Dra åt dem i den ordning som **fig. 1.25** visar, tills locket sitter fast. Använd momentnyckel, dra åt muttrarna växelvis till rätt moment (se Specifikationer).

4 Då topplocket väl dragits fast behöver det inte efterdras.

79 Kamrem och drev – montering

1 Montera woodruffkilen i aggregataxeln, sätt sedan på drevet. Sätt distansbrickan på skruven och dra åt den till angivet moment. Håll drevet stilla med hjälp av en skruvmejsel genom ett av hålen.

2 Sätt woodruffkilen (där sådan förekommer) på plats framtill i vevaxeln, sätt sedan på drevet. Olja in skruvgängorna, sätt distansbrickan på skruven, dra skruven till angivet moment. Se till att vevaxeln står stilla genom att göra på samma sätt som vid demonteringen.

3 Sätt woodruffkilen på plats i kamaxeln, montera drevet. Sätt tillbaka skruven

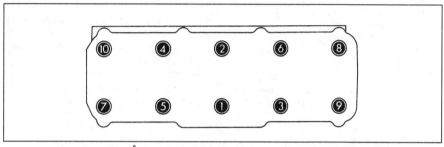

Fig. 1.25 Åtdragningsföljd för topplocksskruvar (avsn 78)

tillsammans med distansbrickan och dra åt till angivet moment. Håll drevet stilla med hjälp av en skruvmejsel genom ett av hålen.

4 Sätt tillbaka bakre kamremskåpan om den tidigare tagits bort (stryk låsvätska på gängorna).

5 Sätt remskivan på vevaxeln (notera passmärkena som tidigare gjorts), använd en skruv för att hålla fast den temporärt.

6 Vrid kamaxeln så att kamnockarna för ettans cylinder pekar uppåt och märket på drevet står mot passmärket i kamkåpan (**se fig. 1.15**).

7 Vrid vevaxeln och aggregataxeln tills märket på aggregataxelns drev står mot märket på vevaxelns kilremsskiva. Montera remspännaren löst och sedan remmen. Kontrollera att märkena fortfarande överensstämmer, sätt en nyckel på spännaren och spänn remmen tills den precis kan vridas 90° mellan pekfinger och tumme halvvägs mellan kamaxel och aggregataxel. Dra åt spännarens låsmutter till angivet moment (**se fig. 1.16**).

8 Lossa och ta bort kilremsskivan på vevaxeln.

9 Sätt tillbaka undre kamkåpan och sedan kilremsskivan, dra åt muttrarna till angivet moment.

10 Lägg ny packning för kamkåpan på topplocket, tätningen för kamlager nr 1 samt den halvmånformade tätningen baktill i topplocket.

11 Montera kamkåpa, lägg förstärkningarna på plats och dra åt muttrarna jämnt till angivet moment.

12 Montera övre kamremskåpan.

80 Övriga komponenter – montering

1 På modeller med automatväxellåda, sätt tillbaka drivplattan med justerbrickor där de ursprungligen suttit. Montera brickan på växellådssidan av drivplattan, se till att den fasade delen på brickan är vänd mot drivplattan. Använd nya skruvar och dra åt dem till angivet moment, mät avståndet mellan drivplatta och topplock enligt **fig. 1.26** på tre ställen. Om avståndet inte är mellan 30,5 och 32,1 mm, ta bort drivplattan. Montera justerbrickor av lämplig tjocklek mellan drivplatta och vevaxel, sätt sedan tillbaka drivplattan och kontrollera på nytt.

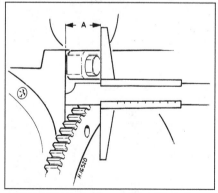

Fig. 1.26 Kontroll av måttet (A) mellan drivplatta och motorblock, med skjutmått (avsn 80)

Observera: *Om motorn är ny eller renoverad halvmotor, kontrollera att inte nållagret sitter på plats i vevaxeln. Ta i så fall bort lagret, eftersom detta endast ska finnas tillsammans med manuell växellåda.*

2 På modeller med manuell växellåda, sätt tillbaka kopplingen enligt beskrivning i kapitel 5, tillsammans med mellanplåten.

3 Montera insugnings- och avgasgrenrör enligt beskrivning i kapitel 3.

4 Montera vattenpump och alla slangar till motorn enligt beskrivning i kapitel 2.

5 Sätt tillbaka generator och drivrem enligt beskrivning i kapitel 9.

6 Sätt tillbaka oljetryckskontakten i topplocket eller filterfästet, använd ny O-ring. Dra åt till angivet moment.

7 Montera oljefilterfästet på blocket, med ny packning, dra åt muttrarna. På modeller med oljekylare, sätt tillbaka kylvätskeslangarna.

8 Montera oljefilter enligt avsnitt 62.

9 Montera strömfördelaren, se kapitel 4.

10 På modeller med förgasare, montera bränslepumpen enligt beskrivning i kapitel 3.

11 På modeller med bränsleinsprutning, montera varmkörningsventil (om slangarna varit borttagna).

12 Sätt tillbaka kylvätsketempgivare och termotidkontakten med nya O-ringar.

13 Sätt tillbaka tändstiften om detta inte redan gjorts och dra åt dem till angivet moment, se kapitel 4.

14 Montera växellådan till motorn enligt beskrivning i avsnitt 51.

81 Motor – montering

Vid montering av motor och växellåda, arbeta i omvänd ordning mot beskrivningen i avsnitt 49 eller 50 (vilket som gäller) i detta kapitel, notera dock följande:

(a) *Då motorn förs ned i motorrummet, se till att drivaxelns flänsar är på plats innan motorfästena dras åt*

(b) *Dra inte åt motorfästena innan motorns läge justerats och den passar utan att spänna i infästningarna*

(c) *Justera kopplingsvajer (manuell växellåda) enligt beskrivning i kapitel 5*

(d) *På modeller med automatväxellåda, justera gasspjäll- och väljarvajer enligt beskrivning i kapitel 6*

(e) *Anslut och (om nödvändigt) justera växelväljarlänkaget på manuell växellåda (kapitel 6)*

(f) *Justera gasvajer och, i förekommande fall, chokevajer enligt beskrivning i kapitel 3*

(g) *Fyll på kylsystemet enligt kapitel 2*

(h) *Fyll på motorolja*

82 Motor – justering efter renovering

Se avsnitt 3 i detta kapitel.

Felsökning - motor (alla modeller)

Motorn startar inte

☐ Urladdat batteri
☐ Lösa batterianslutningar
☐ Fel på tändsystemet
☐ Fel på bränslesystemet
☐ Lågt kompressionstryck

Ojämn tomgång

☐ Läckage vid insugningsgrenrör
☐ Läckande topplockspackning
☐ Slitna kamaxelnockar
☐ Defekt bränslepump
☐ Felaktigt ventilspel
☐ Felaktig justering av blandnings-förhållandena
☐ Ojämnt kompressionstryck

Motorn misständer

☐ Fel på tändsystemet
☐ Fel på bränslesystemet
☐ Bränd ventil eller ventilsäte
☐ Läckande topplockspackning
☐ Felaktigt ventilspel
☐ Ojämnt kompressionstryck

Motorstopp

☐ Felaktig justering av blandnings-förhållande
☐ Läckage vid insugningsgrenrör
☐ Felaktig tändtidpunkt

Hög oljeförbrukning

☐ Slitna kolvar och cylinderlopp
☐ Slitna ventilstyrningar och ventil-spindeltätningar
☐ Oljeläckage (bränslepumpens ventilations hål är vanligt)

Motorn baktänder

☐ Felaktig justering av blandnings-förhållande
☐ Felaktig tändtidpunkt
☐ Felaktigt ventilspel
☐ Läckage vid avgasgrenröret
☐ Kärvande eller bränd ventil

Kapitel 2
Kylsystem

Beträffande ändringar och information om senare modeller, se kapitel 12

Innehåll

Svårighetsgrader

Enkelt, passar novisen med lite erfarenhet	**Ganska enkelt,** passar nybörjaren med viss erfarenhet	**Ganska svårt,** passar kompetent hemma-mekaniker	**Svårt,** passar hemmamekaniker med erfarenhet 	**Mycket svårt,** för professionell mekaniker

Specifikationer

Allmänt

System .... Övertryck med pump driven av kamrem eller kilrem, frontmonterad kylare med internt eller externtexpansionskärl, elektrisk kylfläkt

Volym (ca) .... 6,3 liter

Kylare/expansionskärl

Tryck .... 1,2 - 1,5 bar

Termostat

	1,05 och 1,3 liter	**1,6 och 1,8 liter**
Öppningstemperatur	92°C	85°C
Fullt öppen vid	108°C	105°C
Minimum slag	7,0 mm	7,0 mm

Termokontakt, kylfläkt

Tillslagstemperatur .... 93° - 98°C
Frånslagstemperatur .... 88° - 93°C

Kylvätska/frostskydd

Koncentration:	**Skyddar ner till**
40%	-25°C
50%	-35°C
Typ/specifikation	Etylenglykol, med korrosionshämmare

Åtdragningsmoment

	Nm
Tempgivare	10
Termokontakt (förvärmning, insugningsrör):	
1,6 och 1,8 liters förgasarmotorer	10
1,8 liters motorer med bränsleinsprutning	30
Vattenpumphus (1,6 och 1,8 liter)	20
Vattenpumplock (1,6 och 1,8 liter)	10
Vattenpumpens remskiva, skruvar (1,6 och 1,8 liter)	20
Termokontakt, kylfläkt	25
Termostathus, genomgående skruvar (1,05 och 1,3 liter)	20
Termostathus, skruvar för kylvätskerör (1,05 och 1,3 liter)	10
Termostathus till vattenpump (1,6 och 1,8 liter)	10
Vattenpump (1,05 och 1,3 liter)	10

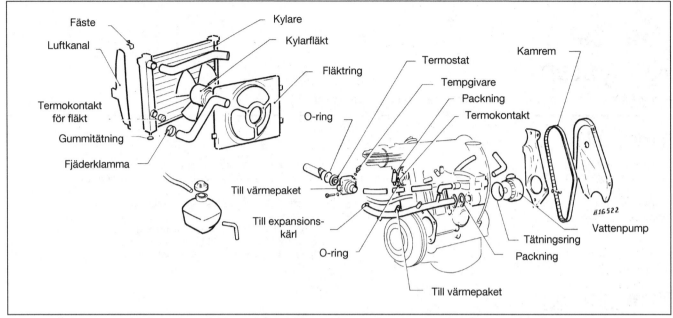

Fig. 2.1 Kylsystemets detaljer - 1,05 och 1,3 liter (avsn 1)

1 Allmän beskrivning

Kylsystemet står under tryck och består av en framtill monterad kylare, vattenpump och termostatstyrd elektrisk kylfläkt. Cirkulation genom kylaren styrs av termostaten, som är placerad på olika ställen beroende på motor. På 1,05 och 1,3 liters modellerna sitter den i ett hus baktill på topplocket (vänster sida på bilen), under strömfördelaren. På 1,6 och 1,8 liters motorer sitter termostaten i vattenpumphuset, som är lågt placerat på motorblocket (vid kamdrivningen).

Kylaren är av aluminium och expansionskärlet är placerat separat i motorrummet.

Modeller med bränsleinsprutning har en vattenkyld oljekylare monterad mellan oljefiltret och fästet.

Systemet fungerar enligt följande. Avkylt vatten undertill i kylaren cirkulerar genom undre kylarslangen till vattenpumpen, pumphjulet för vattnet genom motorblock och topplock. Sedan cylindrar, förbränningsrum och ventilsäten avkylts, går vattnet tillbaka till vattenpumpen via överströmmningsslangen då termostaten är stängd. En annan krets gör att vattnet kan cirkulera genom insugningsrör och värmepaket (då värmen är på) och sedan tillbaka till vattenpumpen.

När kylvätskan når en förutbestämd temperatur (se Specifikationer), öppnar termostaten och vattnet cirkulerar genom övre kylarslangen till kylaren. Då vattnet sedan passerar ner igenom kylaren, kyls det av genom fartvindens inverkan, vilken förstärks av fläkten. Då vattnet nått undre kylartanken är det avkylt och cykeln upprepas.

Den elektriska kylfläkten styrs av en termokontakt, placerad på vänster sida av kylaren.

2 Rutinmässigt underhåll – kylsystem

1 Kylsystemet måste kontrolleras regelbundet.

2 Kylvätskenivån bör kontrolleras varje vecka, genom avläsning av expansionskärlets nivå. När motorn är kall ska kylvätskan i tanken vara mellan max- och min-markeringarna. Då motorn är varm ska nivån vara vid eller strax över max-markeringen.

3 Om nivån plötsligt sjunker, undersök orsaken utan dröjsmål.

4 Regelbunden kontroll av slangar och anslutningar beträffande läckage och skador bör utföras.

5 Då kylsystemet fylls på, använd lämplig blandning med frostskydd, med tanke på

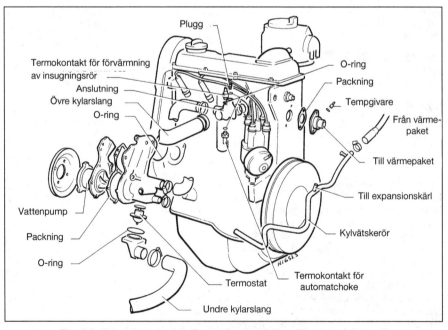

Fig. 2.2 Kylsystemets detaljer - 1,6 och 1,8 liter (förgasare) (avsn 1)

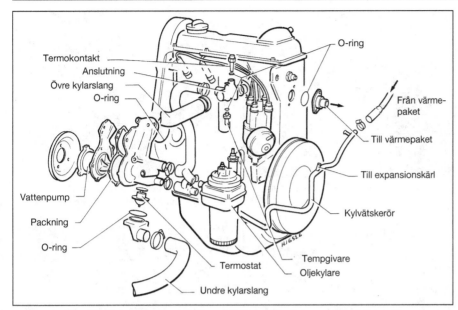

Termokontakt
Anslutning
Övre kylarslang
O-ring
O-ring
Från värme-paket
Till värmepaket
Till expansionskärl
Vattenpump
Kylvätskerör
Packning
O-ring
Tempgivare
Termostat
Oljekylare
Undre kylarslang

Fig. 2.3 Kylsystemets detaljer - 1,8 liter (bränsleinsprutning) (avsn 1)

max.
min.

Fig. 2.4 Nivåmärken på expansionskärl (avsn 5)

både frysrisk och korrosionsskydd (avsnitt 6).
6 Kontrollera regelbundet elanslutningar för temperaturgivare och termokontakt.
Observera: *Kylfläkten startar vid bestämd temperatur även om tändningen är frånslagen. Var därför mycket försiktig vid kontroll i närheten av fläktvingarna.*

3 Kylsystem – avtappning

1 Kylvätskan bör tappas av då motorn är kall. Om detta inte är möjligt, lägg en trasa över expansionskärlets lock och vrid det *sakta* moturs tills trycket avlastas.
2 Då kärlet är tryckfritt, ta bort locket.
3 Ställ värmereglaget på max, placera sedan en lämplig behållare på vänster sida under kylaren.
4 Lossa slangklamman och sedan slangen försiktigt från kylaren. Tappa av kylvätskan **(se bilder)**.

4 Kylsystem – spolning

1 Efter någon tid kan kylare och motorns kylkanaler delvis eller helt täppas igen av avlagringar, vilket kan påverka kylsystemets effektivitet. Kylvätskan blir då mörk och rostig och systemet måste spolas. I svåra fall måste omvänd spolning utföras, men om man använder frost/korrosionsskydd av god kvalitet, är det mindre troligt att detta behövs.
2 Då kylvätskan är avtappad, lossa övre kylarslangen från kylaren. För in en trädgårds-slang och låt vattnet cirkulera genom kylaren tills det rinner klart från det undre utloppet. Blir vattnet inte rent inom rimlig tid, måste kylaren spolas med ett speciellt rengörings-medel, t ex Holts Speedflush eller Holts Radflush.
3 Lossa värmeslangen från topplockets utlopp och för in trädgårdsslangen där. Ställ värmereglagen i läge max värme, låt vattnet

cirkulera igenom värmepaketet och ut genom undre slangen tills det rinner klart.
4 Då systemet har stora mängder föro-reningar måste omvänd spolning tillgripas. För att göra detta, ta bort kylaren, vänd den upp och ner och för in slangen i utloppet, spola tills klart vatten rinner från inloppet.
5 Motorn bör också spolas omvänt. Detta görs genom att man lossar värmeslangen från topplockets utlopp och för in kylslangen där. Spola tills klart vatten kommer från undre kylarslangen.
6 Kemiska rengöringsmedel bör endast användas som en sista utväg. Regelbunden kontroll av kylvätskans sammansättning med 15 000 km intervall bör förhindra kraftig nedsmutsning.

5 Kylsystem – påfyllning

1 Anslut alla slangar och kontrollera att värmereglagen står på max värme.
2 Fyll korrekt blandad kylvätska i expansions-skärlet tills vätskan når max-märket.
3 Sätt tillbaka locket, starta och låt motorn gå på snabbtomgång några minuter, men håll ett öga på vätskenivån.
4 Stanna motorn och fyll på systemtet (vid behov) till max-märket **(se bild)**. Sätt tillbaka locket.

3.4A Undre kylarslang (1,3 liter)

3.4B Undre kylarslang (1,8 liter)

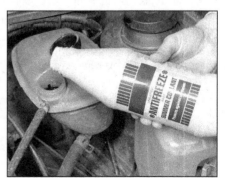

5.4 Påfyllning av kylvätska

7.3A Kylarens termokontakt (1,8 liter)

7.3B Lossa kylfläktens elanslutning

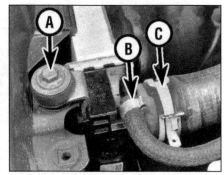

7.4 Kylarens fästskruv (A), slang från expansionskärl (B) och övre kylarslang (C)

7.5 Kylarens mittre fäste och skruv

7.8 Demontering av kylare och kylfläkt

7.12 Kylarens mittre fäste och skruv

7.13 Sätt fast fläktmotorns ledning med ett buntband (vid pilen)

5 Kör motorn tills den får normal arbetstemperatur (kylfläkten startar) och kontrollera på nytt kylvätskenivån. Då motorn är varm ska nivån i behållaren vara vid eller just över max märket. Då motorn är kall ska nivån vara mellan max- och min-markeringarna.

6 Kylvätskeblandning – allmänt

1 Fabrikanten använder G10 frost-/korrosionsskydd i kylvätskan då bilen levereras. Var 15 000 km eller var 12:e månad bör blandningsförhållanden kontrolleras av en verkstad med

lämplig utrustning och då justeras vid behov.
2 Systemet måste alltid vara fyllt med vätska för att förhindra bildandet av föroreningar. Kylvätska har högre kokpunkt än vanligt vatten – detta förbättrar kylningen, speciellt då motorn arbetar hårt.
3 Blandningsförhållandet kan beräknas efter den lägsta temperatur som bilen troligen utsätts för. Frostskyddet bör däremot aldrig understiga 40%.
4 Innan ny kylvätska fylls på, kontrollera att alla slangar är täta.

7 Kylare – demontering, kontroll, rengöring och montering

1 Lossa batteriets negativa anslutning.
2 Tappa av kylvätskan enligt beskrivning i avsnitt 3.
3 Lossa elanslutningen till termokontakt och kylfläktmotor (se bilder).
4 Lossa övre kylarslang och slang från expansionskärl vid kylaren (se bild).
5 Lossa de två fästskruvarna (se bild), ta bort isolatorerna och fästet upptill på kylaren. Notera att det längre fästet är det mitterstа.
6 Ta bort grillen (se kapitel 11).
7 Ta bort de två skruvarna på bägge sidor och ta bort vänster och höger luftledare.
8 Kylaren kan nu lyftas från motorrummet, men se till att inte cellerna skadas (se bild).

9 Ta bort skruvarna och sedan fläkt och kåpa från kylaren.
10 Kylaren kan inte repareras utan specialutrustning, men mindre läckor kan tätas med kemiskt medel, t ex Holts Radweld, då med kylaren på plats.
11 Rengör kylarpaketet från flugor, löv och dylikt med en mjuk borste, eller spola rent. Spola sedan kylaren omvänt enligt beskrivning i avsnitt 4. Byt kylarslangar och klammor om de är skadade eller slitna.
12 Montering sker i omvänd ordning, men byt gummiisolatorerna vid behov (se bild). Fyll på kylsystemet enligt beskrivning i avsnitt 5.
13 Då kylfläktmotorn anslutes, fäst ledningen till fläktkåpan (se bild).

8 Kylfläkt och motor – demontering och montering

1 Lossa batteriets negativa anslutning.
2 Lossa elanslutningen till fläktmotorn och kabeln från kåpan.
3 Ta bort skruvarna och ta sedan bort kåpan, tillsammans med fläkt och motor.
4 Ta bort muttrarna och sedan kylfläkt och motor från kåpan (se bild).
5 Fläkten kan vid behov tas bort från motorn genom att låsbrickan lossas. På AEG motorer, driv ut spännstiftet, på Boschmotorer ta bort

8.4 Kylfläktmotorns fästmuttrar
(vid pilarna)

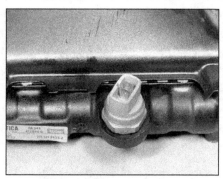

9.3 Kylfläktens termokontakt

10.2A Lossa insexskruvarna . . .

10.2B . . . och ta bort termostatlocket

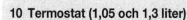

10.3 Demontera termostatens tätningsring

2 Lossa skruvarna och ta bort termostatlocket **(se bilder)**. Lägg locket åt sidan med kylarslangen fortfarande ansluten.
3 Ta bort tätningsringen **(se bild)**.
4 Ta bort termostaten från huset.
5 Vid kontroll av funktionen, häng termostaten i ett snöre i en behållare med vatten. Värm upp vattnet och notera den temperatur då termostaten börjar öppna. Fortsätt värma vattnet tills termostaten är helt öppen, se min öppningstemperatur i avsnittet Specifikationer. Ta bort termostaten och kontrollera att den är helt stängd då den kallnat.
6 Byt termostat om den inte fungerar tillfredsställande.
7 Rengör termostatens läge och tätningsytor mellan lock och hus.
8 Montering sker i omvänd ordning, men montera ny tätningsring och dra åt skruvarna till angivet moment – ventilationshålet i termostaten ska vara vänt uppåt. Fyll på kylsystemet enligt beskrivning i avsnitt 5.

specialbrickan. Ihopsättning sker i omvänd ordning, använd ny låsbricka.
6 Montera i omvänd ordning.

9 Termokontakt för kylfläktmotor – demontering, kontroll och montering

1 Lossa batteriets negativa anslutning.
2 Tappa av kylsystemet enligt beskrivning i avsnitt 3.
3 Lossa termokontakten från kylarens vänstra sida och ta bort tätningsringen **(se bild)**.
4 Termokontakten kontrolleras genom att man hänger den i ett snöre och sänker ner känselkroppen i vatten. Anslut kontakten till ett 12 volts batteri och en testlampa. Värm

vattnet och notera temperaturen. Testlampan skall tändas vid den temperatur kontakten slår till, och släckas vid den temperatur kontakten slår ifrån. Byt kontakt om den är defekt.
5 Montering sker i omvänd ordning, men montera ny tätningsring och dra åt termokontakten till angivet moment. Fyll på kylsystemet enligt beskrivning i avsnitt 5.

10 Termostat (1,05 och 1,3 liter) – demontering, kontroll och montering

1 Termostaten är placerad i utloppet till vänster baktill på topplocket. Vid demontering, tappa först upp kylsystemet enligt beskrivning i avsnitt 3.

11 Termostat (1,6 och 1,8 liter) – demontering, kontroll och montering

1 Termostaten är placerad under vattenpumpen bakom inloppsröret. Vid demontering, tappa först av kylsystemet enligt avsnitt 3.
2 Lossa inloppsröret från vattenpumpen och ta bort packning och termostat **(se bilder)**.

11.2A Termostathusets inlopp - lossa och ta bort skruvarna . . .

11.2B . . . ta bort locket . . .

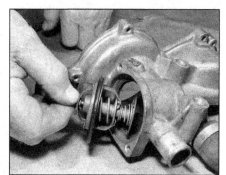

11.2C . . . sedan termostaten och packningen

12.5 Ta bort kamremmen från pumphjulet

12.6 Dra ut pumpen

3 Rengör vattenpump och anslutning.
4 Vid kontroll av termostaten, följ punkt 5 och 6 i föregående avsnitt.
5 Montering sker i omvänd ordning, men montera alltid ny tätning. Fyll på kylsystemet enligt avsnitt 5.

defekt måste den bytas. Rengör tätningsytorna på vattenpump och lock.
8 Montering sker i omvänd ordning, men montera en ny tätningsring enligt anvisning i kapitel 1 då remmen monteras och spänns. Fyll på kylsystemet enligt beskrivning i avsnitt 5.

5 Demontera termostaten enligt avsnitt 11.
6 Pumphus, lager och pumphjul utgör en enhet. Läcker lagret, måste pumpen bytas.
7 Montera ny packning med tätningsmassa, dra skruvarna jämnt och växelvis. Montera termostaten enligt avsnitt 11. Montera i omvänd ordning, använd alltid ny O-ring. Fyll kylsystemet enligt avsnitt 5, spänn drivrem (-mar) enligt kapitel 9, 10 och 11.

12 Vattenpump (1,05 och 1,3 liter) – demontering och montering

1 Tappa av kylsystemet enligt beskrivning i avsnitt 3.
2 Demontera luftrenare och luftkanal enligt beskrivning i kapitel 3, lossa batteriets negativa anslutning.
3 Lossa och ta bort kamremskåpan.
4 Vrid motorn med en nyckel på skruven till vevaxelns remskiva, tills remkåpans övre infästning är synlig genom hålet i kamaxeldrevet. Lossa och ta bort skruven.
5 Vrid motorn tills passmärkena överensstämmer, ta bort kamremmen från vattenpump och kamaxeldrev **(se bild)**, enligt anvisning i kapitel 1.
6 Ta bort skruvarna, täckplåten och vattenpumpen **(se bild)**. Ta bort tätningsringen.
7 Vattenpumpen kan inte renoveras, är den

13 Vattenpump (1,6 and 1,8 liter) – demontering och montering

1 Tappa av kylsystemet enligt avsnitt 3.
2 Demontera generatorn enligt kapitel 9. På modeller med styrservo är det nödvändigt att demontera servopumpen och fästet för att komma åt vattenpumpen. På modeller med luftkonditionering måste kompressorn och fästet föras åt sidan, se kapitel 10 resp. 11. Lossa inte slangarna till luftkonditioneringen.
3 Lossa de tre kylvätskeslangarna från pumpen, ta sedan bort de fyra fästskruvarna **(se bild)**. Pumpen sitter förmodligen fast mot blocket men lossnar om man knackar försiktigt på den. Ta bort O-ringen med pumpen.
4 Ta bort remskivan och sedan de åtta skruvarna för lagerhus och pumphjul. Pumpen kan nu delas **(se bild)**. Slå inte in en kil i skarven. Ta bort packningsrester.

14 Tempgivare/termokontakt – demontering och montering

1 Det inte nödvändigt att tappa av kylsystemet om hålet kan pluggas med t ex en gammal givare. Avlasta trycket genom att lätta på kylarlocket – *om systemet är varmt, se anvisningarna i avsnitt 3.* Då trycket utjämnats, dra åt locket igen.
2 Placering av givare och termokontakt beror på modell, men generellt gäller följande:

1,05 och 1,3 liter

3 Termokontakt: Placerad i slangförbindelsen mellan insugningsrör och termostathus **(se bild)**.

13.3 1,6 och 1,8 liter, vattenpumpens placering (motorn demonterad)

13.4 Vattenpumpens två halvor (1,6 och 1,8 liter)

14.3 Termokontaktens placering (1,05 och 1,3 liter)

14.4 Tempgivare - vid pilen (1,05 och 1,3 liter)

14.8 Tempgivare (A) och termokontakt (B) (1,8 liter med bränsleinsprutning

4 Tempgivare: Placerad i termostathuset **(se bild)**.

1,6 och 1,8 liter förgasarmotor

5 Tempgivare: Placerad i värmeslangens anslutning baktill på topplocket.
6 Termokontakt (förvärmning i insugningsrör): Placerad ovanpå slanganslutningen på tändstiftsidan av topplocket.

7 Termokontakt (automatchoke): Placerad i botten på slanganslutningen, på tändstiftsidan av topplocket.

1,8 liter med bränsleinsprutning

8 Tempgivare: Placerad i slanganslutningen på tändstiftsidan av topplocket **(se bild)**.
9 Termokontakt: Placerad ovanpå slanganslutningen på tändstiftsidan av topplocket.

Alla modeller

10 Lossa kabeln från berörd givare/kontakt.
11 Skruva bort givaren/kontakten, plugga hålet.
12 Montera i omvänd ordning, dra enheten till rätt moment. Kontrollera kylvätskenivån, fyll på vid behov, se avsnitt 5.

Felsökning – kylsystem

Överhettning
☐ Låg kylvätskenivå
☐ Felaktigt kylarlock
☐ Termostat kärvar (stängd)
☐ Avbrott i termokontakt
☐ Defekt el-kylfläkt
☐ Igensatt kylarpaket
☐ Sen tändtidpunkt

Tar lång tid att bli varm
☐ Termostat kärvar (öppen)
☐ Felaktig termostat

Kylvätskeförlust
☐ Skadade eller slitna slangar
☐ Läckage i vattenpump eller infästning
☐ Trasig topplockspackning
☐ Läckage i kylaren
☐ Defekt frysplugg i block
☐ Defekt påfyllningslock

Anteckningar

Kapitel 3
Bränsle- och avgassystem

Beträffande ändringar och information om senare modeller, se kapitel 12

Innehåll

Svårighetsgrader

Enkelt, passar novisen med lite erfarenhet	Ganska enkelt, passar nybörjaren med viss erfarenhet	Ganska svårt, passar kompetent hemma-mekaniker	Svårt, passar hemmamekaniker med erfarenhet	Mycket svårt, för professionell mekaniker

Specifikationer

Allmänt

Luftrenare

Typ .... Automatisk temperaturkontroll

Luftfilter

Typ .... Utbytbart papperselement

Bränslesystem

Bränslepump (förgasarmotorer):

Typ .... Mekanisk, membranpump, driven av stång från kamaxeln (1,05 och 1,3 liter), eller excenter på aggregataxeln (1,6 och 1,8 liter)

Arbetstryck vid 4 000 rpm (blockerad returledning):

1,05 och 1,3 liter .... 0,35-0,40 bar

1,6 och 1,8 liter .... 0,2-0,25 bar

Bränsletank volym (ca)	Se *Dimensioner, vikter och volymer*	
Bränsle, oktantal (min):		
1,05 liter	97 RON	
1,3 och 1,6 liter	91 RON	
1,8 liter	98 RON	

Del A: Förgasare

Förgasare – 1,05 liter

Typ	Fallförgasare med manuell eller automatchoke
Beteckning	31 PIC-7
Halsring	23
Huvudmunstycke	X117,5
Luftkorrektionsmunstycke med emulsionsrör	115 Z
Tomgångsmunstycke	45
Tomgångsluftmunstycke	135
Tillsatsmunstycke	32,5
Tillsatsluftmunstycke	130
Anrikning (primär/sekundär)	70/70
Insprutningsmängd acc pump (cc/slag)	0,85-1,15
Flottörhusventil	1,5
Bricka, flottörhusventil – tjocklek (mm)	2,0
Snabbtomgångsvarv (rpm)	2 500-2 700
Chokespjällöppning (mm)	1,6-2,0
Gasspjällspalt vid stabil gång (mm)	2,2-2,8
Tomgångsvarv (rpm)	900-1 000
CO-halt %	0,5-1,5

Förgasare – 1,3 liter

	Steg I	Steg II
Typ	Två-ports fallförgasare med automatchoke	
Beteckning	2E3	
Munstycken och inställningar:	**Steg I**	**Steg II**
Halsring	19	23
Huvudmunstycke	X95	X110
Luftkorrektionsmunstycke med emulsionsrör	120	130
Tomgångsmunstycke (luft/bränsle)	45/130	–
Fullgasanrikning	–	95
Pumprörets diameter (mm)	0,35	
Chokebeteckning	276	
Insprutningsmängd acc pump (cc/slag)	0,85-1,15	
Spärrarmens spel (mm)	0,25-0,55	
Fullgasanrikning – höjd över spridare (mm)	12	
Chokespjällöppning (mm)	1,9-2,1	
Snabbtomgång (rpm)	1 900-2 100	
Tomgångsvarv (rpm)	750-850	
CO-halt %	1,5-2,5	

Förgasare – 1,6 liter

	Steg I	Steg II
Typ	Två-ports fallförgasare med automatchoke	
Beteckning	2E2	
Munstycken och inställningar:	**Steg I**	**Steg II**
Halsring (mm)	22	26
Huvudmunstycke	X110	X127
Luftkorrektionsmunstycke med emulsionsrör (mm)	0,75/1,05	1,05
Tomgångsmunstycke (luft/bränsle)	42,5	–
Fullgasanrikning	–	0,7
Pumprör	0,5	–
Insprutningsmängd acc pump (cc/slag)	0,85-1,15	
Chokespjällöppning (mm) med primärspjäll öppet 45°	6,3 + 0,3	
Snabbtomgång (rpm)	2 800-3 200	
Tomgångsvarv (rpm)	900-1 000	
Förhöjd tomgång (rpm):		
Automatväxellåda	800	
Luftkonditionering	900-1 000	
CO-halt %	0,5-1,5	

Förgasare – 1,8 liter

Typ	Två-ports fallförgasare med automatchoke
Beteckning	2E2

Munstycken och inställningar:	Steg I	Steg II
Halsring diameter	22	26
Huvudmunstycke	X105	X120
Luftkorrektionsmunstycke med emulsionsrör (mm)	105	100
Tomgångsmunstycke (luft/bränsle)	42,5	–
Fullgasanrikning	–	0,9
Pumprör:		
Förgasare res delsnr 027 129 015	0,35	–
Förgasare res delsnr 027 129 015 Q	0,5	–
Insprutningsmängd acc pump (cc/slag)	0,95-1,25	
Chokespjällöppning (mm) mätt vid nedre kant:		
Steg 1	2,3 ± 0,15	
Steg 2	4,7 ± 0,15	
Snabbtomgång (rpm)	2 800-3 200	
Tomgångsvarv (rpm)	900-1 000	
Förhöjd tomgång (rpm):		
Automatlåda	800	
Luftkonditionering	900-1 000	
CO-halt %	0,5-1,5	

Del B: Bränsleinsprutning

Allmänt

Typ	K-Jetronic, kontinuerlig insprutning (CIS)
Systemtryck	4,7-5,4 bar
Tomgångsvarv	900-1 000 rpm
Tomgångsvarv, modell med luftkonditionering	850-1 000 rpm
CO-halt %	0,5-1,5

Alla system

Åtdragningsmoment

Nm

1,05 och 1,3 liter

Förgasare	10
Aggregataxelfläns	10
Insugningsgrenrör	25
Förvärmning, insugningsgrenrör	10
Bränsletank, skruv för band	25
Avgasgrenrör	25
Främre avgasrör till grenrör	25
Avgasklammor	25

1,6 och 1,8 liter (förgasarmotorer)

Förgasare	7
Bränslepump	20
Insugningsgrenrör	25
Förvärmning, insugningsgrenrör	10
Bränsletank, skruv för band	25
Avgasgrenrör	25
Avgasklammor:	
8 mm	25
10 mm	40

Bränsleinsprutning

Bränsleledning till insprutare	25
Bränsleledning till bränslefördelare	10
Systemtryckregulator	20
Kallstartventil	10
Gasspjällhus till grenrör	20
Insugningsgrenrör	25
Bränslefilterklamma	10
Skruv, bränsleanslutning vid filter (från tryckutjämnare)	25
Mutter, anslutning vid tryckutjämnare (till filter)	20
Skruv, anslutning vid filter (till bränslefördelare)	20
Bränslepumpens behållare (infästning)	10
Bränslepump, backventil	20
Bränslepump, dämpare	20
Avgasgrenrör	25
Värmesköld avgasrör	10
Avgasklammor	40

Del A: Förgasare och bränslesystem

1 Allmän beskrivning

Bränslesystemet består av en baktill monterad bränsletank, en mekanisk bränslepump och fallförgasare. Förgasartyp beror på modell; se Specifikationer.

Bränslepumpen på 1,05 och 1,3 liters modeller drivs av kamaxeln via en tryckstång. På 1,6 och 1,8 liters modeller drivs pumpen av en excenter på aggregataxeln.

Luftfiltret är utbytbart, luftrenaren har automatisk temperaturkontroll.

Avgassystemet är av ordinär typ, utbytbart i sektioner.

2 Rutinmässigt underhåll – bränsle- och avgassystem

1 Följande rutinmässiga underhåll krävs för bränsle- och avgassystem och måste utföras vid de intervall som anges i början av boken. Serviceintervallen gäller bilar i normal drift.

> **HAYNES TiPS** *För fordon som används under ogynnsamma förhållanden såsom stadskörning, hett eller torrt klimat osv, bör intervallerna kortas.*

2 Bränslesystem, allmänt: Kontrollera bränsleledningar, slangar och anslutningar regelbundet beträffande kondition och säkerhet. Kontrollera också vakuumslangar och dess anslutningar. Smörj gaslänkaget då och då.

3 Justering: Kontrollera tomgångsvarvtalet, justera vid behov. Justera även där så är möjligt CO-halten (sedan tändläget kontrollerats enligt kapitel 4).

2.5 Typiskt bränslefilter

4 Luftrenare: Byt luftfiltret enligt beskrivning i avsnitt 3.

5 Bränslefilter: Filtret bör bytas var 30 000 km. Ta bort slangklämmorna och sedan filtret **(se bild)**. Byt helst de stukade klammorna mot vanliga slangklammor. Montera det nya filtret horisontellt med pilen pekande i flödesriktningen (mot bränslepumpen).

6 Avgassystem: Kontrollera avgassystemet beträffande läckage i skarvar, kraftigare korrosion och allmän säkerhet, åtgärda vid behov (avsnitt 24).

3 Luftfilter – byte

1 Ett smutsigt luftfilter orsakar effektförlust och ökad bränsleförbrukning. Nytt filter bör monteras vid angivna intervall, filtret bör däremellan rengöras en gång om året, oftare under dammiga förhållanden.

1,05 och 1,3 liter

2 Lossa klämmorna och ta bort luftrenarlocket **(se bild)**.

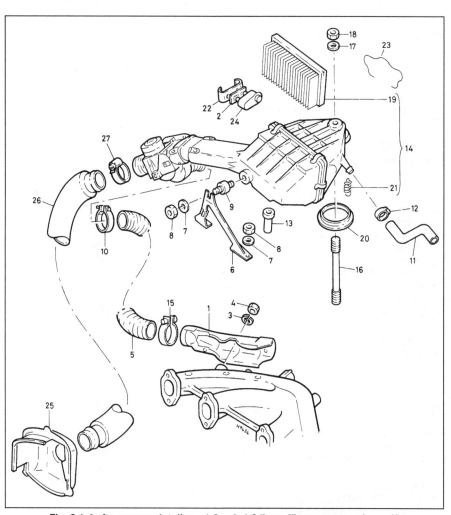

Fig. 3.1 Luftrenarens detaljer – 1,6 och 1,8 liters förgasarmotor (avsn 3)

1 Värmemantel	10 Klamma	19 Filter
2 Packning	11 Luftslang	20 Tätning
3 Fjäderbricka	12 Klamma	21 Fjäder
4 Mutter	13 Distansrör	22 Fäste
5 Luftslang	14 Luftrenare	23 Låsring
6 Stag	15 Klamma	24 Dubbel termostat
7 Bricka	16 Pinnskruv	25 Anslutningsstos
8 Mutter	17 Bricka	26 Luftslang
9 Gummifäste	18 Låsmutter	27 Klamma

3.2 Demontering av luftrenarlock (1,3 liter)

3.3 Demontering av luftfilter (1,3 liter)

3.6A Lossa klämmorna . . .

3 Täck för förgasaröppningen (med t ex en trasa) så att inte smuts kommer ned då filtret tas bort, ta bort filtret **(se bild)**. Torka luftrenarens insida med en fuktig trasa, tag sedan bort trasan i förgasaröppningen.
4 Ska filtret rengöras, gör detta ett stycke från bilen. Knacka på filtret så att damm och smuts lossnar. Borsta eller blås vid behov med lågt lufttryck, inifrån och ut.
5 Sätt tillbaka filtret, rengör locket och sätt det på plats. Se till att pilarna överensstämmer och haka fast klämmorna.

1,6 och 1,8 liter
6 Ta bort luftrenarlocket, lossa först klämmorna. På vissa modeller måste man först lossa den främre fästmuttern **(se bilder)**. Rengör filterhuset invändigt med en fuktig trasa, torka torrt.
7 Se punkt 4 beträffande rengöring av filtret.
8 Montering sker i omvänd ordning.

4 Luftrenare – demontering och montering

1,05 och 1,3 liter
1 Demontera filtret enligt beskrivning i avsnitt 3.
2 Lossa muttern/muttrarna som håller luftrenaren, ta sedan bort mellanstycke eller fästring **(se bild)**.

3 Notera var alla slangar och rör sitter, lossa dem sedan och ta bort filterhuset från förgasaren. Ta bort tätningsringen **(se bilder)**.
4 Montering sker i omvänd ordning, se till att alla slangar sitter rätt och säkert.

1,6 och 1,8 liter
5 Demontera filtret enligt beskrivning i avsnitt 3.
6 Lossa och ta bort luftslangen på sidan av luftrenaren.
7 Lossa muttern upptill, lyft luftrenaren tills den går fritt, lossa återstående slangar.
8 Montera i omvänd ordning. Använd ny tätningsbricka om den gamla är trasig eller missformad.

3.6B . . . lossa den främre muttern . . .

3.6C . . . ta bort luftrenarlocket . . .

3.6D . . . och filtret (1,6 liter)

4.2 Demontera luftrenarens fästring (1,3 liter)

4.3A Lossa tempgivarslangen . . .

4.3B . . . och vevhusventilationsslangen (1,3 liter)

5.1 Vakuumklocka för värmespjäll

5.5 Tempgivare sedd uppifrån (1,3 liter)

5 Automatisk temperatur-reglering – kontroll

1 Lossa och ta bort vakuumklockan och inloppsröret, men låt vakuumröret vara anslutet (se bild).
2 Häng en termometer i luftströmmen genom luftkanalen, starta motorn. Mellan -20°C och 17 – 20°C ska spjället öppna max 2/3 för att släppa in varmluft från avgasgrenröret. Över 17 – 20°C ska spjället stänga för varmluft.
3 Spjällrörelsen kan kontrolleras genom att man suger i vakuuminloppet.
4 Lossa vakuumslangen från dosan då motorn är igång och insugningsluftens temperatur 17 – 20°C. Spjället ska öppna helt inom 20 sekunder.
5 Byt i annat fall vakuumklockan och dess tempgivare (se bild).
6 Sätt tillbaka vakuumklocka och inloppsrör.

6 Bränslepump – kontroll, demontering och montering

1 Bränslepumpens placering beror på motortyp. På 1,05 och 1,3 liters motorer sitter

den på höger sida av motorn, framför förgasaren, (se bild). Den är monterad på topplocket och drivs indirekt av kamaxeln.
2 På 1,6 och 1,8 liters modellerna är pumpen placerad på sidan av motorblocket, bredvid oljefilterfästet och drivs av aggregataxeln.
3 Om pumpen misstänks vara felaktig, lossa tryckledningen och anslut sedan en tryck-mätare till tryckledningen. Kontrollera att trycket är enligt specifikationerna när motorn går med angivet varvtal.
4 Man kan också göra ett mindre noggrant prov genom att lossa bränsleledningen vid förgasaren (luftrenaren demonterad). Lossa strömtillförseln till strömfördelaren och kör runt motorn med startmotorn. Håll en trasa vid slangöppningen, bränslet ska komma ur slangen som en ordentlig stråle om det finns bränsle i tanken.
5 Visar ovanstående prov på fel måste pumpen bytas, den går inte att reparera.

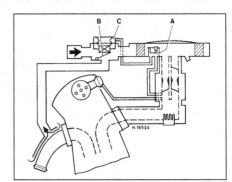

Fig. 3.2 Luftrenarens belastnings- och temperaturreglering – 1,05 och 1,3 liter (avsn 5)

A Temperaturregulator
B Inloppsrör med termostat
C Vakuumklocka

6.1 Bränslepumpens placering (1,3 liter)

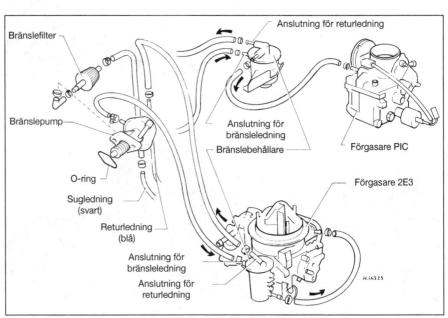

Fig. 3.3 Bränslesedningarnas fastsättning, 1,05 och 1,3 liter (avsn 6)

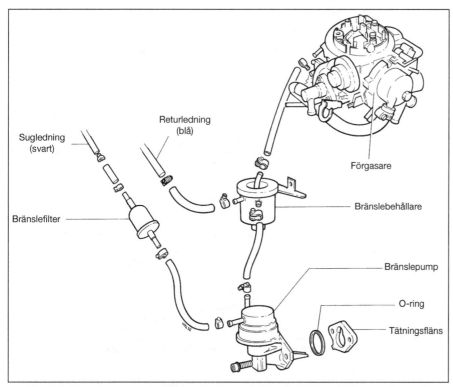

7.1 Bränslebehållarens placering (1,3 liter)

7.3 Bränslebehållarens fästskruvar (vid pilarna). Notera jordledningen på den undre

Fig. 3.4 Bränslepump och slanganslutningar – 1,6 och 1,8 liters förgasare (avsn 6)

Innan pumpen demonteras, kontrollera dock att det inte är bränslefiltret som är igentäppt.
6 Bränslefiltret ska bytas vid angivet intervall, se Rutinmässigt underhåll (avsnitt 2), eller då det är igentäppt.
7 Vid demontering av bränslepump, lokalisera och identifiera först slangarna. Lossa dem från pumpen.
8 Lossa pumpens fästskruvar med lämplig insexnyckel. Ta bort pumpen från blocket eller locket. Ta bort tätningsringen, notera var eventuell jordledning sitter.
9 Rengör tätningsytorna på topplock eller motorblock.
10 Montera i omvänd ordning. Byt tätningsring, använd vanliga slangklammor i stället för stukade då sådana är monterade.
11 Kontrollera alla slanganslutningar efteråt, med motorn igång. Lokalisera och åtgärda eventuellt läckage.

7 Bränslebehållare – demontering och montering

1 Bränslebehållaren är placerad mellan bränslepumpen och förgasaren (se bild). Behållaren har tre anslutningar; en ledning från pumpen (märkt med pil), en till förgasaren (saknar märkning) samt en returledning (som är märkt R).
2 Vid demontering, lossa slangarna och plugga dem för att undvika bränslespill.

3 Lossa fästskruvarna och ta bort behållaren. Notera jordledningens placering (se bild).
4 Montera i omvänd ordning, kontrollera beträffande läckage.

8 Bränsletank – demontering och montering

Av säkerhetsskäl måste bränsletanken alltid demonteras i ett väl ventilerat utrymme, aldrig över en grop.
1 Lossa batteriets negativa anslutning.
2 Sug ut (med hävert) eller pumpa ut bränslet ur tanken (det finns ingen avtappningskran).
3 Ta bort mattan i bagageutrymmet och sedan locket till tankarmaturen.
4 Lossa kontaktstycket på armaturen, lossa

även bränslematarledning (till pumpen) och returledning (från bränslebehållaren).
5 Hissa upp bakänden på bilen och stöd den på pallbockar. Lägg stoppklossar vid framhjulen, ta bort höger bakhjul.
6 Lossa ventilationsslangen från påfyllningsröret (se bild).
7 Lossa påfyllningsröret vid expansionstanken, samt ventilationsslangen.
8 Lossa påfyllningsstosen som hålls av en låsklamma.
9 Stöd tanken med en garagedomkraft och en träbit, lossa muttrar och skruvar, ta bort banden (se bild) och sänk ned tanken. På GTI modeller är det också nödvändigt att lossa skyddsplåten vid ena sidan.
10 Ska expansionstanken demonteras, lossa fästskruven och ta ned tanken från hjulhuset.
11 Om tanken innehåller avlagringar eller

8.6 Tankpåfyllningsventil och slang

8.9 Tankinfästning, band och skruvar

vatten, ta bort armaturen enligt beskrivning i avsnitt 9, skölj sedan tanken med rent bränsle. Är tanken skadad eller om den läcker bör den åtgärdas av en fackman, eller bytas.
12 Montera i omvänd ordning. Se till att gummiremsorna sitter på banden. Anslut slangarna så att inga veck uppstår.

9 Tankarmatur – demontering och montering

Observera: *Av säkerhetsskäl måste tankarmaturen alltid demonteras i ett väl ventilerat utrymme, aldrig över en grop.*
1 Lossa batteriets negativa anslutning.
2 Ta bort mattan i bagageutrymmet och sedan locket till tankarmaturen.
3 Lossa kontaktstycket till armaturen, lossa även bränslematar- och returledningar.
4 Lossa fästmuttern och ta bort armaturen, notera passmärkena. En lämplig nyckel kan behövas för att lossa fästmuttern.
5 Byt armaturens tätning.
6 Montera i omvänd ordning. Kontrollera att passmärkena överensstämmer. Byt originalklammor på slangarna mot vanliga slangklammor. Kontrollera att elanslutningen sitter säkert.

10 Bränslespärrventil – demontering, kontroll och montering

1 Spärrventilen är placerad i påfyllningsröret, den är åtkomlig under höger bakre hjulhus.
2 Vid demontering, dra ventilen uppåt från påfyllningsröret och haka loss den.
3 Då ventilen hålls vertikalt ska den vara öppen, men vid 45° lutning ska den stänga. Byt i annat fall ut den.
4 Montera i omvänd ordning.

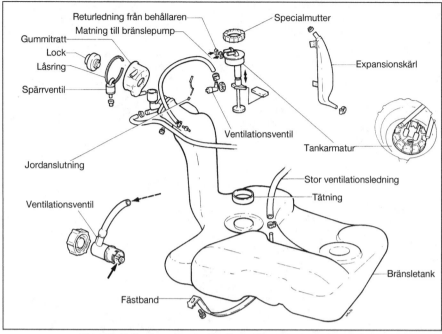

Fig. 3.5 Bränsletank och detaljer – förgasarmotor (avsn 8)

11 Gasvajer (manuell växellåda) – demontering, montering och justering

1 Lossa batteriets negativa anslutning.
2 Demontera luftrenaren enligt beskrivning i avsnitt 4.
3 Frigör och lossa innervajerns låsklips vid gasspjällarmen, notera först hur de sitter **(se bild).**
4 Frigör genomföringen från fästet **(se bild).**
5 Demontera panelen under instrumentbrädan, lossa sedan innervajern från gaspedalen **(se bild).**
6 Dra in vajern i motorrummet, komplett med gummigenomföringar.
7 Montera i omvänd ordning, se till att inte vajern tvingas göra skarpa böjar. Justera enligt nedan.

Justering

8 Innan justering, kontrollera att inga spänningar påverkar vajern.
9 Låt någon trycka ned gaspedalen helt. Ta bort luftrenaren.
10 Kontrollera att spelet mellan spjällarm och stoppklack är max 1mm. Notera att spjällarmen inte vilar mot stoppet vid helt öppet läge, d v s det måste finnas ett visst spel.
11 Vajern justeras på ett flertal sätt. Då låsmuttrar finns på yttervajern i motorrummet, lossa dem, justera vajerns läge och dra åt låsmuttrarna igen. Då bussning och låsbricka förekommer, ta bort låsringen, justera läget och sätt tillbaka låsringen så att den går mot bussningens styrning. På vissa modeller justerar man vajern genom att lossa en låsskruv, hålla vajern spänd och justera armens läge samt dra åt skruven igen.
12 Montera luftrenaren efter justering.

11.3 Gasvajer och spjällarm

11.4 Lossa genomföringen från fästet

11.5 Gasvajerns infästning i pedalen

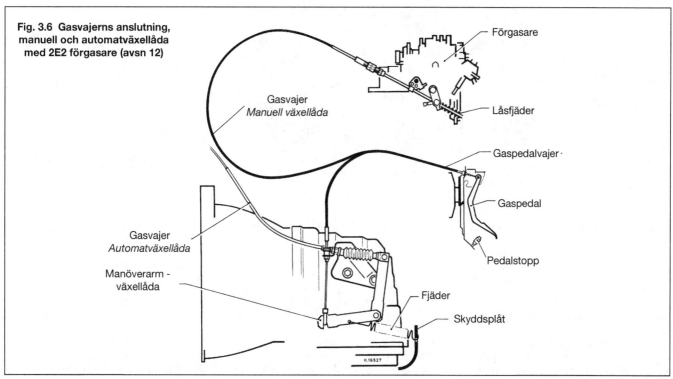

Fig. 3.6 Gasvajerns anslutning, manuell och automatväxellåda med 2E2 förgasare (avsn 12)

Förgasare
Gasvajer Manuell växellåda
Låsfjäder
Gaspedalvajer
Gaspedal
Gasvajer Automatväxellåda
Manöverarm - växellåda
Pedalstopp
Fjäder
Skyddsplåt

12 Gas- och spjällarmsvajer (auto. växellåda) – demontering, montering och justering

1 På modeller med automatväxellåda påverkar gasvajern en manöverarm för växlingskontroll på växellådan. Armen påverkar sedan spjällarmsvajern till förgasaren.
2 Ställ växelväljaren i läge P (Park), innan någon vajer lossas.
3 Vid demontering av gasvajer, lossa först justermuttern, lossa sedan innervajerns gaffel från manöverarmen, samt yttervajern från fästet. Vajern kan sedan lossas från pedalen och tas bort på samma sätt som för manuell växellåda (se föregående avsnitt).
4 Vid demontering av spjällarmsvajer, lossa juster- och låsmutter vid förgasaren, ta bort innervajerns låsklips och därefter vajern från spjällarmen.
5 Frigör låsblecket vid växellådan, lossa vajern från manöverarm och fäste.
6 Montera vajrarna i omvänd ordning, de måste dock justeras enligt anvisning i kapitel 6.

13 Gaspedal – demontering och montering

1 Demontera panelen under instrumentbrädan.
2 Lossa gasvajern från pedalen.
3 Frigör låsblecket och tag bort ledpinnen.
4 Tag bort pedalen. Pressa vid behov ut ledpinnens bussningar.

5 Montera i omvänd ordning, smörj bussningarna med lite fett. Kontrollera justeringen enligt avsnitt 12.

14 Chokevajer (1,05 liter) – demontering, montering och justering

1 Lossa batteriets negativa anslutning.
2 Demontera luftrenaren enligt anvisning i avsnitt 4.
3 Lossa ytter- och innervajer från förgasaren med hjälp av en skruvmejsel (se fig. 3.7).
4 Demontera panelen under instrumentbrädan.
5 Ta bort låsbrickan och ta bort knappen.
6 Skruva loss ringen och dra ut chokevajern.
7 Lossa elanslutningen och ta undan vajern.

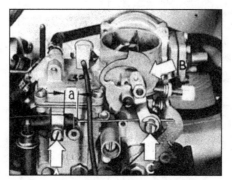

Fig. 3.7 Justering av chokevajer – 1,05 liter (avsn 14)

A Höljets utstick
B Kam och stopp
C Innervajerns infästning

8 Montera i omvänd ordning, se till att inte vajern spänner, samt att genomföringarna sitter rätt vid torpedväggen. Justera enligt följande beskrivning innan luftrenaren monteras.
9 Placera ytterhöljet i klamman så att det skjuter ut ca 12 mm. Dra åt klamman.
10 Tryck in choken helt, dra sedan ut knappen 3 mm, slå på tändningen och kontrollera att inte chokevarningslampan lyser.
11 Sätt innervajern på plats i chokearmen, för armen till helt stängt läge. Dra åt låsskruven i chokearmen.
12 Montera luftrenaren.

15 Förgasare – demontering och montering

1 Lossa batteriets negativa anslutning.
2 Demontera luftrenaren enligt beskrivningen i avsnitt 4.
3 Lossa gasvajern från förgasaren (se avsnitt 11 eller 12). Koppla loss ledningar från bränsleavstängningssolenoiden, strypventilen för tillskottsluft, förvärmning för delgaskanal, automatchoke samt jordledning – beroende på utförande.
4 Tappa av hälften av kylvätskan (se kapitel 2), lossa sedan kylslangarna från automatchoke och expandern (där sådan förekommer).
5 Lossa slangarna för bränslematning och -retur vid flottörhuset, efter behov, plugga eller kläm ihop slangarna för att förhindra bränslespill. Notera hur de sitter så att inte förväxling sker vid monteringen.

15.7A Förgasarens fästskruvar (vid pilarna) – 2E3 förgasare

15.7B Förgasaren demonteras från mellanstycke/grenrör – 2E3 förgasare

16.3 Demontering av förgasarlock – PIC

6 Notera hur vakuumslangarna sitter, lossa dem sedan.
7 Lossa de genomgående skruvarna eller fästmuttrarna (beroende på utförande), ta försiktigt bort förgasaren från insugningsgrenröret **(se bilder)**.
8 Demontera mellanstycket, ta bort de fyra muttrarna på grenrörets undersida och lyft bort flänsen.
9 Montera i omvänd ordning. Se till att alla tätningsytor är rena, använd nya packningar.
10 Fyll sedan på kylsystemet (kapitel 2), starta motorn och kontrollera beträffande

läckage av kylvätska eller bränsle. Justera förgasaren vid behov.

16 Förgasare (31 PIC7) – isärtagning, ihopsättning och justering

1 Med förgasaren demonterad, rengör den utvändigt med varnolen och torka torrt.
2 Ta bort lockets fästskruvar, notera var jordanslutningen sitter.

3 Ta av locket, ta bort packningen **(se bild)**.
4 Lossa hållaren och ta bort flottören **(se bilder)**.
5 Rengör flottörhuset med ren bensin **(se bild)**.
6 Vid behov, ta isär förgasaren ytterligare med stöd av **fig. 3.10**.
7 Vid kontroll av strypventil för tillskottsluft då den är demonterad, tryck ned stiftet 3-4 mm, koppla sedan till batterispänning. Ett klick ska höras och stiftet ska röra sig utåt.
8 Vid kontroll av ventil för bränsleavstängning till huvudmunstyckena (där sådan finns),

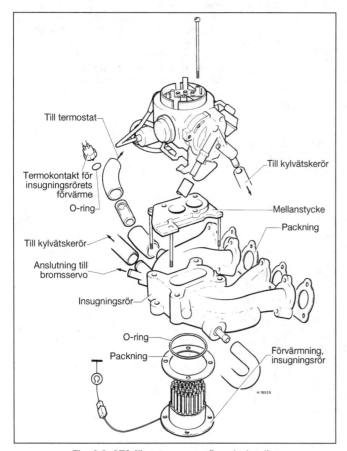

Fig. 3.8 2E3 förgasare, genrör och detaljer

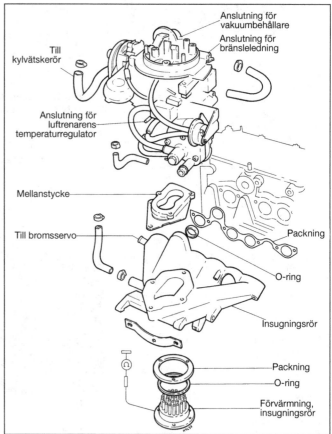

Fig. 3.9 2E2 förgasare, grenrör och detaljer (avsn 15)

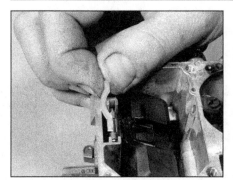

16.4A Bänd ut hållaren . . .

**16.4B . . . och ta bort flottören –
PIC förgasare**

**16.5 Förgasaren med locket borttaget -
PIC förgasare**

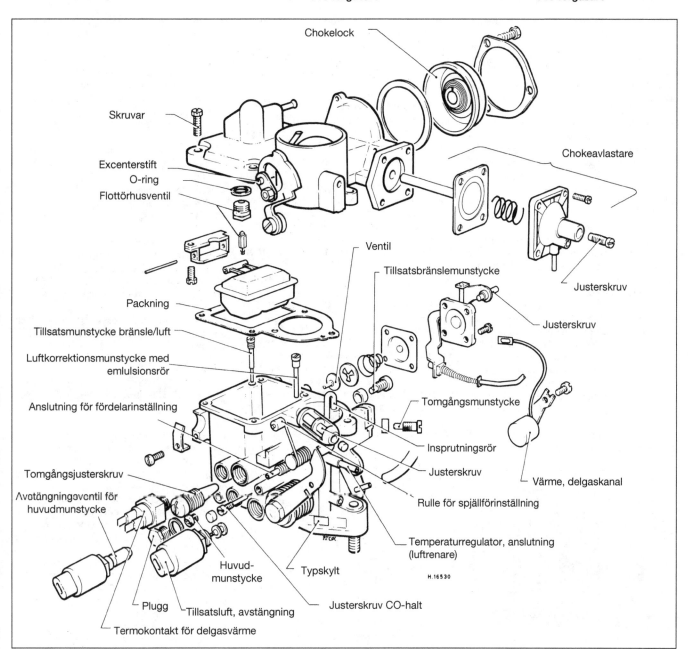

Fig. 3.10 Sprängskiss PIC forgasare (avsn 16)

16.10A Kontrollera chokespjällets öppning med en spiralborr – PIC förgasare

anslut batterispänning. Ett klickande måste höras då spänning ansluts.
9 Montera i omvänd ordning, byt alla packningar och O-ringar. Justera enligt följande:
10 Justera chokespjället genom att först öppna det helt och sedan reducera öppningen tills ett hack känns, håll kvar den där. Med chokespjällarmen i kontakt med kammen, kontrollera att spalten mellan spjäll och förgasarhals är enligt specifikationerna. Använd en spiralborr vid kontrollen, justera vid behov med justerskruven **(se bilder)**.
11 Även om det markerade läget förinställs vid fabriken kan det kontrolleras, och justeras vid behov. Dra ut choken helt, skjut sedan in den till markeringen. Tryck chokearmen mot kammen och kontrollera spjällöppningen med en spiralborr enligt föregående punkt. Är öppningen fel, justera med excenterstiftet på spjällarmen.
12 Accelerationspumpens kapacitet kan kontrolleras med förgasaren på plats eller demonterad, luftrenaren måste dock demonteras. Flottörhuset måste också vara fullt av bränsle. Öppna chokespjället och håll det öppet med en tråd. Anslut en väl passande plastslang över pumpröret. Tryck ned gaspedalen tills bränsle kommer från röret, för sedan ned slangen i ett mätglas. Tryck ned gaspedalen helt fem gånger, låt varje slag ta minst tre sekunder. Dela den uppmätta bränslemängden med fem, för att få mängden per slag, jämför sedan med

17.4 Tomgångs- (A) och blandningsskruv – PIC förgasare

16.10B Justerskruv för spjällöppning (A) samt excenterstiftet (B) – PIC förgasare

uppgifterna i Specifikationer. Justera vid behov med skruven på pumparmen. Notera att bränsle sprutas in i öppningen spjäll/spjällhals. Böj vid behov pumpröret.

17 Förgasare (31 PIC7) – justering av tomgång och snabbtomgång

Noggrann justering av förgasaren kan endast göras sedan tändläge, kamvinkel och tändstiftsgap justerats. Felaktiga ventilspel kan också påverka förgasarinställningen. Justersäkringar kan vara monterade – justering av tomgångsskruv samt demontering av justersäkringar är förbjudet i vissa länder.

1 Låt motorn gå tills den har normal arbetstemperatur, stäng sedan av den. Anslut en varvräknare och, om möjligt, en avgasanalysator.
2 Kontrollera att all elektrisk belastning är avslagen och att kylfläkten inte går vid justeringen.
3 Lossa slangen för vevhusventilation från luftrenaren, plugga inloppet.
4 Starta motorn och låt den gå på tomgång. Kontrollera att tomgångsvarv och CO-halt är enligt specifikationerna. Justera annars med de två skruvarna ovanför avstängningssolenoiden, lite i taget **(se bild)**.
5 Om en avgasanalysator inte finns till-

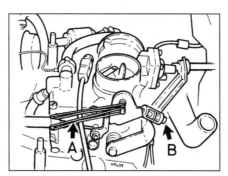

Fig. 3.12 Justering av snabbtomgång – PIC förgasare (avsn 17)

A Chokespjäll hålls öppet med gummisnodd
B Justerskruv

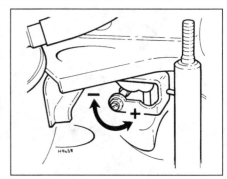

Fig. 3.11 Justerskruv för accelerationspump – PIC förgasare

gänglig, kan grundinställning göras genom att man vrider blandningsskruven tills man får den inställning som ger högst varvtal.
6 Anslut slangen för vevhusventilation. Om CO-halten ökar är oljan utspädd med bränsle och ska bytas. Om det inte är dags för oljebyte kan det räcka med en tur på några mils snabb körning.
7 Stanna motorn och ta bort mätutrustningen.
8 Justera snabbtomgången, kontrollera först att motorn har normal arbetstemperatur. Ta bort luftrenaren.
9 Med motorn avstängd, dra ut choken helt, skjut sedan in den till markeringen.
10 Håll chokespjället öppet med en gummisnodd.
11 Anslut en varvräknare, starta motorn och kontrollera att snabbtomgången är den angivna. Justera i annat fall med skruven på sidan av snabbtomgångskammen. Denna skruv kan vara försedd med justersäkring **(se fig. 3.12)**.
12 Stäng av motorn, lossa varvräknare och gummiband. Sätt tillbaka luftrenaren och skjut in choken.

18 Förgasare (2E3) – isärtagning, ihopsättning och justering

1 Demontera förgasaren, rengör den utvändigt med varnolen. Torka/blås torrt.
2 Ta bort lockskruvarna, lyft bort locket **(se bild)**. Se till att inte packningen förstörs, om en ny inte finns till hands.
3 Detaljerna kan nu lossas från förgasaren såsom erfordras **(se bilder)**, se även **fig. 3.13**. Ändra inte, eller ta bort stoppet för fullt gasutslag. Rör inte heller skruvarna för gasventiljusteringen, steg II.
4 Rengör förgasaren invändigt men peta inte i kanaler och munstycken med en tråd el dyl. utan blås dem rena.
5 Om anrikningsventilen för delgas demonteras måste den bytas.
6 Elektriskt manövrerat munstycke kan kontrolleras genom att anslutas till batterispänning. Ett klick ska höras då ström anslutes.

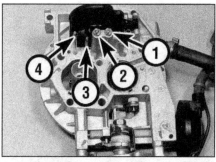

18.2 Lockets fästskruvar (vid pilarna) – förgasare 2E3

18.3A Förgasare 2E3 sedd underifrån

1 Steg I, huvudmunstycke
2 Steg II, huvudmunstycke
3 Rör, fullgasanrikning
4 Rör, steg II

18.3B 2E3 förgasare med snabbtomgångskam (1), justerskruv för snabbtomgång (2) och vakuumklocka (3)

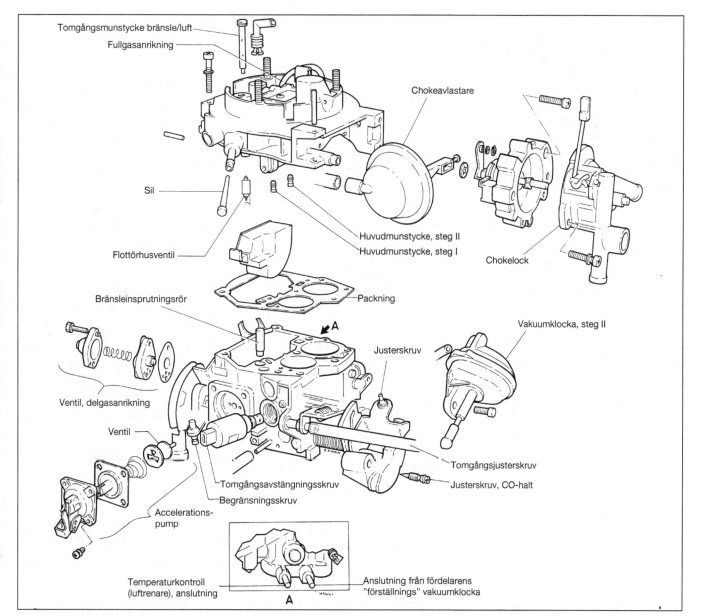

Tomgångsmunstycke bränsle/luft
Fullgasanrikning
Chokeavlastare
Sil
Huvudmunstycke, steg II
Huvudmunstycke, steg I
Flottörhusventil
Chokelock
Bränsleinsprutningsrör
Packning
Vakuumklocka, steg II
Justerskruv
Ventil, delgasanrikning
Ventil
Tomgångsjusterskruv
Tomgångsavstängningsskruv
Justerskruv, CO-halt
Begränsningsskruv
Accelerations-pump
Temperaturkontroll (luftrenare), anslutning
Anslutning från fördelarens "förställnings" vakuumklocka
A

Fig. 3.13 Sprängskiss av förgasare 2E3 (avsn 18)

18.9 Accelerationspumpens spridarrör måste stå mot urtaget (vid pilarna)

18.10 Chokehus och lock måste passa rätt ihop – 2E3 förgasare

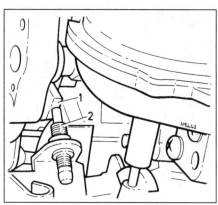

Fig. 3.14 Snabbtomgångskam (1) och justerskruv för chokespjällöppning (2) – 2E3 förgasare (avsn 18)

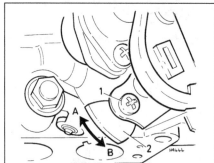

Fig. 3.15 Kontroll av chokespjällöppning – 2E3 förgasare (avsn 18)

1 Tryckstång för chokespjäll (tryck i pilens riktning)
2 Spiralborr

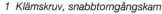

Fig. 3.16 Justering av accelerationspump – 2E3 förgasare

1 Klämskruv, snabbtomgångskam
2 Snabbtomgångskam
A Öka volym
B Minska volym

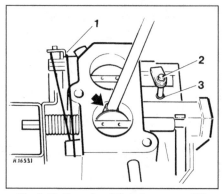

Fig. 3.17 Grundinställning av gasspjäll, stång som håller spjället öppet (vid pilen), låsarm (1), begränsningsskruv (2) och stopp (3) 2E3 förgasare (avsn 18)

7 Montera i omvänd ordning, byt alla packningar och O-ringar. Utför sedan följande kontroller och justeringar:
8 Vid kontroll av chokespjällets öppning måste locket demonteras. Öppna gasspjället och placera justerskruven mot den högsta ansatsen på snabbtomgångskammen. Dra nu chokestången helt mot justerskruven (och chokeavlastaren). Kontrollera i detta läge spalten mellan chokespjäll och förghasarhals,

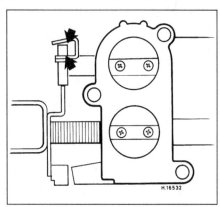

Fig. 3.18 Låsarmens spel med stängt spjäll – 2E3 förgasare (avsn 18)

Spel 0,25-0,55 mm (varje sida)

använd en borr som tolk. Justera vid behov på skruven **(se fig. 3.14 och 3.15)**.
9 Accelerationspumpen kan kontrolleras enligt beskrivningen i avsnitt 16, punkt 12, men låt slaget ta en sekund och vila tre sekunder mellan slagen **(se bild samt fig. 3.16)**.
10 Kontrollera att märkning på lock och hus för automatchoke överensstämmer (se bild). Kontrollera choken genom att ansluta en testlampa mellan batteriets pluspol och chokeanslutningen. Lampan ska tändas, i annat fall är choken felaktig och ska bytas.
11 Chokeavlastaren kan kontrolleras demonterad, men eftersom detta kräver vakuumpump och -mätare, är det bäst att överlåta detta till en fackman. Avlastaren kan också kontrolleras i bilen. Luftrenaren måste demonteras. Låt motorn gå på tomgång, stäng chokespjället för hand vid förgasaren. Kontrollera att ett motstånd känns under de 3 sista mm. I annat fall kan det finnas ett vakuumläckage i anslutningar eller avlastarens membran, som då måste bytas.
12 Andra steget är inställt vid tillverkningen och bör inte kräva någon justering. Om begränsningsskruven av någon anledning demonterats eller ändrats, justera enligt följande: Öppna gasspjället helt och håll det

öppet med en träbit eller liknande mellan spjäll och kanal. Förspänn sekundärspjällets spännarm med en gummisnodd, skruva sedan ut begränsningsskruven – det ska finnas ett spel mellan skruv och anslag. Skruva sedan in skruven så att den precis vidrör anslaget. Rätt läge kan bestämmas genom att man för in ett tunt papper mellan anslag och skruv. Då papperet precis kläms ska skruven vridas ytterligare ett kvarts varv och sedan låsas med låsvätska. Stäng båda spjällen, mät sedan spärrarmens spel (vid pilarna i **fig. 3.18**). Är spelen fel, böj respektive detaljer så som erfordras.

19 Förgasare (2E3) – justering av tomgång och snabbtomgång

1 Vid kontroll av tomgång, följ anvisningarna i avsnitt 17, punkterna 1 till 7 **(se bild)**.
2 Vid kontroll av snabbtomgång, se till att motorn har rätt arbetstemperatur. Luftrenaren måste demonteras, medan övriga förutsättningar ska vara som för tomgångsjustering.

19.1 Tomgångsjusterskruv och styrhylsa (A), blandningsskruv (B) – förgasare 2E3

Fig. 3.19 Justerskruv, snabbtomgång (2) – 2E3 förgasare (avsn 19)

Plugga igen slangen för luftrenarens temperaturkontroll.

3 Starta motorn och öppna gasspjället så att motorn har ett varvtal på ca 2 500 rpm. Tryck ner snabbtomgångskammen, minska gaspådraget så att skruven vilar mot det högsta anslaget på kammen, snabbtomgången ska nu vara enligt specifikationerna. Justera i annat fall med hjälp av skruven se **fig. 3.19** (skruven kan vara skyddad av justersäkring).

4 Öppna förvärmningsslangen och montera luftrenaren.

20 Förgasare (2E2) – isärtagning, ihopsättning och justering

1 Isärtagning och översyn av förgasare 2E2 görs på samma sätt som för förgasare 2E3 i avsnitt 18. Följande kontroller och justeringar tillkommer dock:

2 Förvärmning för delgaskanal: Vid kontroll, anslut en testlampa mellan anslutningen och

batteriets pluspol. Jorda enheten. Lampan ska tändas, i annat fal är detaljen defekt och ska bytas. Vid montering, kontrollera att förgasaren har ordentlig jord.

3 Chokeavlastare: Den kan kontrolleras på samma sätt som för 2E3 förgasare, men notera att motstånd måste kännas under de sista 5 mm spjällrörelse.

4 Accelerationspump (förgasare demonterad): Förgasaren måste vara demonterad vid kontroll, det behövs också en vakuumpump och en M8 x 20 mm skruv.

5 Lossa slangarna vid tre-/fyrvägsanslutningen. Anslut vakuumpumpen vid A i fig. 3.21, plugga B (och C i förekommande fall). Pumpa upp vakuum så att membranets tryckstång är i läge motorbroms/avstängning och ger ett spel mellan snabbtomgångskam och tryckstång.

6 För upp varmkörningsarmen så att stiftet för gasspjället har ett spel, sätt in M8 skruven så att armen stannar i detta läge **(se fig. 3.22)**.

7 Håll förgasaren över ett mätglas med en tratt, öppna sedan sakta gasspjället helt fem gånger, varje slag ska ta ca 3 sekunder. Dividera bränslemängden med fem för att erhålla mängd per slag, kontrollera mot specifikationerna.

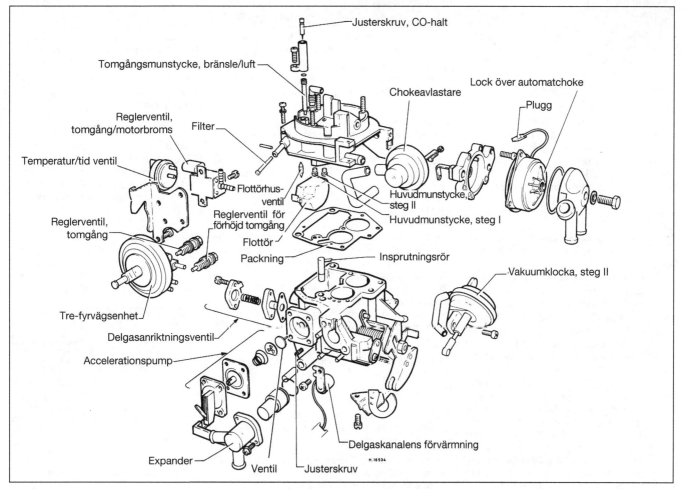

Fig. 3.20 Sprängskiss av förgasare 2E2 (avsn 20)

Fig. 3.21 Förgasare 2E2 klar för kontroll av accelerationspump (avsn 20)

A Anslutning, vakuumpump
B Plugga vakuumanslutning (3-vägs)
C Plugga vakuumanslutning (4-vägs)

Fig. 3.24 Låsarmens spel med stängt spjäll – förgasare 2E2 (avsn 20)

A = 0,3-0,5 mm   B = 0,9-1,1 mm

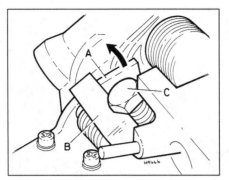

Fig. 3.22 Justering av accelerationspump. Varmkörningsarm (A), manöverarm (B) och skruv (C) – förgasare 2E2 (avsn 20)

Fig. 3.25 2E2 förgasare klar för kontroll av tre- eller fyrvägsenhet (avsn 20)

Tryckstång till tomgångsläge a = 8,5 mm
1 Vakuumanslutning
2 och 3 Plugga dessa anslutningar

Fig. 3.23 Lossa skruv (A) och vrid kammen (B) för att justera accelerationspumpens insprutningsmängd – förgasare 2E2 (avsn 20)

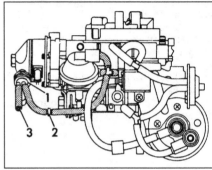

Fig. 3.26 Vakuumklocka, steg II – förgasare 2E2 (avsn 20)

1 Thermo-pneumatisk ventil
2 Strypning
3 Anslutning, rak slang

8 Om justering erfordras, (se fig. 3.23), lossa skruven A och vrid kammen B såsom erfordras för att minska eller öka bränslemängden. Dra sedan åt skruven och lås den med låsvätska.
9 Accelerationspumpen kan även kontrolleras monterad, men eftersom specialutrustning krävs är det bäst att överlåta detta åt en fackman.
10 Grundinställning av steg II: Följ beskrivningen i punkt 12, avsnitt 18. Se även **fig. 3.17** och **3.24**.
11 Tre-/fyrvägsanslutning: För kontroll erfordras en vakuumpump.
12 Lossa vakuumslangarna och anslut vakuumpumpen till 1 i **fig. 3.25.** Pumpa vakuum så att tryckstången rör sig till tomgångsläge, mät tryckstångens utstick. Det måste överensstämma med specifikationerna.
13 Vid kontroll av brytpunkt vid motorbroms, plugga anslutning 3 i **fig. 3.25,** anslut sedan förhöjt vakuum med pumpen. Tryckstången bör då ställa sig i läge motorbroms/ avstängning. Mät utsticket (a) vilket ska vara 1,0 mm. Tryckstången ska stanna i detta läge i en minut.
14 Om stångens utstick är felaktigt eller om läget inte behålls i en minut, läcker förmodligen membranet eller enheten och måste då bytas.

15 Vakuumklocka för steg II: Systemet förekommer på 1,6 liters modell med manuell växellåda och 1,8 liters modell med automatväxellåda fr o m augusti 1984. Det har till uppgift att fördröja öppning av 2:a steget tills kylvätsketemperaturen är över 18°C. Detta görs genom att vakuumslangen ventileras via termoventilen och strypningen **(se fig. 3.26).** Kontrollera att den raka slangen vid anslutning 3 på termoventilen inte är igensatt, kontrollera termoventilen genom att blåsa genom den. Den ska vara öppen vid 18°C och stängas vid 28°C.
16 Kontroll av övriga detaljer på förgasaren såsom styrventil för tomgång/motorbroms och temperatur/tidkontakt bör överlåtas åt en fackman eftersom specialutrustning erfordras.

21 Förgasare (2E2) – justering av tomgång och snabbtomgång

1 För kontroll och justering av tomgång, följ anvisningarna i avsnitt 17, punkterna 1-7, men notera följande skillnader:

(a) Innan justering påbörjas, kontrollera att tre-/ fyrvägsanslutningens tryckstång är i läge tomgång och i kontakt med snabbtomgångsskruven (se fig. 3.27)

(b) Vid justering, vrid tomgångsventil (se fig. 3.23) och blandningsskruv efter behov (se fig. 3.29). Blandningsskruven är skyddad av en justersäkring. Om CO-halten är svår att justera, ta bort skruven och rengör spetsen.

2 På modeller med automatväxellåda kan tomgångsförhöjningen kontrolleras och justeras enligt följande: Förutom de förutsättningar som måste följas vid tomgångsjustering, ska också handbromsen vara åtdragen och stoppklossar läggas vid hjulen.

Fig. 3.27 Tre/fyrvägsenhet med tryckstång (A) och snabbtomgångsjusterskruv (B) i läge tomgång - 2E2 förgasare (avsn 21)

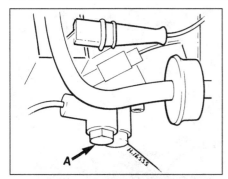

Fig. 3.28 Tomgångsregulatorventil (A) –
förgasare 2E2 (avsn 21)

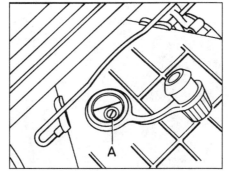

Fig. 3.29 Blandningsskruv (CO) (A) –
förgasare 2E2 (avsn 21)

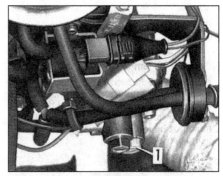

Fig. 3.30 Varvtalsregulatorventil (1) –
förgasare 2E2 (avsn 21)

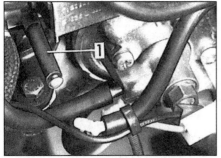

Fig. 3.31 Lossa och plugga vakuumslang
(1) vid kontroll/justering av snabbtomgång
– förgasare 2E2 (avsn 21)

3 Starta motorn, ställ fläkten på högsta läget, slå på helljus och bakrutevärme. Ta hjälp av någon som kan sitta i bilen, trampa på bromsen och lägga in D-läge (drive). Kontrollera att tryckstången på fyrvägsanslutningen är i läge förhöjd tomgång, snabbtomgångsskruven vilar mot tryckstången samt att förhöjt tomgångsvarv inte understiger det angivna. Justera vid behov regulatorventilen (se fig. 3.30).
4 Modeller med luftkonditionering kontrolleras på liknande sätt, men A/C måste vara tillslagen och i läge max kyla, med fläkten på högsta fart. Varvtalet måste vara enligt specifikationerna, justera vid behov regulatorventilen.
5 Då justering av normal och förhöjd tomgång

avslutats, kan snabbtomgången kontrolleras och justeras vid behov. Kontrollera att motorn har normal arbetstemperatur.
6 Lossa Y-stycket från vakuumslangen och plugga den **(se fig. 3.31)**. Anslut en varvräknare. Starta motorn och kontrollera att snabbtomgången är korrekt. Justera annars med skruven på länkaget **(se fig. 3.32)**. Lås skruven med låsvätska, öppna slangen och anslut Y-stycket. Kontrollera att tomgångsvarvtalet är riktigt.

22 Förvärmning för insugningsrör – beskrivning och kontroll

1 Insugningsröret förvärms av kylvätskan och av ett el-element i botten av röret.
2 Vid kontroll av el-elementet ska motorn vara kall. Lossa kontaktstycket, anslut en ohmmeter mellan anslutningen och jord. Motståndet bör vara 0,25-0,50 Ω.
3 Vid demontering, lossa el-anslutningen, ta bort skruvarna och sedan elementet. Ta bort packning och tätningsring **(se bilder)**. Byt alltid tätningsring och packning.
4 Elementet styrs av en termokontakt placerad i kylvätskeslangen till grenröret (1,05 och 1,3 l) eller upptill i kylvätskeanslutningen för topplocket (1,6 l).
5 Innan termokontakten demonteras, tappa

Fig. 3.32 Justerskruv, snabbtomgång (A) –
förgasare 2E2 (avsn 21)

av lite kylvätska för att minska spill (se kapitel 2).
6 Vid kontroll, lossa anslutningen, skruva loss och ta bort kontakten från huset, plugga hålet så att inte kylvätska rinner ut.
7 Anslut en ohmmeter till kontaktstiften, värm känselkroppen i varmt vatten. Under följande temperaturer ska instrumentet visa noll resistans (slutna kontakter):

1,05 liter 65°C
1,3, 1,6 och 1,8 liter 55°C

8 Över följande temperaturer ska instrumentet visa avbrott (öppna kontakter):

1,05 liter 75°C
1,3, 1,6 och 1,8 liter 65° C

Byt i annat fall ut kontakten.

22.3A Lossa skruvarna . . .

22.3B . . . och ta bort värmekroppen från
insugningsgrenröret

22.3C Demontering av tätningsring från
värmekroppen

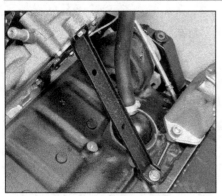

23.5 Stag för insugningsgrenrör (1,3 liter)

23.6 Insugningsrörets fästskruvar vid topplocket

Notera flatstift för jordanslutning – vid pilen (1,3 liter)

23.10 Värmeplåt (1,3 liter)

23 Insugnings- och avgasgrenrör – demontering och montering

Insugningsgrenrör

1 Demontera förgasaren enligt beskrivning i avsnitt 15.
2 Lossa förvärmningselementets el-anslutning.
3 Tappa av kylvätskan (kapitel 2) samt lossa kylvätskeslangarna från röret.
4 Lossa de vakuumslangar som berörs **(se fig. 3.33)**.

5 Lossa, där sådant förekommer, staget mellan grenrör och vevhus **(se bild)**.
6 Lossa grenrörets muttrar och skruvar **(se bild)**, notera var de är placerade. Ta försiktigt bort grenröret.
7 Ta bort packningen, rengör tätningsytorna på grenrör och topplock.
8 Montera i omvänd ordning. Använd ny packning, dra skruvar och muttrar till angivet moment.
9 Montera förgasaren enligt avsnitt 15.

Avgasgrenrör

10 Lossa muttern/muttrarna och ta bort värmeplåten från röret **(se bild)**.

11 På 1,05 och 1,3 liters modeller, lossa och ta bort främre avgasröret från grenröret **(se bild)**.
12 På 1,6 och 1,8 liters modeller, se avsnitt 24, punkt 2.
13 Lossa och ta bort återstående skruvar/muttrar, ta sedan försiktigt bort röret **(se bild)**. Ta bort packningen.
14 Rengör tätningsytorna på grenrör och topplock, samt fläns för anslutning av främre avgasrör.
15 Montera i omvänd ordning. Använd ny packning, dra skruvar och muttrar till angivet moment.
16 Vid anslutning av främre avgasrör, stryk

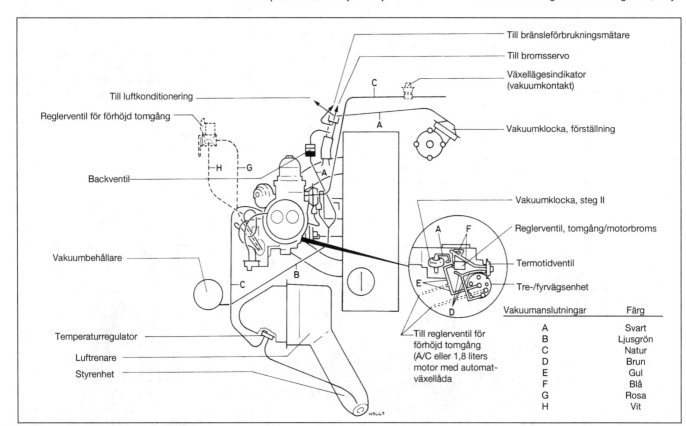

Fig. 3.33 Vakuumanslutningar – 1,6 och 1,8 liter med 2E2 förgasare (avsn 23)

Till bränsleförbrukningsmätare
Till bromsservo
Växellägesindikator (vakuumkontakt)
Till luftkonditionering
Reglerventil för förhöjd tomgång
Vakuumklocka, förställning
Backventil
Vakuumklocka, steg II
Reglerventil, tomgång/motorbroms
Vakuumbehållare
Termotidventil
Tre-/fyrvägsenhet
Temperaturregulator
Till reglerventil för förhöjd tomgång (A/C eller 1,8 liters motor med automat-växellåda
Luftrenare
Styrenhet

Vakuumanslutningar	Färg
A	Svart
B	Ljusgrön
C	Natur
D	Brun
E	Gul
F	Blå
G	Rosa
H	Vit

23.11 Fläns för främre avgasgrenrör, vid grenrör (1,3 liter)

23.13 Avgasgrenrör (1,3 liter)

lite tätningsmassa i skarven. Detta säkerställer tätning.

24 Avgassystem – kontroll, demontering och montering

1 Avgassystemet bör undersökas beträffande läckage, skador och säkerhet var 15 000 km. Dra åt handbromsen och låt motorn gå på tomgång. Låt en medhjälpare hålla en trasa för avgassystemets utlopp, kontrollera hela systemet beträffande täthet från sidan av bilen. Om läckage påträffas, ska det åtgärdas snarast. Kontrollera gummiupphängningarna **(se bilder)**.
2 På 1,6 och 1,8 liters modeller krävs ett specialverktyg (VW nr 3049A) för att lossa och ansluta flänsen vid avgasgrenröret. Utan verktyget kommer med säkerhet fästklammorna att skadas. Vid byte av avgassystem måste därför främre röret demonteras komplett med grenrör och sedan tas till en

fackman för byte av framrör. Ska hela systemet bytas kan det vara bäst att anlita en fackman från början.
3 Avgassystemen visas i **fig. 3.35** och **3.36**.
4 Innan avgassystemet tas isär, vänta tills det har svalnat. Använd rostlösare på muttrar och skruvar.
5 Använd nya muttrar och skruvar vid monteringen, det kan vara lättare att kapa de gamla skruvarna vid demontering.
6 Vid demontering av avgassystemet på 1,05 och 1,3 liters modellerna är det vanligtvis lättare att lossa avgassystemet vid grenröret och ta ned det komplett. Detaljerna kan sedan delas lättare eller kapas med bågfil.
7 Montera en del i taget, börja framifrån. Har grenröret demonterats, byt packning.
8 Innan delarna sätts samman, stryk tätningsmassa i skarvarna **(se fig. 3.36)**. Det blir lättare att sätta ihop delarna och tätningen blir bättre. Dra inte åt skruvarna än.
9 Låt motorn gå tills systemet har normal temperatur och dra sedan åt alla skruvar och klammor. Börja vid grenröret och gå bakåt.

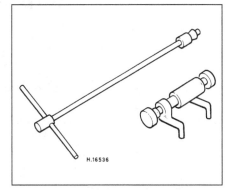

Fig. 3.34 VW specialverktyg nr 3049A för demontering/montering av främre avgasrörets klammor på 1,6 och 1,8 liters modeller (avsn 24)

Undvik att beröra systemet, det är hett. Använd kraftiga skyddshandskar.
10 Då skruvar och klammor dragits åt, är det viktigt att kontrollera att systemet inte spänner någonstans.

24.1A Kontrollera avgassystemets gummiupphängningar

24.1B Kontrollera avgassystemets skarvar beträffande åtdragning och läckage

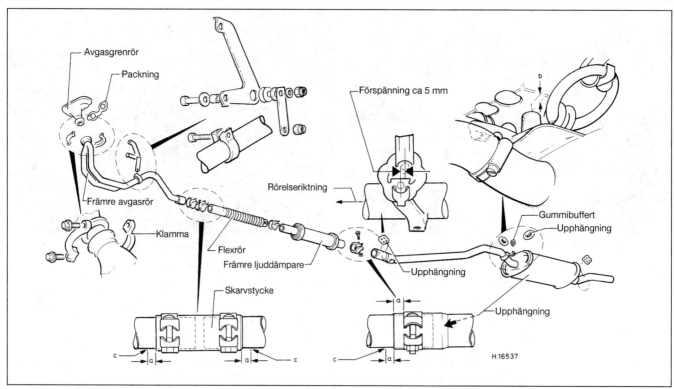

Fig. 3.35 Avgassystem och detaljer – 1,05 och 1,3 liter (avsn 24)

Skarvar och klammor
(a) = 5 mm   (b) = 12 mm   (c) Märkning (S)

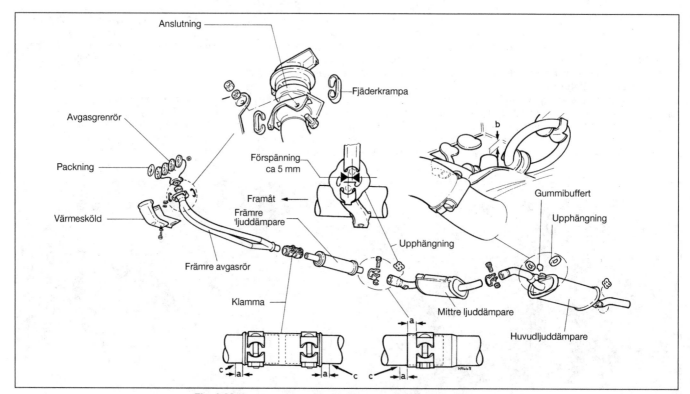

Fig. 3.36 Avgassystem och detaljer – 1,6 och 1,8 liter (avsn 24)

Skarvar och klammor
a = 5 mm   b = 12 mm   c Märkning (S för manuell växellåda och A för automatväxellåda)

Del B: Bränsleinsprutning

25 Allmän beskrivning

1 Bränsleinsprutningen är av typ K-Jetronic. Konstruktionen är enkel och saknar komplicerad elektronik. Systemet använder en elektrisk bränslepump och elektriska givare och strömställare, men de skiljer sig inte från liknande detaljer i andra system.

2 Följande avsnitt beskriver systemet och dess detaljer. Senare avsnitt upptar funktionskontroll av enskilda detaljer. Anvisningar för isärtagning och reparation förekommer i regel inte, eftersom inga reparationer kan utföras.

3 Systemet mäter den luftmängd som tillförs motorn, och den mängd bränsle som måste blandas med luften under rådande förhållanden. Bränslet sprutas kontinuerligt genom insprutare i grenröret vid varje insugningsport. Luft/bränsleblandningen dras in i förbränningsrummet då insugningsventilen öppnar.

Luftflödesmätare

4 Luftflödesmätaren mäter den luftmängd som tillförs motorn. Den använder en cirkulär skiva, monterad i en tratt genom vilken luften passerar. Skivan höjs tills dess vikt uppvägs av trycket på undersidan, av den inströmmande luften. Den vinkel skivan intar är därför hela tiden proportionell mot luftflödet.

5 Ökar luftflödet måste mer luft passera mellan skivan och trattväggen. Trycket på skivans undersida ökar och skivan rör sig uppåt tills öppningen balanserar mot luftflödet. Minskar luftflödet utgör den större spaltöppningen ett mindre motstånd, trycket på skivans undersida minskar, skivan rör sig då nedåt tills öppningen utgör så stort motstånd att skivans tyngd balanseras av lufttrycket på undersidan.

6 Flödesmätaren består av ett hus med mätskiva och arm. Skivans och armens tyngd balanseras av en motvikt. Uppåtrörelsen motverkas av trycket från en reglerstång. Stången som lyfts av skivan löper i en slitsad cylinder. Beroende på reglerstångens läge frilaggs eller stängs slitsarna som reglerar bränslemängden.

7 Sidorna i huset är inte rent trattformiga eftersom blandningsförhållandet varierar med belastningen. Genom att göra vissa sektioner brantare kan man göra blandningen fetare vid tomgång och full last. Genom att "platta till" formen kan man magra av blandningsförhållandet.

Bränsletillförsel

8 Bränslepumpen som är monterad baktill arbetar kontinuerligt då motorn är igång.

Överskottsbränsle leds tillbaka till tanken. Pumpen arbetar i START-läge på tändningslåset, men då startnyckeln släpps hindrar en brytare vid mätskivan att pumpen går om inte motorn är igång.

9 Bränsleledningen till fördelningsventilen innehåller ett filter och en ackumulator. Ackumulatorn bevarar bränsletrycket sedan pumpen stannat, för att underlätta varmstart.

10 En tryckregulator låter trycket snabbt försvinna från insprutarna då motorn stängs av. På så vis förhindras s.k. glödtändning. Ventilen stänger vid ett tryck som understiger insprutarnas öppningstryck och detta tryck hålls sedan kvar av ackumulatorn.

Bränslefördelare

11 Bränslefördelaren är monterad på luftflödesmätaren och styrs av mätskivans rörelse. Den består av en spolventil som löper vertikalt i en cylinder. Cylindern har lika många slitsar i väggarna som motorn har cylindrar.

12 Spolen påverkas upptill av bränsletrycket och balanserar de krafter som verkar på mätskivan. Ventilen höjs och sänks med skivans rörelse, och frilägger eller täcker då för slitsarna. Detta reglerar bränslemängden.

13 Varje spalt har en differentialtryckventil som ser till att tryckskillnaden över spalten alltid är konstant. Tryckskillnaden blir då alltid proportionell mot spaltens area, oberoende av hur stor del av spalten som är frilagd.

Kallstartventil

14 Ventilen är monterad i insugningsröret och ger bränsletillskott vid kallstart. Ventilen manövreras av en solenoid och styrs av en termotidkontakt i motorns kylsystem. Termotidkontakten aktiveras under en tid som beror på kylvätsketemperaturen, inkopplingstiden minskar med ökad kylvätsketemperatur. Är temperaturen tillräckligt hög kopplas inte kallstartventilen in.

Varmkörningsregulator (ventil)

15 Under uppvärmningsperioden behöver motorn en fetare blandning för att kompensera för bränslekondensation i insugningsrör och på cylinderväggar. Mer bränsle behövs också för att kompensera friktionsförluster och den tjockare oljan. Bränsleblandningen anrikas under varmkörningsperioden av varmkörningsregulatorn. Detta är en tryckregulator som sänker spolens styrtryck i bränslefördelaren under varmkörningen. Tryckminskningen gör att spolen höjer sig mer än annars och således släpper fram mer bränsle.

16 Ventilen styrs av en elektriskt uppvärmd bimetallfjäder. Då motorn är kall trycker bimetallen mot ventilens fjäder för att

reducera trycket på membranet och således öka spaltarean. Detta leder till att bränsletrycket som påverkar spolen reduceras.

Tillsatsluftsslid

17 Kompensation för ökad friktion åstadkoms genom ökning av mängden insuget bränsle/luft. Tillsatsluftssliden leder bränsle/luft förbi spjällhuset genom en kanal med variabel öppning. Variationer åstadkoms av en rörlig skiva, styrd av en fjäder och en bimetall.

18 Vid kallstart är kanalen öppen, men under uppvärmningen böjs bimetallen och låter fjädern successivt stänga öppningen. Då motorn är varm är kanalen stängd. Bimetallen värms på samma sätt som tidigare beskrivits för varmkörningsregulatorn.

Kallstartanrikning

19 Systemet förekommer på senare modeller och beskrivs i avsnitt 36.

26 Rutinmässigt underhåll, justering och föreskrifter – bränsleinsprutning

1 Arbete på bränsleinsprutningssystemet bör begränsas till det som beskrivs i detta kapitel. Vidare arbeten ligger bortom det de flesta klarar och bör överlåtas till en fackman.

2 Blandningsförhållandet är inställt vid produktionen och bör normalt inte justeras. Om nya detaljer monteras kan dock blandningsförhållandet justeras enligt avsnitt 31.

3 Den enda justering som normalt behövs göras är justering av tomgångsvarv med hjälp av en skruv i gasspjällhuset. Justera till rätt tomgångsvarv då motorn har normal arbetstemperatur.

4 Rutinmässigt underhåll av bränsleinsprutningen består av kontroll beträffande kondition och säkerhet, samt byte av luftfilter vid angivna intervall (se *Rutinmässigt underhåll*).

5 Kontrollera vakuumanslutna detaljer beträffande säkerhet och kondition.

6 Vid fel i systemet, se avsnittet Felsökning i slutet av kapitlet. Gör dock först en grundkontroll av slangar, anslutningar, säkringar och relän beträffande uppenbara fel.

7 Om någon detalj demonteras, måste åtgärder vidtagas som hindrar smuts att komma in i systemet.

8 Systemet står normalt under tryck oavsett motortemperatur. Försiktighet måste därför iakttagas då bränsleledningar lossas; tändningen måste vara avslagen och batteriet bortkopplat.

9 Innan någon bränsleledning lossas bör

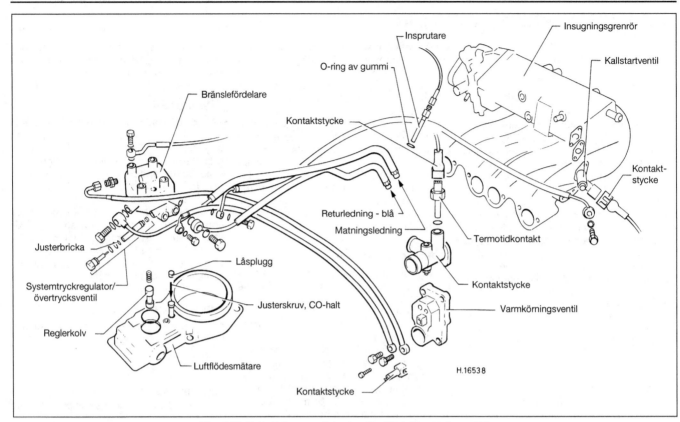

Fig. 3.37 Bränsleinsprutning, detaljer för luftintag (avsn 27)

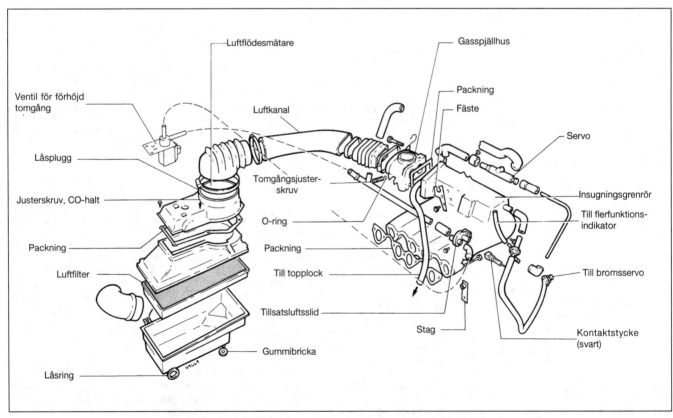

Fig. 3.38 Luftrenare, insugningsgrenrör och detaljer - bränsleinsprutning (avsn 27)

27.1 Lossa luftrenarens klämmor

27.2 Luftfiltret tas bort

trycket avlastas långsamt. Gör detta genom att försiktigt öppna matarledningen vid varmkörningsventilen och samla upp bränslet med en trasa. Kom ihåg att dra fast anslutningen.

27 Luftfilter – demontering, rengöring och montering

1 Lossa fjäderklämmorna som håller luftrenarlocket, ta bort locket från luftflödesmätaren **(se bild)**.
2 Ta bort filtret **(se bild)**.
3 Vid rengöring, avlägsna filtret från bilen, knacka på filtret så att damm och smuts lossnar. Borsta vid behov utsidan med en mjuk borste, eller blås med lågt tryck inifrån och ut.
4 Torka insidan på locket.
5 Sätt tillbaka filter och lock, snäpp fast klammorna.

28 Tomgångsvarvtal – justering

1 Låt motorn gå tills oljetemperaturen är minst 80°C, men låt inte kylvätsketemperaturen stiga så mycket att kylfläkten startar. Fläkten får inte vara igång då tomgången justeras.
2 Kontrollera tändläget, justera vid behov enligt anvisning i kapitel 4.

28.6 Tomgångsjusterskruven i gasspjällhuset (vid pilen)

3 Ljuset bör vara tänt (utom på modeller med luftkonditionering – varselljus eller automatiskt halvljus ska dock vara tänt på alla modeller). Lossa och plugga vevhusventilationsslangen från ventilkåpan.
4 Luftkonditioneringen ska vara avstängd under kontroll och justering.
5 Om rören till insprutarna varit lossade eller har bytts ut just före justeringen, varva upp motorn till 3 000 rpm några gånger och låt motorn gå på tomgång minst två minuter innan justeringen.
6 Vid justering, lossa säkringen från justerskruven på gasspjällhuset, justera till rätt varvtal **(se bild)**. Kylfläkten får inte gå under justeringen.
7 Om en avgasanalysator är tillgänglig, kontrollera CO-halten. Om den är felaktig, justera enligt beskrivning i avsnitt 31.
8 Modeller med luftkonditionering har också en ventil för förhöjd tomgång, samt i vissa fall en tomgångsstabilisator. För kontroll av dessa, se avsnitt 29 eller 30.

29 Tomgångsförhöjningsventil (modell med luftkonditionering) – kontroll mm

1 Starta motorn och låt den gå med normalt tomgångsvarv.
2 Slå av luftkonditioneringen och nyp ihop slangen till tomgångsförhöjningsventilen **(se bild)**. Varvtalet ska ej ändras.

29.2 Ventil för förhöjd tomgång (modell med luftkonditionering)

3 Slå på luftkonditioneringen och upprepa provet. Varvtalet ska nu sjunka. Visar kontrollen att ventilen är trasig måste den bytas.
4 Lossa slangen, sedan kontaktstycket. Skruva därefter bort ventilen från fästet.
5 Montera i omvänd ordning.

30 Tomgångsstabilisator (modell med luftkonditionering) – kontroll och justering

1 Denna har till uppgift att stabilisera tomgångsvarvtalet då det under vissa förhållanden sjunker under 700 rpm. Detta åstadkommes genom ökat luftflöde som höjer varvtalet till ca 1 050 rpm. Ventilen slår då ifrån och varvtalet sjunker till normal tomgång. Systemets två ventiler är monterade på höger fjädertorn i motorrummet **(se fig. 3.39)**.
2 Ventil nummer 1 (på insidan) höjer varvtalet då det sjunker under 700 rpm, ventil nummer 2 (på utsidan) ökar varvtalet då luftkonditioneringen är tillslagen.

Ventil nummer 1 – kontroll och tomgångsjustering

3 Låt motorn gå tills den har normal temperatur, slå av luftkonditioneringen och låt motorn gå på tomgång. Slå på all elektrisk belastning (ljus etc) utom luftkonditioneringen, justera tomgångsvarvet till 700 rpm (se avsnitt 28). Vid 700 rpm ska ventilen öppna och varvtalet öka. Kläm åt slangen till ventilen med en tång, varvtalet ska sjunka.
4 Slå av förbrukarna, kläm åt slangen och justera till rätt tomgångsvarv. Lossa klämman på slangen. Varvtalet ska nu stiga till 1 050 rpm, ventilen ska stänga och varvtalet återgå till normal tomgång.

Ventil nummer 2 – kontroll

5 Låt motorn gå på normal tomgång, luftkonditioneringen ska vara avstängd. Kläm åt slangen och kontrollera att varvtalet inte ändras.
6 Slå på luftkonditioneringen och upprepa provet. Då slangen kläms åt ska varvtalet sjunka.

Fig. 3.39 Kontroll av stabilisatorns ventiler (avsn 30)

1 Ventil nr 1   2 Ventil nr 2   3 Slang

31.2 Justeringsskruv (CO) (vid pilen)

32.2 Gasvajerns infästning i spjällarmen

trampar ned pedalen helt. Vajern justeras vid infästningen i gasspjällhuset. Vid full gas skall det finnas ett spel på 1 mm mellan spjällarm och stopp **(se fig. 3.40)**. Justera genom att ändra infästningen/justeringen **(se bild)**.

33 Kallstartventil och termotid-kontakt – kontroll

1 Termotidkontakten aktiverar kallstartventilen en kort stund vid start. Tiden beror på kylvätsketemperaturen.
2 Kontrollen skall endast utföras då kylvätsketemperaturen är under 30°C.
3 Lossa kontaktstycket från kallstartventilen, anslut sedan en testlampa över kontakterna i kontaktstycket **(se fig. 3.41)**.
4 Lossa tändkabeln från tändspolen vid strömfördelarlocket, jorda sedan kabelns anslutning.
5 Lossa kontaktstycket från termotidkontakten, anslut sedan en extra ledning mellan kontakten "W" i kontaktstycket och jord (grön/vit kabel). Den röd/svarta kabeln får inte jordas.
6 Kör runt startmotorn och kontrollera att lampan tänds. I annat fal finns ett avbrott i kretsen som måste lokaliseras och åtgärdas.
7 Vid kontroll av kallstartventilen ska termotidkontakten vara jordad på samma sätt. Lossa kallstartventilen och sätt tillbaka kontaktstycket. Se till att packningen inte skadas då ventilen tas bort från insugningsröret.
8 Med bränsle- och elledningar anslutna, håll ventilen över en glasburk och kör på startmotorn i 10 sekunder. Kallstartventilen ska lämna en jämn konformad bränslestråle då termotidkontakten är tillslagen.
9 Torka kallstartventilens munstycke med en ren lumpfri trasa, kontrollera sedan att ingen droppe bildas eller att ventilkroppen blir fuktig inom en minut. Uppvisar ventilen fel, byt ut den.
10 Termotidkontaken kontrolleras enligt punkterna 3 och 4; kylvätsketemperaturen måste vara under 30°C. Kontakten kan vid behov kylas ned, demontera den och sänk ned känselkroppen i kallt vatten. Då den svalnat, jorda kontakten och utför kontrollen.

7 Om slang och/eller ventil 1 eller 2 lossas eller tas bort, är det vid monteringen viktigt att den grova slangen från trevägsanslutningen går till ventil nummer 2.

31 Blandningsförhållande vid tomgång – justering

Observera: *Blandningsförhållandet kan endast justeras tillfredsställande med hjälp av en avgasanalysator*
1 Justerskruven för CO-halt ändrar höjden på mätkolven i förhållande till mätskivan i luftflödesmätaren.
2 Skruven blir åtkomlig när man lossar pluggen mellan luftkanal och bränslefördelare på flödesmätarhuset **(se bild)**.
3 Även om ett specialverktyg rekommenderas, kan arbetet utföras med hjälp av en lång, tunn skruvmejsel.
4 Kontrollera att förhållandena för tomgångsjustering uppföljs (se det föregående avsnitt som gäller), samt att tomgångsvarvet är riktigt.
5 Anslut en avgasanalysator till avgasröret enligt tillverkarens anvisningar. Avläs CO-halten.
6 Vrid justerskruven medurs för att höja CO-halten, moturs för att sänka den. Justera utan att trycka på skruven, detta rubbar mätskivan och påverkar resultatet.

7 Ta bort justerverktyget, varva kort upp motorn och kontrollera på nytt. Om inte justerverktyget tas bort innan motorn varvas upp kan det fastna eller böjas.
8 Kontrollera att tomgångsvarvet fortfarande är rätt, justera ytterligare vid behov (se det föregående avsnitt som gäller).
9 Skulle CO-halten öka då slangen för vevhusventilationen ansluts, är oljan utspädd med bränsle och behöver bytas. Om det inte är dags för oljebyte, kan några mils snabb körning dunsta en del av bränslet i oljan.

32 Gasvajer – demontering, montering och justering

1 Lossa batteriets negativa anslutning.
2 Frigör innervajerns anslutning vid spjällarmen på gasspjällhuset **(se bild)**.
3 Frigör innervajern från mellanarmen och höljet från infästningen/justeringen upptill på insugningsröret.
4 Lossa och ta bort plastlocket från tråget i torpedväggen.
5 Demontera undre panelen för instrumentbrädan på förarsidan.
6 Haka loss innervajern från gaspedalen och dra den kompletta vajern, inklusive gummigenomföringar, in i motorrummet.
7 Montera i omvänd ordning, se till att vajern inte är för skarpt böjd någonstans, justera sedan.
8 Justering utförs medan en medhjälpare

32.8 Fäste och justering för gasvajer

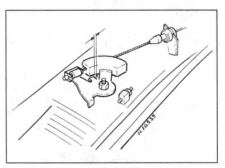

Fig. 3.40 Gasvajerspel (1 mm) vid full gas (avsn 32)

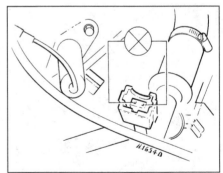

Fig. 3.41 Kallstartventil, testlampans anslutningar (avsn 33)

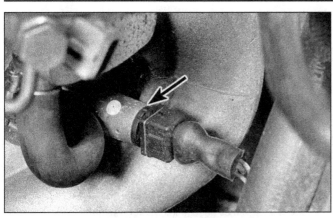

34.2 Tillsatsluftsslid (vid pilen)

35.2 Varmkörningsventil

11 Kör startmotorn i 10 sekunder. Test-lampan ska tändas omedelbart och vara tänd i tre sekunder.
12 Anslut tändkabeln till fördelarlocket och kontaktstycket till ventilen.

34 Tillsatsluftsslid – kontroll

1 Vid kontroll måste kylvätsketemperaturen vara under 30°C. Lossa tändspolekabeln från fördelarlocket.
2 Lossa kontaktstycket från tillsatsluftsslinden, kontrollera att kontaktstiften är i gott skick (se bild).
3 Anslut en voltmeter mellan kontakterna i kontaktstycket, starta motorn och låt den gå på tomgång. Spänningen måste vara minst 11,6 volt. Om en voltmeter inte finns tillgänglig kan en testlampa användas.
4 Då elanslutningen är lossad, kläm åt

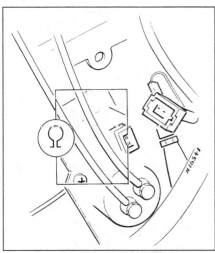

Fig. 3.42 Kontroll av spolmotstånd, varmkörningsventil (avsn 35)

slangen mellan luftkanal och tillsatsluftsslinden. Varvtalet skall då sjunka.
5 Då motorn har normal arbetstemperatur, anslut kontaktstycket. Kläm åt slangen på nytt. Varvtalet skall nu inte påverkas.

35 Varmkörningsventil – kontroll

1 Lossa tändkabeln från tändspolen vid strömfördelarlocket och jorda den.
2 Med kall motor, lossa kontaktstycket från varmkörningsventilen (se bild).
3 Anslut en voltmeter över kontakterna i varmkörningsventilen och kör sedan startmotorn. Spänningen över kontakterna ska vara minst 11,5 volt.
4 Stäng av tändningen och anslut en ohmmeter över kontakterna på varmkörn-ingsventilen (se fig. 3.42). Motståndet ska vara mellan 20 och 26 ohm – skiljer sig värdet påtagligt måste ventilen bytas.

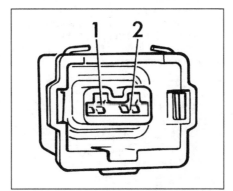

Fig. 3.43 Kontroll av kallstartanriktning (avsn 36)

Ventilens jordanslutning (2)
(grön/vit kabel till stift W)
Jorda inte stift 1

36 Kallstartanrikning – beskrivning och kontroll

1 Då motorn är kall (under 35°C), förbättras accelerationen genom att bränsleblandningen under 0,4 sekunder görs fetare. Anrikningen inträffar bara då termotid-, membran-, samt gasspjällkontakterna är öppna.
2 Kontrollera först att kallstartventilen fungerar (avsnitt 32).
3 Lossa kontaktstycket från ventilen och anslut en testlampa till kontakterna.
4 Lossa kontaktstycket från termotidkon-takten och anslut en bit kabel mellan en god jordpunkt och kontaktstyckets stift "W" (med grön/vit ledning). Jorda inte anslutningen "G" (röd/svart ledning).
5 Starta motorn och låt den gå på tomgång. Testlampan ska inte tändas. Då motorn snabbt varvas ska däremot lampan kortvarigt lysa (0,4 sekunder) (se fig. 3.43).
6 Vid fel, kontrollera anslutningar, gasspjäll-lkontakt och membrankontakt.
7 Membrankontakten kan kontrolleras med ohmmeter. Lossa kontaktstycket från änden på membranet, starta sedan motorn och låt den gå på tomgång. Kontrollera att mätaren visar avbrott.
8 Varva upp motorn kortvarigt, kontrollera att motståndet sjunker ett ögonblick och sedan åter stiger (se fig. 3.44).
9 Vid kontroll av gasspjällkontakten, lossa kontaktstycket och mät motståndet över spjällkontaktens kontaktstift. Mätaren ska visa avbrott.
10 Öppna nu gasspjället sakta tills man hör att kontakten arbetar (ett klick hörs). Ohmmetern ska nu visa 0 ohm och spelet mellan spjällarm och tomgångsstopp ska vara 0,2-0,6 mm (se fig. 3.45).
11 Justera vid behov genom att lossa kontakten (undersidan av insugningsröret). Lägg ett bladmått (0,4 mm) mellan arm och stopp, för kontakten mot stoppet tills

Fig. 3.44 Kontroll av membrankontakt (avsn 36)

1 Membrankontakt
2 Vakuumanslutning (gul)
3 Vakuumanslutning för tändreglering

Fig. 3.45 Kontroll av gasspjällkontakt (avsn 36)

1 Gasspjällkontakt
a = 0.2 till 0.6 mm

kontakten just slår till. Dra åt kontakten och kontrollera på nytt.

12 Vid demontering av kontakten, bänd isär fästet och ta bort anslutningen.

37 Bränsleinsprutare – kontroll

1 Insprutarna kan orsaka problem av fyra orsaker. Ojämn bränslefördelning; insprutaren stänger inte då motorn stängs av, vilket ger problem vid nästa start; insprutarens filter kan vara igensatt, vilket ger otillräcklig bränslemängd; tätningen kan vara skadad, vilket orsakar luftläckage.

2 Insprutarna kan helt enkelt dras loss för kontroll.

3 Kontrollera gummitätningen beträffande sprickor, formändring el dyl, byt vid behov. Kontrollera även övriga tätningar då de förmodligen är i samma skick.

4 Specialverktyg krävs för ordentlig kontroll av insprutarna. En preliminär kontroll kan dock utföras enligt följande:

5 Placera insprutaren i ett lämpligt mätglas,

plugga hålet i insugningsröret. Starta motorn, låt den gå på tre cylindrar och se efter hur bränslestrålen ser ut. Den bör vara symmetriskt konformad. I annat fall måste insprutaren bytas eftersom nålen eller fjädern är skadad. Stäng av motorn och vänta i 15 sekunder. Insprutaren ska inte läcka eller droppa. Byt i annat fall insprutare eftersom läckage orsakar startproblem.

6 Insprutaren kan inte tas isär för rengöring. Vid byte, ta bort den gamla insprutaren, montera den nya och dra anslutningen till rätt moment.

7 Stryk lite bensin på tätningen vid montering.

38 Luftflödesmätare och reglerstång – kontroll

1 För att rätt bränsleblandning ska erhållas är det mycket viktigt att mätskivan är centrerad i huset och att den har rätt höjd. Låt motorn gå i ca 1 minut.

2 Lossa klammorna i bägge ändar på luftkanalen, ta sedan bort den. Om mätskivan förefaller vara dåligt centrerad, lossa centrumskruven och för försiktigt ett 0,1 mm bladmått runt kanten på skivan. Dra åt skruven då skivan är centrerad (se bild).

3 Höj skivan litet grand och för den sedan snabbt till viloläget. Inget motstånd ska kännas. Skulle så vara fallet måste luftflödesmätaren bytas.

4 Om skivan kan röra sig obehindrat nedåt, men har ett påtagligt motstånd vid rörelse uppåt, kärvar reglerstången. Demontera bränslefördelaren (avsnitt 39) och rengör stången i bensin. Om detta inte hjälper måste bränslefördelaren bytas.

5 Avlasta trycket i bränslefördelaren enligt avsnitt 39, kontrollera sedan skivans viloläge. Skivans översida måste ligga jäms med underkanten på luftkonan. Skivan får ligga max 0,5 mm under men inte högre än kanten. I annat fall måste skivan justeras.

6 Justera höjdläget genom att lyfta plattan ock böja klammorna som håller skivan vid armen. Se till att väggarna i konan inte repas eller skadas (se bild).

7 Efter justering, anslut varmkörningsventilen, kontrollera tomgångsvarv och CO-halt.

39 Bränslefördelare – demontering och montering

1 Lossa batterikablarna.
2 Se till att ventilationen är god samt att ingen

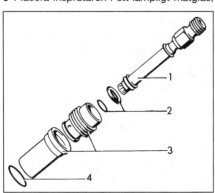

Fig. 3.46 Insprutare med luftskärm (senare modeller) (avsn 37)

1 Insprutare   3 Insprutarinfästning
2 O-ringar   4 Bricka

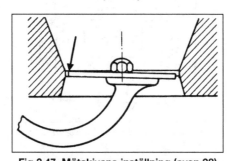

Fig.3.47 Mätskivans inställning (avsn 38)

Översidan av skivan (vid pilen) måste stå mitt för undre kanten på luftkonan

38.2 Mätskivan sedd uppifrån

38.6 Skivans justerklamma (vid pilen)

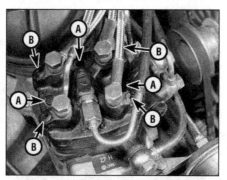

39.6 Bränslefördelarens fästskruvar (A)

Ta inte bort skruvarna (B)

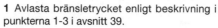

öppen låga eller annat som kan orsaka brand förekommer.

3 Håll en trasa över anslutningen för att hindra bränslespill, lossa sedan matarledningen från varmkörningsventilen; det är den stora anslutningen på ventilen.

4 Märk bränsleledningarna och var de sitter. Rengör anslutningarna och området intill, lossa sedan ledningarna.

5 Lossa och ta bort matarledningen från bränslefördelaren.

6 Ta bort säkringen för blandningsskruven och sedan bränslefördelarens tre fästskruvar **(se bild)**.

7 Lyft bort bränslefördelaren, se till att inte reglerstången faller ut. Skulle detta ändå inträffa, rengör den i bensin och sätt tillbaka den med den fasade änden nedåt.

8 Innan bränslefördelaren sätts tillbaka, kontrollera att stången rör sig upp och ned obehindrat. I annat fall måste bränslefördelaren bytas eftersom reglerstång och fördelare inte kan bytas separat.

9 Montera bränslefördelaren med ny tätning. Sedan skruvarna dragits åt, lås dem med färg.

10 Sätt tillbaka bränsleledningarna och säkringen för blandningsskruven. Anslut matarledningen till varmkörningsventilen.

40 Luftflödesmätare – demontering och montering

1 Lossa bränsleledningarna från bränslefördelaren enligt punkterna 1-5 i föregående avsnitt.

2 Lossa luftkanalens klammor vid luftrenare och spjällhus, ta bort kanalen.

3 Ta bort flödesmätarens fästskruvar och lyft ut flödesmätare och bränslefördelare från luftrenaren **(se bild)**.

4 Se till att inte reglerstången faller ut då fördelaren lossas från flödesmätaren (se föregående avsnitt).

5 Montera i omvänd ordning, men montera ny packning mellan flödesmätare och luftrenare.

41 Tryckavlastningsventil – demontering, kontroll och montering

1 Avlasta bränsletrycket enligt beskrivning i punkterna 1-3 i avsnitt 39.

2 Skruva bort backventilens plugg och ta bort tätningsbrickan.

3 Ta bort O-ring, kolv och O-ring i nämnd ordning.

4 Använd nya O-ringar vid montering och se till att alla justerbrickor som tagist bort sätts tillbaka. Totala bricktjockleken bestämmer bränsletrycket. Om bränsletrycket misstänks

40.3 Luftflödesmätare och bränsle-fördelare (upp och ned)

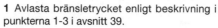

Returledning från pumpbehållare

Bränsleledning till pumpbehållare

Anslutnings-mutter

Ventilation

Tankarmatur med matarpump

Fig. 3.49 Tankarmatur - bränsleinsprutning (avsn 42)

Tank och övriga detaljer är samma som för förgasarmodeller (fig. 3.5)

vara fel, måste det mätas och, om det behövs, justeras av en fackman med korrekt utrustning **(se fig. 3.48)**.

42 Matarpump – kontroll, demontering och montering

1 Matarpumpen är monterad på tank-armaturen i bränsletanken **(se fig. 3.49)**.

2 Om pumpens funktion är misstänkt, kontrollera först att den får rätt arbets-spänning. Ta bort mattan i bagageutrymmet och det runda locket i golvet så att armatur och anslutningar blir åtkomliga. Lossa kontaktstycket och kontrollera förbindelsen mellan mittkontakten och kontakten på den yttre (bruna) ledningen **(se bild)**.

3 Om allt är riktigt, kontrollera pumprelä och säkring (nr 5). Om säkringen är hel, kontrollera relät genom att först ta bort kontaktstycket för hallgivaren i strömfördelaren.

4 Ta bort locket för säkringsdosa och reläsockel, ta sedan bort pumprelät (position 2).

5 Slå på tändningen, mät sedan spänningen med en voltmeter mellan stift 2 och jord, mellan stiften 2 och 1, samt mellan stiften 4 och 1. Resultatet ska i samtliga fall vara batterispänning. Kontrollera slutligen spänningen mellan stiften 5 och 1; även här ska finnas batterispänning.

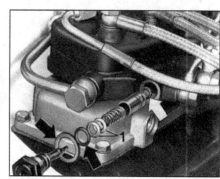

Fig. 3.48 Tryckavlastningsventil (avsn 41)

1 Justerbrickor   Pilarna visar O-ringar

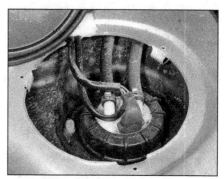

42.2 Armatur och anslutningar

43.1 Bränslepump och anslutningar sedda bakifrån

43.4 Lossa kontaktstycket från pumpen

44.1 Bränslefiltrets klamma (A), slang till tryckutjämnare (B) och slang till doseringsventil

6 Kontrollera att spänningen tillfälligt sjunker då mittkontakten jordas. Kontrollera i annat fall tändningsenheten (TCI/H kontakten). Sjunker spänningen, byt pumprelät. Om felet kvarstår, låt kontrollera hallgivaren.
7 Om pumpen efter detta fortfarande inte fungerar, demontera tankarmaturen enligt beskrivning i avsnitt 9 och ta bort pumpen.
8 Montera i omvänd ordning.

44 Bränslefilter – demontering och montering

1 Bränslefiltret är monterat bredvid bränslepumpen framför bränsletanken under bilen **(se bild)**.
2 Lossa batteriets negativa anslutning.
3 Hissa upp bakänden av bilen och stöd den på pallbockar.

4 Lossa tryckutjämnarens anslutning framtill på filtret, ta vara på tätningsbrickorna på ömse sidor om anslutningen.
5 Ta bort matarledningen baktill på filtret genom att lossa skruvnippeln. Ta vara på brickorna.
7 Montera i omvänd ordning. Använd nya tätningsbrickor och dra till angivet moment. Se till att pilen på filtret pekar i flödesriktningen.
8 Starta motorn och kontrollera att inget läckage förekommer.

43 Bränslepump – demontering och montering

1 Bränslepumpen är placerad under bilen, på höger sida framför bränsletanken, den är monterad i en liten bränslebehållare **(se bild)**.
2 Lossa batteriets negativa anslutning.
3 Hissa upp bakänden av bilen och stöd den på pallbockar.
4 Frigör låsringen och lossa kontaktstycket **(se bild)**.
5 Skruva bort dämparen baktill på pumpen och lossa slanganslutningen, notera brickorna på ömse sidor om anslutningen.
6 Ta bort muttrar och brickor och sedan mellanstycket.
7 Ta bort de tre fästskruvarna, låsringen och sedan pumpen.
8 Ta bort O-ring och sil.
9 Montera i omvänd ordning. Stryk vaselin på O-ringen vid montering och se till att den kommer rätt.
10 Då pumpen monteras, se till att klacken går in i spåret på låsringen.
11 Om backventilen baktill på pumpen demonterats, montera med ny tätningsbricka. Använd nya tätningsbrickor även vid slanganslutningen. Dra fast dämparen till angivet moment.
12 Starta motorn och kontrollera att inget läckage förekommer.

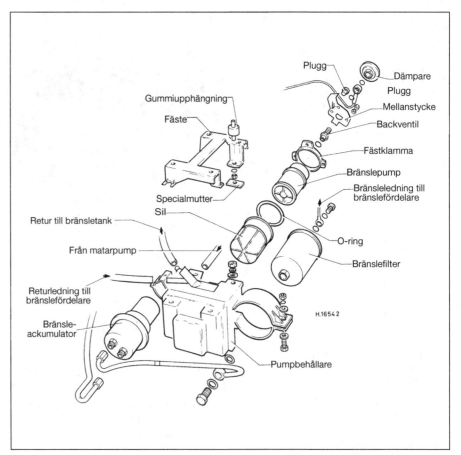

Plugg
Dämpare
Plugg
Gummiupphängning
Mellanstycke
Fäste
Backventil
Fästklamma
Bränslepump
Bränsleledning till bränslefördelare
Specialmutter
Sil
Retur till bränsletank
O-ring
Från matarpump
Bränslefilter
Returledning till bränslefördelare
Bränsle-ackumulator
H.16542
Pumpbehållare

Fig. 3.50 Bränslepump och detaljer - bränsleinsprutning (avsn 43)

45 Tryckutjämnare – demontering och montering

1 Tryckutjämnaren är monterad bredvid bränslepumpen mot utsidan på bilen, framför bränsletanken **(se bild)**.
2 Lossa batteriets negativa anslutning.
3 Hissa upp bakänden av bilen och stöd den på pallbockar.
4 Lossa bränsleledningarna framtill på regulatorn.
5 Lossa klämskruven och ta bort tryckutjämnaren.
6 Montera i omvänd ordning. Se till att bränsleanslutningarna är rena innan de ansluts. Starta motorn och kontrollera att inget läckage förekommer.

46 Bränsletank – demontering och montering

1 Bränsletank och tillhörande detaljer kan demonteras och monteras på samma sätt som beskrivits för förgasarmotorer i del A av kapitlet.
2 Vid kontroll av ventilationen blås genom slangen (prickad pil i **fig. 3.5**) och tryck in stången, kontrollera att ventilen öppnar och stängs då stången går ut. Byt i annat fall ventil.

47 Insugningsgrenrör – demontering och montering

Åtkomligheten för många detaljer och infästningar för insugningsröret, särskilt mot torpedväggen, är starkt begränsad. Det kan därför vara nödvändigt att delvis lossa motor och växellåda för att få mer utrymme vid demontering av röret. Se i så fall anvisningarna i kapitel 1.

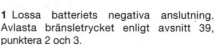

45.1 Tryckutjämnare

1 Lossa batteriets negativa anslutning. Avlasta bränsletrycket enligt avsnitt 39, punktera 2 och 3.
2 Lossa gasvajern från spjällarm och infästning på insugningsröret (avsnitt 32).
3 Lossa kontaktstycke och vakuumslang från tillsatsluftsliden.
4 Lossa kontaktstycket och sedan varmkörningsventilen.
5 Lossa slangklammorna och sedan vakuumslangen från anslutningen på vänster sida av insugningsröret samt baktill på spjällhuset **(se bild)**.
6 Lossa vakuumslangarna framtill på spjällhuset, notera placeringen.
7 Lossa insprutare och slangar från insugningsröret, lossa fästklammorna, vik sedan undan insprutarna så de inte blir smutsiga.
8 Haka loss och ta bort luftkanalen från spjällhuset.
9 Ta bort skruvarna och lossa staget från gasvajerfäste och kamkåpa.
10 Lossa slangen mellan kamkåpa och insugningsrör.
11 Lossa och ta bort insugningsrörets fästskruvar, lyft sedan försiktigt bort grenröret komplett med gasspjällhus. Lossa eventuella kablar och slangar som fortfarande sitter kvar.
12 Gasspjällhuset kan nu demonteras från grenröret.

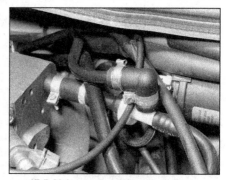

47.5 Vakuumslang till cylinderlock, anslutning

13 Montera i omvänd ordning. Kontrollera att tätningsytorna är rena, använd nya packningar. Dra skruvarna till angivet moment.
14 Justera gasvajern enligt avsnitt 32 efter montering.
15 Kontrollera att allt är ordentligt anslutet och kopplat innan motorn startas.

48 Avgasgrenrör – demontering och montering

Innan arbetet påbörjas, se avsnitt 24, punkt 2 beträffande specialverktyg för främre avgasrörets låsklammer. Finns detta verktyg inte tillgängligt bör avgasgrenröret helst demonteras och monteras av en fackman.
1 Demontera insugningsgrenröret (avsnitt 47).
2 Demontering och montering av avgasgrenröret sker nu på samma sätt som beskrivs i avsnitt 23 för förgasarmotorer.

49 Avgassystem

Se avsnitt 24.

Felsökning - bränslesystem (förgasarmodeller)

Notera: *Hög bränsleförbrukning och dålig prestanda beror inte nödvändigtvis på förgasaren. Se till att tändsystemet är rätt justerat, att bromsarna inte ligger på, samt att motorn är i god kondition innan du ger dig på förgasaren.*

Hög bränsleförbrukning

☐ Luftfilter igensatt, vilket ger fet blandning
☐ Läckage från tank, pump eller bränsleledningar
☐ Förgasaren flödar, hög flottörhusnivå eller otät ventil
☐ Förgasare felaktigt justerad
☐ För högt tomgångsvarv
☐ Choke kärvar
☐ Sliten förgasare

Dålig effekt, motorstopp eller startsvårigheter

☐ Defekt bränslepump
☐ Läckage i pumpens sugledning eller i bränsleledningar
☐ Packningar för insugningsrör eller förgasarfot otäta
☐ Förgasare feljusterad
☐ Defekt choke

Dålig/ojämn tomgång

☐ Mager blandning
☐ Läckage vid insugningsrör
☐ Läckage i fördelarens vakuumledning
☐ Läckage i vevhusventilationsslang
☐ Läckage i bromsservoslang
Innan bränslesystemet förutsätts orsaka problem, se noteringen i början av föregående felsökningsavsnitt

Felsökning – bränslesystem (bränsleinsprutning)

Motorn startar inte (kall)

- [ ] Defekt bränslepump
- [ ] Tillsatsluftsslid öppnar inte
- [ ] Startventilen fungerar inte
- [ ] Läckage i startventil
- [ ] Mätskivans viloläge felaktigt
- [ ] Mätskiva och/eller reglerstång kärvar
- [ ] Vakuumläckage
- [ ] Bränsleläckage
- [ ] Termotidkontakt står öppen

Motorn startar inte (varm)

- [ ] Defekt bränslepump
- [ ] Varmstyrtryck lågt
- [ ] Mätskivans viloläge felaktigt
- [ ] Mätskiva och/eller reglerstång kärvar
- [ ] Vakuumläckage
- [ ] Läckage i bränslesystemet
- [ ] Läckande insprutare eller lågt öppningstryck
- [ ] Felaktig blandningsjustering

Startsvårigheter (kall)

- [ ] Felaktigt kallstyrtryck
- [ ] Tillsatsluftsslid öppnar inte
- [ ] Defekt startventil
- [ ] Mätskivans viloläge felaktigt
- [ ] Mätskiva och/eller reglerstång kärvar
- [ ] Läckage i bränslesystemet
- [ ] Termotidkontakt står öppen

Startsvårigheter (varm)

- [ ] Varmstarttryck för högt eller för lågt
- [ ] Tillsatsluftsslid defekt
- [ ] Mätskiva och/eller reglerstång defekt
- [ ] Bränsle- eller vakuumläckage i systemet
- [ ] Läckande insprutare eller lågt öppningstryck
- [ ] Felaktig blandningsjustering

Ojämn tomgång (under varmkörning)

- [ ] Felaktigt kallstyrtryck
- [ ] Tillsatsluftsslid stänger inte
- [ ] Startventil läcker
- [ ] Bränsle- eller vakuumläckage i systemet
- [ ] Läckande insprutare eller lågt öppningstryck

Ojämn tomgång (varm motor)

- [ ] Felaktigt varmstyrtryck
- [ ] Tillsatsluftsslid defekt
- [ ] Startventil läcker
- [ ] Mätskiva och/eller reglerstång kärvar
- [ ] Bränsle eller vakuumläckage i systemet
- [ ] Läckande insprutare eller lågt öppningstryck
- [ ] Felaktig blandningsjustering

Motorn baktänder (i insugningsgrenröret)

- [ ] Varmstyrtryck för högt
- [ ] Läckage i vakuumsystem

Motorn eftertänder (i avgasröret)

- [ ] Varmstyrtryck för högt
- [ ] Startventil läcker
- [ ] Läckage i bränslesystemet
- [ ] Felaktig blandningsjustering

Misständning (under körning)

- [ ] Läckage i bränslesystemet

Motorn stannar inte (när man stänger av den)

- [ ] Mätskiva och/eller reglerstång kärvar
- [ ] Läckande insprutare eller lågt öppningstryck

Hög bränsleförbrukning

- [ ] Läckage i bränslesystemet
- [ ] Felaktig blandningsjustering
- [ ] Varmstyrtryck lågt

Hög CO-halt vid tomgång

- [ ] Varmstyrtryck lågt
- [ ] Felaktig blandningsjustering
- [ ] Läckage i bränslesystemet
- [ ] Mätskiva och/eller reglerstång kärvar
- [ ] Startventil läcker

Låg CO-halt vid tomgång

- [ ] Varmstyrtryck för högt
- [ ] Felaktig blandningsjustering
- [ ] Startventil läcker
- [ ] Vakuumläckage

Tomgångsvarv kan ej justeras (för högt)

- [ ] Tillsatsluftsslid stänger inte

Kapitel 4
Tändsystem
Beträffande ändringar och information om senare modeller, se kapitel 12

Innehåll

Svårighetsgrader

Enkelt, passar novisen med lite erfarenhet	Ganska enkelt, passar nybörjaren med viss erfarenhet	Ganska svårt, passar kompetent hemma-mekaniker	Svårt, passar hemmamekaniker med erfarenhet	Mycket svårt, för professionell mekaniker

Specifikationer

Allmänt

System .... 12 volt batteri och tändspole, brytarspetsar eller transistoriserat system

Tändföljd .... 1-3-4-2 (1:ans cylinder vid kamdrivning)

Tändspole

	Brytarsystem	Transistortändning
Resistans, primärlindning	1,7 - 2,1 Ω	0,52 - 0,76 Ω
Resistans, sekundärlindning	7 000 - 12 000 Ω	2 400 - 3 500 Ω

Strömfördelare

Rotationsriktning:
1,05 och 1,3 liter .... Moturs
1,6 och 1,8 liter .... Medurs
Avstånd, brytarspetsar (endast utgångsläge) .... 0,4 mm
Kamvinkel (1,05, 1,3 och 1,6 liter):
Inställning .... 44 - 50° (50 - 56%)
Acceptabelt vid kontroll .... 42 - 58° (47 - 64%)
Varvtalsbegränsare i rotorn:
1,05 och 1,3 liter (i förekommande fall) .... 6 300 - 6 700 rpm
1,6 och 1,8 liter (förgasarmodeller) .... Ingen information tillgänglig
1,8 liter (bränsleinsprutning) .... 6 500 - 6 900 rpm
Centrifugalförställning:
1,05 liter .... Börjar vid 1 100 - 1 500 rpm
1,3 liter .... Börjar vid 1 500 - 1 900 rpm
1,6 liter .... Börjar vid 1 100 - 1 300 rpm
1,8 liter (förgasarmodeller) .... Börjar vid 900 - 1 100 rpm
1,8 liter (bränsleinsprutning) .... Börjar vid 1 150 - 1 450 rpm

Tändinställning (vid tomgång)

1,05 och 1,3 liter .... 4 - 6° FÖDP
1,6 och 1,8 liter (förgasarmodeller) .... 17 - 19° FÖDP
1,8 liter (bränsleinsprutning) .... 5 - 7° FÖDP

Tändstift

Typ:
1,05 liter .... Champion N7YCC eller N7YC
1,3, 1,6 och 1,8 liter (till 7/1985) .... Champion N7YCC eller N7YC

Elektrodavstånd:
Champion N7YCC och N7BYC .... 0,8 mm
Champion N7YC .... 0,7 mm

Åtdragningsmoment

	Nm
Tändstift	20

Strömfördelare, klämskruv:
1,05 och 1,3 liter 10
1,6 och 1,8 liter 25

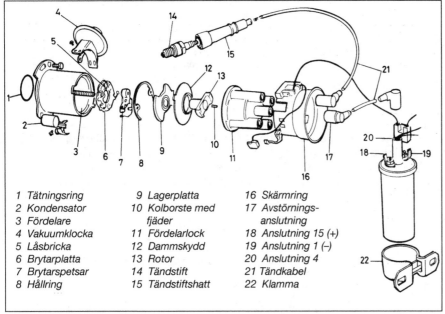

1 Tätningsring	9 Lagerplatta	16 Skärmring
2 Kondensator	10 Kolborste med	17 Avstörnings-
3 Fördelare	fjäder	anslutning
4 Vakuumklocka	11 Fördelarlock	18 Anslutning 15 (+)
5 Låsbricka	12 Dammskydd	19 Anslutning 1 (–)
6 Brytarplatta	13 Rotor	20 Anslutning 4
7 Brytarspetsar	14 Tändstift	21 Tändkabel
8 Hållring	15 Tändstiftshatt	22 Klamma

Fig. 4.1 Brytarsystem med Bosch fördelare -1,05 och 1,3 liters motorer (avsn 1)

1 Allmän beskrivning

Tändsystemet kan antingen vara konventionellt, med brytarspetsar, eller transistoriserat. På 1,05 och 1,8 liters motorer är strömfördelaren monterad på vänster sida (mot växellåda) av topplocket och drivs av kamaxeln. 1,6 och 1,8 liters motorer har strömfördelaren monterad framtill (mot kylaren) på motorn och den drivs av en kuggväxel på aggregataxeln.

För att motorn ska kunna arbeta korrekt, är det nödvändigt att gnistan antänder bränsleblandningen i förbränningsrummet vid exakt tidpunkt i förhållande till belastning och varvtal. Tändsystemet bygger på att lågspänd ström i tändspolen transformeras upp till högspänning, vilken är hög nog att över-0brygga gapet mellan tändstiftets elektroder. Detta görs åtskilliga gånger per sekund vid hög kompression, om systemet fungerar tillfredsställande.

Tändsystem med brytarspetsar indelas i två kretsar, lågspänning och högspänning. Låg-

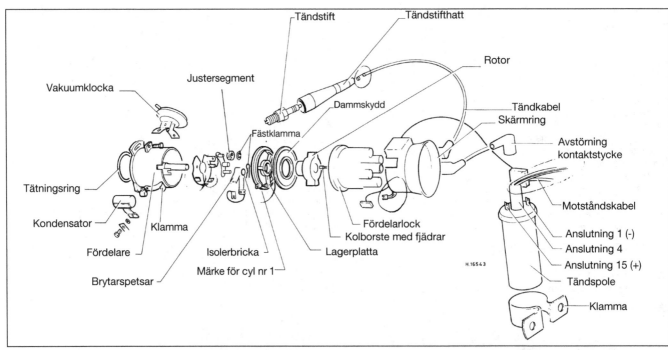

Fig. 4.2 Brytarsystem med Ducellier fördelare - 1,05 och 1,3 liters motorer (avsn 1)

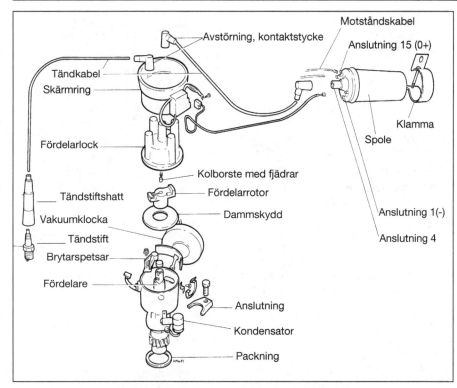

Fig. 4.3 Brytarsystem - 1,6 liters motor (avsn 1)

spänningskretsen (ibland kallad primär-krets) består av batteri, en ledning till tändningslåset, en ledning från tändningslåset till lågspänningsanslutningen för primärlindningen i tändspolen (plusanslutning), samt en ledning från lågspänningslindningens utgång (minusanslutning) till brytarspetsar och kondensator i strömfördelaren. Högspänningsdelen består av högspänningslindning, den kraftiga tändkabeln till fördelarlocket, rotor och tändstiftskablar samt tändstift.

Systemtet fungerar på följande sätt: Lågspänningen i spolen transformeras till högspänning då brytarspetsarna öppnar och stänger. Högspänningen förs via anslutningen mitt i strömfördelarlocket via rotorn till tändkabelanslutningarna. Strömstötarna i primärlindningen får högspänd ström att föras via rotorn

ut till respektive tändstift, där elektrodavståndet överbryggs och gnistan slår till jord.

Transistortändsystem fungerar på liknande sätt, men en givare ersätter brytarspetsar och kondensator i strömfördelaren. En styrkrets på annan plats påverkar primärsidan i tändspolen. Tändläget regleras automatiskt så att gasblandningen antänds i rätt ögonblick under rådande förhållanden.

Tändförställningen sköts både mekaniskt och genom ett vakuumstyrt system. Den mekaniska styrningen består av två centrifugalvikter, vilka slungas ut från rotoraxeln då varvtalet ökar. Då de förs utåt påverkar de kammekanismen som vrider kontaktplattan i strömfördelaren. Vikterna hålls på plats av två lätta fjädrar och deras spänning bestämmer i stort sett tändtidpunktens läge.

Vakuumsystemet består av ett membran,

vars ena sida är förbunden med insugningsgrenröret genom en smal slang och andra sida via en stång till brytarplattan, eller för transistoriserade system, basplattan. Undertrycket i insugningsröret, vilket varierar med varvtal och gasspjällöppning, får membranet att röra sig, vilket i sin tur påverkar brytar- eller basplattan och därmed tändförställningen. En fjäder i vakuumklockan styr systemet.

Brytarspetssystemet har också ett förkopplingsmotstånd i lågspänningskretsen. Detta är inkopplat hela tiden när motorn går. När startmotorn arbetar, kopplas motståndet förbi för att ge ökad tändström.

2 Rutinmässigt underhåll – tändsystem

Följande åtgärder skall utföras vid de intervall som anges i början av boken:
1 Byt tändstift och justera elektrodavståndet.
2 Rengör och kontrollera tändsystemets högspännings- och lågspänningsanslutningar. Byt vid behov.
3 Rengör och kontrollera brytarspetsar efter halva bytesintervallet. Kontrollera att brytaravståndet är riktigt, enligt beskrivningen i avsnitt 3.
4 Demontera och byt brytarspetsar vid angivna intervall (avsnitt 4).
5 Kontrollera tändläget, justera vid behov enligt anvisning i avsnitt 12.

3 Brytarspetsar – kontroll och justering

1 Lossa lågspänningsledningen från anslutningen på strömfördelaren och jordledningen från anslutningen på huset. Lossa de två klammorna som håller strömfördelarlocket. Ta bort lock med skärmring från fördelaren **(se bilder)**.
2 Ta bort rotor och dammskydd **(se bild)**.
3 Öppna brytarspetsarna med hjälp av en

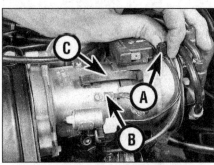

3.1A Lossa lågspänningsledningen (A), jordledningen (B) och klammorna (C)

3.1B Ta bort strömfördelarlock och skärmring

3.2 Ta bort rotorarmen

3.3 Brytarspetsarna sedda genom fönstret i lagerplattan - vid pilen (Ducellier)

3.5A Kontroll av brytaravstånd med bladmått

3.5B Justering av brytaravstånd

skruvmejsel och kontrollera kontaktytorna **(se bild)**. Är de gropiga eller missfärgade, ta loss dem enligt beskrivning i avsnitt 4 och slipa försiktigt kontaktytorna med slippapper eller sten så att de är exakt parallella. Om brytarspetsarna är mycket slitna, byt dem. Är de i god kondition, justera enligt följande beskrivning:

Justering

4 Vrid motorn med en nyckel på vevaxelns centrumbult tills brytarspetsarna är helt öppna, d v s kontaktytan står mot högsta punkten på kamnocken.
5 Använd ett bladmått och kontrollera avståndet mellan spetsarna, det skall vara enligt specifikationerna **(se bilder)**. I annat fall, lossa skruven för den fasta spetsen och flytta den så att bladmåttet styvt passar mellan spetsarna. För finjustering, lossa skruven något och sätt skruvmejseln i spåret på den fasta spetsen och mellan de två upphöjningarna i brytarplattan. Justera och dra sedan fast skruven (se foto).
6 Mät kamvinkeln med ett instrument. Kör runt motorn med startmotorn och jämför med uppgifter i specifikationerna. Justera ytterligare vid behov – minska avståndet för att öka kamvinkeln, öka avståndet för att minska kamvinkeln.
7 Rengör dammskydd och rotor, sätt tillbaka

dem. Bearbeta inte metallen på rotorarmen.
8 Torka rent fördelarlocket och se till att kolborsten rör sig fritt och har tillräcklig fjäderspänning. Rengör metallsegmenten i locket, men ta inte bort någon metall så att avståndet till rotorn ökas. Rengör även tändkablar och anslutningar.
9 Sätt tillbaka locket och skärmen.
10 Starta motorn och kontrollera att kamvinkeln är rätt, både vid tomgång och högre varvtal. Om kamvinkeln minskar vid ökat motorvarvtal tyder detta på en vek fjäder hos brytarspetsarna.
11 Efter justering av kamvinkel bör tändläget kontrolleras och justeras enligt beskrivning i avsnitt 12.

4 Brytarspetsar – byte

1 Följ anvisningarna i punkt 1 och 2 i föregående avsnitt.
2 Ta bort skruvarna och sedan lagerplattan – endast 1,05 och 1,3 liters motorer **(se bild)**.
3 Lossa den rörliga spetsens anslutning från kontaktstiftet, ta sedan bort fästskruven och brytarkontakterna från strömfördelaren.
4 Torka rent brytarplattan i fördelaren och se

till att kontaktytorna på de nya spetsarna är rena. Smörj armen och ledpinnen med lite fett. Använd inte för mycket fett, spetsarna kan förorenas.
5 Montera brytaren på plattan, sätt tillbaka skruven. Anslut ledningen.
6 Sätt tillbaka lagerplattan och dra åt skruvarna (i förekommande fall).
7 Justera spetsarna enligt anvisning i avsnitt 3, punkterna 4 till 11.

5 Kondensator – kontroll, demontering och montering

1 Kondensatorn är ansluten parallellt över brytarspetsarna och den har till uppgift att reducera gnistbildning mellan spetsarna. Den ser också till att fältet i spolens lågspänningslindning kollapsar snabbare, vilket inducerar en kraftigare gnista. En defekt kondensator kan leda till att tändsystemet inte fungerar alls.
2 Vid kontroll av kondensator, ta bort fördelarlocket, rotorarmen och dammskyddet. Dra runt motorn tills spetsarna är stängda. Slå på tändningen och öppna brytarna för hand. Om detta medför en stark blå gnista mellan spetsarna är kondensatorn defekt (en svag vit gnista är normalt).

3.5C De två upphöjningarna i brytarplattan där skruvmejseln sätts för justering av brytaravstånd

4.2 Demontering av lagerplatta (1,05 och 1,3 liter)

5.5 Kondensator på strömfördelaren

6.4 Märke på remskiva (A), inställ-ningsmärke (B) och ÖDP-märke (C) på 1,3 liters motor (kamremskåpan borttagen)

6.5 Demontering av av fördelaren (1,05 och 1,3 liter)

3 Ytterligare ett test kan göras beträffande kortslutning. Ta bort kondensatorn, anslut en testlampa till kabeln och huset (d v s lampan ska anslutas i serie med en tolv volts spänningskälla). Om lampan tänds är kondensatorn defekt.
4 Om kondensatorn misstänks vara defekt, byt ut den. Kontrollera om felet kvarstår.
5 Vid demontering av kondensator, lossa fästskruven och anslutningsledningen (vid spolen på vissa modeller) **(se bild)**.
6 För undan kondensatorn så mycket att den rörliga brytarspetsens ledning kan kopplas loss. Ta bort kondensatorn. Om spetsen har för kort ledning måste man ta bort fördelarlock, rotor, dammskydd och lagerplatta (i förekommande fall).
7 Montera i omvänd ordning.

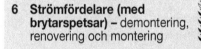

6 Strömfördelare (med brytarspetsar) – demontering, renovering och montering

1 Lossa batteriets jordledning, ta sedan bort fördelarlock och skärmring (avsnitt 3, punkt 1).
2 Lossa vakuumslangen.

1,05 och 1,3 liters motorer

3 Strömfördelaren drivs av kamaxeln genom en förskjuten medbringare. Anvisningarna i punkterna 4 och 5 behövs därför bara vid kontroll, exempelvis vid montering av ny fördelare.

4 Vrid motorn med en nyckel på vevaxelns centrumbult tills rotorarmen pekar mot kabeln för tändstift nr 1. På vissa modeller finns ett märke för ÖDP på fördelarhusets kant, rotorarmen måste då stå mot detta. Märket på vevaxelns remskiva bör också stå vid ÖDP läge. Cylinder nr 1 (närmast kamremmen) ska vara i tändläge **(se bild)**.
5 Märk fördelarens fläns och topplocket i förhållande till varandra, lossa sedan skruvarna och ta bort fördelaren **(se bild)**.

1,6 och 1,8 liters motorer

6 Demontera givaren för ÖDP eller täckpluggen upptill på växellådan, vrid sedan motorn så att märkningen 0 för ÖDP på drivplattan syns och står mitt för visaren. Märket på remskivan ska stå vid ÖDP-märkningen **(se fig. 4.4)**. Rotorn ska peka mot märket på strömfördelarkanten **(se fig. 4.5)**.
7 Märk fördelarhuset mitt för rotorn och märk även fördelaren i förhållande till motorblocket. Ta sedan bort klämskruven och krampan, därefter fördelaren. Notera hur mycket rotorn vrider sig medurs. Ta bort tätningsbrickan (använd ny vid monteringen).

Alla modeller

8 Isärtagning och översyn av fördelaren är lika för alla modeller. Bilderna visar en fördelare för 1,05 och 1,3 liters motorer.
9 Ta bort brytarspetsarna (se avsnitt 4).
10 För Boschfördelare, märk läget för

styrstiftet, ta sedan bort lagerplattans låsring **(se bilder)**.
11 Innan demontering av vakuumklocka på Ducellier fördelare, märk justersegmentets läge så att det kan sättas rätt vid monteringen.
12 Ta bort låsringen som håller vakuumklockans arm till brytarplattan.
13 Ta bort fästskruvarna, haka loss armen och ta bort vakuumklockan. Notera att skruvarna även kan hålla avstörningsdetaljer.
14 Ta bort sidoskruvarna, notera var jordanslutningen sitter, ta sedan bort brytarplattan genom att vrida den moturs så att den passar mot uttagen (i förekommande fall).
15 Torka rent elkomponenterna. Rengör fördelarhuset med varnolen, torka torrt.

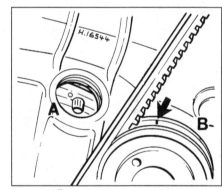

Fig. 4.4 ÖDP-märken på 1,6 och 1,8 liters motorer (avsn 6 och 10)

A Svänghjul/drivplatta B Vevaxelns remskiva

Fig. 4.5 Rotorarm vid ÖDP-märkning på fördelarhuset - 1,6 och 1,8 liters motorer (avsn 6 och 12)

6.10A Korrekt monterad låsring för lagerplatta (Bosch)

6.10B Demontering av låsring för lagerplatta

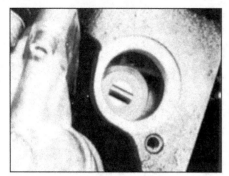

Fig. 4.6 Oljepumpens drivklack vid montering av fördelare - 1,6 och 1,8 liters motorer (avsn 6 och 12)

16 Kontrollera alla detaljer beträffande slitage och skada, se avsnitt 3 och 5 beträffande brytarspetsar, fördelarlock, rotor och kondensator.
17 Montera i omvänd ordning.
18 Rikta in vakuumklockans justersegment mot tidigare gjort märke (Ducellier).
19 För Boschfördelare, lokalisera styrstiftet som tidigare utmärkts.
20 Smörj centrifugalförställningsmekanismen och brytarplattan med lite fett. Justera brytarspetsarna enligt beskrivning i avsnitt 3.
21 Montera strömfördelare för 1,05 och 1,3 liters motor i omvänd ordning se till att märkena stämmer, dra åt klämskruvarna.
22 Vid montering av strömfördelare på 1,6 liters motor, kontrollera först att drivklacken

för oljepumpen är i korrekt läge, parallell med vevaxeln. Detta är synligt genom hålet för strömfördelaren **(se fig. 4.6)**. Kontrollera att 0 märket för ÖDP fortfarande stämmer. Sätt rotorn i det läge som observerades vid punkt 7, ställ fördelarhuset mot märkningen på motorblocket och för den på plats. Då dreven griper i, kommer rotorn att vrida sig moturs och då ställa sig mot tidigare gjord märkning. Montera klamman och dra åt skruven. Sätt tillbaka vakuumslangen och kabel eller kontaktstycke (vilket som förekommer). Montera ÖDP-givare eller plugg.
23 Montera fördelarlock och anslut batterikabeln.
24 Kontrollera och justera vid behov tändläget enligt beskrivning i avsnitt 12.

7 Transistoriserat tändsystem (TCI-H) – föreskrifter

1 På modeller med transistortändning måste vissa punkter observeras så att inte halvledarna skadas, samt för att undvika personskada.
2 Innan ledningarna lossas, se till att tändningen är avslagen.
3 Då motorn körs runt med startmotorn utan att man vill starta, måste tändspolen lossas vid strömfördelarlocket och jordas mot motorblock eller kaross.
4 Lossa batterikablarna innan arbete med elsvets utförs på bilen.

5 Vid fel på systemet, då man måste bogsera bilen med tändningen tillslagen, måste kablarna lossas från tändenheten.
6 Anslut under inga omständigheter en kondensator till tändspolen.
7 Undvik att få elstötar från högspänningssidan.

8 Transistorenhet – kontroll

1 Vid kontroll måste spolen vara i gott skick (avsnitt 13).
2 Ta bort plastlocket på höger sida av fördelningskammaren så att transistorenheten blir åtkomlig **(se bilder)**.

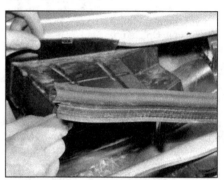

8.2A Lossa försiktigt plastlocket ...

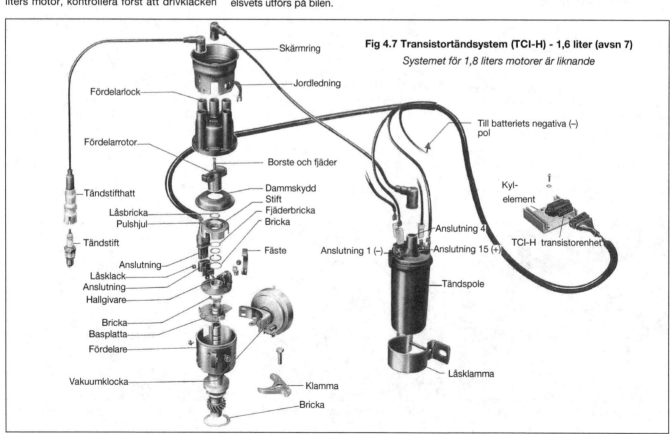

Fig 4.7 Transistortändsystem (TCI-H) - 1,6 liter (avsn 7)
Systemet för 1,8 liters motorer är liknande

Skärmring
Jordledning
Fördelarlock
Fördelarrotor
Borste och fjäder
Tändstifthatt
Dammskydd
Stift
Låsbricka
Fjäderbricka
Pulshjul
Bricka
Tändstift
Fäste
Anslutning
Låsklack
Anslutning
Hallgivare
Bricka
Basplatta
Fördelare
Vakuumklocka
Klamma
Bricka
Till batteriets negativa (–) pol
Kylelement
Anslutning 4
Anslutning 1 (–)
Anslutning 15 (+)
TCI-H transistorenhet
Tändspole
Låsklamma

8.2B . . . så att transistorenheten blir
åtkomlig

Fig. 4.8 Anslutning av voltmeter vid kontroll
av transistorenhet (avsn 8)

8.6 Kontaktstycke till hallgivare på sidan
av fördelaren

Fig. 4.9 Anslutning av voltmeter till spole
vid kontroll av transisistortändsystem
(avsn 8)

3 Lossa kontaktstycket och anslut en volt-
meter mellan stiften 4 och 2 enligt **fig. 4.8**.
4 Slå på tändningen och kontrollera spän-
ningen, batterispänning eller något mindre ska
finnas. I annat fall är det avbrott i matningsled-
ningarna.
5 Slå av tändningen och anslut kontakt-
stycket.
6 Ta bort kontaktstycket för hallgivaren på
sidan av strömfördelaren **(se bild)**, anslut en
voltmeter över spolens lågspänningskrets **(se
fig. 4.9)**.
7 Slå på tändningen och kontrollera att det till
en början finns 2 volt spänning, som sedan
faller till 0 efter 2 sekunder. Byt i annat fall
transistorenhet och spole.
8 Jorda kortvarigt mittkontakten i strömförde-
larens kontaktstycke med en kabelstump;
spänningen ska stiga till minst 2 volt. I annat

Fig. 4.10 Anslutning av voltmeter vid
kontroll av transistortändsystemets
hallgivare (avsn 9)

fall är det avbrott i ledningarna eller också är
transistorenheten defekt.
9 Slå av tändningen och anslut en voltmeter
över de yttre anslutningarna i fördelarens
kontaktstycke.
I0 Slå på tändningen och kontrollera att
spänningen är 5 volt.
11 Om felet fortfarande kvarstår, byt transis-
torenhet.
12 Slå av tändningen, ta bort voltmetern,
anslut fördelarens kontaktstycke.

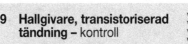

9 Hallgivare, transistoriserad tändning – kontroll

1 Kontrollera att kablar och kontaktstycke i
tändsystemet sitter rätt.

2 Spolen måste vara i gott skick (avsnitt 13),
detta gäller även TCI-H enheten (se
föregående avsnitt).
3 Ta bort tändkabeln från tändspolen vid
fördelarlocket, jorda kabeln till motor eller
kaross.
4 Dra bort gummikåpan från transistoren-
heten och anslut en voltmeter mellan stiften 6
och 3 enligt **fig. 4.10**.
5 Slå på tändningen och vrid runt motorn för
hand i normal rotationsriktning. Spänningen
ska växla mellan 0 och minimum 2 volt. I
annat fall är hallgivaren defekt och måste
bytas.

10 Strömfördelare (transis-tortändning) – demontering och montering

1 Ta bort tändkabeln från tändspolen samt
anslutningarna vid tändstiften.
2 Lossa skärmringens jordledning **(se bild)**
och ta bort skärmringen, sedan klämmorna
och strömfördelarlocket. Låt inte fästklam-
morna falla inåt, de kan skada pulshjulet.
3 Lossa kontaktstycket vid transistorenheten
genom att bryta loss klamman.
4 Lossa och ta bort givaren för ÖDP eller
täckpluggen upptill på växellådan **(se bild)**,

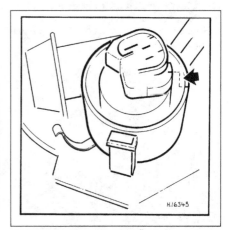

Fig. 4.11 Rotorläge vid ÖDP - transis-
tortändning - 1,8 liters motor (avsn 10)

10.2 Jordledning och anslutning till
fördelarhuset (från skärmringen)

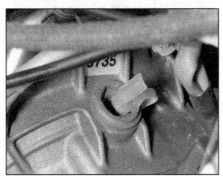

10.4 Plugg för ÖDP på växellådan

10.6A Demontering av transistorfördelare (1,8 liter)

10.6B Packningen måste bytas

11.2A Ta bort rotorn (1,8 liter) . . .

11.2B . . . och sedan dammkåpan (där sådana förekommer) - 1,6 liter visad

11.3A Ta bort låsringen och pulshjulet . . .

11.3B . . . och styrstiftet från axeln (vid pilen)

vrid sedan runt motorn tills 0 märket för ÖDP står mitt emot visaren **(se fig. 4.4 och 4.11)**. Om det inte redan finns ett, gör ett märke på fördelarhuset mitt emot rotorspetsen. Märk också strömfördelarhuset och motorblocket i förhållande till varandra.

5 Dra bort vakuumledningen (-arna) från vakuumklockan, märk ut hur de sitter om det finns fler än en.

6 Ta bort skruv och bricka, sedan fördelarens klämplatta. Ta bort fördelaren och packningen (som måste bytas) **(se bilder)**.

7 Montera i omvänd ordning. Då fördelaren är i läge, kontrollera att rotorn pekar mot märket för ettans cylinder innan skruven dras åt.

8 Kontrollera vid behov tändinställning enligt beskrivning i avsnitt 12.

11 Strömfördelare (transistortändning) – isärtagning, kontroll och ihopsättning

Notera: *Innan arbetet påbörjas, kontrollera att reservdelar är tillgängliga. Vid beställning, ange om detaljerna ska användas till 1,6 eller 1,8 liters motor.*

1 Torka rent utsidan på fördelaren.

2 Ta bort rotor eller rotorarm och sedan dammkåpan (där sådan förekommer). Se till att inte låsklipsen vidrör pulshjulet under följande moment **(se bilder)**.

3 Lossa låsringen och ta bort pulshjulet. Ta vara på styrstiftet **(se bilder)**.

4 Lossa fästskruvarna som håller vakuumklockan. Ta bort vakuumklockan och koppla loss armen **(se bild)**.

5 Ta bort låsringen och ta vara på brickorna på axeln.

6 Lossa låsningen samt fästskruvarna för basplattan, lyft bort hallgivare och basplatta **(se bild)**.

7 Rengör alla detaljerna och kontrollera beträffande slitage och skador.

8 Kontrollera insidan på fördelarlocket beträffande brännmärken eller sprickbildning. Kontrollera att den lilla kolborsten mitt i fördelarlocket är korrekt och rör sig fritt upp och ner under fjädertrycket.

9 Kontrollera att rotorarmen (eller rotorn, på 1,8 liters motor) inte är skadad. På 1,6 liters motor, använd en ohmmeter för att mäta resistansen mellan mässingskontakten mitt på rotorarmen och kontakten i ytteränden. Den ska vara mellan 600 och 1 400 Ω.

10 Sug i vakuumledningen till vakuumklockan och kontrollera att armen rör sig. Håll kvar undertrycket och kontrollera att membranet inte läcker.

11 Montera i omvänd ordning, men smörj lagrens kontaktytor på basplattan och hallgivaren.

12 Innan pulshjulet monteras på axeln, sätt styrstiftet på plats i spåret på axeln. Stryk lite fett på stiftet för att hålla det på plats. Styr

11.4 Demontering av vakuumklocka

11.6 Hallgivare, låsring och brickor

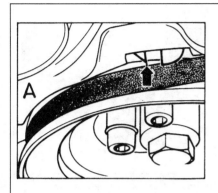

A 1,05 och 1,3 liter
B 1,6 och 1,8 liter (förgasarmotorer)
C 1,8 liter (bränsleinsprutning)

Fig. 4.12 Tändinställningsmärken (avsn 12)

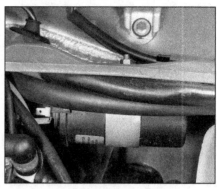

13.1 Tändspolens placering

uttaget i pulshjulet så att det kan föras ner över styrstiftet (se bild).
13 Då fördelaren är ihopsatt, vrid runt den för hand och kontrollera att den rör sig lätt. I annat fall är förmodligen pulshjulet skadat och behöver bytas.

12 Tändinställning – kontroll och justering

Notera: *Riktig kontroll av tändningen kan endast göras med stroboskoplampa. På vissa modeller finns det dock en givare på växellådshuset och med ett speciellt VW-verktyg kan man där avläsa tändpunkten. Sådant verktyg är dock normalt inte tillgängligt. Grundinställning av ett konventionellt tändsystem kan göras med en testlampa, men detta ska alltid följas av inställning med stroboskoplampa.*

Inställning med testlampa (endast konventionellt tändsystem)

1 Ta bort tändstift för ettans cylinder (vid kamrem), täck för hålet med tummen.
2 Vrid motorn i normal rotationsriktning (medurs sedd mot remskivan) tills ett tryck känns i cylinder nummer 1, vilket visar att kolven är på väg uppåt i kompressionsläget.

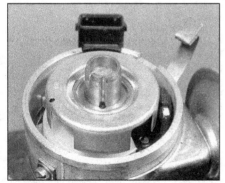

11.12 Passa in pulshjulet mot spåret i axeln

Använd en nyckel på vevaxelns centrumskruv, eller lägg i högsta växeln och dra bilen framåt.
3 Fortsätt att dra motorn tills märket på remskivan står mitt för visaren på kamremskåpan. Om det inte finns märken på kamremskåpan, skruva bort givaren för ÖDP eller täckpluggen på växellådshuset och ställ märkena mitt för varandra (se specifikationer). Se bild 6.4 eller fig. 4.4 och 4.5.
4 Ta bort fördelarlocket och kontrollera att rotorn pekar mot märkningen för cylinder nr 1.
5 Anslut en 12 volts testlampa mellan spolens negativa anslutning och lämplig jordpunkt på motorn.
6 Lossa fördelarens klämskruv.
7 Slå på tändningen. Om lampan är tänd, vrid fördelaren något medurs tills lampan just slocknar.
8 Vrid sedan fördelaren något medurs tills lampan just tänds, vilket visar att spetsarna har öppnats. Dra åt klämskruven.
9 Slå av tändningen och ta bort testlampan.
10 Sätt tillbaka fördelarlock och ettans tändstift, samt tändkabel. När motorn startas, kontrollera med stroboskoplampa enligt följande, justera enligt behov.

Tändinställning med stroboskoplampa

11 Låt motorn gå tills den har normal arbetstemperatur.
12 På 1,05, 1,3 och 1,8 liters motorer med bränsleinsprutning, lossa och plugga vakuumslangen till fördelaren.
13 Om det inte finns några inställningsmärken på kamremskåpan och vevaxelremskivan, ta bort givaren för ÖDP, eller täck pluggen på växellådan.
14 Anslut stroboskoplampan enligt tillverkarens instruktioner.
15 Anslut en varvräknare till motorn enligt tillverkarens instruktioner.
16 Starta motorn och låt den gå på tomgång.
17 Rikta lampan mot tändinställningsmärkena; de förefaller stå stilla mitt för varandra. Om justering erfordras (d v s om märkena inte överensstämmer), lossa klämskruven och vrid fördelaren tills märkena överensstämmer.
18 Öka gradvis motorvarvtalet, rikta fort-

farande lampan mot inställningsmärkena. Märket på svänghjulet eller remskivan bör nu förefalla röra sig motsatt rotationsriktningen. Detta visar att centrifugalförställningen fungerar normalt. I annat fall är centrifugalförställningsmekanismen felaktig och fördelaren måste bytas.
19 Kontroll av vakuumförställning (och fördröjning av tändpunkten då sådan förekommer) fordrar en vakuumpump och mätare. Om vakuumklockan däremot fungerar, vakuumslangen (-arna) sitter ordentligt och mekanismen fungerar, bör systemet fungera.
20 Slå av motorn, ta bort inställningslampa och varvräknare och sätt tillbaka vakuumslangen.

13 Tändspole – beskrivning och kontroll

1 Spolen är placerad på torpeden under luftkammaren (se bild). Den bör med jämna mellanrum torkas ren för att undvika högspänningsförlust och eventuellt överslag.
2 Kontrollera att polariteten är rätt på högspänningen, spolens lågspänningsledningar måste alltid vara riktigt anslutna. Ledningen från säkringsdosan måste alltid vara ansluten till spolens stift 15 (+) och fördelarledningen (vanligtvis grön) måste sitta på stift 1 (-). Felaktig anslutning kan orsaka startsvårigheter, misständning och kort livslängd för tändstiften.
3 Fullständig kontroll av spolen kräver specialutrustning. Man kan dock mäta resistans hos primär- och sekundärledningar om en ohmmeter finns tillgänglig, jämför med specifikationerna. Vid kontroll av lågspännings- och högspänningskablar måste de kopplas loss från spolen. Vid kontroll av primärlindning, anslut en ohmmeter mellan de två lågspänningsanslutningarna. Vid kontroll av sekundärlindningen, anslut en ohmmeter mellan den negativa lågspänningsanslutningen och högspänningsutgången.

14 Tändstift och tändkablar – allmänt

1 Tändstiftens funktion är vital för motorns gång och effektivitet. Det är viktigt att rätt tändstift har monterats, se specifikationerna i början av kapitlet. Om rätt typ används och motorn är i gott skick, bör inte tändstiften behöva någon tillsyn mellan serviceintervallen. Rengöring av tändstift erfordras sällan och bör inte utföras om man inte har tillgång till specialutrustning, det är lätt att man skadar tändstiften.

2 Tändstiftens tillstånd säger även mycket om motorns skick.

3 Om isolatorn är ren och vit, utan avlagringar, är detta ett tecken på mager blandning eller för varma stift (ett varmt stift leder bort värmen från elektroderna sakta, ett kallt stift för bort värmen fort).

4 Om isolatorspetsen är täckt av en hård svart avlagring, är detta ett tecken på för fet blandning. Om stiftet är svart och oljigt, tyder detta troligen på att motorn är sliten, såväl som på att blandningen är för fet.

5 Om isolatorspetsen täcks av en ljusbrun eller gråbrun avlagring, är blandningsförhållandena riktiga och motorn förmodligen i god kondition.

6 Gnistgapet är av stor betydelse; är det för stort eller för litet, blir gnistans energi och effektivitet lidande. Elektrodavståndet ska ställas in enligt uppgifter i specifikationerna.

7 Vid inställning, mät gapet med bladmått, böj sedan sidoelektroden så att gapet blir riktigt. Mittelektroden får aldrig böjas eftersom isolatorn kan spricka.

8 Dra alltid tändstiften till angivet moment.

9 Kontrollera tändkablarna med jämna mellanrum, torka dem rena och se till att de sitter ordentligt.

I de fall det kan bli svårt att få tändstiften att ta gäng i hålen eller då det förekommer risk att stiften tar snedgäng, kan en slangstump av gummi eller plast träs på stiftets ände. Den flexibla slangen fungerar som en universalknut och hjälper till att föra stiftet i rätt läge i hålet. Om stiftet börjar ta snedgäng kommer slangen att glida på stiftet, vilket förhindrar gängskador.

Felsökning - tändsystem

Majoriteten av alla körsvårigheter orsakas av fel på tändsystemet, antingen i lågspännings- eller högspänningskretsen. Det finns två huvudsakliga symptom som tyder på tändningsproblem. Antingen varken startar eller tänder motorn, eller också är den svår att starta och misständer. Om det är en regelbunden misständning, det vill säga motorn går bara på 2 eller 3 cylindrar, kan felet med största säkerhet återfinnas i sekundärkretsen, högspänningskretsen. Om misständningen uppträder sporadiskt, kan felet ligga antingen i hög- eller lågspänningskretsen. Om bilen plötsligt stannar eller inte vill starta finns felet förmodligen i lågspänningskretsen. Effektförlust och överhettning, som inte beror på felaktig förgasarinställning, beror normalt på fel i strömfördelare eller felaktigt tändläge.

Motorn startar inte

Konventionellt- eller transistortändsystem

1 Om motorn inte vill starta och bilen gick normalt sist den användes, kontrollera först att det finns bränsle i tanken. Om startmotorn arbetar normalt och batteriet förefaller laddat, kan felet bero på antingen hög- eller lågspänningskretsen. Kontrollera först högspänningskretsen. Om man vet att batteriet är fulladdat, laddningsvarningslampan tänds men startmotorn inte vill dra runt motorn, kontrollera batterikablarnas anslutning samt jordledningarnas anslutning i karossen. Det är ganska vanligt att ledningarna lossnar, även om de ser normala ut. Om en av bat-teripolerna blir mycket het vid startförsök, tyder detta på dålig anslutning.

2 En av de vanligaste orsakerna till startproblem är fuktiga tändkablar och fördelarlock. Om motorn inte startar på grund av fukten, kan man använda ett fuktdrivande medel, t ex Holts Wet Start, för att lösa problemet. Holts Damp Start kan användas för att ge en förseglande yta, så att ytterligare fukt inte kommer in i systemet. I extremfall kan Holts Cold Start användas då det bara finns en svag gnista.

3 Om en motor med konventionellt tändsystem inte vill starta, kontrollera att tändström kommer till stiften genom att lossa tändkablarna vid tändstiftet. Håll kabeländen med ett isolerat verktyg, ca 5 mm från motorblocket, kör runt motorn med startmotorn.

4 På motorer med transistortändsystem, ta bort tändstiften i tur och ordning och jorda dem på lämplig del av motorn med kabeln ansluten. Kör runt motorn med startmotorn.

5 Gnista vid kablar eller tändstift ska vara ganska kraftig, jämn och blå. Ta vid behov bort tändstiften för rengöring och kontroll av elektrodavstånd. Motorn bör nu starta.

Endast konventionellt tändsystem

6 Om ingen gnista finns vid stiften, ta bort tändkabeln mitt i fördelarlocket och håll den mot blocket som tidigare. Kör runt motorn med startmotorn. Blåa gnistor i snabb följd ska slå mellan kabelände och block, detta tyder på att spolen fungerar, men att fördelar-locket är spräckt, rotorn är felaktig eller att kolborsten mitt i fördelarlocket ger dålig kontakt mot rotorn.

7 Om det inte kommer gnistor, kontrollera anslutningen vid spolen. Om denna är korrekt, kontrollera lågspänningskretsen. Börja med att rengöra och justera brytarspetsarna (avsnitt 3).

8 Använd en tolv volts ohmmeter, eller en tolv volts glödlampa och två kabelstumpar. Med tändningen tillslagen och brytarna öppna, kontrollera mellan lågspänningsanslutningen (–) och jord. Inget utslag tyder på avbrott i ledningen från tändningslåset. Kontrollera anslutningarna i tändningslåset för att se om de är lösa. Sätt tillbaka dem, och motorn bör starta. Utslag tyder på felaktig spole eller kondensator, eller skadad ledning mellan spole och fördelare.

9 Ta bort kondensatorn från fördelarhuset, men låt den vara ansluten. Med spetsarna öppna, kontrollera mellan den rörliga spetsen och jord; om mätaren ger utslag är kondensatorn felaktig. Montera en ny och felet är avklarat.

10 Om inget utslag fås från den rörliga spetsen till jord, kontrollera mellan jord och spolens (–) anslutning. Utslag på mätaren indikerar avbrott i [a]kabeln mellan spole och fördelare. Inget utslag tyder på att spolen har gått sönder och måste bytas. För dessa kontroller räcker det med att skilja kontakterna åt med en bit papper.

11 Om motorn startar, men stannar så fort nyckeln vrids från startläge till normalläge, kan förkopplingsmotståndet ha avbrott. Anslut en kabel tillfälligt mellan spolens positiva anslutning och batteriets (+) pol. Om motorn nu fungerar korrekt, byt motståndet. Notera att motståndet inte får förbikopplas

permanent, eftersom spolen kommer att överhettas och skadas.

Motorn misständer

Endast konventionellt tändsystem

12 Om motorn misständer regelbundet, kör den med förhöjt tomgångsvarv. Dra av tändkablarna på ett stift i sänder och lyssna om motorn går annorlunda. Håll tändkabeln i en torr trasa eller med gummihandskar för att undvika stötar.

13 Om motorn inte reagerar då tändkabeln tas bort, ligger problemet hos denna cylinder. Tar man bort tändkabeln från en fungerande cylinder går motorn sämre.

14 Ta bort tändkabeln från problemcylindern och håll den ca 5 mm från blocket. Starta motorn. Om ganska starka regelbundna gnistor kommer, ligger felet förmodligen hos tändstiftet.

Konventionellt och transistortändsystem

15 Tändstiftet kan vara löst, isoleringen spräckt eller elektroderna brända, vilket medför för stort gnistgap. Ännu värre, en av elektroderna kan vara bruten. Rengör tändstiftet, eller byt det, ställ in elektrodavståndet och kontrollera på nytt.

16 Kontrollera tändkabeln från fördelaren till tändstiftet. Om isoleringen är skadad, byt kabeln. Kontrollera anslutningarna i fördelarlocket.

17 Kontrollera noggrant fördelarlocket beträffande sprickbildning. Detta kan ses som hårfina svarta linjer mellan två elektroder, eller mellan en elektrod och någon annan del av fördelaren. Dessa linjer är vägar som nu leder ström på fel ställe. Enda åtgärden är att byta strömfördelarlock.

18 Förutom att tändinställningen kan vara fel, har övriga orsaker till misständning redan behandlats i samband med startsvårigheter. Som sammanfattning:

(a) Spolen kan vara felaktig, vilket ger sporadisk misständning

(b) Det kan finnas en skadad kabel eller dålig anslutning i lågspänningskretsen

(c) Kondensatorn kan vara kortsluten (där sådan förekommer)

(d) Det kan finnas ett mekaniskt fel i fördelaren (trasig drivning eller kontaktbrytarfjäder i förekommande fall)

19 Om tändpunkten är mycket sen, tenderar motorn att överhettas och man märker en definitiv effektförsämring. Om motorn överhettar och effekten är dålig, trots att tändläget är riktigt, bör fördelaren kontrolleras eftersom det då är troligt att felet ligger där.

Anteckningar

Kapitel 5
Koppling

Beträffande ändringar och information om senare modeller, se kapitel 12

Innehåll

Svårighetsgrader

Enkelt, passar novisen med lite erfarenhet	**Ganska enkelt,** passar nybörjaren med viss erfarenhet	**Ganska svårt,** passar kompetent hemma-mekaniker	**Svårt,** passar hemmamekaniker med erfarenhet	**Mycket svårt,** för professionell mekaniker 

Specifikationer

Allmänt

Typ	Enskivig solfjäderkoppling, vajermanövrerad. Automatisk justering av kopplingsspelet på 1,8 liters modellen
Pedalspel	15 - 20 mm
Kopplingslamellens diameter:	
Växellåda typ 084	180 mm
Växellåda typ 020, 4-växlad	190 mm
Växellåda typ 020, 5-växlad (4+E)	200 mm
Växellåda typ 020, 5-växlad (Sport)	210 mm

Slitagegränser för kopplingsdetaljer

Max skillnad på beläggets tjocklek innerkant/ytterkant:	
Växellåda typ 084	0,3 mm
Växellåda typ 020, 4- och 5-växlad	0,2 mm
Max tillåtet radiellt kast – mätt 2,5 mm från ytterkant:	
Växellåda typ 084	0,4 mm
Växellåda typ 020, 4- och 5-växlad	0,3 mm
Max djup på slitagerepor i solfjäderns fingrar:	
Växellåda typ 084	0,3 mm

Åtdragningsmoment

	Nm
Växellåda typ 084	
Tryckplatta	25
Svänghjul	75
Styrbussning	15
Växellåda typ 020, 4- och 5-växlad	
Svänghjul	20
Tryckplatta:	
Skruv utan krage	75
Skruv med krage	100

1 Allmän beskrivning

Den kopplingstyp som är monterad på bilen bestäms av vilken typ av växellåda bilen har.

Kopplingsenhet – växellåda typ 084

Den här typen är vajermanövrerad och har enskivig torrlamell samt tryckplatta med solfjäder. Tryckplattenheten är fastskruvad på svänghjulet och lamellcentrum är försett med splines som kopplar detta till växellådans ingående axel. Lamellens friktionsbelägg är fastnitade på båda sidor om lamellplattan, och inbyggt i lamellcentrum finns fjädrar som dämpar inkopplingsryck.

När kopplingspedalen trycks ned, drar vajern med sig frikopplingsarmen så att urtrampningslagret förskjuts på sitt styrrör, trycker mot solfjäderns fingrar och minskar tryckplattans anpressning mot lamellen. Denna kan då flytta sig på splineaxeln och frikoppling sker.

När kopplingspedalen släpps upp minskar urtrampningslagrets tryck på fingrarna. Tryckplattan kläms fast mot svänghjulet och kopplar ihop motorn med växellådans ingående axel. Motorns kraft kan nu överföras till växellådan.

Slitage på lamellens friktionsbelägg gör att tryckplattan flyttas närmare svänghjulet och därmed minskar pedalens frigångsrörelse. Kopplingsvajerns justering måste då åtgärdas på det sätt som beskrivs i avsnitt 2 för att kompensera detta slitage.

Kopplingsenhet – 4- och 5-växlad växellåda typ 020

Till skillnad från den vanliga kopplingstyp som finns på växellåda 084 har växellåda typ 020 en helt avvikande kopplingsenhet. Denna har tryckplattan fastskruvad direkt på vevaxelns fläns och svänghjulet, som är tallriksformat, är fastskruvat mot tryckplattsenheten med lamellen emellan. Detta är helt omvänt mot det vanliga utförandet där svänghjulet är fastskruvat på vevaxeln och kopplingen på svänghjulet.

Frikopplingsmekanismen består av en metallskiva, urtrampningsplattan, vilken är fastklämd i mitten på tryckplattan med en fjäderring. I urtrampningsplattans mitt finns ett nav mot vilket frikopplingsstången verkar. Stången går genom växellådans ingående axel och manövreras av ett urtrampningslager placerat i en kåpa på växellådshusets gavel. En hävarm trycker på direkt på lagret när axeln denna sitter på vrids. Urtrampningsplattans ytterkant i sin tur trycker då på solfjäderns fingrar och tryckplattan lyfts så att frikoppling sker. När kopplingspedalen släpps upp minskar trycket på plattan och lamellen kläms åter fast mellan tryckplattan och svänghjulet.

Slitage på lamellens friktionsbelägg gör att tryckplattan flyttas närmare svänghjulet och därmed minskar pedalens frigångsrörelse. Kopplingsvajern måste regelbundet efterjusteras på det sätt som beskrivs i avsnitt 2.

2 Koppling – justering

1 På vissa av 1,6 och 1,8 liters modellerna är kopplingsjusteringen automatisk. Detta sker med ett segment och en spärrtand uppe vid pedalen. Den enda gång justering av detta system krävs är när kopplingsvajern tagits loss eller bytts ut. Kopplingspedalen ska då tryckas ned upprepade gånger tills rätt pedalspel återställts.
2 På alla övriga modeller måste kopplingsspelet justeras manuellt.
3 Kopplingsvajerns injustering måste kontrolleras regelbundet, som anges i avsnittet Rutinmässigt underhåll i början av boken. Gör detta genom att mäta upp kopplingspedalens frigångsrörelse innan vajern sträcks. Om detta mått inte överensstämmer med uppgiften i specifikationerna, justera vajern enligt följande anvisningar.

Växellåda typ 084

4 Lokalisera frikopplingsarmen på kopplingshuset. Vrid justermuttern med halvvarvslägen tills rätt pedalspel erhålls (se bild). Tryck in armen om muttern är svår att vrida och om den går trögt i gängan, håll fast vajern med en nyckel.
5 Se till att justermuttern glider ned riktigt i sitt säte på frikopplingsarmen innan pedalspelet kontrolleras.

Växellåda typ 020

6 Lossa vajerhylsans yttre låsmutter vid fästet intill växellådan. Håll sedan fast kabelhylsan och vrid den räfflade muttern tills pedalspelet är korrekt (se bild).
7 Trampa ner kopplingspedalen upprepade gånger, kontrollera pedalspelet, efterjustera vid behov och dra fast låsmuttern. Smörj vajerns utstickande del med lite MP-fett.

3 Kopplingsvajer – byte

1 Ta loss kopplingsvajern på växellådssidan, lossa vajern och hylsan (se bild).
2 På modeller med automatisk justering av kopplingspedalens spel, vrid segmentet framåt och håll kvar det i detta läge med spärrhaken. Ta loss vajern och hylsan. På modeller med manuell justering av kopplingsvajern, haka loss vajern från kopplingspedalen och dra ut den tillsammans med hylsan.
3 Om det behövs, dra loss styrhylsan ur gummigenomföringen vid fästet på växellådan. Ta sedan bort brickan.
4 Kontrollera att gummigenomföringen i motorrumsväggen sitter ordentligt på plats.
5 Montera den nya vajerenheten i omvänd ordning. Kontrollera att gummigenomföringen i motorrumsväggen är rätt placerad och fetta in de utstickande delarna av vajern med MP-fett. Se till att tätningsläppen på gummitätningen på fästet vid växellådan är parallell med hatten, annars kan växellådans avluftare blockeras av smuts (se fig. 5.3). Slutligen ska vajern justeras enligt anvisningen i avsnitt 2. På modeller med automatisk justering ska kopplingspedalen tryckas ned upprepade gånger tills rätt pedalspel erhålls.

2.4 Kopplingsvajerns justermutter (pilen) vid frikopplingsarmen (växellåda typ 084)

2.6 Kopplingsvajerns justermutter (växellåda typ 020)

3.1 Kopplingsvajern vid frikopplingsarmen sedd underinfrån (växellåda typ 020)

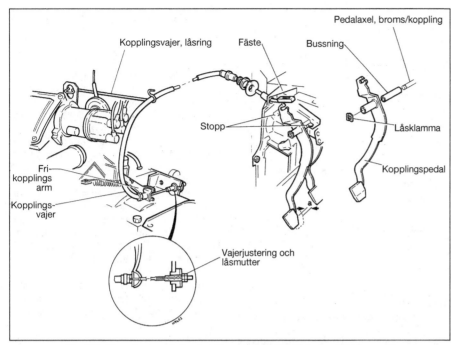

Fig. 5.1 Kopplingspedal och vajerenhet - växellåda typ 084 (avsn 3)

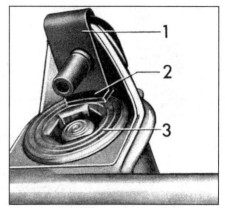

Fig. 5.3 Kopplingsvajerns gummitätning
(1), tätningsläpp (2) och växelförarens
tätningslock (3) - växellåda typ 020 (avsn 3)

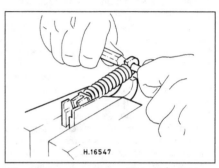

Fig. 5.4 Losstagning av fjäder från fjäder-
hållaren med VW verktyg 3113 (avsn 4)

4 Kopplingspedal –
demontering och montering

1 Ta loss kopplingsvajern vid växellådsfästet och därefter från kopplingspedalen på det sätt som beskrivs i föregående avsnitt.
2 På modeller med manuell justering, ta loss låsringen från pedalarmsaxeln och dra försiktigt loss pedalen från axeln.
3 På modeller med automatisk justering måste rattstången lossas och flyttas åt sidan

för att man ska komma åt att ta loss pedalen (se kapitel 10). När rattstången flyttas åt sidan ska spännfjädern spännas och hållas kvar i detta läge när den tas bort. Det är nödvändigt att använda ett specialverktyg, VW 3113.
4 När spännfjädern komprimerats tas låsringen bort tillsammans med spännfjädern och hållaren. Ta även bort den låsring som håller pedalen och dra bort pedalen tillsammans automatjusteringens segment och spärrhake.
5 Kontrollera pedalaxeln och pedalens bussning, byt ut delar vid behov. Bussningen

sitter med presspassning och kan slås ut eller in med en mässingsdorn – se till att bussningens ändar ligger jäms med pedalens rördel.
6 Om segmentet med spärr och fjäder ska tas isär, notera hur dessa är monterade innan de tas isär. Kontrollera slitaget i spärrhakens bussning och byt ut delar vid behov.
7 Montering sker i omvänd ordning och detta gäller bägge pedaltyperna. Smörj pedalaxeln och även spärrhakens bussning (automatjusteringen) med lite MP-fett.
8 På modeller med manuell justering, kontrollera och efterjustera vajern enligt beskrivningen i avsnitt 2. På modeller med automatisk justering ska kopplingspedalen tryckas ned upprepade gånger tills rätt pedalspel uppnås.

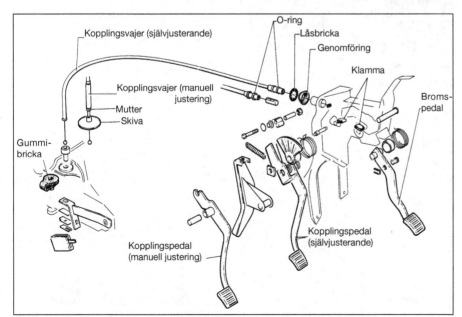

Fig. 5.2 Kopplingspedal och vajerenhet - växellåda typ 020 (avsn 3)

5 Koppling (växellåda typ 084) – demontering och montering

1 Demontera växellådan enligt beskrivning i kapitel 6.
2 Märk upp tryckplattans läge på svänghjulet och ritsa ett märke på båda delarna.
3 Använd en insexnyckel för att lossa skruvarna som håller tryckplattan till svänghjulet, växelvis och diagonalt, ett varv i taget

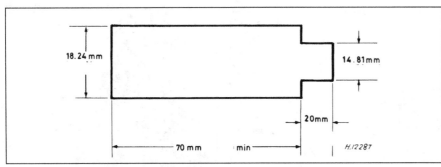

Fig. 5.5 Måttritning till styrtapp av trä för centrering av kopplingslamellen
- växellåda typ 084 (avsn 5)

(se bild). Om insexnyckelns handtag vänds så att vridningen sker in mot axelcentrum, går det att hålla tryckplattan stilla med handen på dess ytterkant. Annars kan man sticka in en skruvmejsel i startkransen för att hålla svänghjulet stilla.

4 Lyft bort tryckplattan och lamellen från svänghjulet. Observera att lamellens nav med dämpfjädrarna är vänt mot tryckplattan.

5 Kontrollera kopplingsdetaljerna, se beskrivning i avsnitt 6.

6 Innan montering sker måste ett hjälpverktyg, för centrering av lamellen, anskaffas. Om detta inte används kommer svårigheter att uppstå när växellådan ska monteras. Om lamellen inte är centrerad passar inte styrtapparna på växellådans monteringsfläns in i sina riktiga lägen. Om det inte går att få tag i specialverktyget kan ett provisoriskt verktyg tillverkas av trä enligt måttuppgifterna i **fig. 5.5.**

7 Rengör svänghjulets och tryckplattans friktionsytor, placera verktyget på vevaxeln och sätt upp lamellen, med navet vänt utåt, på verktyget **(se bild).**

8 Montera tryckplattenheten på svänghjulet (ursprungliga läget enligt märken) och sätt i och dra skruvarna växelvis och diagonalt till föreskrivet moment **(bilder).**

9 Kontrollera urtrampningslagret (se avsnitt 7), innan växellådan monteras enligt beskrivningen i kapitel 6.

6 Koppling (växellåda typ 084) – kontroll

1 Kontrollera slitaget på friktionsytorna på både svänghjul och tryckplatta. Det är normalt att ytan är smårepig, men om den är kraftigt repad måste tryckplattan bytas och svänghjulet svarvas eller bytas.

2 Kontrollera solfjäderns fingrar för slitage orsakat av urtrampningslagret. Om reporna är djupare än den slitagegräns som anges i specifikationerna, måste detaljen bytas ut.

3 Använd en stållinjal med rak kant och ett bladmått för att mäta upp att tryckplattans konicitet inte överskrider det maximala mått som anges i specifikationerna **(se bild).** Kontrollera också att nitade detaljer inte är lösa samt om det finns spår av sprickbildning på tryckplattenhetens delar.

4 Kontrollera slitaget på lamellens friktionsbelägg; om beläggen är så slitna att nitskallarna ligger 1 mm under friktionsytan måste lamellen bytas.

5 Kontrollera att dämpfjädrarna och alla nitar är i fullgott skick och inte är lösa samt att friktionsytorna är fria från olja. Sätt tillfälligt upp lamellen på växellådans axel och kontrollera att den inte har radialkast som är större än det tillåtna enligt specifikationerna.

6 Om kopplingsdetaljerna är nedsmutsade med olja måste läckaget hittas och avhjälpas. Metoden för byte av vevaxelns oljetätning är beskriven i kapitel 1 och byte av oljetätning på växellådans ingående axel beskrivs i kapitel 6.

7 Efter att ha kontrollerat lamellen och tryckplattenheten lönar det sig alltid att även se över urtrampningslagret enligt avsnitt 7.

7 Frikopplingsmekanism (växellåda typ 084) – demontering, kontroll och montering

1 När växellådan är uttagen ur bilen, haka av returfjädern från frikopplingsarmen **(se bild).**

2 Vrid frikopplingsarmen så att urtrampningslagret glider längre upp på styrhylsan,

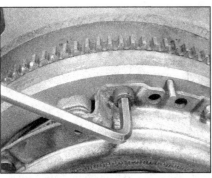

5.3 Borttagning av tryckplattans skruvar (växellåda typ 084)

5.7 Lamell och centreringsverktyg (växellåda typ 084)

5.8A Montering av tryckplattenheten (växellåda typ 084)

5.8B Kopplingsenheten färdig

6.3 Kontroll av tryckplattans konicitet

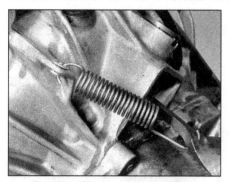

7.1 Kopplingsarmens returfjäder (växellåda typ 084)

7.2A Urtrampningslagret fastsatt på kopplingsarmen (växellåda typ 084)

7.2B Urtrampningslagret med fjäderklips (växellåda typ 084)

haka loss lagrets fjäderklips från gaffeln och dra bort urtrampningslagret **(se bilder)**.

3 Notera hur fjäderklipsen sitter på lagret, ta sedan bort dem.

4 Rotera lagret för hand och kontrollera om det rullar mjukt och jämnt, prova sedan om den yttre ringen är rörlig i sidled mot den inre. Om något onormalt upptäcks ska lagret bytas ut. Lagret får inte tvättas med lösningsmedel om det ska återanvändas.

5 Använd en specialnyckel (TORX-typ), lossa och ta bort urtrampningslagrets styrhylsa **(se bilder)**.

6 Använd en smal dorn för att slå ut frikopplingsaxelns yttre bussning från kopplingshuset. Alternativt kan denna bändas loss.

7 Dra ut axeln ur inre lagret, ta sedan ut axel och arm ur huset **(se bild)**.

8 Kontrollera bussningarna och lagerytorna

beträffande slitage och skador och kontrollera även att styrhylsan inte är repad. Den inre lagerbussningen kan knackas ut med en mjuk mässingdorn. Den nya bussningen ska pressas i så att dess överkant ligger jäms med godset.

9 Montering sker i omvänd ordning, smörj alla lagerytor med värmebeständigt smörjfett. Kontrollera att den övre bussningen är rätt monterad och att dess styrklack är i rätt läge i kopplingshusets urtag **(se bild)**.

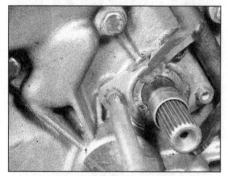

7.5A Lossa skruvarna (TORX-typ) (växellåda typ 084)

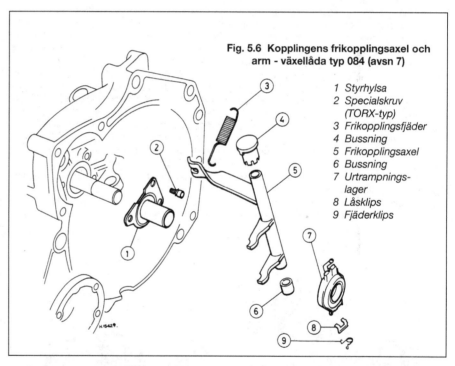

Fig. 5.6 Kopplingens frikopplingsaxel och arm - växellåda typ 084 (avsn 7)

1 Styrhylsa
2 Specialskruv (TORX-typ)
3 Frikopplingsfjäder
4 Bussning
5 Frikopplingsaxel
6 Bussning
7 Urtrampnings-
   lager
8 Låsklips
9 Fjäderklips

7.5B Ta loss styrhylsan (växellåda typ 084)

7.7 Losstagning av frikopplingsaxeln (växellåda typ 084)

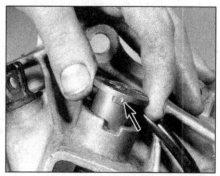

7.9 Styrklack för frikopplingsaxelns yttre bussning (växellåda typ 084)

8.2 Svänghjulets styrtapp för centrering av tryckplattenheten (växellåda typ 020)

8.4A Losstagning av urtrampningsplatta (växellåda typ 020)

8.4B Losstagning av tryckplatta (växellåda typ 020)

8 Koppling (växellåda typ 020) – demontering och montering

1 Demontera växellådan, se kapitel 6.
2 Lås fast svänghjulet så det inte kan rotera och använd en insexnyckel för att lossa skruvarna, växelvis och diagonalt, ett varv i taget tills samtliga är lösa. Ta bort skruvarna. Svänghjulet och lamellen kan nu tas bort. Observera hur lamellens centrum är vänt och märk även upp tryckplattans läge på svänghjulet. Trots att styrtappar finns för att garantera att svänghjulets ÖDP-märke (ÖD) ska komma i rätt läge, ska ett märke ritsas på båda delarna **(se bild)**.
3 Kontrollera slitaget på tryckplattans friktionsyta. Om ytan är ren och fri från repor finns det ingen anledning att demontera den såvida inte lamellen är nedsmutsad av olja.
4 Om tryckplattans yta är defekt måste den demonteras. Markera exakt det läge som

låsfjäderns ändar har, använd en skruvmejsel för att bända loss fjädern. Urtrampningsplattan kan nu lyftas bort **(se bilder)**. Tryckplattan hålls fast på vevaxelns fläns med sex skruvar som är låsta med gänglåsningsvätska. Dessa skruvar är svåra att få loss eftersom de är dragna med ett högt åtdragningsmoment innan låsvätskan härdat. Därför måste tryckplatthuset låsas fast med en platta liknande den som visas i **fig. 5.8**. Dessa skruvar måste bytas ut mot nya.
5 Montering sker i omvänd ordning. Använd gänglåsningsvätska på de nya skruvarnas gängor när tryckplattenheten skruvas fast på vevaxelflänsen. Dra skruvarna till föreskrivet åtdragningsmoment **(se bild)**. Observera att momentnyckelns inställning måste anpassas till den skruvtyp som används och beroende på om skruven har krage eller inte.
6 Kontrollera att låsfjädern sätts in på rätt sätt **(se fig. 5.9 och 5.10)**. Se noga till att varken olja eller fett kommer ut på tryckplattan eller lamellen. När en ny lamell ska monteras måste

skyddsskiktet på friktionsytorna tas bort före montering.
7 Smörj lamellens spline sparsamt med Molykote-pasta eller spray-fett och var noga med att inget smörjmedel kommer ut på beläggen.
8 När lamellen monteras ska den sida av navet som är kraftigare och har dämpfjädrar vändas bort från motorn. Sätt sedan svänghjulet på plats på tryckplattenheten, dra i skruvarna för hand.
9 Nästa åtgärd är att centrera lamellen. Om detta inte utförs noggrant kan växellådans ingående axelspline inte äntra i lamellens nav och det blir omöjligt att montera växellådan. Det bästa centreringsverktyget är VW 547,

Fig. 5.8 VW specialverktyg för fasthållning av tryckplattenheten vid demontering eller montering av fästskruvarna - växellåda typ 020 (avsn 8)

8.5 Åtdragning av tryckplattenhetens fästskruvar (växellåda typ 020)

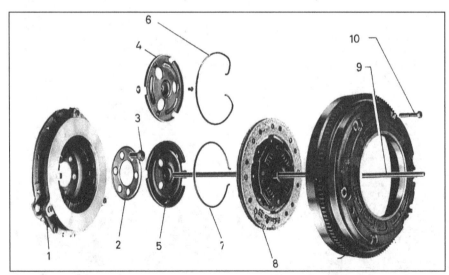

Fig. 5.7 Kopplingsenhetens delar - växellåda typ 020 (avsn 8)

1 *Tryckplattenhet*
2 *Stödplatta*
3 *Skruv*
4 *Urtrampningsplatta (200 & 210 mm diam. koppling)*
5 *Urtrampningsplatta (190 mm diameter koppling)*
6 *Fjäderring (200 och 210 mm diameter koppling)*
7 *Fjäderring (190 mm diameter koppling)*
8 *Lamell*
9 *Frikopplingsstång*
10 *Skruv*

Fig. 5.9 Rätt placering av fjäderringens ändar (vid pilarna) på 190 mm koppling - växellåda typ 020 (avsn 8)

Fig. 5.10 Rätt placering av fjäderringens ändar (vid pilarna) på 200 och 210 mm diameter kopplingar - växellåda typ 020 (avsn 8)

Fig. 5.11 Användning av VW specialverktyg 547 för att centrera lamellen i kopplingen - växellåda typ 020 (avsn 8)

som har en tapp som passar exakt in i svänghjulets centrum och i lamellens splinehål **(se fig. 5.11)**. Om det inte går att få låna detta föreslår vi att du tillverkar verktyget som visas i **fig. 5.12**. Alternativt kan centreringen av lamellen göras med hjälp av ett skjutmått **(se bild)**. När lamellen är rätt centrerad dras skruvarna växelvis och diagonalt till föreskrivet moment varpå lamellens centrering kontrolleras ännu en gång.

10 När växellådan monteras, stryk på ett tunt lager av litiumbaserat fett på frikopplingsstångens ände vid tryckplattan.

9 Koppling (växellåda typ 020) – kontroll

1 Den del av kopplingen som kräver mest uppmärksamhet är lamellen. Normalt slitage minskar beläggets tjocklek. Belägget måste vara så tjockt att nitskallarna ligger minst 0,6 mm under beläggets yta. När detta mått nåtts är belägget utslitet och lamellen måste bytas ut.

2 Lamellens radialkast ska kontrolleras om detta är möjligt. Sätt upp lamellen mellan dubbar i en svarv och mät upp radialkastet enligt anvisningarna i Specifikationer, jämför de uppmätta värdena med specifikationens gränsvärden. För att kunna utföra detta behövs emellertid ett verktyg (axel) samt en

mätklocka. Om kopplingen fungerar bra och inte släpar kan denna kontroll hoppas över. Om kopplingen inte frikopplar fullgott, föreslår vi att experthjälp anlitas för detta jobb.

3 Kontrollera tryckplattan. Tre viktiga kontroller ska göras: Lägg en rak stållinjal tvärs över tryckplattan och mät upp eventuell konicitet eller ojämnhet med ett bladmått **(se bild 6.3)**.

4 De nitar som håller solfjäderns fingrar i läge måste sitta stabilt fast. Om någon enda nit är lös måste tryckplattenheten kasseras. Slutligen kontrolleras friktionsytans kondition. Repor och ojämnheter i ytan tyder på onormalt slitage och om dessa inte lätt kan putsas bort med vanligt slippapper är det bättre att byta ut tryckplattan.

5 Svänghjulets friktionsyta kontrolleras på liknande sätt.

6 Hittills har kontrollen gällt normalt slitage. Två andra typer av skador kan uppstå. Den första, värmeskada, är överhettning orsakad av en slirande koppling. I extrema fall kan sprickbildning uppstå i både tryckplatta och svänghjul. Detta innebär att de skadade detaljerna måste bytas ut. Den andra skadetypen beror på att olja eller fett kommit ut på friktionsytorna, vilket gör att kopplingen slirar men vanligtvis utan att sprickor uppstår. Det bildas mörka spegelblanka ytor på lamellbelägget och lamellen måste bytas ut. Det är ytterst viktigt att söka reda på orsaken till att olja kommer ut på lamellen samt att detta fel

rättas till. Det kan bero på otäthet i antingen vevaxelns eller växellådsaxelns oljetätning (eller båda två!). Kontrollera dessa och byt ut vid behov enligt anvisningarna i kapitlen 1 respektive 6.

7 Medan växellådan är uttagen, kontrollera även att urtrampningslagret är i gott skick, se avsnitt 10.

10 Frikopplingsmekanism (växellåda typ 020) – demontering och montering

1 Kopplingens frikopplingsmekanism är placerad på växellådans gavel och är åtkomlig efter det att täckplattan eller locket tagits bort (endera utförandet gäller).

2 På 4-växlad låda, skruva loss locket från växellådan och ta bort packningen **(se bild)**.

3 På 5-växlad låda, stöd motor/växellådsenheten med en garagedomkraft, ta sedan loss främre och bakre motorfästena (se kapitel 1). Sänk ned domkraften så mycket att det går att nå täckplattan på växellådsgaveln. Bänd bort plattan med ett lämpligt vasst verktyg och ta bort den. Ny platta måste monteras efter justering **(se fig. 5.13)**.

4 På både 4- och 5-växlade lådorna är frikopplingsarmen låst på axeln med två låsringar. Ta bort dessa **(se bild)**.

5 Med kopplingsvajern borttagen (se avsnitt 3) dras axeln ut och frikopplingsarmen lyfts ut

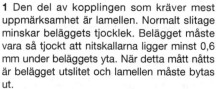
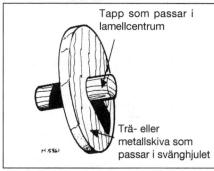

Tapp som passar i lamellcentrum

Trä- eller metallskiva som passar i svänghjulet

Fig. 5.12 Hemmagjort verktyg för centrering av kopplingslamellen - växellåda typ 020 (avsn 8)

8.9 Användning av ett skjutmått för att centrera lamellen i kopplingen

10.2 Demontering av locket på växellådans gavel (4-växlad låda typ 020)

10.4 Demontering av frikopplingsaxelns låsringar (4-växlad låda typ 020)

10.5 Frikopplingsaxeln och armen dras ut (4-växlad låda typ 020)

10.6 Demontering av urtrampningslagret (4-växlad låda typ 020)

från växellådan tillsammans med returfjädern **(se bild)**.
6 Ta ut urtrampningslagret **(se bild)** och,

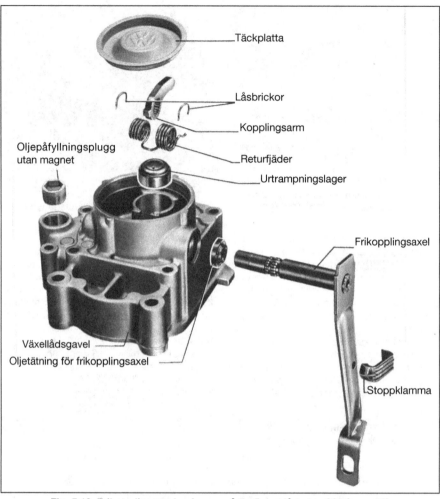

Fig. 5.13 Frikopplingsmekanismen på 5-växlad låda typ 020 (avsn 10)

enbart på den 4-växlade lådan, lyft även ut styrhylsan. Frikopplingsstången kan inte tas ut på den 4-växlade lådan utan att man först sänker ned växellådsenheten.
7 Rotera urtrampningslagret och kontrollera slitage och ojämn gång, byt ut vid behov. Kontrollera axelns oljetätning med avseende på slitage och skador. Bänd loss tätningen och byt ut den vid behov. Den nya tätningen måste pressas in och ligga plant i förhållande till hålets kant. Använd ett metallrör för att

knacka in tätningen i läge i huset. Fyll spalten vid tätningsläppen med MP-fett.
8 Montering sker i omvänd ordning. Observera att frikopplingsarmen och axeln har en speciell spline, och när fjädern sätts i ska dess utböjda ändar vila mot huset, samtidigt som mittdelen hakas på frikopplingsarmen. Använd alltid en ny packning till den 4-växlade lådans lock. Den nya täckplattan på den 5-växlade lådan knackas på plats med en passande rörstump som mellanlägg.

Felsökning – koppling

Vibrationer vid inkoppling
- [ ] Motor- eller växellådsfästen lösa
- [ ] Lamellbeläggen slitna eller oljebelagda
- [ ] Splines på växellådans ingående axel eller lamellcentrum slitna

Det går inte att frikoppla
- [ ] Felaktig vajerjustering
- [ ] Lamellen har fastnat på axelns splines (kan orsakas av rost om bilen inte körts på länge)

- [ ] Tryckplattan felaktig

Kopplingen slirar
- [ ] Felaktig vajerjustering
- [ ] Lamellens belägg slitna eller oljebelagda
- [ ] Tryckplattan felaktig

Missljud när kopplingspedalen trycks ned
- [ ] Urtrampningslagret slitet
- [ ] Splines på växellådans ingående axel eller lamellcentrum slitna

Missljud när kopplingspedalen släpps upp
- [ ] Kopplingslamellen skev/skadad
- [ ] Kopplingslamellens dämpfjädrar brustna eller försvagade

Kapitel 6
Manuell växellåda och automatväxellåda

Beträffande ändringar och information om senare modeller, se kapitel 12

Innehåll

Svårighetsgrader

Enkelt, passar novisen med lite erfarenhet 	Ganska enkelt, passar nybörjaren med viss erfarenhet 	Ganska svårt, passar kompetent hemma-mekaniker 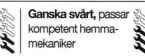	Svårt, passar hemmamekaniker med erfarenhet	Mycket svårt, för professionell mekaniker

Specifikationer

Manuell växellåda

Typ .... 4- eller 5-växlad (helt synkroniserad) och backväxel. Framhjulsdriven
med konstanthastighetsknutar

Växellåda, identifikation

4-växlad (1,05 liter)	084 (6F)
4-växlad (1,3 liter)	084 (4F eller 5F)
4-växlad (1,6 liter)	020 (4R)
5-växlad (1,6 liter)	020 (4T eller 9A)
5-växlad (1,8 liter)	020 (9A)

Olja

Volym	Se *Dimensioner, vikter och volymer*
Typ	Se *Rekommenderade smörjmedel och vätskor*

Utväxling (:1)

	084 (Alla)	020 (4R)	020 (4T)	020 (9A)
1:an	3,45	3,45	3,45	3,45
2:an	1,95	1,94	1,94	2,11
3:an	1,25	1,28	1,28	1,44
4:an	0,89	0,90	0,90	1,12
5:an	-	-	0,74	0,89
Backväxel	3,38	3,16	3,16	3,16
Slutväxel	3,88 (4F)	3,66	3,66	3,66
	4,06 (5F)			
	4,57 (6F)			
Total utväxling på högsta växel	3,47 (4F)	3,33	2,73	3,27
	3,64 (5F)			
	3,82 (6F)			

Slitagegränser

084 växellåda:

Synkringar, spel	0,5 mm
Axialspel, ingående och utgående axlar	max 0,5 mm

020, 4- och 5-växlad växellåda:

Synkringar, spel	0,5 mm
Tillgängliga spårringar för 3:an:	**Tjocklek**
Brun	2,5 mm
Svart	2,6 mm
Omärkt	2,7 mm
Koppar	2,8 mm
Mässing	2,9 mm
Blå	3,0 mm

Automatväxellåda

Typ	3-växlad, med kopplingar och ett bromsband. Drivning via momentomvandlare

Identifikation

Växellåda, typbeteckning	010

Växellåda, kod:

1,6 liter	TKA
1,8 liter	TJA

Momentomvandlare, kod:

1,6 liter	M
1,8 liter	K

Utväxling (:1)

1:an	2,71
2:an	1,50
3:an	1,00
Backväxel	2,43

Slutväxel:

1,6 liter	3,41
1,8 liter	3,12

Olja

Typ	Se *Rekommenderade smörjmedel och vätskor*
Volym	Se *Dimensioner, vikter och volymer*

Alla modeller

Åtdragningsmoment

Nm

084 växellåda

Styrhylsa, koppling	15
Spärrplatta, växelspak	10
Växelförarstång, infästning (ny)	20
Klamma, växelförarstång	20
Växellådsskruvar	15

Växellåda till motor:

M12	75
M10	45
Drivaxel till växellåda	45
Motorfäste	45
Växellådsfäste	60
Drivfläns	25
Kopplingskåpa till växellåda	25
Växellådshus	25
Länkstång	35
Oljepåfyllningsplugg	25
Oljeavtappningsplugg	25
Växlingsfinger (till inre växelarm)	25

020 4-växlad växellåda

Växellåda till motor (M12)	75
Startmotor till växellåda/motor	60
Drivaxlar till drivfläns	45
Vänster växellådsfäste	35
Vänster växellådsfäste till monteringsram	60

Åtdragningsmoment

020 4-växlad växellåda (forts)   **Nm**

Bakre höger växellådsfäste till motor	25
Växellåda till kopplingshus	25
Väljaraxelns tappskruv	20

Backväxelaxel, låsskruv:

Sexkantskruv	20
Torx	30
Väljaraxelns lock	50
Lagerhållare, utgående axel	40
Mutter, ingående axelns klamma	15

020 5-växlad växellåda

Växelspaksfäste	10
Väljaraxel	15
Växellådshus	25
Växellåda till kopplingshus	25
Väljaraxelns lock	50
Backväxelaxelns låsskruv	20
Väljaraxelns låsskruv	20
1:ans synkronisering	150
Lagerhållare	40
Oljepåfyllningsplugg	25

Automatväxellåda

Växelvajerklamma	8
Drivaxelfläns	45
Momentomvandlare till drivplatta	35
Växellåda till motor	75
Vänster växellådsfäste	60
Vänster växellådsfäste till konsol	35
Konsol (höger bak) till motor	25
Oljetråg	20
Oljesilens lock	3

---

1 Manuell växellåda -
allmän beskrivning

Den manuella växellådan är VW typ 084 eller 020, beroende på modell. Den har fyra eller fem växlar framåt och backväxel. Alla framåtväxlar är synkroniserade. Kopplingens frikopplingsmekanism består av en frikopplingsarm och manöverarm placerad på växellådans framsida, samt en tryckstång placerad i den ingående axeln.

2.2 Lossa växellådans påfyllningsplugg med en skiftnyckel (5-växlad växellåda 020)

Växling sker med en golvmonterad spak, ansluten via ett växelhus och växelförarstång till växelväljaraxel och länkstång.

Slutväxelenheten är sammanbyggd med växellådan och placerad mellan växellådshus och lagerhus.

Avtappnings- och påfyllnings-/nivåpluggar är iskruvade i växellådshuset.

Vid renovering av växellådan bör man noga överväga kostnaderna, eftersom det ofta är mer ekonomiskt att installera en utbytesväxellåda eller en begagnad växellåda i god kondition, än att montera nya detaljer i den befintliga växellådan.

2 Rutinmässigt underhåll -
manuell växellåda

Den manuella växellådan kräver ett minimum av underhåll; endast följande kontroller behöver göras vid de intervall som anges i början av boken (se Rutinmässigt underhåll).

1 Kontrollera växellådan beträffande oljeläckage. Ställ om möjligt bilen över en smörjgrop eller hissa upp den på pallbockar (gäller både denna och följande kontroller).

Kontrollera växellådshuset beträffande stora läckage. Om läckage förekommer i växellådan måste orsakerna undersökas och, vid svåra läckage, åtgärdas utan dröjsmål. Ett mycket litet läckage kan tillåtas, under förutsättning att regelbundna kontroller görs, att läckaget inte förvärras och att oljenivån i växellådan inte blir för låg. Förväxla inte läckage i växellådan med motorolja som kan ha stänkt på växellådshuset.

2 Kontrollera oljenivån i växellådan. När denna kontroll görs måste bilen stå plant. Demontera pluggen för nivåkontroll/påfyllning **(se bild och fig. 6.1)** och kontrollera att

Fig. 6.1 Växellådans påfyllningsplugg (vid pilen) - växellåda 084 (avsn 2)

oljenivån når upp till påfyllningsöppningens underkant. Fyll vid behov på med specificerad växellådsolja och dra fast pluggen.

3 Även om det inte är nödvändigt, kan man tappa av växellådsoljan och fylla på ny olja i samband med normal service. Ta loss avtappningspluggen i slutväxelhusets underdel och låt oljan rinna ut i en lämplig behållare. Sätt tillbaka pluggen och fyll på ny olja. Beträffande oljekvalitet och påfyllningsvolym, se Specifikationer.

3 Manuell växellåda - renovering (allmän beskrivning)

Renovering av en manuell växellåda är ett svårt och ambitioöst arbete för hemmamekanikern. Förutom att ta isär och sätta ihop många smådelar måste spel noggrant mätas och, vid behov, ändras med olika typer av shims och mellanlägg. Växellådskomponenter är ofta svåra att få tag på och i många fall extremt dyra. Om ett fel skulle uppstå i växellådan, eller om den börjar låta misstänkt, är det därför bäst att antingen låta en specialist sköta reparationen eller skaffa ett bytesaggregat.

Trots detta är det inte omöjligt för en mer erfaren mekaniker att renovera växellådan, förutsatt att nödvändiga specialverktyg finns tillgängliga och att arbetet görs noggrant steg för steg så att ingenting förbises.

De verktyg som är nödvändiga vid en renovering är bl a utvändiga och invändiga låsringstänger, lageravdragare, slagavdragare, en sats dornar, indikatorklocka samt ev en hydraulisk press. Förutom detta behövs även en stor, stabil arbetsbänk och ett skruvstycke.

Vid isärtagning av växellådan, notera omsorgsfullt hur detaljerna är monterade. Detta underlättar avsevärt ihopsättningen.

Innan växellådan tas isär är det till stor hjälp om man på ett ungefär vet vilken som har funktionsstörningar. Vissa problem hör nära ihop med ett specifikt område i växellådan, vilket kan underlätta både undersökning av detaljer och ihopsättning.

4 Manuell växellåda (084) - demontering och montering

Nedan beskrivs demontering av växellådan med motorn kvar i bilen. Om även motorn ska åtgärdas, kan växellåda och motor demonteras som en enhet och sedan tas isär på arbetsbänken, se beskrivning i kapitel 1.

1 Växellådan tas ut nedåt. Bilen måste därför hissas tillräckligt mycket för att växellådan ska kunna dras ut. Det allra bästa är att arbeta i en smörjgrop, men pallbockar eller liknande stöd under karossen kan också användas. Tänk bara på att hjulen måste kunna vridas så att drivaxlarna kan demonteras. Hissa inte bilen så mycket att växellådan inte blir åtkomlig uppifrån. Det utrymme som behövs är ca 600 mm.

2 Motorns vikt måste fördelas, eftersom motorns bakre del saknar stöd. Om block och talja eller annat lämpligt lyftredskap finns tillgängligt, innebär detta inte något problem. Finns inte detta, kan man göra en enkel anordning liknande den VW använder. **Fig. 6.2** visar en enkel balk som stöder mot flyglarna i motorhuvens spår. Alternativt kan motorn få stöd underifrån av block som placeras under oljetråget, men detta innebär att bilen inte kan flyttas så länge växellådan inte finns på plats.

3 Demontera motorhuven (se kapitel 11) och placera den på en plats där den inte är i vägen.

4 När motorn har försetts med lämpligt stöd, lossa batteriets minuskabel.

5 I det här avsnittet definieras den del av växellådan som är vänd mot motorn som växellådans främre del. Vänster och höger avser förhållandet när man står vid sidan av bilen, bakom växellådan, vänd mot motorn.

6 Demontera växellådans vänstra fäste komplett. Skruva loss avtappningspluggen från slutväxelhuset, tappa av oljan i ett lämpligt kärl, dra sedan fast pluggen **(se bild)**.

7 Koppla loss kopplingsvajern från växellådan, se kapitel 5.

8 Ta loss jordflätan vid växellådans fäste.

9 Demontera startmotorn, se kapitel 9.

10 Koppla loss backlampskabeln från växellådan **(se bild)**.

11 Koppla loss hastighetsmätarvajern från växellådan genom att lossa ringmuttern.

12 Demontera de övre fästskruvarna (motor till växellåda).

13 Koppla loss drivaxlarnas innerändar från växellådans flänsar, se kapitel 7, och fäst dem så att de inte är i vägen.

14 Demontera täckplattan från kopplingshuset **(se bild)**.

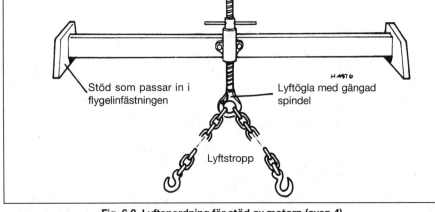

Fig. 6.2 Lyftanordning för stöd av motorn (avsn 4)

Stöd som passar in i flygelinfästningen

Lyftögla med gängad spindel

Lyftstropp

4.6 Växellådans avtappningsplugg (växellåda 084)

4.10 Backlampskabeln kopplas loss (växellåda 084)

4.14 Kopplingshusens täckplatta (växellåda 084)

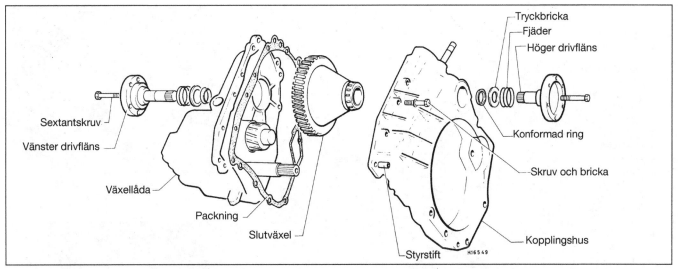

Fig. 6.3 Växellåda, kopplingshus och detaljer – växellåda 084 (avsn 4)

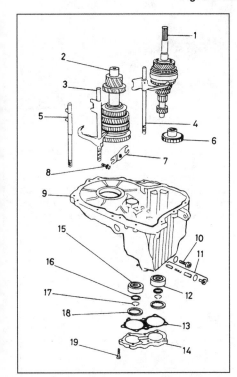

Fig. 6.4 Ingående och utgående axlar, samt växelförarstängernas placering i växellådshuset – växellåda 084 (avsn 4)

1 Ingående axel
2 Utgående axel
3 Växelförarstång och gaffel, 1:an och 2:an
4 Växelförarstång och gaffel, 3:an och 4:an
5 Växelförarstång, back
6 Back
7 Länkstång
8 Stift för länkstång
9 Växellådshus
10 Skruv, länkstång
11 Växelspärr
12 Lager, ingående axel
13 Packning
14 Lagerhållare
15 Lager, utgående axel
16 Liten justerbricka
17 Spårring
18 Stor justerbricka
19 Sextantskruv

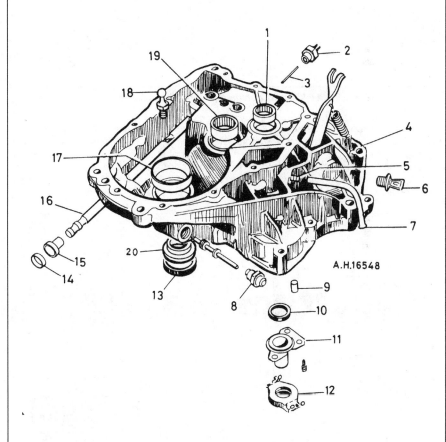

Fig. 6.5 Kopplingshuset och dess detaljer - växellåda 084 (avsn 4)

1 Nållager
2 Kontakt
3 Förlängningsstift
4 Kopplingshus
5 Ventilationsanslutning
6 Plugg
7 Ventilationsrör
8 Ingående axelns drev
9 Startmotorbussning
10 Ingående axelns tätning
11 Styrhylsa
12 Urtrampningslager
13 Oljetätning, drivaxel
14 Tätning
15 Bussning
16 Inre växelarm
17 Yttre lagerbana
18 Väljarfinger
19 Nållager
20 Tätningshylsa

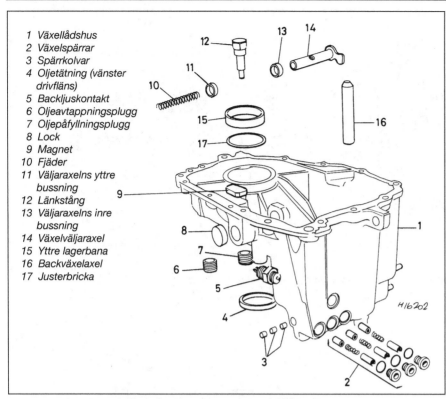

1 Växellådshus
2 Växelspärrar
3 Spärrkolvar
4 Oljetätning (vänster drivfläns)
5 Backljuskontakt
6 Oljeavtappningsplugg
7 Oljepåfyllningsplugg
8 Lock
9 Magnet
10 Fjäder
11 Väljaraxelns yttre bussning
12 Länkstång
13 Väljaraxelns inre bussning
14 Växelväljaraxel
15 Yttre lagerbana
16 Backväxelaxel
17 Justerbricka

Fig. 6.6 Växellådshus och detaljer - växellåda 084 (avsn 4)

4.16 Växellådans bakre fäste och skruv (växellåda 084)

4.17 Lossa stagkopplingen (växellåda 084)

15 Demontera resterande fästskruvar (motor till växellåda). Observera det bakre fästets placering.
16 Lossa bakre fästmutter och demontera infästning, eller lämna kvar infästningens fäste och ta bort skruvarna (se bild)

17 Demontera skruven från stagkopplingen (se bild). På skruvgängorna finns låsvätska; om svårigheter uppstår kan man behöva värma kopplingen med en blåslampa, men var mycket försiktig med tanke på brandfaran. Dela vid behov kulkopplingen.

18 Stöd växellådan med en garagedomkraft (om sådan finns tillgänglig).
19 Kontrollera nu noga att det inte finns ytterligare något som håller växellådan och bestäm exakt hur växellådan ska sänkas. Lådan sitter på styrstift, vidare måste den

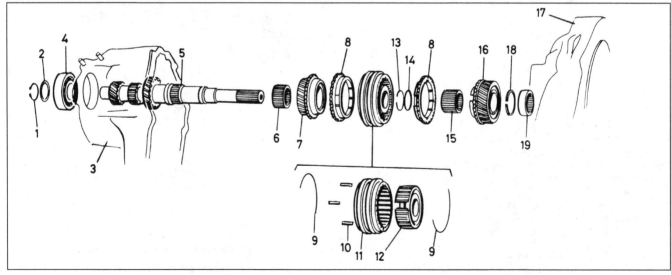

Fig. 6.7 Ingående axel med tillhörande detaljer - växellåda 084 (avsn 4)

1 Spårring	6 3:ans nållager	9 Fjäder
2 Justerbricka	7 3:ans drev	10 Klack
3 Växellådshus	8 Synkringar för 3:an och	11 Hylsa
4 Kullager med spårring	4:an	12 Synknav
5 Ingående axel		

13 Spårring	17 Kopplingshus
14 Tryckbricka	18 Spårring
15 4:ans nållager	19 Nållager
16 4:ans drev	

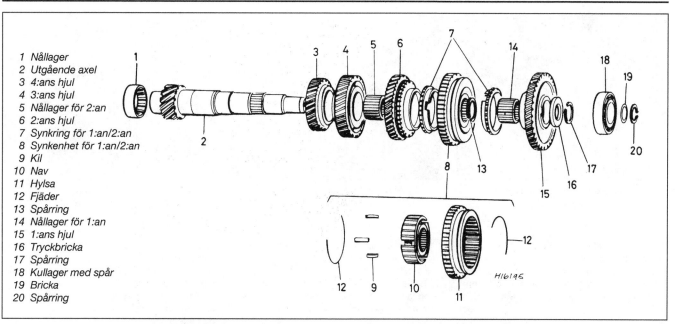

1 Nållager
2 Utgående axel
3 4:ans hjul
4 3:ans hjul
5 Nållager för 2:an
6 2:ans hjul
7 Synkring för 1:an/2:an
8 Synkenhet för 1:an/2:an
9 Kil
10 Nav
11 Hylsa
12 Fjäder
13 Spårring
14 Nållager för 1:an
15 1:ans hjul
16 Tryckbricka
17 Spårring
18 Kullager med spår
19 Bricka
20 Spårring

Fig. 6.8 Utgående axel med tillhörande detaljer - växellåda 084 (avsn 4)

dras undan så mycket att ingående axeln går fritt från lamellcentrumets nav. Detta måste göras försiktigt så att inte friktionslamellen skadas. Om inte växellådan hålls i horisontellt läge kommer axeln att fastna i hålet.

20 Försök inte skilja växellådan från motorn genom att pressa in en kil mellan flänsarna, för då skadas huset. Det är inte alls svårt att dra växellådan bakåt bara den hålls horisontellt. Styrstiften har noggrann passning och när de släpper kommer växellådans hela vikt plötsligt att kännas. Dra växellådan bort från motorn - utan att sänka den, eftersom drivaxelns splines kan ta skada - tills axeln är helt synlig och sänk sedan växellådan till golvet och dra fram den.

21 Montering av växellådan görs i omvänd ordning, men smörj först den ingående axelns splines med lite molybdendisulfidbaserat fett, och se till att motorns gavelplåt är rätt placerad på styrstiften. Dra inte fast muttrar och skruvar helt förrän växellådan är i sitt normala läge. Justera växellänkaget vid behov enligt anvisningarna i kapitel 9.

22 Justera kopplingen enligt anvisningarna i kapitel 5 och kontrollera att växlings-mekanismen fungerar korrekt. Fyll på olja i växellådan.

5 Växlingsmekanism (växellåda 084) - demontering, montering och justering

1 Hissa upp framvagnen och stöd den på pallbockar. Dra åt handbromsen.
2 Ställ växelspaken i neutralläge, märk upp växelförarstångens och kopplingens placering i förhållande till varandra, skruva loss klamman och dra ut växelförarstången.

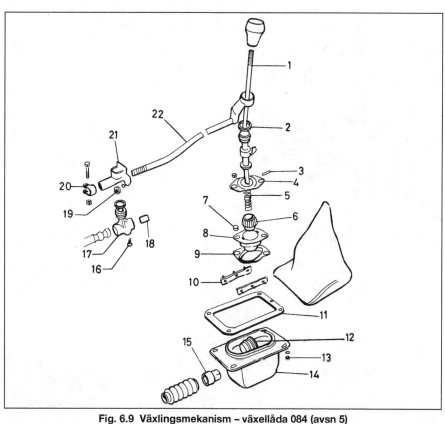

Fig. 6.9 Växlingsmekanism – växellåda 084 (avsn 5)

1 Växelspak
2 Plastring
3 Stift
4 Hållare
5 Fjäder
6 Kula
7 Distans
8 Skål
9 Tätning
10 Stopp
11 Tätning
12 Lagerbana
13 Låsmutter
14 Hus
15 Bussning
16 Fästskruv
17 Koppling
18 Bussning
19 Plastbricka
20 Klamma
21 Växelfinger
22 Växelstång

5.4 Låsplatta för ledkulans hus (växellåda 084)

6.1 Växellådans avtappningsplugg (växellåda 020)

6.3 Hastighetsmätarens vajer och fästskruv (växellåda 020)

3 Inne i bilen, skruva loss växelspaksknoppen och lyft av damasken.
4 Skruva loss skruvarna som håller låsplattan för ledkulans hus och dra hela växlingsmekanismen uppåt, in i bilen **(se bild)**.
5 Ta vid behov isär mekanismen och undersök komponenterna beträffande slitage och skador. Byt ut vid behov.
6 Smörj leder och lagerytor med högtemperaturfett; montera i omvänd ordning. Om en ny koppling har monterats måste kopplingsläget justeras. Detta görs bäst på en VW-verkstad med verktyg 3069, men i nödfall kan justering göras på följande sätt. Med kopplingen bortkopplad och med växellådan i neutralläge,

6.4 Flerfunktionsströmställaren på växellåda 020

be en medhjälpare hålla växelspaken i neutralläge mellan 3:ans och 4:ans växellägen (d v s mitt emellan främre och bakre läget och åt höger). Sätt på växelförarstången och kopplingen helt och, med växelspaken i oförändrat läge, dra klammans skruv.

6 Manuell växellåda (020, 4- och 5-växlad) - demontering och montering

1 Följ anvisningarna i avsnitt 3, punkt 1 t o m 5. Tappa ur oljan från växellådan **(se bild)**.
2 Koppla loss kopplingsvajern från frikopplingsarmen (kapitel 5)
3 Koppla loss hastighetsmätarvajern från växellådan genom att lossa fästskruven och dra vajern **(se bild)**. Fäst vajrarna så att de inte är i vägen.
4 Koppla loss flerfunktionsströmställarens anslutning från växellådan **(se bild)**.
5 Skruva loss fästskruven och ta bort växellådsfästets stödarm. Lossa muttern och ta loss jordflätan.
6 Ta loss växelförarstången genom att pressa tillbaka tungorna på stångens plastkulleder **(se bild)**.
7 Ta loss växelspakens kopplingsstång. Om den ska tas bort helt och hållet, observera att dess ändar har en vinkelskillnad och att den

ände som har ett spår ska monteras mot växelväljaraxeln.
8 Ta loss fästet för värmesystemets slang (bakom startmotorn).
9 Skruva loss och demontera startmotorn, låt kablarna sitta fast. Placera startmotorn så att den inte är i vägen.
10 Skruva loss den enda fästskruven och dra ut den från fästet mot den vänstra drivaxelns bakre del (höger bak på växellådan sett från bilens vänstra sida).
11 Skruva loss och demontera motor-/växellådsfästet på vänster sida (bilens front), **(se bild)**.
12 Skruva loss och demontera de övre fästskruvarna som håller moton till växellådan.
13 Arbeta under bilen. Ta loss höger och vänster drivaxel vid flänsarna. Bind upp drivaxlarna. Se vidare anvisningarna i kapitel 7.
14 Ta loss och demontera innerskärmen på vänster sida.
15 Lossa och demontera skruvarna som håller kopplingshusets täckplatta **(se bild)**.
16 Skruva loss och demontera den undre fästskruven som håller motorn till växellådan (under den högra drivflänsen) och skruvarna som håller täckplattan.
17 Ta loss avgasröret från grenrörsflänsen (se kapitel 3).
18 Lossa, men demontera inte, motorfästet mellan motor och torpedvägg **(se bild)**. Detta

6.6 Växelförarstångens länkar och plastkulled (växellåda 020)

6.11 Främre motor-/växellådsfäste sett underifrån (1,8 liter)

6.15 Kopplingshusets täckplatta (växellåda 020)

6.18 Höger motorfäste sett underifrån (1,8 liters växellåda)

Fig. 6.10 Demontera täckplattan från drivaxelflänsen (vid pilen) – växellåda 020 (avsn 6)

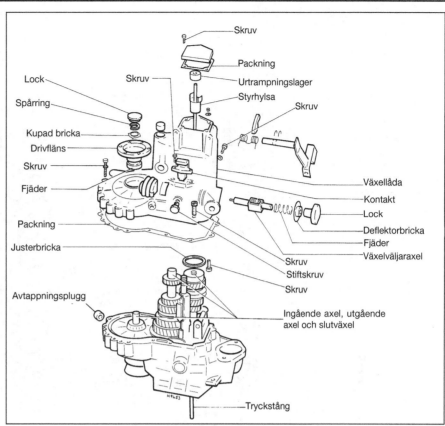

Skruv
Packning
Lock
Skruv
Urtrampningslager
Spårring
Styrhylsa
Skruv
Kupad bricka
Drivfläns
Skruv
Fjäder
Växellåda
Kontakt
Packning
Lock
Deflektorbricka
Justerbricka
Fjäder
Växelväljaraxel
Skruv
Stiftskruv
Avtappningsplugg
Skruv
Ingående axel, utgående axel och slutväxel
Tryckstång

Fig. 6.11 4-växlad växellåda typ 020 (avsn 6)

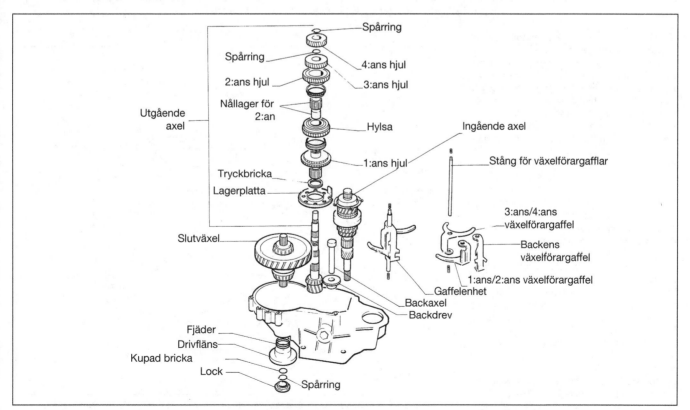

Spårring
Spårring
4:ans hjul
2:ans hjul
3:ans hjul
Nållager för 2:an
Utgående axel
Hylsa
Ingående axel
1:ans hjul
Stång för växelförargafflar
Tryckbricka
Lagerplatta
3:ans/4:ans växelförargaffel
Slutväxel
Backens växelförargaffel
1:ans/2:ans växelförargaffel
Gaffelenhet
Backaxel
Backdrev
Fjäder
Drivfläns
Kupad bricka
Lock
Spårring

Fig. 6.12 Växelenheter och kopplingshusets detaljer – 4-växlad växellåda typ 020 (avsn 6)

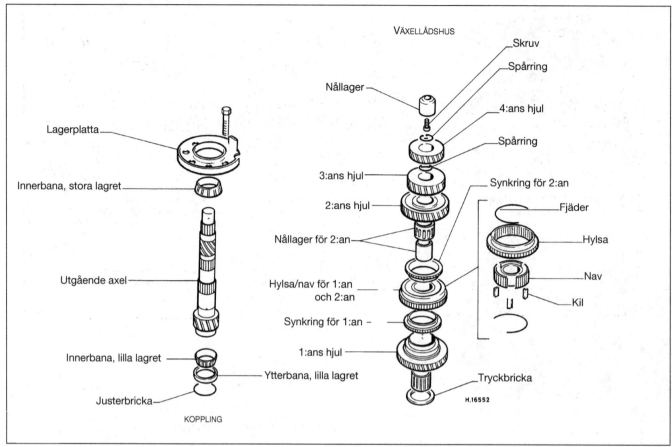

VÄXELLÅDSHUS

Skruv
Spårring
Nållager
4:ans hjul
Lagerplatta
Spårring
Innerbana, stora lagret
3:ans hjul
Synkring för 2:an
2:ans hjul
Fjäder
Nållager för 2:an
Hylsa
Utgående axel
Hylsa/nav för 1:an och 2:an
Nav
Kil
Synkring för 1:an
Innerbana, lilla lagret
1:ans hjul
Ytterbana, lilla lagret
Tryckbricka
Justerbricka
KOPPLING

H.16552

Fig. 6.13 Utgående axel – 4-växlad växellåda typ 020 (avsn 6)

gör det möjligt att vinkla motorn så att växellådan går att demontera.

19 Sänk ned motor och växellåda något och dra växellådan framåt, men var noga så att det inte blir någon överbelastning på motorns övriga enheter. I det här läget är det bra med en medhjälpare som kan kontrollera detta och hålla motorn i en sådan vinkel att växellådan går fri från hjulhuset när den skiljs från motorn.

20 Frigör växellådan från motorn enligt anvisningarna i avsnitt 3, punkterna 18, 19 och 20.

21 Montering sker i omvänd ordning. Kontrollera att anliggningsytorna är rena. Smörj ingående axelns splines med en liten mängd grafitpulver, molypasta eller spray. Räta upp växellådan så att den ingående axeln kan äntra kopplingens friktionslamell.

22 När motor och växellåda är sammankopplade, ska fästskruvarna monteras och dras till föreskrivet moment. Låt aldrig växellådans vikt belasta den ingående axeln.

23 När motor och växellåda placerats på sina fästen, kontrollera att de inte sitter i spänn innan fästskruvarna dras.

24 Justera kopplingen enligt anvisningarna i kapitel 5, och kontrollera att växlingsmekanismen fungerar korrekt. Fyll på olja i växellådan.

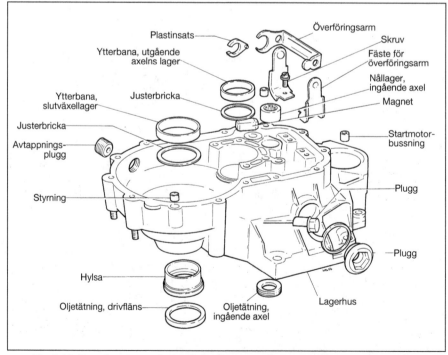

Plastinsats
Ytterbana, utgående axelns lager
Ytterbana, slutväxellager
Justerbricka
Justerbricka
Avtappningsplugg
Styrning
Hylsa
Oljetätning, drivfläns

Överföringsarm
Skruv
Fäste för överföringsarm
Nållager, ingående axel
Magnet
Startmotorbussning
Plugg
Plugg
Lagerhus
Oljetätning, ingående axel

Fig. 6.14 Kopplingshus och detaljer – 4- och 5-växlad växellåda typ 020 (avsn 6)

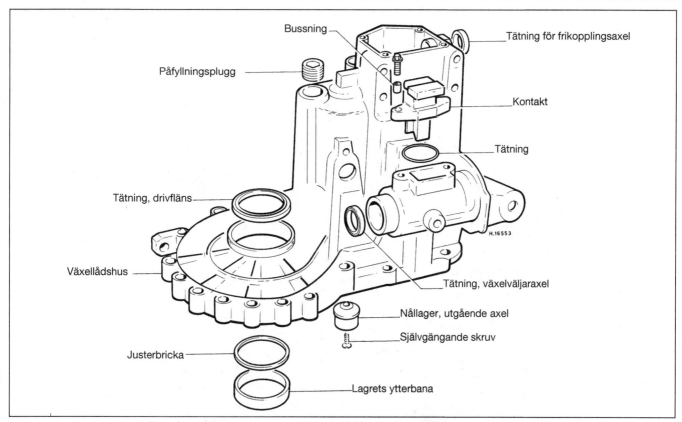

Bussning

Tätning för frikopplingsaxel

Påfyllningsplugg

Kontakt

Tätning

Tätning, drivfläns

Växellådshus

Tätning, växelväljaraxel

Nållager, utgående axel

Självgängande skruv

Justerbricka

Lagrets ytterbana

Fig. 6.15 Växellådshus (kopplingshus) och tillhörande detaljer – 4-växlad växellåda typ 020 (avsn 6)

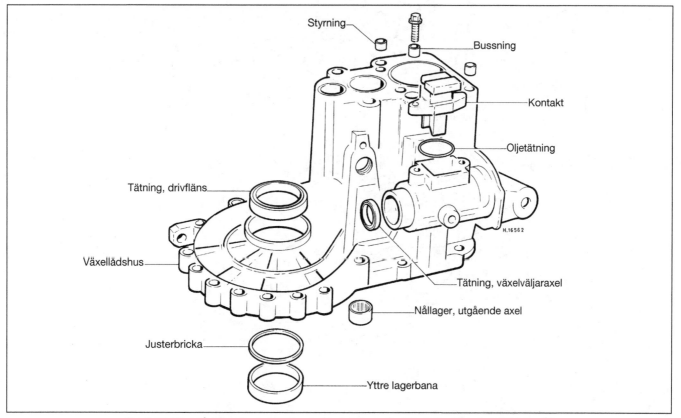

Styrning

Bussning

Kontakt

Oljetätning

Tätning, drivfläns

Växellådshus

Tätning, växelväljaraxel

Nållager, utgående axel

Justerbricka

Yttre lagerbana

Fig. 6.16 Växellådshus (kopplingshus) och detaljer – 5-växlad växellåda typ 020 (avsn 6)

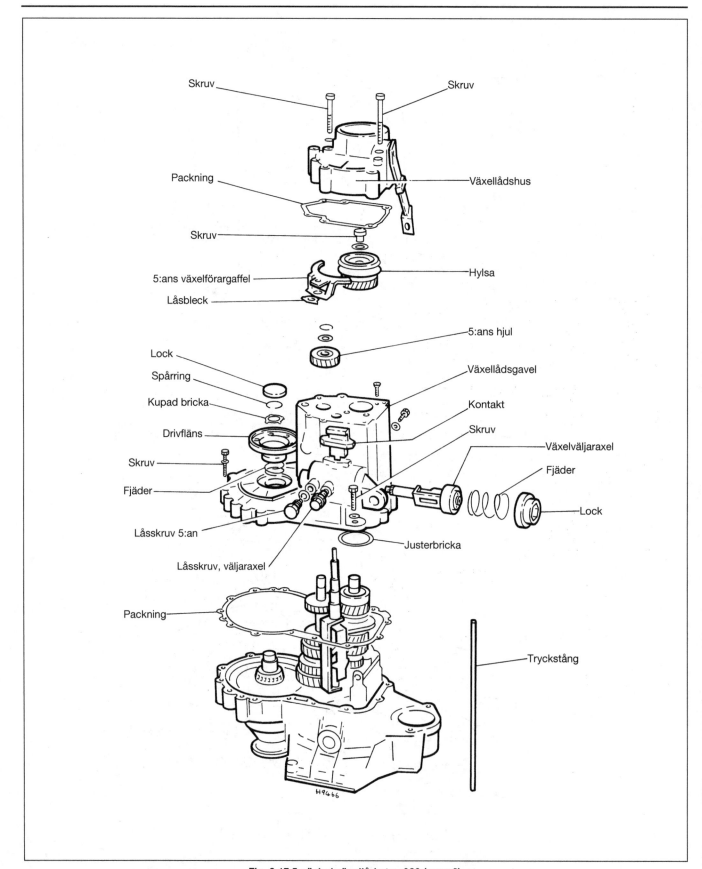

Skruv

Skruv

Packning

Växellådshus

Skruv

5:ans växelförargaffel

Hylsa

Låsbleck

5:ans hjul

Lock

Spårring

Växellådsgavel

Kupad bricka

Kontakt

Drivfläns

Skruv

Skruv

Växelväljaraxel

Fjäder

Fjäder

Lock

Låsskruv 5:an

Justerbricka

Låsskruv, väljaraxel

Packning

Tryckstång

H9466

Fig. 6.17 5-växlad växellåda typ 020 (avsn 6)

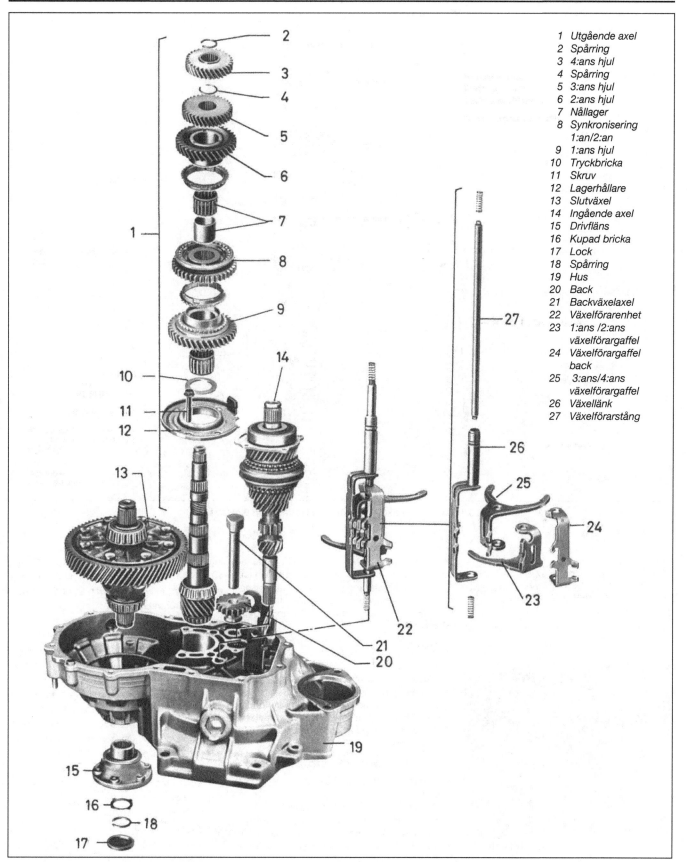

1 Utgående axel
2 Spårring
3 4:ans hjul
4 Spårring
5 3:ans hjul
6 2:ans hjul
7 Nållager
8 Synkronisering 1:an/2:an
9 1:ans hjul
10 Tryckbricka
11 Skruv
12 Lagerhållare
13 Slutväxel
14 Ingående axel
15 Drivfläns
16 Kupad bricka
17 Lock
18 Spårring
19 Hus
20 Back
21 Backväxelaxel
22 Växelförarenhet
23 1:ans /2:ans växelförargaffel
24 Växelförargaffel back
25 3:ans/4:ans växelförargaffel
26 Växellänk
27 Växelförarstång

Fig. 6.18 Kopplingshus och detaljer – 5-växlad växellåda typ 020 (avsn 6)

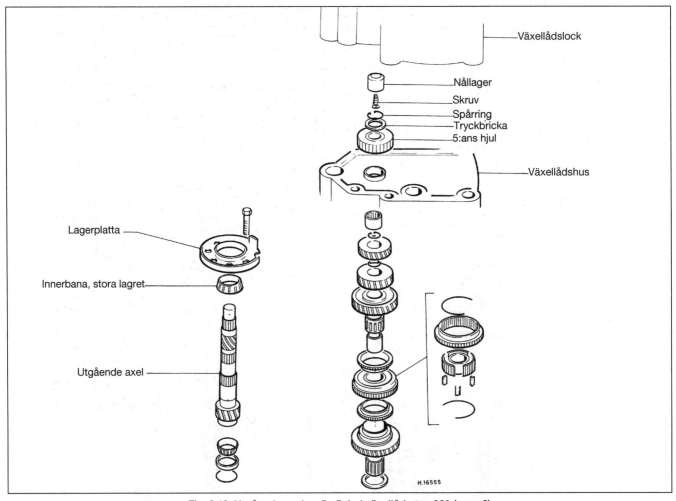

Fig. 6.19 Utgående axeln – 5-växlad växellåda typ 020 (avsn 6)

7 Växlingsmekanism (020, 4- och 5-växlad) - demontering, montering och justering

1 De olika komponenterna i växlingsmekanismen visas i **fig. 6.20**.

7.2 Växlingslänk (A), arm (B) och växelförarstång (C)

2 De detaljer som mest sannolikt behöver kontrolleras är de som visas i bilden nedan **(se bild)**. Växelförarstångens bussningar, väljararmar och armleder slits, och i takt med förslitningen försämras växlingsegenskaperna.
3 Observera noga detaljernas placering före demontering så att förväxling undviks vid monteringen.
4 Både den korta och den långa växelförarstången har kulleder som kan tas loss genom att man med en skruvmejsel bänder spärrnabbarna åt sidan.
5 Smörj länkstängernas leder före ihopsättning.

Växelspak och växelförarstång

6 Demontera växelspaksknoppen och lyft bort damasken.
7 Skruva loss och dra undan konsolen.
8 Skruva loss och demontera avgasrörets första del från grenröret och mellandelen (kapitel 3). Koppla loss skyddsplåten och dra den framåt för att ta bort den.
9 Markera växelförarstångens och klammans

inbördes lägen, lossa sedan klammans skruv.
10 Lossa de tre skruvarna och ta loss enheten från styrningen och ta bort enheten från växelförarstången.
11 Lossa spakhuset från karossen, dra huset framåt och tryck det nedåt för att ta ut det.
12 Ta loss låsplattan och tryck ut växelförarstångens bussning (inåt) och dra ut stången ur huset.
13 Montering sker i omvänd ordning. Passa in markeringarna på växelförarstången och klamman mot varandra för att grundinställa växlingslänkaget. Om respektive växlar inte går att lägga i på ett tillfredsställande sätt, behöver ytterligare justering göras. Pröva då att lossa klamman, centrera växelspaken i neutralläge och dra åt klamman. Exakt justering av växlingsmekanismen kan endast göras med hjälp av VW specialverktyg, och eftersom sådana oftast inte finns tillgängliga rekommenderas att justeringen överlåts till en auktoriserad VW-verkstad.

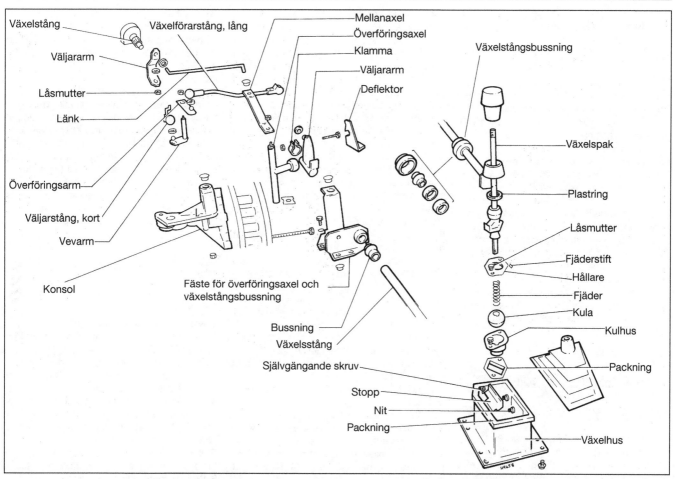

Fig. 6.20 Växlingsmekanismens detaljer – 4- och 5-växlad växellåda typ 020 (avsn 7)

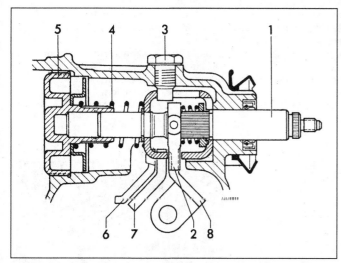

Fig. 6.21 Växellådans inre länkar 4-växlad växellåda typ 020 (avsn 7)

1 Väljaraxel
2 Växelfinger
3 Tappskruv
4 Fjäder
5 Lock
6 Växelförargaffel, back
7 Växelförargaffel 1:an/2:an
8 Växelförargaffel 3:an/4:an

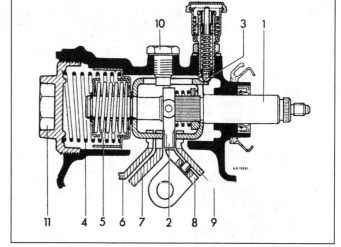

Fig. 6.22 Växellådans inre länkar 5-växlad växellåda typ 020 (avsn 7)

1 Väljaraxel
2 Växelfinger
3 5:ans växelspärr
4 Fjäder (stor)
5 Fjäder (liten)
6 Växelförargaffel, back
7 Växelförargaffel 1:an/2:an
8 Växelförargaffel 3:an/4:an
9 5:ans växellänk
10 Tappskruv
11 Lock

8 Automatväxellåda - allmän beskrivning

Den 3-växlade automatväxellådan har planetväxlar och två flerlamellkopplingar, en flerskivig broms och ett bromsband. Motorns drivkraft överförs genom en vätskefylld momentomvandlare.

Växellådan har tre växlar framåt samt backväxel och dessutom kickdown-funktion för snabb acceleration, t ex vid omkörningar då omedelbar nedväxling krävs.

En automatväxellåda är mycket komplicerad och endast de åtgärder som beskrivs här, lämpar sig för hemmamekanikern. Om något fel uppstår i automatväxellådan måste växellådan vara kvar i bilen för att felet ska kunna fastställas, och detta bör då göras av en auktoriserad VW-verkstad.

Om bilen måste bogseras p g a fel i automatväxellådan, måste först anvisningarna i början av denna bok i avsnittet Lyftpunkter och bogsering läsas.

9 Rutinmässigt underhåll - automatväxellåda

1 Kontroll av oljenivån i automatväxellådan samt påfyllning vid behov, ska göras med 15 000 km intervall. Vid denna kontroll ska motorn vara varmkörd och gå på tomgång, växelväljarspaken ska vara i läge N (neutralläge) och handbromsen ska vara åtdragen.

2 Bilen ska stå plant. Dra upp mätstickan, torka av den med en trasa som inte luddar, stick ned mätstickan, dra upp den på nytt och kontrollera nivån, som ska vara mellan markeringarna på mätstickan. Om nivån är för låg, ska föreskriven olja fyllas på. Påfyllning görs genom hålet för mätstickan. Om påfyllning behöver göras, kontrollera om det finns några tecken på läckage. Om inte, kontrollera oljenivån i slutväxeln. Om den är för hög finns det troligen ett invändigt läckage som gör att växellådsoljan kommer in i slutväxelhuset. Om så är fallet måste växellådan utan dröjsmål kontrolleras och åtgärdas av en auktoriserad VW-verkstad.

3 Påfyllningsvolymen mellan max- och min-markeringarna på mätstickan är 0,4 liter.

4 Sätt tillbaka mätstickan efter nivåkontrollen och stäng av motorn.

5 Oljan i automatväxellådan ska bytas med 45 000 km intervall. Samtidigt ska oljetråg och oljesil (i förekommande fall) rengöras. Vid körning under svåra förhållanden kan byte behöva göras oftare. Hissa först upp bilen och stöd den på pallbockar.

6 Demontera avtappningspluggen och låt oljan rinna ut i en lämplig behållare. Om avtappningsplugg saknas, skruva loss oljetrågets främre skruvar och lossa de bakre så att tråget kan sänkas för att oljan ska kunna rinna ut. Var försiktig om motorn nyss har körts, det föreligger risk för brännskador!

7 Demontera oljetråget och ta loss packningen. Rengör tråget invändigt.

8 Skruva loss oljesilens lock, demontera oljesil och packning.

9 Rengör locket och silen, låt dem torka ordentligt.

10 Montera locket och silen tillsammans med en ny packning och dra skruvarna till föreskrivet moment.

11 Montera oljetråget tillsammans med en ny packning och dra skruvarna till föreskrivet moment.

12 Fyll först på 2,5 liter automatväxelolja (se Specifikationer beträffande typ av olja) och starta motorn. Kontrollera att handbromsen är åtdragen och för växelväljarspaken genom samtliga växellägen; avsluta med läge N (neutralläge). Låt motorn gå på tomgång och kontrollera oljenivån i automatväxellådan med mätstickan. Oljan bör åtminstone vara synlig på mätstickan; är den inte det måste ytterligare olja fyllas på, men inte mer än att nivån märks på mätstickan.

13 Kör bilen en kort sträcka så att växellådsoljan blir varm och kontrollera sedan nivån på nytt enligt anvisningarna i punkt 2. Fyll på mer olja vid behov, men överfyll inte; nivå över max-markeringen innebär att olja måste tappas av.

14 För att oljenivån i slutväxelenheten ska kunna kontrolleras (vid de intervall som anges för automatväxellåda), måste bilen antingen placeras över en smörjgrop eller hissas och stödjas på pallbockar så att den står horisontellt; påfyllnings-/nivåpluggen på slutväxelenheten blir då åtkomlig (fig. 6.25).

15 Ta loss pluggen (se pil) och kontrollera oljenivån. Den ska vara jäms med hålets underkant. Fyll i annat fall på med föreskriven olja och montera pluggen. Sänk bilen.

10 Automatväxellåda - demontering och montering

1 Koppla loss batteriets jordkabel.

2 Ta loss hastighetsmätarvajerns anslutning från växellådan.

3 Skruva loss och ta bort de övre skruvarna som håller motorn till växellådan, samt startmotorns övre fästskruv.

4 Se avsnitt 4 i detta kapitel och stötta motor och växellåda enligt anvisningarna i punkt 1 och 2. Växellådan ska slutligen sänkas ned.

5 När motorn nu har stöd kan de tre fästskruvarna på motorns högra sida lossas.

6 Skruva loss och demontera det vänstra bakre fästet motor/växellåda, tillsammans med fästet.

7 Skruva loss och demontera främre fästet motor/växellåda. Skjut motorn bakåt och dra ut fästet.

8 Se kapitel 7, skruva loss och ta bort den vänstra drivaxeln från växellådans drivfläns.

9 Skruva loss startmotorns undre fästskruvar och lyft undan startmotorn.

10 Skruva loss och ta bort motorns skyddsplåt.

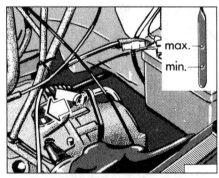

Fig. 6.23 Mätsticka för kontroll av oljenivån i automatväxellådan, dra ut den i pilens riktning (avsn 9)

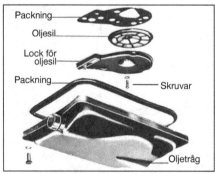

Fig. 6.24 Automatväxellådans oljetråg och oljesil (avsn 9)

Packning
Oljesil
Lock för oljesil
Packning
Skruvar
Oljetråg

Fig. 6.25 Slutväxelns oljepåfyllnings-/ nivåplugg (vid pilen) – automatväxellåda (avsn 9)

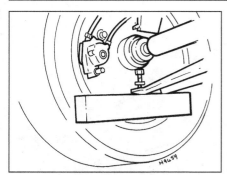

Fig. 6.26 Ta loss och stöd undre kulled/bärarm med en träkloss (avsn 10)

11 Kontrollera att växelväljarspaken är i läge P och ta sedan loss växelväljarvajern (se avsnitt 12).

12 Ta loss vajerfästet från växellådan.

13 Ta loss gasspjäll- och gaspedalvajrarna, men flytta dem inte.

14 De tre skruvarna som håller momentomvandlaren till medbringarskivan är åtkomliga genom hålet där startmotorn suttit - skruva loss dem. De blir också synliga i den öppning som blir när bottenplåten har demonterats.

15 Skruva loss och ta undan den högra drivaxeln (kapitel 7).

16 Ta loss den undre kulleden från bärarmen och stötta den i ytteränden med ett träblock **(fig. 6.26)**. Var försiktig så att damasken inte skadas.

17 Skjut nu motor och växellåda åt höger så

långt det går, lyft sedan vänster drivaxel och fäst den så att den inte är i vägen.

18 Placera en garagedomkraft under växellådan som stöd.

19 Skruva loss och demontera resterande undre fästskruvar som håller motor till växellåda och kontrollera att växellådan är fri.

20 Växellådan kan nu demonteras. Lyft en aning och tryck drivaxeln uppåt och ur vägen. Dra loss växellådan från styrtapparna och sänk den långsamt, se samtidigt till att momentomvandlaren inte faller ur. Det finns två axlar och två splines-set, var försiktig så att de inte böjs - i annat fall kommer du att ha en läckande momentomvandlare.

21 Växellådan är alltför tung för en person att lyfta, så om garagedomkraft inte finns tillgänglig måste block och talja användas.

22 När nu växellådan är skild från motorn kan den sänkas och hanteras underifrån.

23 Placera en lämplig stödplatta tvärs över momentomvandlarhuset så att momentomvandlaren hålls på plats.

24 Montering sker i omvänd ordning. Kontrollera att momentomvandlaren förblir inkopplad när motor och växellåda sätts ihop.

25 Dra samtliga fästskruvar till hälften. Ta sedan undan stöden för motor/växellåda och dra fästskruvarna till föreskrivna moment.

26 Om en ny växellåda har installerats måste gasspjällvajern justeras (avsnitt 13)

27 Kontrollera växelväljarvajern enligt anvisningarna i avsnitt 12.

28 Fyll på rätt mängd automatväxelolja och

kontrollera sedan nivån enligt anvisningarna i avsnitt 9.

Demontera slutväxelns påfyllnings-/nivåplugg och kontrollera att oljenivån är vid hålets underkant. Fyll vid behov på med olja enligt specifikationerna, dra sedan fast pluggen.

11 Automatväxellåda - stalltest

1 Stalltest görs för att kontrollera momentomvandlaren. Resultaten kan också ge indikation om vissa fel i automatväxellådan.

2 Anslut en varvräknare till motorn, som ska vara varmkörd när provet görs.

3 Dra åt handbromsen och tryck ned bromspedalen. Ställ växelväljarspaken i läge D.

4 Tryck ned gaspedalen helt och anteckna motorvarvtalet, släpp gaspedalen. Gaspedalen får absolut inte hållas nedtryckt längre tid än 5 sekunder, momentomvandlaren blir då överhettad. Upprepa provet efter ca 20 sekunder. Stallvarvtalet för aktuella växellådor ska vara:

TJA	2 390 till 2 640 rpm
TKA	2 340 till 2 590 rpm

Notera: *Dra av 125 rpm från ovanstående värden för varje 1 000-tal meter över havet.*

5 Om stallvarvtalet är högre än det som anges ovan, är orsaken troligen att framåtkopplingen eller 1:ans frihjulskoppling slirar.

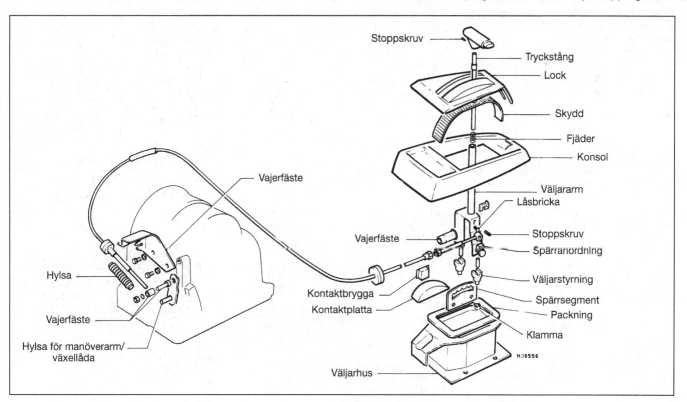

Fig. 6.27 Automatväxellådans växelväljarvajer och växelingsmekanism (avsn 12)

Upprepa provet med växelväljarspaken i läge
1. Blir stallvarvtalet rätt finns felet i frihjulskopplingen, är varvtalet fortfarande för högt är det
framåtkopplingen som är felaktig.
6 Ett stallvarvtal upp till 200 rpm under det
föreskrivna, tyder på att motorn kan behöva
justeras.
7 Om stallvarvtalet ligger mer än 200 rpm
under det föreskrivna, är momentomvandlarens frihjulskoppling felaktig och då måste
momentomvandlaren bytas ut. Kontrollera
dessförinnan att motorn är rätt justerad och,
om den behöver justeras, kontrollera därefter
stallvarvtalet på nytt.
8 Stäng av motorn och koppla loss varvräknaren.

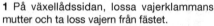

12 Automatväxellådans växelväljarvajer - demontering, montering och justering

1 På växellådssidan, lossa vajerklammans
mutter och ta loss vajern från fästet.
2 Inne i bilen, demontera skruvarna som
håller kåpan till konsolen, dra kåpan uppåt
och vänd den åt sidan.
3 Bänd loss klamman (låsbrickan) som håller
växelväljarvajern till växlingsmekanismen och
koppla loss vajern.
4 Vajern kan nu tas undan.
5 Montering sker i omvänd ordning. Smörj
vajerns båda ändar med ett lätt smörjmedel
innan den ansluts. En ny låsbricka ska användas
för att säkra vajern till växlingsmekanismen.
Justering av växelväljararmen måste göras innan
vajerklammans mutter dras.
6 För att justera växelväljarvajern, ställ växelväljarspaken i läge P och flytta växelväljararmen vid växellådan bakåt mot det stopp
som motsvarar P-läget. Kontrollera att vajern
är helt fri från brott och/eller kinkar och dra
sedan klammans mutter.

13 Automatväxellådans vajrar för gasspjäll och gaspedal (2E2-förgasare) - justering

1 Starta motorn och låt den gå tills den har
uppnått normal arbetstemperatur och normalt
tomgångsvarvtal, detta för att vara säker på
att gasspjället är i motorbromsläge, vilket är
nödvändigt för denna justering.
2 Ställ växelväljarspaken i läge P, lossa
gaspedalens justermutter och ta loss vajern
(se fig. 6.29).
3 Demontera luftrenaren enligt kapitel 3.
4 Lossa gasspjällvajerns mutter vid fästet på
förgasaren.
5 Se fig. 6.30, vrid varmkörningsarmen A så
att gasspjällets styrtapp B inte rör den, håll
kvar den i detta läge genom att flytta armen C
med en skruvmejsel.
6 Frigör och lossa respektive vakuumslangar
från tre/ fyrpunktsvakuumenheten.

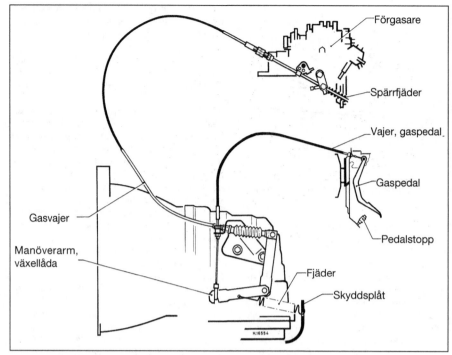

Fig. 6.28 Automatväxellådans spjäll- och gaspedalvajrar (avsn 13)

7 Nu behövs en vakuumpump med en
anslutning som lämpar sig för anslutning av
den nedre vakuumslangens anslutning (E) på
vakuumenheten. Plugga anslutningarna F och
G (fig. 6.31).
8 Anslut vakuum så att membranets tryckstång hålls i läge motorbroms, så att det finns
ett spel mellan kalltomgångsskruven och
membranets tryckstång. Dra vajerhylsan bort
från förgasaren för att ta upp spelet och
kontrollera samtidigt att gasspjället förblir
stängt och att väljararmen på växellådan inte
flyttar sig. Dra gasspjällvajerns justermutter så
att den kommer i kontakt med fästet och inte
spänner, dra sedan låsmuttern på nytt för att
säkra justermuttern i läge (fig. 6.32).
9 Anslut gaspedalvajern och be en medhjälpare trycka ned gaspedalen till stoppläget.
Vrid gaspedalens justermutter så att

växellådans manöverarm kommer i kontakt
med kickdown-stoppet och dra sedan
låsmuttern.
10 För kontroll av att justeringen är korrekt
gjord, måste gasspjället vara i läge motorbroms och växellådans manöverarm måste
vara i kontakt med kickdown-stoppet. Be en
medhjälpare trampa ned gaspedalen till det
läge där gasspjället är helt öppet (inte
kickdown), kontrollera sedan att spjällarmen
vilar mot stoppet för helt öppet spjäll och att
vippfjädern inte är komprimerad.
11 Tryck sedan ned gaspedalen ytterligare till
kickdown-läget och kontrollera att manöverarmen på växellådan vilar mot kickdown-
stoppet och att vippfjädern är komprimerad
ca 8 mm (fig. 6.33).
12 Montera luftrenaren på förgasaren enligt
anvisningar i kapitel 3.

Fig. 6.29 Justermutter för pedalvajer och
manöverarmsanslutning (vid pilen) –
automatväxellåda (avsn 13)

Fig. 6.30 Varmkörningsarm (A),
gasspjällets styrtapp (B), arm (C) och
skruvmejselns placering (avsn 13)

Fig. 6.31 Vakuumpumpens anslutningar till tre-/fyrpunktsvakuumenheten (avsn 13)

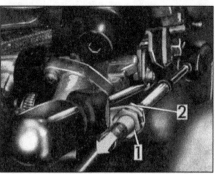

Fig. 6.32 Spjällvajerns justermutter (1) och låsmutter(2) (avsn 13)

Fig. 6.33 Pedalvajer – vippfjäderns kompressionsläge (a) (avsn 13)

14 Felsökning - manuell växellåda och automatväxellåda

Manuell växellåda

Missljud från växellådan i neutralläge
☐ Huvudaxelns (ingående axelns) lager slitna

Missljud från växellådan vid växling (samtliga växlar)
☐ Drivaxelns (utgående axelns) lager slitna
☐ Slutväxellagren slitna

Missljud från växellådan endast på en växel
☐ Slitna eller skadade drevtänder

Växeln hoppar ur läge
☐ Slitna synknav eller synkringar
☐ Väljaraxelns spärrkolv eller fjäder sliten
☐ Slitna växelförargafflar

Ineffektiv synkronisering
☐ Slitna synkringar eller synknav

Svårt att lägga i växlarna
☐ Fel på kopplingen
☐ Växlingsmekanismen behöver justeras
☐ Slitna synknav eller synkringar

Automatväxellåda

Växling sker vid för hög eller för låg hastighet
☐ Gasspjäll- och gaspedalvajrar behöver justeras

Dålig drivkraft
☐ För låg oljenivå i automatväxellådan
☐ Skruvar till momentomvandlaren har fallit bort
☐ Invändigt fel

Ojämn drivning
☐ För låg oljenivå i automatväxellådan
☐ Igensatt filter

Ryckig växling
☐ För låg oljenivå i automatväxellådan
☐ För högt tomgångsvarvtal

Dålig acceleration
☐ Fel på momentomvandlare
☐ Gasspjäll- och gaspedalvajrarna behöver justeras
☐ Bromsarna kärvar

Anteckningar

Kapitel 7
Drivaxlar

Innehåll

Svårighetsgrader

Enkelt, passar novisen med lite erfarenhet	Ganska enkelt, passar nybörjaren med viss erfarenhet	Ganska svårt, passar kompetent hemma-mekaniker	Svårt, passar hemmamekaniker med erfarenhet	Mycket svårt, för professionell mekaniker 

Specifikationer

Typ .... Massiv (vänster) och rörformad axel (höger) med konstanthastighetsdrivknutar (CV) i varje ände. Modellerna med 55 och 65 kW motor har vibrationsdämpare monterad på höger axel

Axellängder	Vänster	Höger
Växellåda typ 084	465 mm	677,2 mm
Växellåda typ 020:		
Alla utom GTI-modeller	443 mm	677,2 mm
GTI-modeller	447 mm	681,2 mm
Växellåda typ 010 (automat)	443 mm	677,2 mm

Åtdragningsmoment	Nm
Drivaxeln till flänsen	45
Drivaxel/hjulnavsmutter	265
Drivaxelflänsens fästskruvar (1,05 och 1,3 liters motorer)	25

1 Allmän beskrivning

Kraften till de främre drivhjulen överförs från slutväxeln via de två drivaxlarna. Varje drivaxel har en konstanthastighetsdrivknut av CV-typ ute vid hjulet. Axlarnas inre ände är fastsatt med skruvar i slutväxelns drivflänsar, i andra änden är de försedda med splines som passar in i framhjulens nav.

Den vänstra drivaxeln är massiv och kortare än den högra sidans rörformade drivaxel.

Drivaxelknutarna är skyddade av damasker och är underhållsfria, men damaskernas kondition måste kontrolleras vid de rutinmässiga kontrollerna, med avseende på spår av oljeläckage och skador. Skadade damasker måste bytas **(se bild)**.

Om drivknutarna är onormalt slitna märks detta som missljud vid körning, när man växlar mellan acceleration och motorbromsning. Slitna drivknutar ska demonteras och kontrolleras med avseende på slitage och skador samt repareras eller bytas ut vid behov.

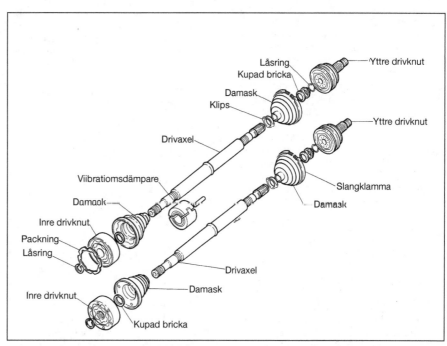

Fig. 7.1 Drivaxlarnas detaljer (avsn 1)

Övre bilden visar GTI-modellen   *Undre bilden visar övriga modeller*

1.3 Kontroll av gummidamaskernas kondition

2.4A Specialskruvarna som håller inre drivknuten till drivflänsen

2.4B Losstagning av specialskruvarna och mellanläggen

2 Drivaxel – demontering och montering

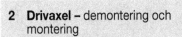

1 Skruvarna som håller drivaxlarnas flänsar är av speciell typ som kräver användning av en specialnyckel med spline. Används en vanlig insexnyckel riskerar man att förstöra skruvskallarna.

2 Ta bort navkapseln. Med handbromsen åtdragen, lossa drivaxelns navmutter. Denna mutter är mycket hårt åtdragen, så ett förlängningsskaft bör användas.

3 Hissa upp bilen med domkraft och ställ den på pallbockar. Ta bort hjulet.

4 Använd en specialnyckel med splines (TORX-typ) för att lossa flänsen vid den inre drivknuten. Var särskilt noga med att rätt nyckeltyp och nyckeldimension används – en skadad skruvskalle innebär massor av extra arbete. Dessa skruvar är mycket hårt fastdragna **(se bilder)**.

5 När alla skruvar tagits bort kan drivknuten dras ut från slutväxeln och sedan dras bort från hjulnavet. Om svårigheter uppstår, lossa undre triangelarmen vid hjullagerhuset (se kapitel 11), släpp ner triangelarmen. Fjäderbenet kan nu dras undan så att drivaxeln kan dras loss. Bilen får inte ställas på hjulen och rullas när någon drivaxel är borttagen, detta kan orsaka skador på hjullagren.

6 Om drivaxlarna ska bytas ut måste svängningsdämparen som sitter på den högra drivaxeln (gäller modellerna med 1,6 och 1,8 liters motor) flyttas över till den nya axeln. Använd en dorn och knacka ut spännstiften

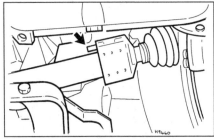

Fig. 7.3 Vibrationsdämpare och dess låspinne (vid pilen) - 1,6 och 1,8 liters förgasarmotorer (avsn 2)

som håller svängningsdämparen. Denna kan sedan vikas upp och tas bort från drivaxeln. Mät upp svängningsdämparens läge på axeln, den måste placeras i samma läge på den nya axeln.

7 Innan svängningsdämparen sätts fast på den nya axeln, kontrollera att tejpen i dess axelhål fortfarande är klibbig. Vid behov ska tejpen bytas ut. Nya spännstift bör användas vid monteringen av svängningsdämparen. När den sitter på plats, kontrollera att den sitter rätt och säkert.

8 Montering av drivaxeln sker i omvänd ordning. Hjulnavet och slutväxelns drivfläns måste var väl rengjorda och anstrukna med ett tunt lager molybdendisulfidfett. Kontrollera att den inre drivknutens anliggningsytor är rena och vid behov byt även dess tätningsring.

9 Drivaxelns mutter, vid hjulnavet, måste bytas. Dra muttern för hand, ställ ner bilen på hjulen, momentdra sedan muttern till föreskrivet moment. Momentdra även de skruvar som håller den inre drivknuten till föreskrivet moment.

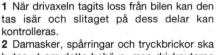

Fig. 7.2 Kontrollmät den nya drivaxelns längd, måttet (a), för att vara säker på att detta är rätt längd för din bilmodell (avsn 2)

3 Drivaxel – isärtagning och ihopsättning

1 När drivaxeln tagits loss från bilen kan den tas isär och slitaget på dess delar kan kontrolleras.

2 Damasker, spårringar och tryckbrickor ska bytas ut om detta behövs, men drivknutarna kan endast bytas som kompletta enheter. Det är inte möjligt att byta någon av de delar som ingår eftersom dessa är toleransklassade och hopparade till fungerande enheter. En utbytesenhet för en drivknut inkluderar gummidamask och en tub specialfett, och eftersom flera olika typer förekommer, måste man vid beställning ange vilken bilmodell och tillverkningsnummer den ska passa till.

Yttre drivknut

3 Ta loss gummidamasken, lossa spännbandet vid den stora diametern och vik undan damasken.

4 Använd en plasthammare för att slå loss drivknuten från axeln.

5 Ta bort spårringen från axeln och ta också

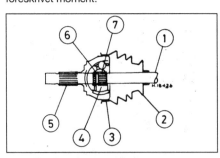

Fig. 7.4 Genomskärning av yttre drivaxelknuten (avsn 3)

1 Drivaxel
2 Gummidamask
3 Skruvklamma
4 Kulspår
5 Splinesaxel
6 Distansbricka
7 Kupad bricka

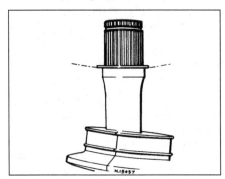

Fig. 7.5 Den kupade brickans rätta monteringsläge (avsn 3)

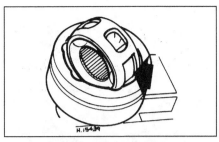

Fig. 7.6 Losstagning av korg och drivkors ur yttre drivknutens hus (avsn 3)

Pilen visar på det rektangulära urtaget

loss distansbrickan (om sådan finns) samt den kupade brickan. Var uppmärksam på hur denna är vänd, den konkava sidan är vänd mot drivaxelns yttersida.

6 Dra bort damasken och låsringarna från drivaxeln.

7 Notera drivkorsets läge i förhållande till kulkorgen och drivknuthuset.

8 Vrid drivkorset med kulkorgen tills de rektangulära öppningarna i korgen ligger jäms med huset och dra ut korgen och drivkorset.

9 Vrid drivkorset och sätt in ett av segmenten i den ena av de rektangulära öppningarna och vrid därefter ut drivkorset ur korgen.

10 Var uppmärksam på att delarna, även kulorna, är hopparade och därför bara passar på sina ursprungliga platser.

11 Rengör alla delar noga i fettlösande rengöringsmedel och inspektera noga för slitage och skador. Kraftigt slitage märks när bilen körs, speciellt vid övergång från acceleration till motorbromsning. Byt ut enheter vid behov.

12 Börja ihopsättningen med att klämma ut hälften av specialfettet (d v s 45 g) i ytterhuset.

13 Sätt in drivkorset i korgen genom att sätta i ett av segmenten i ett av de rektangulära hålen.

14 Med de rektangulära öppningarna placerade jäms med ytterhusets kant trycks drivkorset med korgen in i ytterhuset och i samma läge som det ursprungligen var monterat.

15 Vrid drivkorset och korgen så att kulorna kan sättas in växelvis från vardera sidan.

16 Montera gummidamasken och spårringar på drivaxeln.

17 Montera den kupade brickan och distans-

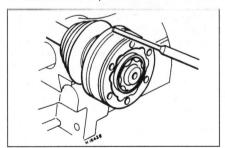

Fig. 7.8 Losstagning av plastlocket från inre drivknuten (avsn 3)

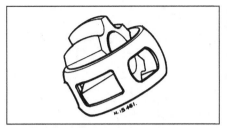

Fig. 7.7 Losstagning av drivkorset från korgen (avsn 3)

brickan (om denna ska vara med) på drivaxeln och säkra dessa med spårringen.

18 Sätt på den yttre drivaxelknuten och använd en plasthammare för att knacka in den i läge så att spårringen kan monteras.

19 Tryck in resten av tubens fett i drivknuten, kräng på damasken och säkra denna med spännbandet. På modeller med drivknut som har 90 mm diameter ska eventuell innesluten luft klämmas ut innan damaskens lilla spännband dras åt.

Inre drivknut – alla modeller utom GTI

20 Ta bort låsringen (se bild).

21 Om det behövs kan en smal dorn användas för att knacka loss plastskyddet från drivknuten.

22 Märk upp gummidamaskens läge på drivaxeln. Använd tejp eller snabbtorkande färg. På detta sätt markeras damaskens läge på axeln för att kunna sättas tillbaka i rätt läge vid monteringen (mycket viktigt på GTI-modellen).

23 Ta bort spårringen och dra av damasken från drivknuten.

24 Sätt upp drivknuten i ett skruvstycke och använd en mjuk slägga (bly eller koppar) för att slå ut axeln.

25 Ta bort den kupade brickan från drivaxeln, observera att dess konkava sida är vänd mot axeländen.

26 Ta bort gummidamasken och spårringen från drivaxeln.

27 Märk upp drivkorsets läge i förhållande till korgen och drivknuthuset.

28 Vrid drivkorset och korgen 90 grader i förhållande till huset och tryck ut drivkorset och korgen.

29 Ta ur kulorna och vrid därefter drivkorset så att ett av spåren kommer mitt för korgens kant, lyft ut drivkorset.

30 Var uppmärksam på att delarna, även

Fig. 7.9 Losstagning av inre drivknutens drivkors från korgen (avsn 3)

3.20 Låsringen för drivaxelns inre drivknut (vid pilen) - 1,3 liter

kulorna, är hopparade och därför bara passar på sina ursprungliga platser.

31 Rengör alla delar noga i fettlösande rengöringsmedel och inspektera noga för slitage och skador. Kraftigt slitage märks när bilen körs, speciellt vid övergång från acceleration till motorbromsning. Byt ut enheter vid behov.

32 Börja ihopsättningen med att sätta in drivkorset i korgen.

33 Plocka in kulorna och använd fettet för att hålla kvar dem i läge.

34 Tryck in drivkorset med korgen i huset, se till att det breda spåret på huset passas in mot det smala på drivkorset (fig. 7.10) när den är ihopsatt. Observera även att den fasade delen av drivkorsets spline måste vara vänd mot drivknuthusets stora diameter.

35 Vrid in korgen före drivkorset så att kulorna äntrar sina respektive spår och vrid sedan in drivkorset och rikta upp delarna mot huset.

36 Kontrollera att drivkorset är fritt rörligt i huset inom hela arbetsområdet.

37 Montera gummidamasken och spårringen på drivaxeln samt den kupade brickan.

38 Sätt upp drivaxeln i ett skruvstycke och slå fast drivknuten på axeln med hjälp av ett passande metallrör som stöder mot drivkorset.

39 Montera spårringen.

40 Tryck in resterande fett i drivknuten och sätt tillbaka och knacka fast plastskyddet (när detta finns).

41 Sätt tillbaka damsken, se noga till att denna placeras i rätt läge och att den inte är

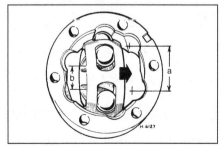

Fig. 7.10 Insättning av den inre drivknutens drivkors och korg i huset

a måste passas in mot b

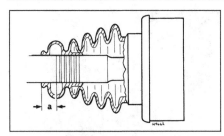

Fig. 7.11 Montering av gummidamask på inre drivknuten - GTI-modeller (avsn 3)

a = 17 mm på den vänstra sidan

Fig. 7.13 Losstagning av drivlänsen med VW specialverktyg

Växellåda typ 020

onormalt vriden eller deformerad, samt att dess yttre ände passar in i det vid demonteringen markerade läget.

Inre drivknut – GTI-modell

42 Utför arbetet på samma sätt som beskrivits för övriga modeller. Observera att det finns en tätning placerad vid drivflänsen vid den inre drivknuten. Denna tätning måste bytas ut. Torka anliggningsytorna vid drivflänsen, dra bort tätningens skyddsfolie och sätt in tätningen på flänsen.

43 När gummidamasken ska sättas fast är dennas läge kritiskt och måste passas in på det sätt som visas i **fig. 7.11** och **7.12**.

---

4 Drivfläns – byte av oljetätning

---

1 Hissa upp bilen med domkraft och ställ den på pallbockar. Dra åt handbromsen.

2 Demontera de inre knutarna från drivflänsarna enligt beskrivningen i avsnitt 2, men observera följande:

(a) På 1,05 och 1,3 liters modellerna måste vid demontering av höger sidas drivaxel även krängningshämmarstaget skruvas

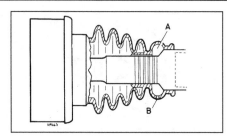

Fig. 7.12 Montering av höger sidas gummidamask på den inre drivknuten - GTI-modeller (avsn 3)

A Ventilationskammare   B Avluftningshål

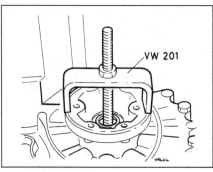

Fig. 7.14 Montering av drivflänsen med VW specialverktyg (avsn 4)

Växellåda typ 020

loss och undre bärarmen (triangelarmen) skruvas loss från fjäderbenet på denna sida (se kapitel 11 för närmare anvisningar). Vik undan bärarmen nedåt.

(b) På modeller med automatväxellåda måste vid demontering av vänster sidas drivaxel undre bärarmen (triangelarmen) lossas från fjäderbenet på denna sida (se kapitel 11 för närmare anvisningar). Vik undan bärarmen nedåt.

3 När drivaxeln har tagits loss, fäst upp den så att den är ur vägen.

4 På 1,05 och 1,3 liters modellerna, lossa den skruv som sitter i drivflänsens centrum. Använd specialverktyget för att hålla emot då centrumskruven ska lossas. Verktyget skruvas fast med två skruvar i drivflänsens fästhål.

5 På andra modeller, bänd loss täcklocket (där sådant finns) och ta bort spårringen samt den kupade brickan. Notera hur brickan är vänd.

6 Ställ ett uppsamlingskärl under växellådan, ta därefter bort drivflänsarna. Oljetätningarna kan sedan bändas loss **(se bild)**. Märk upp drivflänsarna så att de kan sättas tillbaka på rätt sida.

7 Torka ren oljetätningens säte och kontrol-

4.6 Lossa drivflänsens oljetätning från slutväxelhuset

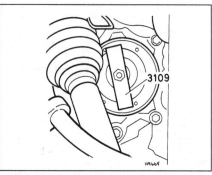

Fig. 7.15 Montering av drivflänsen med VW specialverktyg (avsn 4)

Automatväxellåda

lera detta. Om hylsan är skadad ska den bytas ut.

8 Spalten mellan nya oljetätningens läppar ska fyllas med MP-fett. Pressa sedan in oljetätningen i sätet med hjälp av ett passande metallrör

9 Sätt tillbaka drivflänsen, var försiktig så att oljetätningens läpp inte skadas, använd om möjligt VW original monteringsverktyg för detta.

10 När drivflänsen sitter på plats, skruva in centrumskruven och momentdra denna till föreskrivet moment (gäller 1,05 och 1,3 liter) eller sätt tillbaka den kupade brickan (i samma läge som när den togs bort) och sätt tillbaka spårringen.

11 Sätt tillbaka täcklocket (om detta finns) och montera drivaxeln enligt avsnitt 2. Montera undre bärarmen på fjäderbenet och sedan även krängningshämmarstaget i de fall dessa tagits loss, se kapitel 11.

12 Ställ bilen plant och på hjulen. Skruva bort slutväxelns oljepåfyllnings-/nivåplugg och kontrollera att oljenivån ligger upp till hålets undre kant. Vid behov, fyll på med föreskriven oljetyp till rätt nivå, sätt tillbaka pluggen.

5 Felsökning – drivaxlar

Vibrationer och oljud vid kurvtagning
☐ Drivaxelns knutar slitna

Missljud vid start och körning
☐ Drivaxelns knutar slitna
☐ Drivaxelns splines slitna, i flänsen och/eller på axeln
☐ Drivaxelns skruvar eller mutter har lossnat

Kapitel 8
Bromssystem

Innehåll

Svårighetsgrader

Enkelt, passar novisen med lite erfarenhet	Ganska enkelt, passar nybörjaren med viss erfarenhet	Ganska svårt, passar kompetent hemmamekaniker 	Svårt, passar hemmamekaniker med erfarenhet	Mycket svårt, för professionell mekaniker

Specifikationer

Bromssystem .... Hydrauliskt diagonaldelat 2-kretssystem med   för bakre bromsarna monterad på vissa modeller. Handbroms med vajersystem, verkande på bakhjulen. Skivbromsar fram på alla modeller och trum- eller skivbromsar bak beroende på modell.

Främre bromsar

Bromsskivans tjocklek (ny):
1,05 och 1,3 liters modeller	10 mm
1,6 och 1,8 liters modeller	12 mm
1,8 liters modell med ventilerade bromsskivor	20 mm

Bromsskivans tjocklek (minimum):
1,05 och 1,3 liters modeller	8 mm
1,6 och 1,8 liters modeller	10 mm
1,8 liters modell med ventilerade bromsskivor	18 mm

Bromsklossar, beläggets tjocklek – ny (utan metallplattan):
1,05 och 1,3 liters modeller	12 mm
1,6 och 1,8 liters modeller	14 mm
1,8 liters modell med ventilerade bromsskivor	10 mm

Bromsklossar – slitagegräns (minsta tjocklek inklusive metallplattan):
alla modeller	7 mm

Bakre bromsar – trumbromsar

Bromstrummans inre diameter (ny)	180 mm
Bromstrummans inre diameter (max)	181 mm

Bromstrummans maximala orundhet och skevhet:
Radialkast (friktionsyta)	0,05 mm
Skevhet (hjulkontaktyta)	0,2 mm

Bromsbackar – beläggets tjocklek:
Minimum (inklusive bromsbacken)	5,0 mm
Minimum tjocklek på enbart belägget	2,5 mm

Bakre bromsar – skivbromsar

Bromsskivans tjocklek (ny)	10 mm
Bromsskivans tjocklek (slitagegräns)	8 mm
Maximal skevhet	0,06 mm
Bromsklossarnas tjocklek (nya, inklusive metallplattan)	12 mm
Bromsklossarnas tjocklek (slitagegräns, inklusive metallplattan)	7,0 mm

Allmänt

Huvucylinderns diameter	20,65 mm
Hjulcylinderns diameter	14,29 mm
Bromsservoenhetens diameter:	
Manuell växellåda	178 mm
Automatväxellåda	228 mm
Bromsvätska – typ	Se "Rekommenderade smörjmedel och vätskor"

Åtdragningsmoment

	Nm
Bromsokets övre skruv	25
Bromsokets undre skruv	25
Huvudcylinderns muttrar	20
Servoenhetens muttrar	20
Skyddsplåten mot fjäderbenet	10
Bromsskölden mot bakaxeln	60
Bakre skivbromsens självlåsande styrtapp	35
Bakre bromsklossfästet	65
Bakre skivbromsens skyddsplåt till axeln	60
Hjulens fälgskruvar	110

1 Allmän beskrivning

Bromssystemet är av 2-kretstyp med skivbromsar fram och, beroende på bilmodell, trum- eller skivbromsar bak. Bromssystemets hydraulkrets är diagonaluppdelad, så att om den ena kretsen är ur funktion, fungerar fortfarande den andra kretsen och bromsförmåga finns hos ett framhjul samt ett bakhjul på motsatt sida. På vissa modeller finns även en belastningsavkännande regulator kopplad till bakfjädringen, för att anpassa bakhjulens bromseffekt till rådande belastning. Regulatorn fördelar hydraultrycket mellan främre och bakre bromsarna så att hjullåsning på bakhjulen inte sker innan framhjulen låses vid bromsning.

Handbromsen påverkar bara bakhjulen och handbromsspaken har en kontakt som är kopplad till signallampan på instrumentbrädan, vilken lyser så snart handbromsen dras åt. Denna varningslampa påverkas även av en kontakt i bromsvätske-behållaren, som signalerar när bromsvätskenivån är för låg.

2 Rutinmässigt underhåll – bromssystem

1 Bromsvätskenivån i huvudcylinderns behållare ska kontrolleras varje vecka – behållaren är genomskinlig och vätskenivån ska vara mellan markeringarna för MIN och MAX nivå. Fyll på vid behov med föreskriven bromsvätska (se bild). Normalt ska påfyllning av bromsvätska inte behövas annat än om läckage uppstått och i så fall måste orsaken till läckaget spåras och åtgärdas omedelbart. Observera att det är helt normalt att bromsvätskenivån förändras, sjunker, i takt med att bromsklossarna slits. Om detta är orsaken behöver bromsvätska inte fyllas på om nivån är väl över MIN nivån.
2 Var 15 000 km eller var 12:e månad, vilket som först inträffar, ska bromsrör och slangar samt alla rörkopplingar i bromssystemet kontrolleras med avseende på nötning, skador, sprickor och rostangrepp. Samtidigt ska kondition och slitage på bromsklossar och skivor samt bromsbackar och bromstrummor kontrolleras, liksom även funktionen hos bromstryckregulatorn för bakhjulen. Kontrollera även kondition och funktion på vakuumslangen mellan motorns insugningsrör och bromsservons vakuumklocka.
3 Kontrollera även att bromsvarningslampan fungerar och lyser upp då tändningsnyckeln ställs i läge TILL och handbromsen dras åt, samt att den även slocknar då handbromsen släpps. Sedan ska kontakten som finns på huvudcylinderns lock tryckas ned och då ska varningslampan lysa (se bild).
4 Bromsvätskan ska bytas var 24:e månad.

3 Främre bromsklossar – kontroll och byte

1 Beläggets tjocklek på främre bromsklossarna kan kontrolleras genom att man använder en spegel på hjulets insida och tittar genom hålen i fälgen (se bild). Använd en ficklampa för att få tillräcklig belysning. Om något av bromsklossarnas belägg är så nerslitet att slitagegränsen nåtts, enligt specifikationerna, måste bromsklossarna bytas som et set på båda framhjulen. Om beläggens tjocklek är större än angiven minimitjocklek måste man överväga om resterande tjocklek räcker till nästa sevicetillfälle. Normalt brukar slitaget vara ca 1 mm per 10 000 km.

2.1 Påfyllning av bromsvätska

2.3 Tryck på knappen (vid pilen) för att kontrollera bromsvarningslampan

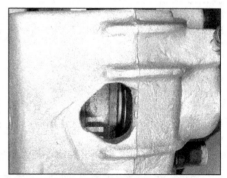

3.1 Inspektionsöppning i bromsoket för kontroll av beläggen

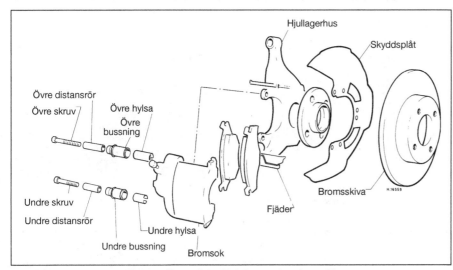

Hjullagerhus

Skyddsplåt

Övre distansrör
Övre skruv
Övre hylsa
Övre bussning

Undre skruv
Undre distansrör
Undre hylsa
Undre bussning
Bromsok

Fjäder

Bromsskiva

Fig. 8.1 En typisk skivbromsenhet (avsn 3)

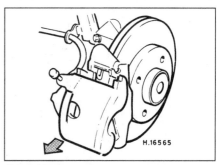

Fig. 8.2 Losstagning av bromsoket - vik ut det från underkanten (avsn 3)

2 För att ta bort bromsklossarna måste bilens front hissas upp med domkraft och pallbockar ställas under vid stödpunkterna. Dra åt handbromsen och ta av båda framhjulen.
3 Använd en insexnyckel för att skruva loss de två skruvar som håller bromsoket **(se bild)**. Dra loss bromsoket och bind upp det så det är ur vägen. Var försiktig med bromsslangen så att bromsokets vikt inte bärs upp av slangen, den kan skadas **(se bild)**.
4 Dra ut bägge bromsklossarna, rakt ut från bromsskivan, lägg märke till att den bromskloss som sitter på bromsskivans yttre sida har betydligt större friktionsyta.
5 Låsfjädern som håller fast klossarna i fästet kan tas bort, men observera noga hur den ska sitta innan den tas bort **(se bild)**. Sätt tillbaka låsfjädern när de nya klossarna monteras.
6 Borsta bort smuts och damm från oket, kolvarna, bromsskivan och klossarna, se till att inte andas in detta damm – det är hälsovådligt. Skrapa bort rost och flagor från bromsskivan och bromsklossarnas tryckplattor.
7 Om bromsklossarna ska bytas måste de alltid bytas parvis som ett set på varje hjul och dessutom på båda hjulen på samma axel dvs bägge framhjulen. Om de gamla bromsklossarna ska återanvändas måste dessa sättas

tillbaka på sina ursprungliga platser på respektive hjul.
8 Använd en platt träbit för att pressa tillbaka bromskolven i bromsoket, men kontrollera samtidigt hur mycket bromsvätskenivån ökar i huvudcylinderns behållare. Om nivån går upp till eller över MAX-märket måste bromsvätska tappas av. Sug upp den med en pipett eller öppna bromsokets luftningsnippel. Luftningnippeln måste stängas omedelbart när önskad nivå och kolvläge nåtts.
9 Sätt tillbaka låsfjädern **(se bild)**.
10 Sätt in den inre bromsklossen först (minsta friktionsytan), sätt sedan in den yttre

bromsklossen. Sätt i bromsklossarna så att urtagen i metallplattan är rätt placerade **(se bild)**.
11 Montera bromsoket, börja med att haka fast dess övre del. Vrid sedan ner bromsoket i läge, rikta in det så att hålen för de övre och undre fästskruvarna passar, sätt sedan in skruvarna. Var noga med att inte pressa in bromsoket mer än nödvändigt för att få hålen att stämma – låsfjädern kan skadas och orsaka missljud vid bromsning. Momentdra skruvarna till det moment som anges i Specifikationer.
12 Som sista åtgärd ska bromspedalen tryckas ned kraftigt upprepade gånger innan bilen flyttas, så att bromsklossarna trycks ut och kommer i normalt läge i bromsoken. Kontrollera även att bromsvätskenivån i huvudcylinderns behållare är mellan MIN och MAX, fyll på vid behov.

3.3A Losstagning av bromsokets skruv

3.3B Losstagning av bromsoket

3.5 Ta ut låsfjädern

3.9 Låsfjäderns riktiga placering

3.10 Montering av bromsklossar på framhjulsbromsarna

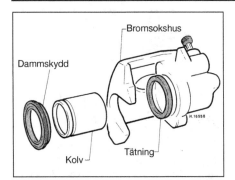

Fig. 8.3 Bromsokets detaljer (avsn 4)

Fig. 8.4 Dammtätningens placering på
bromsokets kolv (avsn 4)

4.5 Losstagning av dammtätning

4 Främre bromsok –
demontering, renovering och
montering

1 Lossa skruvarna och lyft bort bromsoket
enligt beskrivningen i föregående avsnitt.
2 Innan bromsslangen tas loss från
bromsoket ska slangen klämmas ihop för att
undvika att bromsvätska rinner ut. En annan
möjlighet är att ta loss locket från huvudcylin-
derns behållare. Lägg då en tunn plastfolie
över öppningen innan locket försiktigt sätts
tillbaka. På detta sätt minskar den mängd
bromsvätska som läcker ut.
3 Ta loss bromsslangen från bromsoket och
sätt en skyddsplugg på nippeln. En mindre
mängd bromsvätska kommer att läcka ut.
4 Sätt i en tätningplugg i slangnippelhålet.
Rengör sedan bromsoket utvändigt med t ex
lysfotogen och torrtorka det omedelbart med
trassel eller tygtrasor.
5 Ta loss kolvens dammtätning (se bild).
6 Använd en fotpump ansluten till slangnip-
pelhålet för att med tryckluft pressa ut kolven
ur cylindern. Se upp så att kolven inte ramlar
ut på golvet och skadas. Ta sedan försiktigt
loss kolvtätningen som sitter inne i cylindern.
Var aktsam så att cylinderns ytor inte repas.
7 Rengör delarna i sprit, t ex T-röd, låt
delarna torka. Kontrollera alla ytor, med
avseende på korrosion, repor och skador, på
kolvar, cylindrar och hus. Om skador finns bör
bromsoksenheten bytas ut, om detaljerna är i
bra skick, renovera med nya tätningar.

8 De nya tätningarna ska före montering
doppas i bromsvätska och kan sedan sättas
in i bromsokets cylinder. Detta får endast
göras med fingrarna – verktyg kan skada
tätningen.
9 Kräng sedan på kolvens dammtätning så
att dess inre tätningsläpp lägger sig i kolvens
spår. Använd en passande skruvmejsel för att
peta i läppen i spåret. Var mycket försiktig så
att tätningen inte skadas och att kolven inte
repas.
10 Smörj hela kolven med bromsvätska och
tryck in den i bromsokets cylinder.
11 Kontrollera att bromsslangens nippel är
ren, ta bort pluggen från bromsokets nippelhål
och skruva fast nippeln lätt, men inte helt.
12 Sätt tillbaka bromsoket i fästet på det sätt
som beskrivs i föregående avsnitt.
13 Dra fast bromsslangens nippel, se till att
bromsslangen inte vrider sig eller kommer i ett
sådant läge att den utsätts för nötning mot
omgivande delar.
14 Ta bort verktyget som klämt samman
bromsslangen eller polyetenplastfolien från
bromsvätskebehållaren. Fyll på bromsvätska
och lufta bromsarna enligt beskrivningen i
avsnitt 15.

5 Främre bromsskivor –
kontroll, demontering och
montering

1 Ta bort bromsoket och bromsklossarna
enligt beskrivningen i avsnitt 3 och låt
bromsslangen sitta kvar i bromsoket. Häng

upp bromsoket så att bromsslangen inte
belastas.
2 Rotera bromsskivan och kontrollera om den
har djupa spår eller repor.
3 Använd en mikrometer eller ett skjutmått för
att kontrollera att tjockleken inte är mindre än
angiven slitagegräns.
4 Ta bort krysspårskruven som håller
bromsskivan och lyft bort bromsskivan från
navet (se bild).
5 Om det är nödvändigt kan skyddsplåten tas
bort från fästet, lossa de tre skruvarna.
6 Montering sker i omvänd ordning, se dock
till att rengöra anliggningsytorna vid navets
fläns och bromsskivan noga före montering.
Se avsnitt 3 för montering av bromsklossar
och bromsok.

6 Bakre bromsklossar –
kontroll och byte

1 Kontrollera slitaget på de bakre bromsklos-
sarna, se avsnitt 3, punkt 1.
2 Lägg stoppblock vid framhjulen, hissa upp
bakvagnen med domkraft, ställ under
pallbockar. Ta av båda bakhjulen.
3 Lossa handbromsen, haka loss hand-
bromsvajern från bromsoket (se bild).
4 Om bromsslangen går in på bromsokets
undersida ska den övre skruven som håller
bromsoket lossas (se bild). Om bromsslangen
däremot är kopplad till bromsokets översida
ska båda skruvarna som håller bromsoket
lossas. Observera att dessa är självlåsande

5.4 Skruven (vid pilen) som håller
bromsskivan vid hjulnavet

6.3 Ta bort handbromsvajern (vid pilen)
från bromsoket

6.4 Borttagning av bakre bromsokets
skruv. Håll emot med en fast nyckel så att
inte styrtappen roterar

6.5 Losstagning av bakre bromsoket

6.6 Ta bort bromsklossarna på bakhjulet

6.8A Skruva in bromskolven med en insexnyckel

skruvar som måste bytas ut mot nya vid monteringen.
5 Om den övre skruven tagits bort ska bromsoket vridas ut nedåt. Om bägge skruvarna tagits bort ska det lyftas ut och hängas upp på lämpligt sätt så att bromsslangen inte skadas **(se bild)**.
6 Innan bromsklossarna tas loss ska de märkas så att det går att sätta tillbaka dem i sina ursprungliga lägen. Om bromsklossarna ska återanvändas ska de sättas tillbaka i sina ursprunliga positioner, de får inte flyttas om **(se bild)**.
7 Borsta av damm och smuts från bromsoket, bromskolven, bromsskivan och bromsklossarna, andas inte in dammet – detta är hälsofarligt. Skrapa bort rost och flagor från

bromsskivan och bromsklossarnas tryck-plattor.
8 Använd en insexnyckel eller en låsringstång med vinklade käftar, beroende på vilken typ det gäller, för att skruva in bromskolven (medurs) i bromsoket **(se bilder)**. Alltefter det att bromskolven skruvas tillbaka ökar bromsvätskenivån i huvudcylinderns behållare. Om nivån går upp till eller över MAX-märket måste bromsvätska tappas av; sug upp den med en pipett eller öppna bromsokets luftningsnippel. Luftningnippeln måste stängas omedelbart när önskad nivå och kolvläge nåtts.
9 Sätt in bromsklossarna på sina ursprungliga platser.
10 Innan bromsoket kan sättas tillbaka måste

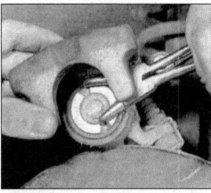

6.8B Skruva in bromskolven i bromsoket me d en låsringstång med vinklade käftar

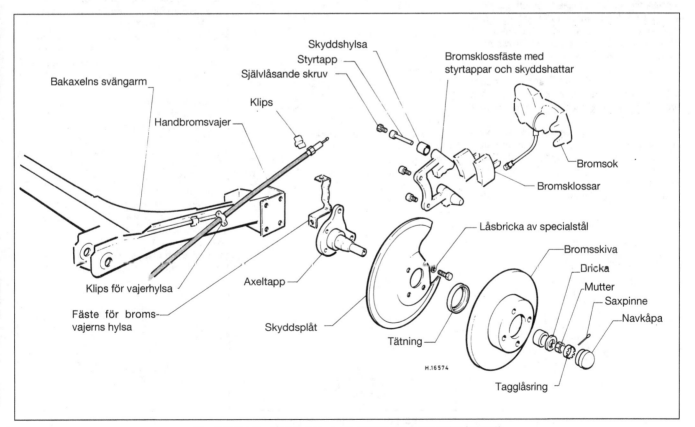

Fig. 8.5 Sprängbild av bakre skivbromsenhetens delar (avsn 6)

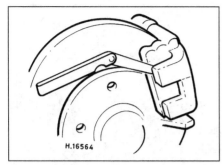

Fig. 8.6 Kontroll av spelet mellan bromsok och yttre bromskloss (avsn 6)

7.4 Losstagning av bakhjulets bromsok

bromskolvens läge ställas in så att det finns ett spel på 1 mm mellan den yttre bromsklossens tryckplatta och bromskolven. Kontrollera detta spel genom att provisoriskt sätta tillbaka bromsoket med användande av de gamla skruvarna och mäta upp spelet med ett bladmått som **fig. 8.6** visar. Om måttet behöver ändras tas bromsoket loss igen och bromskolven skruvas i den riktning som ger rätt spel.

11 Sätt tillbaka bromsoket. När injusteringen av spelet blivit rätt, skruva fast oket med nya självlåsande skruvar. Momentdra skruvarna till det moment som anges i specifikationerna.

12 Om nya bromsklossar/bromsskiva monterats är det nödvändigt att utföra grundin-

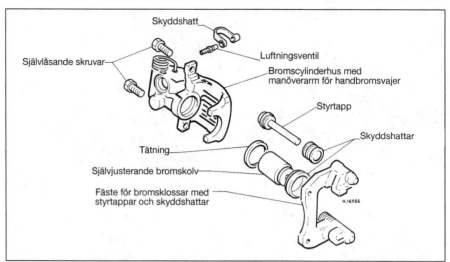

Fig. 8.7 Sprängbild av bakre skivbromsenhetens bromsok (avsn 7)

ställning av bromsarna innan handbromsvajern hakas på. Bilen ska stå stilla, tryck ner bromspedalen med medelstarkt tryck och upprepa detta minst 40 gånger.

13 Sätt tillbaka handbromsvajern på bromsoket.

14 Som avslutning kontrolleras handbromsens injustering enligt avsnitt 17.

7 Bakre bromsok – demontering, renovering och montering

1 Demontera bromsklossarna enligt föregående avsnitt.

2 Om möjligt, kläm ihop bromsslangen med ett slangklämverktyg för att hindra att bromsvätska läcker ut. En annan möjlighet är att ta loss locket från huvudcylinderns behållare, lägg då en tunn plastfolie över öppningen innan locket försiktigt sätts tillbaka. På detta sätt minskar den mängd bromsvätska som läcker ut.

3 Skruva loss bromsslangens nippel från bromsoket och sätt en skyddsplugg på nippeln. En mindre mängd bromsvätska kommer att läcka ut.

4 Skruva loss bromsokets undre skruv och ta loss bromsoket **(se bild)**. Denna självlåsande skruv måste bytas ut mot en ny vid monteringen.

5 Sätt en plugg i hålet för bromsslangnippeln. Rengör sedan bromsoket utvändigt med t ex lysfotogen och torrtorka det omedelbart med trassel eller tygtrasor.

6 Sätt upp bromsoket i ett skruvstycke med mjuka backar. Använd en insexnyckel eller låsringstång med vinklade käftar för att skruva ut bromskolven ur oket **(fig. 8.8)**.

7 Ta med en lämplig skruvmejsel försiktigt ut cylinderns O-ringstätning.

8 Ta även loss dammtätningen från kolven.

9 Rengör delarna i sprit, t ex T-röd, och låt delarna torka. Kontrollera alla ytor med avseende på korrosion, repor och skador, på kolvar, cylindrar och hus. Om skador finns bör bromsoksenheten bytas ut, men om detaljerna är i bra skick används en renoveringssats med tätningar.

10 Den nya O-ringen ska före montering doppas i bromsvätska och kan sedan sättas in i spåret i bromsokets cylinder. Detta får endast göras med fingrarna, verktyg kan skada tätningen.

11 Smörj in bromskolven med bromsvätska. Kräng sedan på kolvens tätning på kolvens innerända med den yttre tätningsläppen mot kolven **(fig. 8.10)**.

12 Håll kolven i läge över cylindern och peta försiktigt med en lämplig skruvmejsel i den

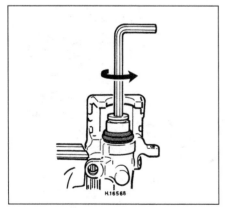

Fig. 8.8 Skruva loss bromskolven från cylindern (avsn 7)

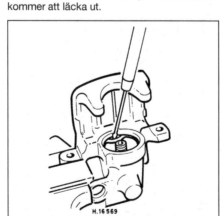

Fig. 8.9 Lossa O-ringstätningen från cylindern (avsn 7)

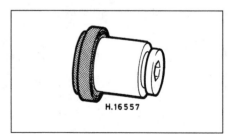

Fig. 8.10 Skyddshatt på kolven

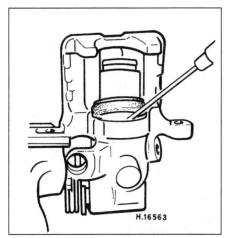

Fig. 8.11 Lirka skyddets inre tätningsläpp i spåret på cylindern (avsn 7)

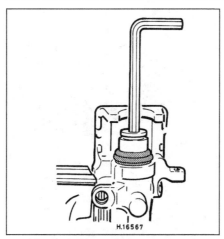

Fig. 8.12 Skruva in bromskolven i cylindern tillsammans med dammskyddet (avsn 7)

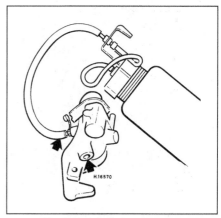

Fig. 8.13 Avlufta bromsokets bromscylinder innan bromsoket monteras (avsn 7)

inre tätningsläppen i det spår som finns i cylindern (fig. 8.11).

13 Använd en insexnyckel eller en låsringstång med vinklade käftar för att skruva in bromskolven i bottenläge i cylindern, så att den yttre tätningens läpp snäpper fast i kolvens spår.

14 Bromsoket är nu klart men innan det kan monteras måste det fyllas med bromsvätska och luftas. Lossa luftningsnippeln och håll bromsoket i upprätt läge. Sätt en slang på luftningsnippeln och fyll på bromsvätska genom slangen tills den rinner ut helt utan luftbubblor från hålet för bromsslangens nippel. Dra åt luftningsnippeln så att denna tätar och sätt i en plugg för att täta bromsslangnippelns hål.

15 Bromsoket kan nu monteras på bilen, se avsnitt 6 punkterna 8 till 14.

8 Bakre bromsskivor och hjullager – kontroll, demontering och montering

1 Gör på det sätt som beskrivs i avsnitt 5, punkterna 1 till 3, men ta bort bromsoket enligt beskrivningen ovan och låt broms-

slangen sitta kvar. Häng upp bromsoket så att slangen inte belastas eller skadas.

2 Använd en ställinjal eller ett plant metallstycke samt bladmått för att kontrollera att slitaget på bromsskivan inte är större än angivna gränsvärden.

3 Lossa skruvarna som håller bromklossfästet. Bänd loss navkåpan med en skruvmejsel (se bild).

4 Räta ut saxpinnen och dra bort denna. Ta bort tagglåsringen (se bild).

5 Skruva loss kronmuttern, dra bort brickan och det koniska yttre lagrets innerring (se bild).

6 Dra ut bromsskivan med hjullagren från axeltappen.

7 Det inre koniska lagrets innerring kan nu tas bort från bromsskivan genom att man bänder loss skyddet och oljetätningsringen. Därefter kan lagret tas bort.

8 Lagrens ytterringar kan nu försiktigt slås loss med hjälp av en mässingdorn samtidigt som bromsskivans lagersäten stöds på lämpligt sätt.

9 Skyddsplåten och axeltappen kan skruvas loss från bakaxelbalken. Observera att skruvarna har fjäderbrickor av kraftigt fjäderstål.

10 Bara i det fall när en bromsskiva måste

bytas ut efter relativt kort användningstid kan detta göras enkelsidigt. I alla övriga fall måste båda bromsskivorna bytas samtidigt.

11 Börja monteringen med att sätta tillbaka axeltappen och skyddsplåten. Dra skruvarna till det moment som anges i Specifikationer.

12 Kontrollera att bromsskivans lagersäten är väl rengjorda. Stöd bromsskivan mot ett fast underlag och pressa i lagrens ytterringar med en lämplig dorn. Kontrollera att de vilar mot lagersätets botten. Om de gamla lagren ska användas måste de samhörande ytter- och innerringarna paras ihop och monteras tillbaka på sina ursprungliga platser.

13 Fetta in det inre lagrets innerring/rullar och sätt in detta i ytterringen. Oljetätningen kan nu pressas in. Fetta in tätningsläppen innan dammtätning knackas fast med hjälp av en lämplig rördorn.

14 Smörj axeltappen med fett och skjut på bromsskivan försiktigt så att oljetätningsringens läpp inte skadas.

15 Smörj det yttre lagrets innerring/rullar med fett och skjut på det på axeltappen, tryck in det i ytterringen.

16 Sätt tillbaka brickan, se till att dess styrklack passar in i axelns spår. Dra sedan på muttern för hand tills brickan bara kan röras med en skruvmejsel mot kanten, men utan att bända den. Kontrollera att bromsskivan kan

8.3 Bänd loss navkåpan (bakhjul med skivbroms)

8.4 Ta bort saxpinnen och tagglåsringen

8.5 Dra ut brickan och yttre lagrets innerring

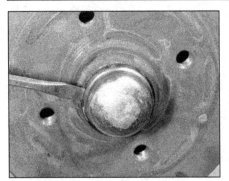

9.4A Bänd loss navkåpan . . .

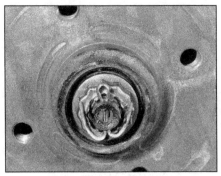

9.4B . . . ta bort saxpinnen och tagglåsringen

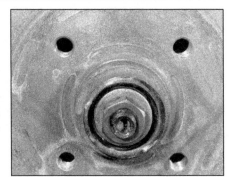

9.5A Lossa axelmuttern . . .

roteras fritt med jämn gång och utan glapp. Sätt tillbaka tagglåsringen och sätt in en ny saxpinne för att låsa denna.

17 Fyll navkåpan till hälften med fett och knacka fast den ordentligt.

18 Innan bromsklossfästet monteras ska skyddskåpor och styrtappar kontrolleras, så att dessa inte är skadade. Om skador finns måste fästet bytas ut. Leta reda på och sätt i fästets skruvar, dra dessa till specificerat åtdragningsmoment.

19 Montera bromsklossar och bromsok, se avsnitt 7, punkt 15.

9 Bakre bromsbackar – kontroll och byte

1 Hissa upp bilens bakhjul med domkraften och ställ under pallbockar. Sätt block vid framhjulen.

9.5B . . . ta bort brickan . . .

9.5C . . . och det yttre lagrets innerring

2 Ta loss gummipluggen som sitter på bromssköldens framkant och kontrollera hur mycket belägget är nedslitet, om det har nått slitagegränsen. Använd ficklampa för att se bättre. Sätt tillbaka gummipluggen.

3 För att man ska kunna byta bromsbackar måste hjulen tas av.

4 Bryt loss navkåpan, ta bort saxpinnen och lyft bort tagglåsringen **(se bilder)**.

5 Skruva loss axelmuttern, ta av brickan och det yttre lagrets innerring **(se bilder)**.

6 Kontrollera att handbromsen är släppt och att backarna inte ligger an. Dra av bromstrumman. Om svårigheter uppstår måste bromsbackarna justeras tillbaka så att de släpper från trumman. Gör detta genom att sätta in en skruvmejsel i något av fälgskruvhålen och trycka automatjusteringens kil uppåt mot fjäderkraften. Detta medför att backarna släpper från trumman.

7 Borsta bort damm och smuts från trumman, backarna och bromsskölden, se till att inte

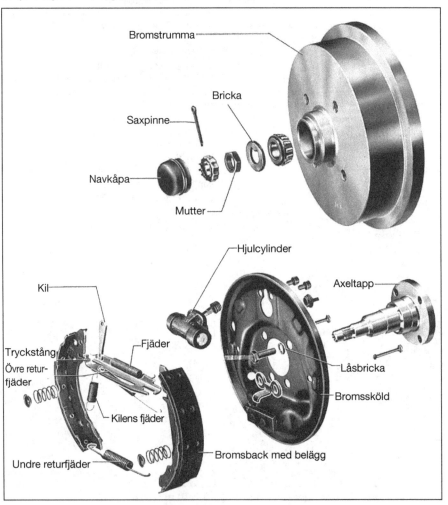

Fig. 8.14 Bakhjulets trumbromsenhet (avsn 9)

9.8 Bromsbackens tillhållarfjäder och bricka (vid pilen)

9.9 Bromsbackarnas undre returfjäder rätt påhakad

9.10 Handbromsvajerns infästningspunkt (vid pilen)

andas in detta damm – det är hälsofarligt. Skrapa bort rost och flagor från bromstrumman. Observera att bromsbackarna måste bytas parvis och på båda hjulen på samma axel.
8 Använd en tång för att gripa tappbrickan som håller backens tillhållarfjäder, vrid brickan 90° och lyft av den, ta bort fjädern och tappen (se bild).
9 Lägg märke till hur returfjädrar och länkar är monterade till bromsbackarna. Ta sedan loss bromsbackarna med början från backarnas undre glidfäste. Haka loss och ta bort den undre returfjädern (se bild).
10 Koppla loss handbromsvajern från armen på bromssköldens baksida (se bild).
11 Ta bort bromsbackarna från hjulcylindern, haka av automatjusteringens kilfjäder och även den övre returfjädern. Lyft sedan ut bromsbackarna (se bild).
12 Sätt upp automatjusteringens stag i ett skruvstycke, ta loss kilen och fjädern. Axeltappen och bromsskölden kan demonteras om det behövs, genom att de fyra skruvar som håller den till bakaxeln lossas, men först måste hjulcylindern tas loss (avsnitt 10). Observera hur fästet för handbromsens vajerhylsa sitter. Om bromscylindern ska sitta kvar måste dess två kolvar säkras med ett kraftigt gummiband. Kontrollera spår av bromsvätskeläckage och om behövligt reparera eller byt ut hjulcylindern, se avsnitt 10.

13 Montera de nya bromsbackarna i omvänd ordning mot de-monteringen och se till att tappen på kilen vänds mot bromsskölden.
14 Kontrollera bromstrumman med avseende på slitage och skador enligt avsnitt 11.
15 Innan bromstrumman sätts på axeltappen ska oljetätningens läpp fettas in.
16 Sätt bromstrumman på axeln och skjut på den försiktigt så att oljetätningsringens läpp inte skadas. Smörj det yttre lagrets innerring/rullar med fett och skjut på det på axeltappen.
17 Sätt tillbaka brickan och axelmuttern och dra fast muttern för hand.
18 Sätt tillbaka hjulet.
19 Dra åt axelmuttern ordentligt samtidigt som hjulet roteras för att lagren ska sätta sig.
20 Lossa muttern och dra därefter åt den så mycket att brickan kan röras i sidled med fingrarna eller en skruvmejsel. Bänd inte med skruvmejseln.
21 Sätt tillbaka tagglåsringen och lås den med en ny saxpinne, knacka fast navkåpan med en plasthammare.
22 Kontrollera att bromstrumman roterar fritt och dra sedan fast hjulet. Sänk ned bilen. Slutligen ska bromspedalen tryckas ned upprepade gånger för att få bromsbackarna i rätt läge.

10 Bakre hjulcylinder – demontering, renovering och montering

1 Demontera bromsbackarna, se avsnitt 9.
2 Innan bromsslangen tas loss från bromsoket ska slangen klämmas ihop för att undvika att bromsvätska rinner ut. En annan möjlighet är att ta loss locket från huvudcylinderns behållare, lägga en tunn plastfolie över öppningen och försiktigt sätta tillbaka locket. På detta sätt minskar den mängd bromsvätska som läcker ut.
3 Ta loss bromsrörets nippel från bromscylindern och sätt en skyddsplugg på nippeln. En mindre mängd bromsvätska kommer att läcka ut.
4 Skruva loss de två skruvarna och ta bort bromscylindern från bromsskölden.
5 Ta bort bromskolvarnas dammskydd och ta ut kolvarna. Märk upp deras placering så att de kan sättas tillbaka på sina ursprungliga platser. Om det är nödvändigt, använd en fotpump ansluten till nippelhålet för att trycka ut kolvarna.
6 Ta bort den inre fjädern och om det är nödvändigt skruva även bort luftningsventilen.
7 Rengör delarna i sprit, t ex T-röd, och låt delarna torka. Kontrollera alla ytor med avseende på korrosion, repor och skador, på kolvar och cylinder. Om skador finns bör

9.11 Bilden visar hjulcylindern, backarnas övre returfjäder och automatjusteringens länkar

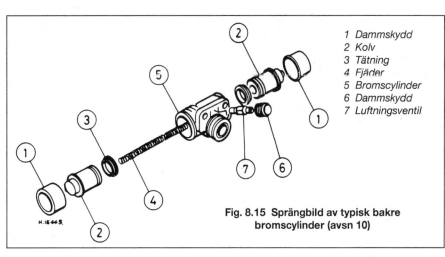

1 Dammskydd
2 Kolv
3 Tätning
4 Fjäder
5 Bromscylinder
6 Dammskydd
7 Luftningsventil

Fig. 8.15 Sprängbild av typisk bakre bromscylinder (avsn 10)

11.3 Losstagning av oljetätningsringen från bromstrumman

12.6 Bromshuvudcylindern och bromsvätskebehållaren samt bromsledningar

bromscylinderenheten bytas ut, men om detaljerna är i bra skick kasseras alla tätningar och en renoveringssats med nya tätningar används.

8 De nya tätningarna ska före montering doppas i ren bromsvätska och kan sedan sättas i bromskolvarnas spår. Detta får endast göras med fingrarna, verktyg kan skada tätningen. Se till att den större diametern vänds mot kolvarnas innerände.

9 Smörj in bromskolvarna med ren bromsvätska, sätt i fjädern och tryck försiktigt in kolvarna i bromscylindern, var noga så att tätningsläpparna inte skadas.

10 Kräng sedan på kolvarnas dammtätningar på kolvarna och se till att tätningskragarna får fäste i spåret på bromscylinderns utsida.

11 Skruva i och dra fast luftningsnippeln.

12 Rengör bromscylinderns och bromssköldens anliggningsytor, montera bromscylindern och dra fast skruvarna.

13 Sätt tillbaka bromsröret och dra fast nippeln. Ta bort verktyget som klämt ihop bromsslangen, eller plastfolien från bromsvätskebehållaren.

14 Montera bromsbackarna enligt beskrivning i avsnitt 9.

15 Fyll på bromsvätska i behållaren och lufta bromssystemet enligt anvisning i avsnitt 15.

11 Bromstrumma – kontroll och renovering

1 Varje gång bromstrummorna tas bort ska de kontrolleras med avseende på slitage och skador. En lätt repning av friktionsytan är normal, men om det finns djupa repor/spår måste båda bromstrummorna på samma hjulaxel bytas samtidigt eller svarvas om, under förutsättning att detta kan ske utan att

den maximala innerdiametern enligt specifikationerna överskrids.

2 Efter lång körsträcka kan bromstrummorna bli skeva och ovala. Hur stor deformation som kan accepteras anges i Specifikationer och uppmätningen ska göras med en mätklocka. Om felet är för stort måste bägge bromstrummorna bytas samtidigt.

3 Den inre oljetätningsringens kondition måste kontrolleras och ringen ska bytas vid behov. Bänd loss tätningsringen med en skruvmejsel **(se bild)**. Den nya tätningsringen ska pressas in så långt att den ligger jäms med lagersätets kant.

12 Huvudcylinder – demontering och montering

1 Ta bort jordkabeln från batteriets negativa pol.

2 Koppla loss kontakterna från bromsvätskebehållarens nivågivare och även från kontakten på locket.

3 På modeller med förgasarmotor ska luftrenaren tas bort, se kapitel 3.

4 På modeller med bränsleinsprutning, ta loss insprutarnas slangar från klipsen på insugningskanalen och knäpp upp låsklammorna som håller kanalen på delen mellan bränslefördelaren och spjällhuset.

5 Placera ett lämpligt kärl under huvudcylindern och skydda omgivande delar genom att placera tygtrasor för att suga upp utspilld bromsvätska.

6 Lossa rörnipplarna och ta loss bromsrören från huvudcylindern **(se bild)**.

7 Skruva loss muttrarna som håller huvudcylindern och dra loss denna från bromsservon. Ta bort distansstycket och tätningen om sådana finns.

8 Lyft ut huvudcylindern från motorrummet, var försiktig så att ingen bromsvätska spills på lackerade ytor.

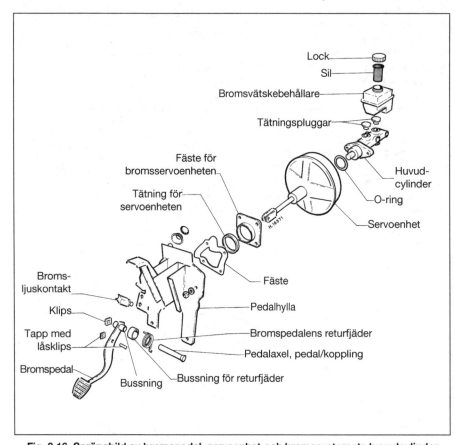

Lock
Sil
Bromsvätskebehållare
Tätningspluggar
Fäste för bromsservoenheten
Tätning för servoenheten
Huvudcylinder
O-ring
Servoenhet
Bromsljuskontakt
Klips
Fäste
Pedalhylla
Tapp med låsklips
Bromspedalens returfjäder
Pedalaxel, pedal/koppling
Bromspedal
Bussning
Bussning för returfjäder

Fig. 8.16 Sprängbild av bromspedal, servoenhet och bromssystemets huvudcylinder (avsn 12)

13.2 Bromstryckregulator (endast på vissa modeller)

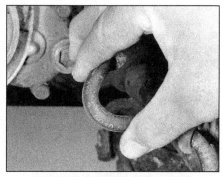

14.1A Böj bromsslangarna för att kontrollera om sprickor finns

14.1B Bromsslangens fästklips på främre fjäderben

9 Rengör huvudcylinderns utsida med t ex lysfotogen och torrtorka omedelbart.
10 Om huvudcylindern är defekt kan den inte renoveras utan måste bytas ut som en komplett enhet. Om detta är fallet ska behållaren dras loss från sina gummibussningar och gummibussningarna tas loss från huvudcylindern.
11 Börja monteringen med att smörja gummibussningarna med bromsvätska och trycka fast dem i huvudcylindern. Behållaren kan sedan tryckas på plats i gummibussningarna.
12 Montering av huvudcylindern sker i omvänd ordning mot monteringen, men en ny packning måste användas mellan huvudcylindern och bromsservon. Slutligen ska hela bromssystemet luftas enligt anvisningarna i avsnitt 15.

13 Bromstryckregulator – allmänt

1 Bromstryckregulatorn, som bara finns på vissa modeller, är monterad i bromskretsen till bakhjulen. Regulatorns uppgift är att förhindra att bakhjulen låses innan framhjulen gör det vid mycket kraftig bromsning. Regulatorn känner av belastningen på bakaxeln och anpassar bromstrycket till de bakre bromsarna i proportion till belastningen.

2 Regulatorn är monterad på chassits undersida framför vänster bakhjul **(se bild)**.
3 Kontroll av regulatorn ska helst göras av en auktoriserad VW-verkstad eftersom detta kräver tillgång till specialverktyg och mätinstrument. Justeringen utförs genom att man varierar fjäderkraften, men detta ska överlåtas till märkesverkstaden.
4 Demontering och montering är enkel, men efteråt måste hela bromssystemet luftas enligt beskrivningen i avsnitt 15. Dessutom måste alltid kontroll av regulatorns injustering utföras av en märkesverkstad.
5 När bromssystemet på en bil med bromsregulator ska luftas måste regulatorns manöverarm tryckas upp mot bakaxeln.

14 Bromsrör och bromsslangar – kontroll och byte

1 Vid de intervall som anges i avsnitt 2 ska bromsrören och bromsslangar kontrolleras med avseende på skador, läckage, nötning och sprickor. Om skyddsbeläggningen på bromsrören är skadad eller om rostangrepp uppstått, måste de bytas ut. Kontrollera att alla rörklammer sitter fast och rensa bort all smuts och skräp från rören **(se bilder)**.
2 Demontera ett bromsrör genom att lossa nipplarna i båda ändar och sedan lossa de

klämmor som håller röret. Montering sker i omvänd ordning.
3 Demontera en bromsslang genom att först lossa rörkopplingen vid bromsröret och ta bort klipsen vid detta fäste **(se bild)**. Skruva sedan loss resterande del från enheten eller bromsröret, beroende på vilken slang det gäller. Montering sker i omvänd ordning.
4 Lufta hela bromssystemet enligt anvisningarna i avsnitt 15 efter det att ett bromsrör eller bromsslang bytts.

15 Bromssystem – luftning

1 Detta är ingen åtgärd som ingår i den rutinmässiga vården av bilen, men den måste utföras varje gång någon del av bromssystemets hydrauliska delar åtgärdats. Om åtgärden bara berört den ena hydraulkretsen brukar det normalt räcka med att lufta denna krets (framhjul och diagonalt placerat bakhjul).

> **HAYNES TiPS** *Var mycket noga med att inte spilla bromsvätska på målade ytor eftersom den fungerar som färgborttagare. Om något spills, spola genast av med kallt vatten.*

2 Om huvudcylindern eller bakaxelns bromstryckregulator har tagits loss och satts tillbaka, måste hela bromssystemet, båda bromskretsarna, luftas. Observera att om bilen har bromstryckregulator för bakaxeln, måste dennas manöverarm tryckas upp mot bakaxeln när de bakre bromscylindrarna ska luftas.
3 En av tre möjliga metoder kan användas för att lufta systemet.

Luftning – tvåmansmetod

4 Se till att ha en ren glasburk och en gummi- eller plastslang som passar på luftningsnippeln. En medhjälpare behövs.

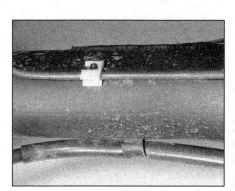

14.1C Bromsrörens klammer (på bakaxelbalken)

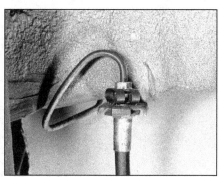

14.3 Kopplingsmuff och fäste vid övergång mellan bromsrör och bromsslang

5 Rengör luftningsnippeln och området runt denna och sätt sedan på slangen på nippeln **(se bild)**.

6 Kontrollera att nivån i huvudcylinderns behållare ligger på MAX. Om bilen har bromsservo måste motorn stängas av och det vakuum som finns i servon utjämnas genom att bromspedalen trampas ned tills servon tappar all effekt.

7 Stoppa ner slangens ände i glasburken, som ska innehålla så mycket bromsvätska att nivån ligger minst 50-76 mm över slangens ände. Burken ska hållas så att den är minst 30 cm ovanför luftningsnippeln, för att förhindra att luft sugs in i bromssystemet via nippelns gänga när denna öppnas vid luftningen.

8 Öppna luftningsnippeln ett halvt varv och be medhjälparen att sakta trycka ned bromspedalen till golvet och sedan snabbt ta bort foten från pedalen så att denna ohindrat går tillbaka. Stäng luftningsventilen varje gång pedalen är helt nedtryckt för att hindra att luft sugs in i bakvägen.

9 Titta hela tiden på slangänden och vad som kommer ut från denna. När inga fler luftbubblor syns ska medhjälparen fortsätta att hålla pedalen nedpressad samtidigt som luftningsventilen stängs och dras fast.

10 Kontrollera nivån i bromsvätskebehållaren under hela tiden som luftningen pågår och fyll på om detta behövs. Om nivån i behållaren får minska så mycket att den går under MIN finns risk att luft kommer in denna väg i stället så att hela arbetet måste göras på nytt.

11 Upprepa samma åtgärder på den andra diagonala bromskretsen. Om hela bromssystemet måste luftas, ska den ordning som anges nedan följas.

12 Efter avslutad luftning tas slangen bort från luftningsnippeln. Den bromsvätska som finns i burken är förbrukad och får inte fyllas tillbaka i bromsvätskebehållaren. Den duger att använda vid luftning av systemet.

Luftning med backventil

13 Det finns hjälpmedel att köpa hos biltillbehörsföretagen med vilka man ensam kan klara luftning av bromssystemet. Vi rekommenderar användning av dessa hjälpmedel när så är möjligt, eftersom de minskar risken för att luft

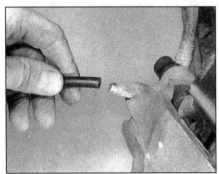

15.5 Sätt på slangen på bromsens luftningsnippel

eller nedsmutsad bromsvätska sugs tillbaka in i systemet. Se också punkt 4.

14 Anslut den backventilförsedda slangen till luftningsventilen som ska öppnas ett halvt varv. Tryck ned bromspedalen till golvet och släpp sakta upp den igen. Backventilen i luftningsslangen hindrar vätskan och luften att sugas tillbaka när pedalen släpps upp. Upprepa detta tills enbart bromsvätska, utan luftbubblor, strömmar ut från slangen. Dra fast luftnippeln så att den tätar, ta sedan bort slangen.

15 Upprepa samma åtgärd på samtliga hjul som ska luftas och i den ordning som anges i punkt 11. Kom ihåg att hålla bromsvätskebehållaren väl fylld.

Luftning med övertrycksaggregat

16 Denna typ av luftningsutrustning kan köpas från tillbehörsleverantörer och drivs vanligen med tryckluft från t ex reservhjulet.

17 Genom att ansluta en behållare med

bromsvätska under övertryck till bromsvätskebehållaren, kan luftningen genomföras genom att luftningsventilerna vid respektive hjulcylinder öppnas och bromsvätska släpps ut tills alla luftbubblor försvunnit. Se även punkt 4.

18 När detta system används finns en stor reservmängd av bromsvätska i den trycksatta behållaren och denna fylls successivt på i bromsvätskebehållaren i takt med den mängd som avtappas vid luftningen.

19 Denna metod är särskilt lämpad för bromssystem som är svåra att lufta och i de fall hela systemet måste luftas.

Alla metoder

20 Om hela systemet ska luftas ska de i föregående text beskrivna åtgärderna utföras och upprepas för varje hjul. Rätt ordning är följande:

Höger bakhjul
Vänster bakhjul
Höger framhjul
Vänster framhjul

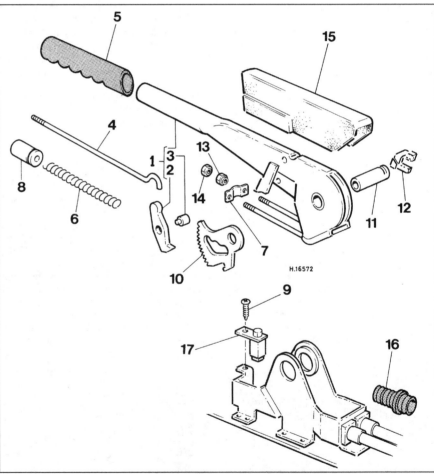

Fig. 8.17 Sprängbild av handbromsenheten (avsn 16)

1 Handbromsspak	7 Kompensatorarm	13 Justermutter
2 Spärrhake	8 Tryckknapp	14 Låsmutter
3 Tapp	9 Skruv	15 Kåpa
4 Stång	10 Spärrsegment	16 Muff
5 Handtag	11 Tapp	17 Bromskontakt
6 Tryckfjäder	12 Klamma	

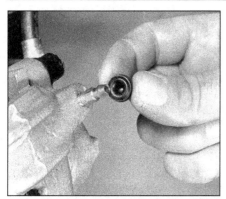

15.23 Sätt skyddshatt på luftningsnippeln

16.2 Handbromsspak med bromsvajrar, lås- och justermuttrar

Handbromskontaktens kryssspårskruv är synlig mellan spaken och vajern

17.6 Handbromsvajerns fästklips (vid pilen) vid fästet för bakaxelns svängarm

Håll hela tiden uppsikt på nivån i huvudcylinderns behållare och fyll på vid behov.
21 Efter avslutad luftning ska nivån i bromsvätskebehållaren kontrolleras och vid behov fyllas på till rätt nivå och locket sättas tillbaka. Kontrollera att bromspedalen känns normal och inte "fjädrande" vilket kan innebära att luft finns kvar i systemet.
22 Kassera all bromsvätska som tömts ut vid luftningen. Denna är förorenad och skadad av vattenkondens, vilket gör den obrukbar i bromssystemet.
23 Som sista åtgärd ska skyddshattarna sättas tillbaka på varje luftningsnippel, för att skydda dessa från vägsmuts (se bild).

16 Handbromsspak –
demontering och montering

1 Placera stoppklossar på vardera sidan om båda framhjulen. Ta av skyddet från spaken (bänd loss dess underkant och dra av det). Skjut ned spaken så att handbromsen frigörs helt.
2 Lossa alla lås- och justermuttrar och ta bort vajrarna från kompensatorn (se bild).
3 Ta bort låsfjädern som finns på höger sida. Dra ut ledtappen och lyft bort handbromsspaken.
4 Om det behövs, ta bort signalkontakten genom att lossa skruven och vicka loss kontakten.
5 Montering sker i omvänd ordning. Smörj ledtappen och justera sedan in bromsvajrarna enligt anvisningarna i avsnitt 17.

17 Handbromsvajrar –
demontering, montering och injustering

1 Sätt stoppklossar vid framhjulen, hissa upp bilens bakdel och stöd den på pallbockar. Lossa handbromsen.

2 Ta bort skyddet från handbromsspaken och lossa på lås- och justermuttrarna till den vajer som ska justeras.
3 Ta av bakhjulen.
4 På modeller med trumbromsar, ta av bromstrumman och koppla loss vajern från bromsbackens manöverarm, se beskrivning i avsnitt 9. Ta loss vajerenheten från bromsskölden.
5 På modeller med skivbromsar, ta loss vajern från manöverarmen och ta sedan bort ytterhylsans låsklips från bromsokets fäste. Observera hur klipset är monterat.
6 Ta loss vajerenheten från dess fästen under karossen och dra sedan ut den på bilens undersida (se bild).
7 Montering sker i omvänd ordning men justera vajerenheten enligt följande anvisning innan bilen hissas ned igen.

Justering av bromsvajrar – trumbromsar

8 Skjut ned handbromsspaken i bottenläge, tryck ned bromspedalen kraftigt en gång. Dra upp handbromsspaken till det andra spärrhacket.
9 Vrid justermuttern på det hjul som ska justeras tills bromsverkan just blir märkbar när hjulet roteras. Skjut ned handbromsspaken till bottenläge, kontrollera igen att hjulet nu roterar obehindrat. Dra åt låsmuttern, prova att hjulet bromsas när handbromsspaken dras åt för fullt. Upprepa samma åtgärder för det andra hjulet.

Justering av bromsvajrar – skivbromsar

10 Innan kontroll och justering av handbromsvajrar görs måste kontroll av spelet mellan bromskloss och bromsok göras enligt anvisningarna i avsnitt 6.
11 Skjut ned handbromsspaken i bottenläge och justera sedan vajerns justermutter till det läge att manöverarmen vid bromsoket precis lättar från sitt stopp (se fig. 8.18). En medhjälpare är värdefull för att exakt kunna se till att manöverarmen inte lyfter mer än högst

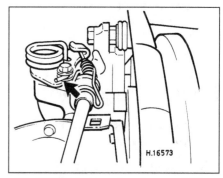

Fig. 8.18 Justering av handbroms på bilar med skivbroms bak - manöverarmen (vid pilen) ska precis lätta från stoppet (avsn 17)

1 mm från stoppet. Lås justermuttern med låsmuttern, skjut ned handbromsspaken i bottenläge och kontrollera att hjulet kan rotera fritt. Dra åt handbromsen och kontrollera att hjulet bromsas.
12 Upprepa samma åtgärder på det andra hjulet.

18 Bromspedal – demontering
och montering

1 Broms- och kopplingspedalerna är monterade på ett gemensamt fäste och axel.
2 Ta bort kopplingspedalen, se anvisningarna i kapitel 5.
3 Ta bort klipset från gaffeltappen vid bromsservons tryckstång.
4 Ta bort låsklipset från pedalaxeln, haka av returfjädern, dra ut axeln och ta bort pedalen.
5 Kontrollera slitaget på pedalens bussningar. Knacka ut bussningarna inifrån och utåt från varje sida. Sätt upp pedalen i ett skruvstycke med mjuka backar för att trycka i de nya bussningarna.
6 Montering sker i omvänd ordning och sparsam smörjning av axel och bussningar görs med ett MP-fett.

19 Bromsservons vakuumenhet – beskrivning och kontroll

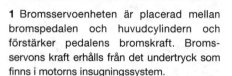

1 Bromsservoenheten är placerad mellan bromspedalen och huvudcylindern och förstärker pedalens bromskraft. Bromsservons kraft erhålls från det undertryck som finns i motorns insugningssystem.

2 Bromsservoenheten består i princip av ett membran i ett lufttätt hus, som via en backventil är kopplad till insugningssystemet. Då bromspedalen är uppsläppt släpps samma undertryck fram, vakuum, till båda sidor om membranet. När bromspedalen trycks ned öppnas en luftväg till membranets ena sida och luft med atmosfärtryck strömmar in och trycker på membranet vilket ökar trycket på huvudcylinderns kolv.

3 Normalt är bromsservoenheten mycket driftsäker, men om fel uppstår på denna måste den bytas ut mot en ny. Om ett fel uppstår, påverkas inte bromssystemets hydrauliska delar på annat sätt än att betydligt högre pedaltryck krävs vid inbromsning.

4 För att prova bromsservons funktion, stäng av motorn, tryck ned bromspedalen upprepade gånger för att släppa ut allt vakuum. Trampa med måttlig kraft ned bromspedalen, starta motorn. Pedalen ska nu sjunka ned en liten bit om bromsservon fungerar riktigt.

5 Bromsservons backventil sitter på vakuumslangen. Koppla loss backventilen från slangen och blås igenom ventilen i den riktning som markeras av pilen på huset. Om backventilen även släpper igenom luft i motsatt riktning, där den skall stoppa luften, är den felaktig och måste bytas ut.

20 Bromsservons vakuumenhet – demontering och montering

1 Ta bort huvudbromscylindern enligt beskrivningen i avsnitt 12.

2 Dra loss vakuumslangen från bromsservoenheten och där så behövs även backventilen.

3 Från insidan av bilen, ta ner den nedre delen av klädseln på förarsidan.

4 Koppla loss bromspedalens gaffel från servons tryckstång, ta bort klipset och dra ut tappen.

5 Skruva bort muttrarna som håller bromsservon och dra loss den från motorrumsväggen.

6 Montering sker i omvänd ordningsföljd. Smörj gaffeltappen med lite molybdendisulfidfett. De självlåsande muttrarna måste bytas ut mot nya.

Felsökning – bromssystem

Pedalen går för djupt ner

- [ ] Läckage i systemet
- [ ] Luft i systemet
- [ ] Bakhjulens bromsbelägg slitna

Ojämn bromsverkan och bilen drar snett

- [ ] Bromsbeläggen nedsmutsade (olja)
- [ ] En hjulcylinder har fastnat eller skurit
- [ ] Fel eller olika tryck i däcken
- [ ] Någon del i hjulupphängningen glapp
- [ ] Olika typer av belägg i bromsarna på något hjul

Bromsarna vibrerar

- [ ] Slitna bromstrummor och/eller -skivor

- [ ] Glapp i hjulupphängningen
- [ ] Bakbromsens bromssköld lös

Bromspedalen känns fjädrande

- [ ] Luft i hydraulsystemet
- [ ] Huvudcylinderns tätningar felaktiga

Svag bromsverkan

- [ ] Bromskolvarna har fastnat eller skurit
- [ ] Fel material i bromsbeläggen
- [ ] Nedsmutsade bromsbelägg (olja)
- [ ] Nya ej ännu inkörda bromsbelägg
- [ ] Kraftigt nedslitna bromsbelägg

Kapitel 9
Elsystem

Beträffande ändringar och information om senare modeller, se kapitel 12

Innehåll

Svårighetsgrader

Enkelt, passar novisen med lite erfarenhet	Ganska enkelt, passar nybörjaren med viss erfarenhet	Ganska svårt, passar kompetent hemmamekaniker	Svårt, passar hemmamekaniker med erfarenhet	Mycket svårt, för professionell mekaniker

Specifikationer

System .... 12 volt, negativ jord

Batteri .... 36 Ah eller 45 Ah
Min spänning (under belastning) .... 9,6 volt vid 110 A

Generator

	Bosch	Motorola
Typ	Bosch eller Motorola	
Max effekt (A)	55, 65 eller 90	
Min tillåten kollängd	5 mm	
Rotor, resistans i lindning (ohm):	**Bosch**	**Motorola**
55 A	2,9-3,2	3,1-3,1
65 A	2,8-3,1	3,9-4,1
90 A	3,0-4,0	-

Startmotor

Typ	Med solenoid
Modell	**VW detalj-/typ nummer**
1,05 och 1,3 liter	036 911 023 G
1,3 liter	036 911 023 H
1,6 liter:	
Manuell växellåda	055 911 023 G
Automatväxellåda	055 911 023 A
1,8 liter	027 911 023

Säkringar

Säkring	Krets	Belastning (A)
1	Kylfläkt..	30
2	Bromsljus..	10
3	Cigarettändare, radio, klocka, innerbelysning, centrallås, bagageutrymmesbelysning (Jetta)	15
4	Nödljus	15
5	Bränslepump	15
6	Dimljus (huvudström)................................	15
7	Bak- och parkeringsljus, vänster.................	10
8	Bak- och parkeringsljus, höger	10
9	Helljus höger, helljusvarningslampa.............	10
10	Helljus vänster	10
11	Vindrutetorkare och -spolare, strålkastarspolare....................	15
12	Bakrutespolare och torkare, sätesvärme, elbackspegel	15
13	Bakrutevärme, spegelvärme......................	15
14	Kupéfläkt, handskfacksbelysning..................	20
15	Backljus, växellägesbelysning (automatväxellåda).................	10
16	Signalhorn	15
17	Förgasare	10
18	Signalhorn (2-tons), kylvätskevarningslampa........................	15
19	Blinkers, stopp-startsystem, bromsvarningslampa..................	10
20	Nummerskyltsbelysning, dimljus (manöverström)...................	10
21	Halvljus vänster, strålkastarreglering vänster........................	10
22	Halvljus höger, strålkastarreglering höger............................	10

Övriga säkringar:

I separat hållare ovanför säkringsdosan	Belastning (A)
Dimbakljus	10
Elfönsterhissar	30
Luftkonditionering	30

Relän

Relän .... Se kopplingsscheman i slutet av boken

Lampor

	Effekt (W)
Strålkastare (halogen)	60/55
Parkeringsljus	4
Bakljus	5
Bromsljus	21
Blinkers	21
Dimbakljus	21
Backljus	21
Instrumentbelysning	1,2

Åtdragningsmoment

	Nm
Startmotor:	
1,05 och 1,3 liter	20
1,6 och 1,8 liter (manuell växellåda)	60
1,6 liter (automatväxellåda)	20
Generator:	
Remskivans mutter	40
Infästning (mot motor), skruvar	45
Infästning, ledbult	45
Justeringens skruvar	25

1 Allmän beskrivning

Elsystemet arbetar med 12 volt, negativ jord. Batteriet laddas av en remdriven generator med inbyggd spänningsregulator. Startmotorn har en solenoid, som flyttar drevet till ingrepp med svänghjul/drivplatta innan startmotorn börjar arbeta.

Även om anvisningar för reparation ges i detta kapitel, kan det vara mer ekonomiskt att byta defekta detaljer.

2 Elsystem – underhåll

Följande rutinmässiga underhåll bör utföras vid de intervall som anges i början av boken.

1 Batteri: Se avsnitt 4 i detta kapitel.
2 Generator: Se avsnitt 7 i detta kapitel.
3 Drivrem: Kontrollera beträffande kondition och justering enligt beskrivning i avsnitt 8 i detta kapitel.
4 Belysning: Kontrollera regelbundet att alla lampor fungerar korrekt. Strålkastarna samt (i förekommande fall) dimljusen bör kontrolleras beträffande inställning enligt beskrivning i avsnitt 31. Byt defekta glödlampor.
5 Vindrute-/bakrutetorkare: Kontrollera funktion (blöt rutan), kontrollera även torkarbladen. Byt vid behov. Kontrollera samtidigt att vindrute-, bakrute- samt strålkastarspolare fungerar tillfredsställande. Kontrollera spolvätskenivån.
6 Kablage: Kontrollera med jämna mellanrum kablar och anslutningar beträffande kondition och säkerhet.

3 Batteri – demontering och montering

1 Batteriet är placerat i motorrummet på vänster sida.
2 Lossa batteriets kabelanslutningar, den negativa polen före den positiva **(se bild)**.
3 Lossa skruven och ta bort fästklamman **(se bild)**.
4 Lyft bort batteriet, se till att inte spilla elektrolyt på karossen.
5 Montera i omvänd ordning, men se till att kablarna sätts på rätt pol samt att inte polklämmorna dras för hårt. Stryk lite vaselin på poler och klämmor.

3.2 Batteriets pluspol och kabelsko

3.3 Batteriets fästklamma och skruv

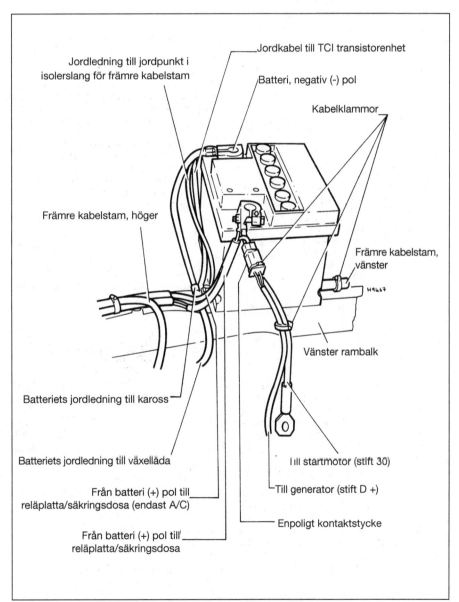

Fig. 9.1 Batteri och anslutningar (avsnitt 3)

4 Batteri – underhåll

1 När ett konventionellt batteri är monterat, bör elektrolytnivån för varje cell kontrolleras en gång i månaden. Vid behov fyller man på med avjoniserat vatten tills blyplattorna just täcks. På vissa batterier, med genomsiktligt hölje, finns markeringar för min- och maxnivå. Kontrollen bör utföras med tätare intervall om bilen används i mycket varmt klimat.
2 Om ett lågunderhållsbatteri är monterat behöver man inte kontrollera elektrolytnivån.
3 Var 15 000 km eller var 12:e månad, vilket som först inträffar, lossa och rengör batteriets poler och kablar. Efter montering, smörj in dem med lite vaselin.
4 Kontrollera samtidigt batteriets fastsättning och fästplatta beträffande korrosion. Demontera vid behov batteriet och rengör ytorna, behandla dem med rostskyddsmedel samt lacka dem i originalfärg.
5 När batteriet tas bort, oavsett orsak, är det idé att kontrollera beträffande sprickor och läckage. Sprickor kan orsakas av frysning på vintern, om destillerat vatten fylls på *efter* i stället för *före* körning. Vattnet blandar sig då inte med elektrolyten, utan kan frysa och skada höljet. Om batterihöljet är spräckt kan det vara möjligt att reparera, men detta beror på materialet. Om elektrolyt förlorats från någon cell, se avsnitt 5 beträffande påfyllning.
6 Om batteriet ofta måste fyllas på och höljet inte är spräckt, förekommer överladdning och spänningsregulatorn bör kontrolleras.
7 Om bilen körs mycket lite, kan det vara värt att kontrollera elektrolytens specifika vikt var 3:e månad. Använd en hydrometer vid kontrollen, jämför resultatet med nedanstående tabell.

	Normalt klimat	Tropiskt
Urladdat	1,120	1,080
Halvladdat	1,200	1,160
Fulladdat	1,280	1,230

8 Om batteriets kondition misstänks, bör man först kontrollera elektrolytens specifika vikt i varje cell. En variation på mer än 0,04 i någon cell betyder elektrolytförlust eller skador på plattorna.
9 Ytterligare kontroll kan göras med en belastningsprovare. Batteriet bör urladdas under max 15 sek med en ström som är tre gånger större än den nominella kapacitetsangivelsen (som gäller för 20 timmars urladdning). Anslut alternativt en voltmeter över batteriets poler och kör runt med startmotorn, med tändningen bortkopplad (se kapitel 4). Slå även på strålkastare, bakrutevärme och kupéfläkt. Om voltmetern

visar över 9,6 volt, är batteriets kondition tillfredsställande. Sjunker spänningen under detta, och batteriet redan har laddats enligt anvisning i avsnitt 6, är det defekt och bör bytas.

5 Batteri – påfyllning av elektrolyt

Notera: *Detta avsnitt gäller inte underhållsfria batterier.*
1 Om ett batteri är fulladdat, men någon cell uppvisar skillnad på 0,025 eller mer beträffande specifik vikt, är det troligt att elektrolyten i denna cell någon gång spätts för mycket med vatten.
2 I detta fall, tappa av en del av elektrolyten med en hydrometer och fyll på med ny elektrolyt; detta görs dock bäst på en servicestation. Det är svårt att blanda egen elektrolyt och det kan vara farligt att handskas med, dessutom dyrt i små kvantiteter. Om du måste göra det själv, blanda en del svavelsyra (koncentrerad), med 2,5 delar vatten. Tillsätt syran till vattnet, inte tvärt om, eftersom reaktionen blir våldsam då man tillsätter vatten till syran, brännskador kan uppstå. Tillsätt syran droppvis.
3 Om påfyllning erfordras, kan det tänkas att locket för cellen måste punkteras med en skruvmejsel och sedan vridas (med skruvmejseln fortfarande på plats) mot stoppet. Locket kan sedan skruvas bort. Fyll på destillerat eller avjoniserat vatten i varje cell enligt behov, sätt tillbaka locket.
4 Har elektrolyt fyllts på, ladda och kontrollera resultatet. Detta bör lösa problemen. Kvarstår dessa förekommer kortslutning någonstans.
5 Elektrolyt måste alltid förvaras väl skild från andra vätskor och bör vara inlåst. Detta är speciellt viktigt om barn finns i närheten.

6 Batteri – laddning

1 På vintern, när stora krav ställs på batteriet vid t ex kallstart, och när elektrisk utrustning används mycket, kan det vara en god idé att ladda batteriet från en extern källa, med ungefär 3,5 till 4 amp. Lossa alltid batteriets anslutning från bilen vid laddning.
2 Fortsätt att ladda batteriet på detta sätt, tills syravikten inte ytterligare ökar över en fyratimmarsperiod.
3 Alternativt kan man använda en underhållsladdare, som laddar med 1,5 amp, över natten. Lossa batteriet från bilens elsystem

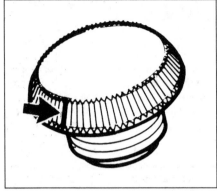

Fig. 9.2 Där så erfordras, punktera cellocket med en skruvmejsel när locket tas bort (avsn 5)

innan laddning, annars kan generatorn skadas.
4 Så kallad snabbladdning, som sägs kunna återställa batteriets kapacitet på 1 till 2 timmar, kan orsaka skador på batteriets plattor genom överhettning. Underhållsfria batterier bör inte snabbladdas.
5 När batteriet laddas, notera att elektrolytens temperatur aldrig ska överstiga 37,8°C.
6 Kontrollera att laddare och batteri är avsedda för samma spänning.
7 Underhållsfria batterier får endast underhållsladdas, och kan behöva laddas dubbelt så länge som vanliga batterier.

7 Generator – underhåll och speciella föreskrifter

1 Torka med jämna mellanrum av smuts som samlats på utsidan, kontrollera också att elanslutningarna sitter säkert. Kontrollera samtidigt drivremmens spänning och justera vid behov enligt anvisning i avsnitt 8.
2 Var mycket försiktig vid anslutning av elkretsar i bilen, skada kan annars orsakas på generator och andra detaljer som innehåller halvledare. Se till att batterikablarna alltid är anslutna till rätt pol. Innan elsvetsning på bilen utförs, lossa batterikablarna samt generatorns kontaktstycke. Lossa batterikablarna innan laddning med externt aggregat. Kör aldrig generatorn med kontaktstycke eller batterikablar bortkopplade.

8 Generatorns drivrem – justering

1 Generatorns drivrem bör justeras vid de intervall som anges i Rutinmässigt underhåll.

8.1 Kontroll av remspänning

8.2A Justerlänk – 1,8 liter

8.2B Justerlänk – 1,3 liter

Vid kontroll, tryck ner remmen med tummen, halvvägs mellan generator och vevaxelns remskiva **(se bild)**. Remmen ska kunna röras cirka 5 mm. Om en ny drivrem har monterats, bör inställningen vara 2 mm. Efter inkörning under cirka 750 km ska remmen justeras och kontrolleras på nytt, justera då till 5 mm.

2 Vid justering, lossa muttern på justerlänken **(se bilder)** samt pivotskruven, bryt generatorn bort från motorblocket tills rätt remspänning erhålls. Använd en brytspak vid generatorns remskiveände.

3 Dra åt mutter och skruv när remmen justerats.

10.2 Bosch generator sedd bakifrån, kontaktstycke och klamma (vid pilen)

9 Generator – kontroll

Riktig kontroll av generatorn är endast möjlig med specialinstrument, och bör därför överlåtas åt en fackman. Om generatorn är defekt kan den dock plockas isär hemma, enligt anvisningar i avsnitten 11 och 12, för kontroll av kol, lödningar etc. Om felet inte kan lokaliseras, montera generatorn och låt en fackman kontrollera den.

10 Generator – demontering och montering

1 Lossa batteriets negativa anslutning.
2 Lossa klamman och ta bort kontaktstycket baktill på generatorn **(se bild)**.
3 Lossa pivot- och justerskruvar **(se bild)**, tryck sedan generatorn mot motorn och ta bort drivremmen.
4 Ta bort mutter och bricka för justerlänken.
5 Stöd generatorn, ta sedan bort pivotskruven och generatorn.
6 Montera i omvänd ordning och, innan fästskruvarna dras åt helt, spänn remmen enligt beskrivning i avsnitt 8.

11 Generator (Bosch) – renovering

1 Torka ren utsidan på generatorn.
2 Ta bort de två skruvarna och sedan spänningsregulator och kolhållare baktill på generatorn **(se bilder)**.
3 Märk gavlar och stator i förhållande till varandra, lossa sedan de genomgående skruvarna och knacka huset vid drivänden från statorn.
4 Kläm åt remskivan i ett skruvstycke med mjuka backar, lossa muttern. Knacka på rotoraxeln genom remskivan och ta bort distans och fläkt. Notera pilen för rotationsriktning framtill på fläkten.
5 Använd en trearmad avdragare och dra rotoraxeln ur gaveln. Notera att avdragararmarna måste placeras på lagerhållaren, annars kan fästskruvarna skadas.
6 Demontera skruvarna och hållaren, knacka ut lagren med en mjuk dorn.
7 Använd en avdragare, ta bort lagret från änden på rotoraxeln.
8 Vid behov kan stator och diodplatta demonteras från bakre gaveln efter demontering av skruvarna.
9 Rengör komponenterna i varnolen eller bensin och torka dem torra.
10 Kontrollera att kolen inte är kortare än vad

10.3 Pivotskruv och fäste – 1,3 liter

11.2A Spänningsregulator (vid pilen) – Bosch

11.2B Demontering av spänningsregulator och kolhållare – Bosch

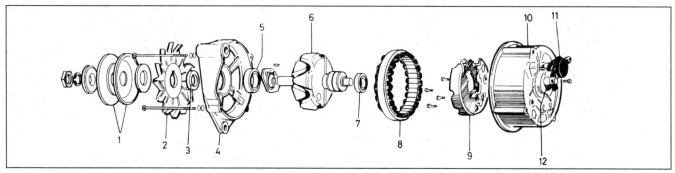

Fig. 9.3 Sprängskiss av Bosch generator (avsn 11)

| 1 Remskiva | 3 Distans | 5 Lager | 7 Lager | 9 Diodplatta | 11 Regulator |
| 2 Fläkt | 4 Främre gavel | 6 Rotor | 8 Stator | 10 Hus | 12 Kol |

som anges i specifikationerna **(se bild)**. Vid behov, löd bort kablarna och den gamla kolen och rengör huset. Montera nya kol, löd fast dem.

11 Rotorlagren bör bytas rutinmässigt.

12 Vid kontroll av statorn, notera först hur kablarna sitter och löd sen loss den. Använd en plattång med långa käftar för att leda bort värmen från diodplattan. Kontrollera lindningarna beträffande kortslutning genom att ansluta en ohmmeter mellan var och en av de fyra kablarna (d v s mellan kablarna 1 och 2, 1 och 3, 1 och 4, 2 och 3, 2 och 4 samt 3 och 4). Avläsningen bör på alla ställen vara 0 ohm. Kontrollera lindningarnas isolering genom att ansluta en 12 volt testlampa mellan varje

kabel och statorringen. Om lampan tänds är lindningarna defekta.

13 Kontrollera rotorlindningarna med hjälp av en ohmmeter på släpringarna. Mätaren bör visa 2,9 till 3,2 ohm för 55 ampere generator, eller 2,8 till 3,1 ohm för 65 ampere generator. Kontrollera isoleringen genom att ansluta en 12 volt testlampa mellan varje släpring och kärnan. Om lampan tänds är lindningarna felaktiga.

14 Dioderna kan kontrolleras genom att man ansluter en ohmmeter över dem. Mätaren ska visa 50 till 80 ohm åt ett håll och nära avbrott åt det andra (d v s med spetsarna omvända).

15 Rengör släpringarna med fint slippapper och torka rent med en trasa fuktad i bensin.

16 Montera i omvänd ordning. Vid montering av lager på rotoraxeln, vrid det på plats med hjälp av ett rör på innerbanan. Om diodplattan bytts, bör en avstörningskondensator (om inte sådan finns) monteras enligt fig. 9.4 – kontrollera med återförsäljaren.

12 Generator (Motorola) – renovering

1 Renovering sker på samma sätt som i avsnitt 11, sprängskiss på generatorn finns i fig. 9.5. Identifiera regulatorns kablar innan de kopplas bort **(se bild)**.

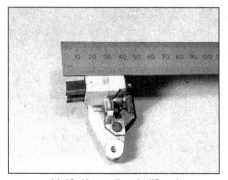

11.10 Kontroll av kollängd

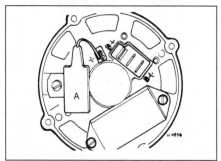

Fig. 9.4 Placering av avstörnings-kondensator (A) baktill på Bosch generator (avsn 11)

12.1 Demontering av spänningsregulator/-kolhållare från Motorola generator

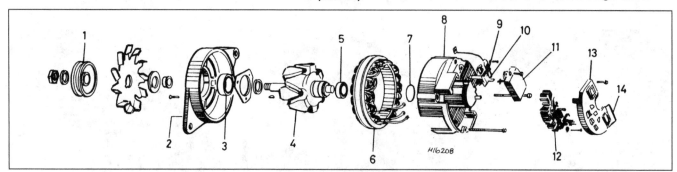

Fig. 9.5 Sprängskiss av Motorola generator (avsn 12)

| 1 Remskiva | 3 Lager | 5 Lager | 6 Stator | 8 Hus | 10 D + | 11 Regulator | 13 Lock |
| 2 Främre gavel | 4 Rotor | (bakgavel) | 7 O-ring | 9 Kolhållare | anslutning | 12 Diodplatta | 14 Klamma |

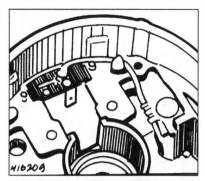

Fig. 9.6 Rätt dragning av D + kabel på Motorola generator (avsn 12)

14.4 Anslutning vid startmotorsolenoid – 1,3 liter

2 Statorlindningarna kontrolleras på samma sätt som för Boschgenerator, men mätaren bör visa 0 ohm för varje ledning (3 ledningar, inte 4).
3 Vid kontroll av rotorlindningarna bör avläsningen vara 3,1 till 3,3 ohm för 55 ampere generator, och 3,9 till 4,1 ohm för 65 ampere generator.
4 På 65 ampere generatorn måste DT-kabeln dras enligt fig. 9.6.

13 Startmotor – kontroll i bilen

1 Om startmotorn inte fungerar, kontrollera först batteriet genom att slå på strålkastarna. Om de lyser starkt och gradvis försvagas inom några sekunder, måste batteriet laddas.
2 Om batteriet är i gott skick, kontrollera kablar och anslutningar på startmotorn, samt jordledning mellan växellåda och kaross.
3 Om startmotorn fortfarande inte fungerar, använd en voltmeter eller en 12 volts testlampa för att kontrollera att ström kommer fram till huvudanslutningen (kontakt 30) på startmotorns solenoid.
4 Med tändningen påslagen och nyckeln i startläge, kontrollera att övriga anslutningar på solenoiden får ström. Kontrollera också att ett klickande hörs från solenoiden då nyckeln

vrids till start. Detta anger att de interna kontakterna sluts.
5 Om ingen ström kommer till anslutning 50, tyder detta på defekt tändningslås.
6 Om full spänning är tillgänglig vid startmotorn och den ändå inte arbetar, är den defekt och måste demonteras för ytterligare undersökning.

14 Startmotor – demontering och montering

1 Lossa batteriets negativa anslutning.
2 Hissa upp framänden på bilen, ställ den på pallbockar. Dra åt handbromsen.
3 Då värmeplåt förekommer, lossa fästmuttrarna och ta bort plåten.
4 Märk ledningarna beträffande anslutning och lossa dem från solenoiden (**se bild**).
5 Där sådant förekommer, lossa och ta bort stödstaget.
6 Lossa fästskruvarna och ta bort startmotorn. På 1,6 och 1,8 liters modeller, vrid styrningen helt åt höger, och vid behov, lossa höger drivaxel från växellådans fläns för att förbättra åtkomligheten.
7 Montera i omvänd ordning, dra alla skruvar till angivet moment. Då ett stödstag är monterat, dra inte åt muttrarna och skruvarna helt innan staget sitter rätt och är spänningsfritt.

15 Startmotor – renovering

1 Torka ren utsidan på startmotorn.
2 Lossa muttrarna på anslutningarna och koppla bort fältlindningarna från solenoiden.
3 Lossa skruvarna och ta bort solenoiden från huset, haka loss ankaret från manöverarmen.
4 Ta bort skruvarna och sedan ändlocket, bryt låsringen och ta bort brickorna.
5 Lossa de genomgående skruvarna och ta bort ändlocket.
6 Lätta på fjädrarna och ta bort kolen från hållaren, ta sedan bort hållaren.
7 Demontera huset för fältlindningen från gaveln.
8 Använd ett metallrör, driv stoppringen mot drevet, ta sedan bort låsring och stoppring.
9 Ta bort ankaret från drevet.
10 Ta bort skyddsgummit från änden på huset.
11 Lossa och ta bort pivotskruven och sedan manöverarmen.
12 Rengör alla detaljerna i varnolen, torka torrt. Kontrollera drevet beträffande slitage och skador, kontrollera även frihjulskopplingen. Drevet ska bara kunna vridas i en riktning. Rengör kontaktytor för kol med en trasa fuktad i bensin samt, vid behov, använd fint slippapper för att ta bort avlagringar. Om denna del är mycket sliten, måste ankaret bytas.
13 Kontrollera kolen beträffande slitage, byt i tveksamma fall. Detta gör man genom att krossa den gamla kolen med en tång och rengöra kablarna. För in kablarna i de nya kolen och vik ut ändarna. Löd fast kablarna, men håll i kabeln närmast kolen med en tång för att hindra värmespridning. Fila bort överskottstenn.
14 Kontrollera lagerbussningen i gaveln, driv vid behov ut den med en mjuk dorn. Värm gaveln i het olja under fem minuter innan ny bussning slås på plats.
15 Montera startmotorn i omvänd ordning, men notera att den måste tätas med lämpligt medel på de ställen som anges i fig. 9.8. Smörj pinjongdrivningen med lite molyb-

1 Drev
2 Gavel
3 Manöverarm
4 Solenoid
5 Ankare
6 Hus med lindningar
7 Kol
8 Kolplatta
9 Bussning
10 Distansbrickor
11 Genomgående skruv

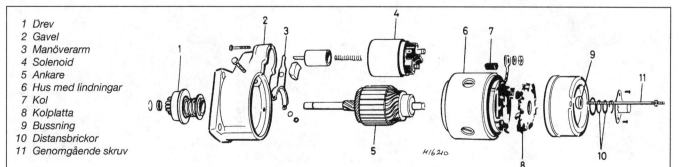

Fig. 9.7 Sprängskiss av typisk startmotor (avsn 15)

dendisulfidfett. Se till att stoppringen monteras inifrån, och att låsringen med det cirkulära spåret är vänd utåt. Se också till att stoppringen rör sig lätt på axeln. Smörj solenoid och manöverarm med lite molybdendisulfidfett. Vid montering av ny kolhållare kan fjädrarna hållas undan med ett par böjda trådar.

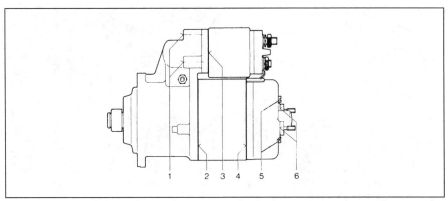

Fig. 9.8 Skarvar som tätas vid hopsättning av startmotor (avsn 15)

1 *Solenoidens fästskruvar*
2 *Startmotorns infästning*
3 *Solenoidens skarv*

4 *Hus mot gavel*
5 *Genomgående skruvar*
6 *Täcklock för axel och skruvar*

16 Automatiskt stopp-start system – allmänt

Systemet finns som extrautrustning på vissa modeller och är avsett att vara bensinsparande. Aktiverad via en strömställare, kommer systemet automatiskt att stänga av motorn då bilen står stilla vid trafikstockning. Systemet manövreras med en strömställare på instrumentbrädan, mellan instrumentpanel och värmereglagepanel. En varningslampa visar att systemet är i funktion.

Systemet ska endast användas när bilen har uppnått normal arbetstemperatur. När systemet är i gång, kommer det automatiskt att stanna motorn då hastigheten sjunker under 5 km/tim och den har gått på normalt tomgångsvarv i minst två sekunder. Dessutom måste bilen tidigare ha körts med en hastighet överstigande 5 km/h. När motorn stängs av bryts strömmen till bakrutevärmen automatiskt.

När trafiken så medger, kan motorn startas genom att man trycker ner kopplingen och för växelspaken i neutralläge åt vänster. Då motorn har startat kan körning företas på normalt sätt. Om motorn av någon anledning stannar efter att ha återstartats, kan proceduren upprepas, men växelspaken måste föras tillbaka till neutralläge inom 6 sekunder. Följande föreskrifter bör iakttas vid användning av systemet:

(a) *Använd inte systemet om motorns temperatur är under 55°C eller omgivningstemperaturen är mycket låg*
(b) *Låt inte bilen rulla då motorn är avslagen, kontrollera att handbromsen är åtdragen*
(c) *Vid utsträckta stopp, slå av motorn på*

vanligt sätt med tändningsnyckeln, eftersom elektriska tillbehör annars förblir påslagna och batteriet laddas ur
(d) *Om fordonet lämnas för någon längre tid, slå av systemet och ta med tändningsnyckeln*

17 Indikator för växling och bränsleförbrukning – allmänt

1 Om en indikator finns på bilen, är den placerad i instrumentpanelen i stället för kylvätsketempmätaren.
2 Växlingsindikatorn tänds på alla växlar utom den högsta, när bättre ekonomi erhålls utan effektförlust om växling sker till en högre växel. Indikatorn arbetar inte under acceleration eller motorbroms, eller på förgasarmodeller när motorn är kall.
3 Växlingsindikatorn slocknar då högre växel väljs.
4 På automatväxellåda fungerar inte växlingsindikatorn, eftersom alla växlar väljs automatiskt enligt körförhållanden.
5 Förbrukningsindikatorn arbetar endast på högsta växeln (D för automatväxellåda), den anger bränsleförbrukningen.

6 Växlings- och förbrukningsindikator manövreras genom en kontakt på växellådan och en givare i fördelarens vakuumledning (se bild).

18 Säkringar och relän – allmänt

1 Säkringar och relän är placerade under instrumentpanelen på höger sida (se bild).
2 Säkringarna är numrerade. Byt alltid säkring mot en med samma amperetal och byt inte mer än en gång utan att finna orsaken till problemet (vanligtvis kortslutning).
3 Alla relän är av stickkontakttyp och de är numrerade, dock inte i ordningsföljd.
4 Relän kan inte repareras, så om fel misstänks, ta bort relät och låt en verkstad kontrollera det.
5 Säkring/relähållaren kan tas bort helt och hållet om man vrider infästningen på höger sida och tar bort knoppen. Vrid hållaren med spår på vänster sida och ta bort boxen. Alla anslutningar på undersidan är då åtkomliga (se bild).

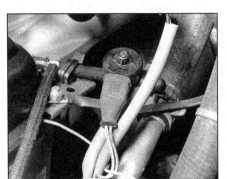

17.6 Givare för bränsleförbrukning

18.1 Hållare för säkringar och relän – förarsidan

18.5 Demontering av hållare, anslutningar på baksidan

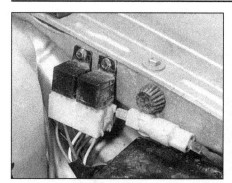

18.6 Typisk reläinstallation i motorrummet

21.4 Kombinationsströmställare – fästskruvar vid pilarna

21.5 Kombinationsströmställarens kontaktstycke

6 Förutom de säkringar och relän som sitter här, har vissa modeller även hängsäkringar och relän monterade på vissa kretsar, dessa utvisas i kopplingsschema samt **se bild**.

19 Körriktningsvisare och varningsblinkers – allmänt

1 Körriktningsvisarna kontrolleras av en kontakt på vänster sida av rattaxeln.
2 En kontakt på instrumentpanelen reglerar varningsblinkersen, och trots att körriktningsvisarna inte fungerar när tändningen är avslagen, fungerar varningsblinkers även i detta läge.
3 Alla kretsar dras genom ett relä på konsolen och dess säkring.
4 Om körriktningsvisarna inte fungerar korrekt, kan ett antal prov utföras.
5 Det vanligaste felet är lamporna, smutsiga eller korroderade kontakter eller infästningar. Kontrollera detta först, kontrollera sedan kontakten. Ta bort den från kretsen för funktionskontroll. Om kontakten fungerar, sätt tillbaka den igen och slå på varningsblinkersen. Om ingenting händer är relät troligen defekt och måste bytas. Om varningsblinkers fungerar men inte körriktningsvisare, kan kablage och blinkersomkopplare misstänkas (se avsnitt 21).

20 Tändnings-/rattlås – demontering och montering

Detta arbete beskrivs i kapitel 10 under demontering och montering av rattlås.

21 Kombinationsströmställare – demontering och montering

1 Demontera ratten enligt beskrivning i kapitel 10.
2 Lossa batteriets negativa anslutning.
3 Ta bort skruvarna och undre rattaxelkåpan.
4 Ta bort de tre skruvarna som håller kombinationsströmställaren **(se bild)**.
5 Lossa kontaktstyckena **(se bild)**.
6 Vrid blinkerskontakten medurs och ta bort den, notera hur kolvarmarna av plast sitter **(se bild)**.

21.6 Demontering av blinkerskontakt . . .

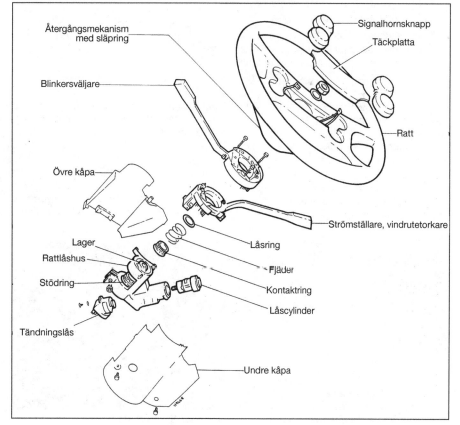

Fig. 9.9 Rattaxel, strömställare och detaljer (avsn 21)

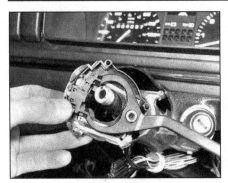

21.7A . . . och kontakten för
vindrutetorkare

21.7B Extra anslutning och isolering under
instrumentbräda - GTI

22.2 Demontering av kontakt på
instrumentbräda. Högerstyrd visad,
vänsterstyrd liknande

7 Demontera torkarkontakten från rattaxeln. Fullständig demontering av kontakten på GTI-modeller innebär att en extra kabel måste lossas under instrumentbrädan **(se bilder)**.
8 Montera i omvänd ordning. Kontrollera att blinkerskontakten är centrerad innan ratten monteras, annars kan återställningskammen skadas.
9 Montera ratten enligt anvisning i kapitel 10.
10 Kontrollera funktion efter avslutat arbete.

22 Kontakter på instrument-bräda – demontering och montering

1 Lossa batteriets negativa anslutning.
2 Vid demontering av vippströmbrytare, som ljuskontakten, ställ kontakten i läge ON, för sedan in en lämplig skruvmejsel i spåret undertill på kontakten. Bryt loss den från instrumentbrädan **(se bild)**.
3 På andra kontakttyper, t ex för bakrutevärme, bryt helt enkelt fri kontakten i underkant enligt fig. 9.10.
4 Med kontakten borttagen, lossa elanslutningen. Där sådan förekommer, kan man demontera varningslamphållare från kontakten. Varningslampan kan sedan tas bort.
5 Montera i omvänd ordning. Kontrollera funktionen efter arbetet.

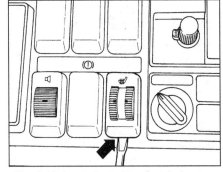
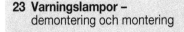

Fig. 9.10 Lossa kontakten i underkanten
(avsn 22)

23 Varningslampor – demontering och montering

1 Lossa batteriets negativa anslutning.
2 Ta bort kontakterna från instrumentbrädan enligt beskrivning i föregående avsnitt, arbeta sedan genom hålen där kontakterna har suttit, tryck ihop hållaren och ta ut varningslampan **(se bild)**.
3 Lossa kontaktstycket.
4 Ta bort lamphållaren från infästningen och dra ut lampan för kontroll, byt vid behov **(se bild)**. Där två eller fler varningslampor är monterade i en hållare, måste hela hållaren

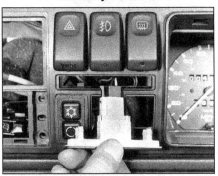
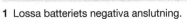

23.2 Demontering av hållare för
varningslampa. Högerstyrd visad,
vänsterstyrd liknande

bytas eftersom lamporna inte kan bytas individuellt.
5 Montera i omvänd ordning. Kontrollera efter arbetet funktion hos strömställare och lampor.

24 Kontakter för innerbelysning och bagageutrymmesbelysning – demontering och montering

1 Lossa batteriets negativa anslutning.
2 Öppna dörren eller bakluckan och lossa skruven från kontakten **(se bild)**.
3 Ta bort kontakten och lossa kabeln. Slå en lös knut på kabeln så att den inte försvinner in i stolpen **(se bild)**.

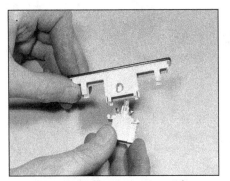

23.4 Lamphållaren tas bort från
infästningen

24.2 Strömbrytare manövrerad av
bakluckan

24.3 Demontering av kontakt för
innerbelysning

27.3 Fästskruv för instrumentpanel.
Högerstyrd visad, vänsterstyrd liknande

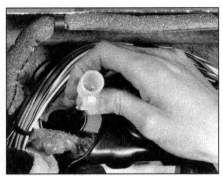

27.4A Hastighetsmätarvajerns anslutning

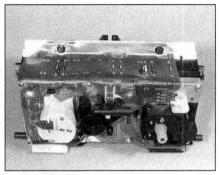

27.4B Baksida på instrumentpanel

4 Kontrollera kontaktens tätning, byt vid behov.
5 Montera i omvänd ordning.

25 Cigarettändare –
demontering och montering

1 Lossa batteriets negativa anslutning.
2 Ta bort undre panelen på instrument-brädan, för upp handen och lossa kablarna från cigarettändaren.
3 Ta bort fästringen och sedan cigarettän-daren från instrumentbrädan.
4 Montera i omvänd ordning.

26 Hastighetsmätarvajer –
demontering och montering

1 Öppna huven, lossa infästningen i växellådan.
2 Dra ut instrumentpanelen så att vajern kan lossas enligt anvisning i avsnitt 27.
3 Demontera luftrenare enligt anvisning i kapitel 3.
4 Lossa försiktigt plastlocket upptill på torpeden. Dra vajern in i motorrummet genom torpedväggen.
5 Montera i omvänd ordning. Kontrollera att genomföringen sitter på plats i torpedväggen och att vajern inte gör några skarpa böjar. Smörj inte vajerändarna.

27 Instrumentpanel –
demontering och montering

1 Lossa batteriets negativa anslutning.
2 Demontera täckpanelen enligt beskrivning avsnitt 29.

3 Demontera instrumentpanelens fästskruvar – en på varje sida upptill (se bild).
4 Bryt loss panelen, vik ut överdelen. För in handen bakom panelen och lossa hastighets-mätarvajern (se bilder) samt, där sådan förekommer, vakuumslang från givaren. Loss kontaktstyckena i underkant. Ta sedan bort panelen, se till att inte kretskortet på baksidan skadas.
5 Kretsarna på kortet kan kontrolleras med en ohmmeter. För identifiering av kretsarna, se kopplingsschema.
6 Montera i omvänd ordning och se till att alla anslutningar är riktiga. Kontrollera funktion efteråt.

28 Instrumentpanel –
isärtagning, kontroll och ihopsättning

1 Demontera instrumentpanelen enligt be-skrivning i avsnitt 27.
2 Ta bort berörda instrument enligt anvisning i fig. 9.11 eller 9.12, se dock till att inte kretskortet skadas.
3 Vid kontroll av spänningsstabilisator, anslut en voltmeter som visas i fig. 9.13, sedan en 12 volt spänningskälla vid återstående kontakt. Konstant 10 volt spänning ska finnas. Om spänningen är över 10,5 eller under 9,5 volt, byt stabilisator.
4 Bränslemätarens visning kan kontrolleras genom att man tappar av bensintanken och fyller på exakt 5 liter. Sedan tändningen varit påslagen i minst 2 minuter, bör bränslenålen vara i överkant på den röda reservzonen. I annat fall är antingen mätaren eller tankarmturen felaktig.
5 Vid byte av växlings-/förbrukningsindikator, undvik beröring av baksidan på enheten. Demontering innebär att man tar bort kretskort och vakuumgivare och sedan lossar de tre fästskruvarna (fig. 9.14). Byt lysdioden eller förbrukningsindikatorn vid behov.
6 Vid byte av normal klocka (som innehåller

bränslemätare) är det viktigt att rätt kontakt med kretskortet erhålls. Anslutningarna visas i fig. 9.15.
7 Den digitala klockan hålls av två fästskruvar. Vid demontering av klockan, se till att justerspindlarna för timmar och minuter inte faller bort.
8 Lysdioderna som används som varn-ingslampor sitter enligt fig. 9.16. Vid demontering av lysdioder kan de dras ut ur sin hållare, men notera att en av anslutningarna är bredare. Detta är den negativa anslutningen och det är viktigt att den kommer rätt vid montering. Vid behov kan diodhållaren demonteras genom att man försiktigt bryter loss den från lamphållarens hus.
9 Kretsarna på kortet kan kontrolleras med en ohmmeter, med ledning av kopplingsschema.
10 Vid byte av kretskort bör noteras att det finns en gemensam typ för alla modeller. Vid montering av nytt kort på modeller med en normal klocka, kan det vara nödvändigt att klippa bort anslutningarna för den digitala klockan och tvärt om. Kontrollera detta med leverantören.
11 Vid demontering av kontaktstycke från panelen, tryck plastkammen på huset (med en skruvmejsel) över upphöjningarna, dra ut huset med kretskort enligt pilen i fig. 9.17. Kontaktstycket kan tas bort från kretskortet genom att man frigör hakarna och drar kontakten bort från kretskortet enligt pilen i fig. 9.18.
12 Vid demontering av varvräknare, ta först bort växlings- och förbrukningsindikatorn (punkt 5), lossa sedan de två skruvarna och ta bort varvräknaren tillsammans med indikatorn (kretskort). VDO-indikatorn kan sedan demon-teras om man lossar fästskruvarna och frigör låsningen från kretskortet (fig. 9.20). Indikator av fabrikat Motometer tas bort på liknande sätt (se fig. 9.21).

Ihopsättning

13 Montera i omvänd ordning.

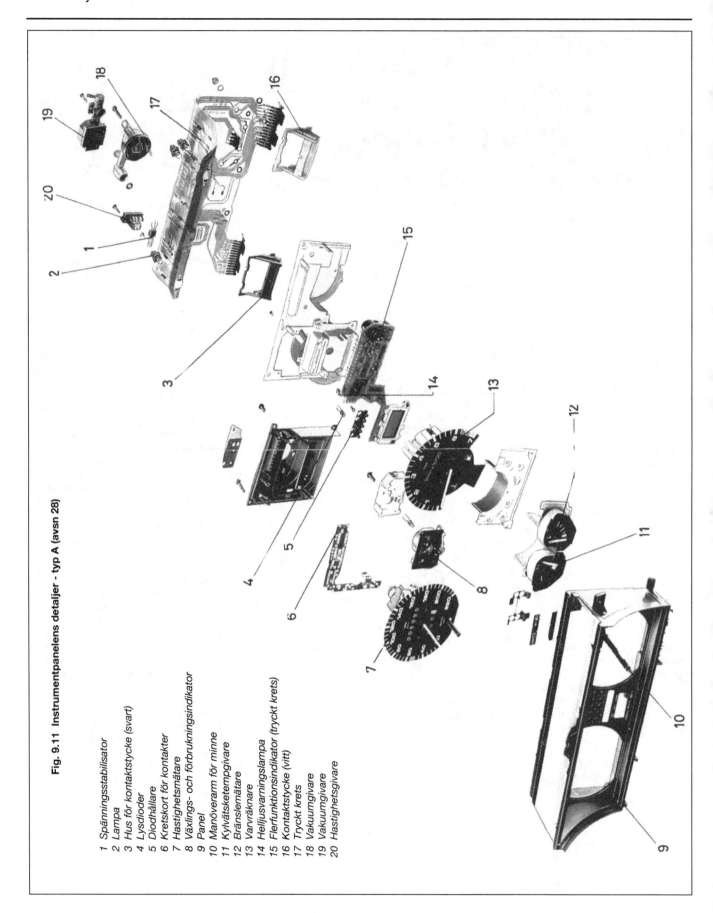

Fig. 9.11 Instrumentpanelens detaljer - typ A (avsn 28)

1 Spänningsstabilisator
2 Lampa
3 Hus för kontaktstycke (svart)
4 Lysdioder
5 Diodhållare
6 Kretskort för kontakter
7 Hastighetsmätare
8 Växlings- och förbrukningsindikator
9 Panel
10 Manöverarm för minne
11 Kylvätsketempgivare
12 Bränslemätare
13 Varvräknare
14 Helljusvarningslampa
15 Flerfunktionsindikator (tryckt krets)
16 Kontaktstycke (vitt)
17 Tryckt krets
18 Vakuumgivare
19 Vakuumgivare
20 Hastighetsgivare

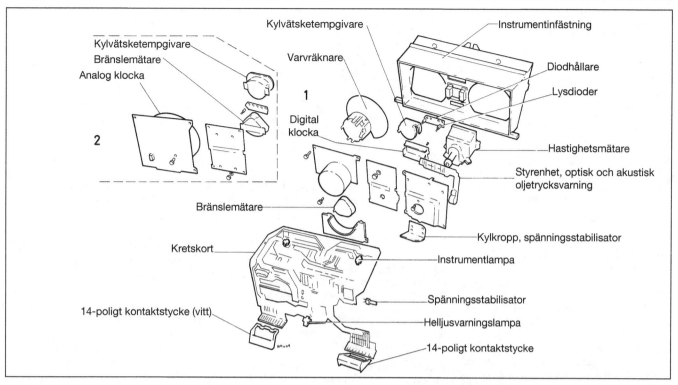

Kylvätsketempgivare

Kylvätsketempgivare
Bränslemätare
Analog klocka

Varvräknare

Instrumentinfästning

Diodhållare

Lysdioder

1

Digital
klocka

Hastighetsmätare

Styrenhet, optisk och akustisk
oljetrycksvarning

2

Bränslemätare

Kylkropp, spänningsstabilisator

Kretskort

Instrumentlampa

14-poligt kontaktstycke (vitt)

Spänningsstabilisator

Helljusvarningslampa

14-poligt kontaktstycke

Fig. 9.12 Instrumentpanel och detaljer – typ B (avsn 28)

1 Med varvräknare och digital klocka   2 Med analog klocka

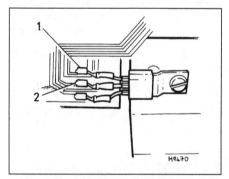

**Fig. 9.13 Spänningsstabilisator,
anslutningar vid kontroll (avsn 28)**

Anslut voltmeter mellan 1 och 2

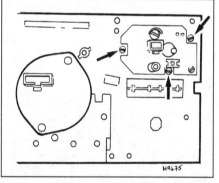

**Fig. 9.14 Fästskruvar för växlings- och för-
brukningsindikator vid pilarna (avsn 28)**

Fig. 9.15 Anslutning, analog klocka

1 Jordanslutning   2 Positiv (+) anslutning

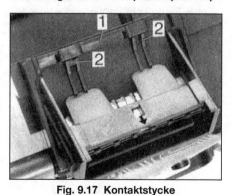

**Fig. 9.16 Lysdioder i hus för
varningslampor (avsn 28)**

K1 Helljus ((blå)
K2 Generator (röd)
K3 Oljetryck (röd)
K5 Indikator (grön)
K48 Växlingsindikator
(gul)

Fig. 9.17 Kontaktstycke

1 Plastkam   2 Spärrtappar
Dra huset i pilens riktning

**Fig. 9.18 Demontering av kontaktstycke
från tryckt krets (avsn 28)**

1 Spärrtappar
Dra huset i pilens riktning

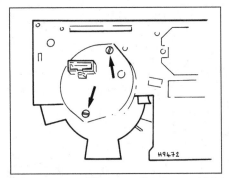

Fig. 9.19 Varvräknarens fästskruvar (vid pilarna) (avsn 28)

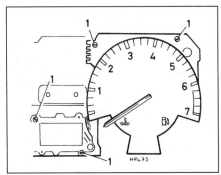

Fig. 9.20 Flerfunktionsindikator (VDO) och fästskruvar (1) (avsn 28)

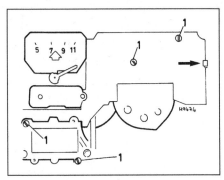

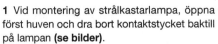

Fig. 9.21 Flerfunktionsindikator (Motometer) och fästskruvar (1) (28)

29 Täckpanel – demontering och montering

1 Lossa batteriets negativa anslutning.
2 För att förbättra åtkomligheten, ta bort ratten enligt beskrivning i kapitel 10.
3 Ta bort radion enligt anvisning i punkt 43.
4 Ta bort reglageknopparna för värme/-friskluft, lossa sedan klämmorna runt kanten och ta bort panelen. Lossa kontaktstyckena.
5 Ta bort de nedre kontakterna från panelen enligt avsnitt 22, ta vid behov bort täckbrickorna genom att bryta loss dem i underkanten.

6 Lossa täckpanelens skruvar från följande positioner:

(a) Ljusströmställaröppningen
(b) Övre kanten på radiouttaget
(c) Reostat för panelbelysning (eller plugg) (se bild)
(d) Värmereglagepanelen
(e) Upptill på instrumentbrädan (se bild)
(f) Överst på sidopanelen

7 Börja lossa panelen och ta bort återstående kontaktstycken. Ta sedan bort panelen (se bild).
8 Montera i omvänd ordning, kontrollera att alla kablar kommer på plats. Kontrollera funktion hos alla kontakter efter avslutat arbete.

30 Strålkastarlampor och insatser – demontering och montering

1 Vid montering av strålkastarlampa, öppna först huven och dra bort kontaktstycket baktill på lampan (se bilder).
2 Dra av gummihättan.
3 Tryck ihop låsfjädern och lossa den från lampan (se bild).
4 Ta ut lampan, vidrör inte glaset med fingrarna om lampan ska användas (se bild).
5 Vid demontering av strålkastarinsats, ta först bort grillen enligt anvisning i kapitel 11.
6 Med glödlampan demonterad, lossa

29.6A Fästskruv för panel genom uttag för reostat. Högerstyrd visad, vänsterstyrd liknande

29.6B Demontera fästskruvarna upptill. Högerstyrd visad, vänsterstyrd liknande

29.7 Demontering av panel. Högerstyrd visad, vänsterstyrd liknande

30.1A Strålkastarinsats (rund) med kontaktstycke, sedd bakifrån

30.1B Demontering av kontaktstycke

30.3 Kläm ihop låsfjädern . . .

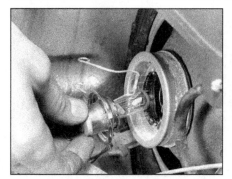

30.4 . . . och ta bort lampan

30.6 Rund strålkastare sedd framifrån

31.5 Placering av justerskruvar (vid pilarna)

skruvarna framtill och ta bort insatsen **(se bild)**.

7 Montera i omvänd ordning, men kontrollera och, om det behövs justera, ljusinställningen enligt anvisning i avsnitt 31.

31 Strålkastare – inställning

1 Strålkastarinställningen bör kontrolleras och vid behov justeras var 15 000 km.

2 Inställningen bör utföras av en fackman med modern utrustning. I nödfall kan dock följande moment utföras.

3 Ställ bilen på plant underlag med rätt däcktryck, ca 10 meter framför och vinkelrätt mot en vägg eller dörr. Dra en horisontell linje över väggen eller dörren i samma höjd som strålkastarinsatsens mitt.

4 Dra en vertikal linje som motsvarar bilens mittlinje, mät sedan ut en punkt på var sida om denna, på den horisontella linjen, som motsvarar strålkastarnas mittpunkt.

5 Slå på helljuset och kontrollera att centrum på ljusbilden ligger mitt i de märken som tidigare gjorts. Vrid i annat fall på justerskruvarna, den övre för att justera i sidled och den undre för att justera i höjdled **(se bild)**.

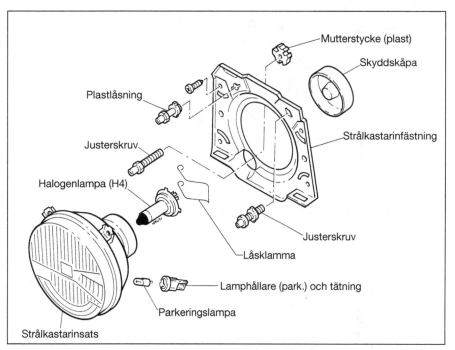

Mutterstycke (plast)
Skyddskåpa
Plastlåsning
Justerskruv
Strålkastarinfästning
Halogenlampa (H4)
Justerskruv
Låsklamma
Lamphållare (park.) och tätning
Parkeringslampa
Strålkastarinsats

Fig. 9.22 Strålkastare (rund) och detaljer (avsn 30)

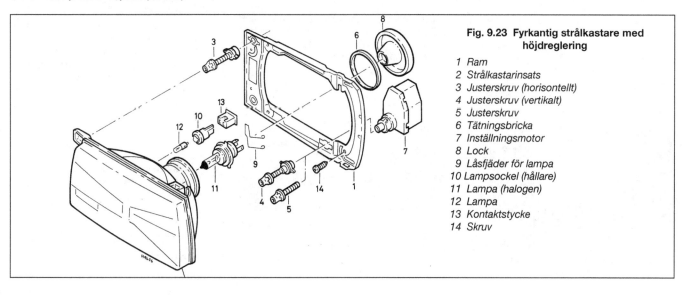

Fig. 9.23 Fyrkantig strålkastare med höjdreglering

1 Ram
2 Strålkastarinsats
3 Justerskruv (horisontellt)
4 Justerskruv (vertikalt)
5 Justerskruv
6 Tätningsbricka
7 Inställningsmotor
8 Lock
9 Låsfjäder för lampa
10 Lampsockel (hållare)
11 Lampa (halogen)
12 Lampa
13 Kontaktstycke
14 Skruv

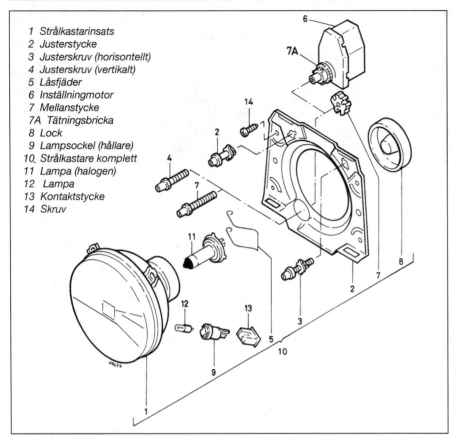

1 Strålkastarinsats
2 Justerstycke
3 Justerskruv (horisontellt)
4 Justerskruv (vertikalt)
5 Låsfjäder
6 Inställningmotor
7 Mellanstycke
7A Tätningsbricka
8 Lock
9 Lampsockel (hållare)
10 Strålkastare komplett
11 Lampa (halogen)
12 Lampa
13 Kontaktstycke
14 Skruv

Fig. 9.24 Rund strålkastare med höjdreglering (avsn 32)

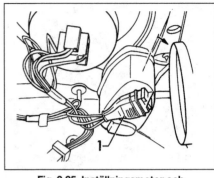

Fig. 9.25 Inställningsmotor och kontaktstycke (1) - rund strålkastare

Lossa motorn genom att vrida medurs enl. pilen

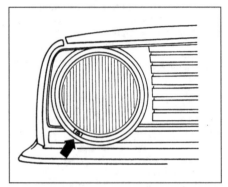

Fig. 9.26 Demontera strålkastarens justerskruv (vid pilen) (avsn 32)

32 Reglerbara strålkastare – demontering och montering

1 Bilen kan ha ett system som medger justering av strålkastarna från förarplats, för att kompensera för tung last. Systemet fungerar endast på halvljus och strålkastarna höjs eller sänks med hjälp av en elektrisk motor baktill på insatsen. Av säkerhetsskäl finns en justerbegränsning monterad.
2 Strömställaren kan monteras enligt anvisning i avsnitt 22.

3 Vid demontering av justermotorn baktill på insatsen, lossa först batteriets negativa anslutning.
4 Lossa motorns kontaktstycke.
5 För runda strålkastare, lossa motorn från ramen genom att vrida den medurs.
6 För rektangulära strålkastare, lossa höger justermotor genom att vrida den åt vänster, och vänster motor genom att vrida den åt höger.
7 Lossa insatsens justerskruvar framifrån (fig. 9.26), dra sedan motorn från insatsen bakåt.
8 Montera i omvänd ordning. Kontrollera funktionen efter avslutat arbete.

33 Dimljus fram – demontering och montering

1 Vid demontering av lampa, ta bort gummikåpan baktill på insatsen, tryck ihop låsfjädern och ta bort den (se bild).
2 Lampan kan nu tas bort, ta inte i glaset med fingrarna (se bild).
3 Dimljusinsatsen tas bort på samma sätt som strålkastaren (avsnitt 30).
4 Montera i omvänd ordning, kontrollera funktionen. Justera vid behov inställningen med hjälp av skruvarna (se bild).
5 Inställning bör göras av en fackman med rätt utrustning. I nödfall kan proceduren i avsnitt 31 användas.

34 Glödlampor – byte

Notera: *Lamporna ska alltid bytas mot liknande, enligt anvisningar i specifikationerna.*

Parkeringsljus

1 Öppna huven och ta bort kontaktstycket

33.1 Lossa gummikåpan baktill på dimljuset

33.2 Dimljusets lampa och hållare demonteras

33.4 Justerskruvar för dimljus (vid pilen)

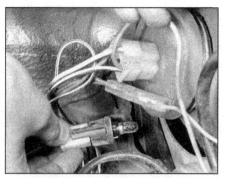

34.2 Demontering av lampa och hållare för parkeringsljus

34.4 Demontering av blinkersglas

från lamphållaren, placerad under strålkastarlampan.
2 Vrid lamphållaren moturs och ta bort den från reflektorn **(se bild)**.
3 Tryck in och vrid lampan vid borttagningen.

Blinkers fram

4 Lossa skruvarna och ta bort glaset **(se bild)**.
5 Tryck in och vrid lampan vid demontering **(se bild)**.
6 Vid behov kan lampan tas bort från stötfångaren och kontaktstycket lossas **(se bild)**.
7 Vid montering av glaset, se till att packningen passar korrekt.

Bakljus

8 Öppna bakluckan och tryck in fästtapparna för lamphållaren, ta bort den för inspektion/byte av lampa.
9 Tryck in och vrid lampan vid demontering **(se bild)**.

Nummerskyltsbelysning

10 Ta bort skruvarna, glas och lock **(se bild)**.
11 Tryck in och vrid lampan vid demontering.
12 Vid montering av lins och lock, se till att spärrarna kommer på plats.

Innerbelysning

13 Använd en skruvmejsel, tryck in

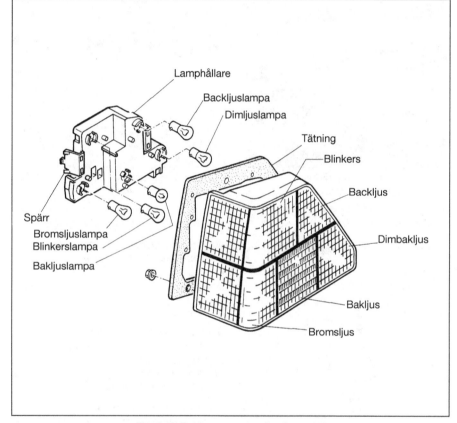

Lamphållare
Backljuslampa
Dimljuslampa
Tätning
Blinkers
Backljus
Spärr
Bromsljuslampa
Blinkerslampa
Bakljuslampa
Dimbakljus
Bakljus
Bromsljus

Fig. 9.27 Baklampans detaljer (avsn 34)

34.5 Främre blinkerslampa

34.6 Demontering av blinkersinsats

34.9 Bakljusenhet och lampor

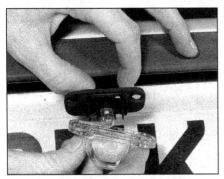

34.10 Demontering av glas från nummerskyltsbelysningen

34.13A Demontering av innerbelysning – 1,8 liter

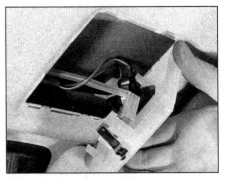

34.13B Demontering av innerbelysning – 1,3 liter

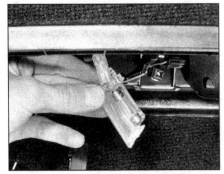

34.16 Demontering av bagageutrymmesbelysning

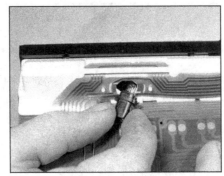

34.18 Demontering av lampa och hållare för instrumentbelysning

fjäderklamman och ta sedan bort lampan från taket **(se bilder)**.
14 Ta bort lampan.
15 Vid montering av ny lampa, se till att kontaktblecken har rätt spänst. Änden med kontakten bör först föras in i undertaket.

Bagageutrymmesbelysning/ handskfacksbelysning

16 Bryt loss och ta bort glaset. Lampan är infäst i glaset och kan bytas vid behov **(se bild)**. Vid byte av glas, ta bort kontaktblecken från glaset.

Instrumentbelysning

17 Ta bort instrumentpanelen enligt beskrivning i avsnitt 27.
18 Vrid lamphållaren 90° vid demontering **(se bild)**, dra sedan ut lampan.

Belysta strömställare

19 Demontera berörd kontakt enligt beskrivning i avsnitt 22.

20 Ta bort lampan från strömställare eller anslutning, vilket som gäller.

35 Elektriskt manövrerad backspegel – demontering och montering

1 Lossa batteriets negativa anslutning.
2 Lossa spegelglaset genom att vrida hållaren moturs enligt **fig. 9.28**, använd en skruvmejsel.
3 Demontera spegeln och lossa elledningarna.
4 Lossa de fyra fästskruvarna och ta bort motorn. Lossa kabelanslutningen från motorn.
5 Lossa försiktigt omkopplaren från panelen, ta bort den så att kontaktstycket kan lossas.
6 Ytterligare montering av kablar och nödvändig demontering av klädsel, se kapitel 11.
7 Montera i omvänd ordning. Notera att spegelmotorns kablar är färgkodade för korrekt anslutning **(fig. 9.30)**.
8 Vid montering av spegelglas, vrid hållaren medurs så långt det går, sätt sedan glaset på plats i huset.

36 Torkarblad – byte

1 Vid demontering av torkarblad, för armen från vindruta/bakruta så långt det går, tryck

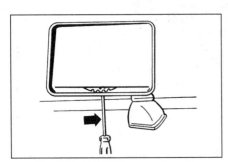

Fig. 9.28 Vrid hållaren moturs för demontering av elmanövrerad spegel (avsn 35)

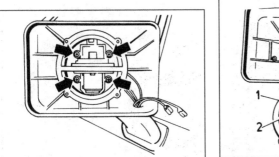

Fig. 9.29 Fästskruvar för spegelmotor (vid pilarna) (avsn 35)

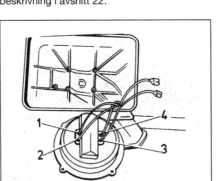

Fig. 9.30 Kablar till dörrmotor
1 Blå   2 Brun   3 Vit   4 Svart

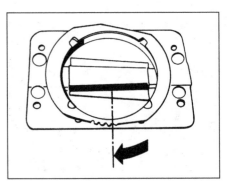

Fig. 9.31 Vrid hållaren medurs innan glaset monteras (avsn 35)

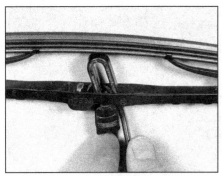

36.1 Demontering av torkarblad från armen

sedan ner plasttappen och dra bladet från armen (se bild).
2 Torkargummit kan vid behov bytas separat. Använd en tång och tryck ihop gummiklackarna så att den kan tas bort ifrån bladet.
3 Montering sker i omvänd ordning.

37 Torkararmar – demontering och montering

1 Se till att torkararmarna är i parkeringsläge, ta sedan bort bladen enligt beskrivningen i avsnitt 36.
2 Fäll upp täcklocket och lossa muttern (se bilder).
3 Lossa armen från spindeln, se till att inte skada lacken (se bild).
4 Montera i omvänd ordning. I parkeringsläge ska änden på torkararmen (d v s mitten på bladet) vara enligt fig. 9.33. För bakrutan ska måttet till spetsen vara enligt fig. 9.35.

38 Vindrutetorkarmotor – demontering och montering

1 Öppna huven och lossa batteriets negativa anslutning.
2 Dra bort tätningen framtill på luftkammaren och ta bort plastlocket.
3 Lossa muttern och ta bort vevslängen från motoraxeln.

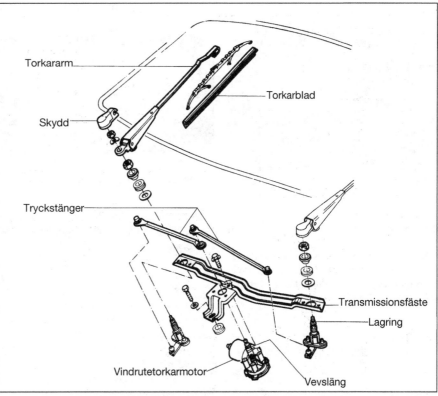

Fig. 9.32 Vindrutetorkarens detaljer (avsn 37)

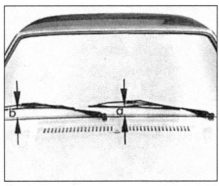

Fig. 9.33 Inställning av torkarblad (avsn 37)
a = 55 mm   b = 59 mm

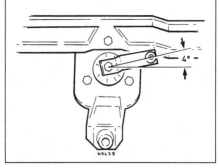

Fig. 9.34 Vevarmens inställningsvinkel (motor i parkeringsläge) (avsn 37)

37.2 Lossa muttern . . .

37.3 . . . och ta bort torkararmen

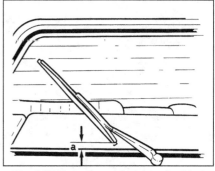

Fig. 9.35 Justering av bakre torkarblad (avsn 37)
a = 15 mm

38.4 Vindrutetorkarmotor – kontaktstycke och fästskruvar

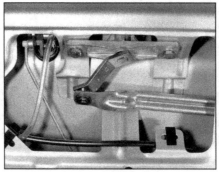

39.4A Torkarlagring och tryckstång

39.4B Bakrutetorkarmotor i baklucka

4 Lossa kontaktstycket **(se bild)**.
5 Lossa skruvarna och ta bort motorn från ramen.
6 Montera i omvänd ordning. Vid montering av vevsläng till motorn (motorn i parkeringsläge), se till att märkningarna överensstämmer.

39 Bakrutetorkarmotor – demontering och montering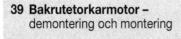

1 Lossa batteriets negativa anslutning.
2 Öppna bakluckan och ta bort innerpanelen.

3 Demontera torkararm enligt anvisning i avsnitt 37, lossa sedan den yttre muttern. Ta bort distanserna.
4 Lossa skruvarna för lagringen samt motorns fästskruvar. Ta bort motor och lossa kontaktstycket **(se bilder)**.
5 Om vevsläng och tryckstång tas bort från motorn, gör passmärken över arm och genomföring. Lossa muttern för att ta bort vevarmen.
6 Torkarmotorn hålls av tre skruvar.
7 Montera i omvänd ordning. Ställ in armen vid montering så att rätt parkeringsläge erhålls (fig. 9.37).

40 Vindrutetorkarlänkage – demontering och montering

1 Lossa batteriets negativa anslutning.
2 Ta bort torkararmarna enligt beskrivning i avsnitt 37, lossa sedan lagermuttrarna och ta bort distanserna.
3 Lossa tätningarna framtill på ventilationsintaget och ta bort plastlocket.
4 Lossa kontaktstycket.
5 Lossa ramens fästskruvar, ta sedan bort enheten från torpedväggen.
6 Lossa dragstängerna från motorns arm och armarna på transmissionerna.
7 Ta bort torkarmotorn från ramen.
8 Montera i omvänd ordning, smörj lagringar och länkar med molybdendisulfidfett.

41 Vindrute-, strålkastar- samt bakrutespolare – allmänt

1 Vindrutespolarbehållaren är placerad till vänster i motorrummet, pump och motor sitter på sidan av behållaren **(se bild)**.
2 Bakrutespolarbehållaren är placerad i det

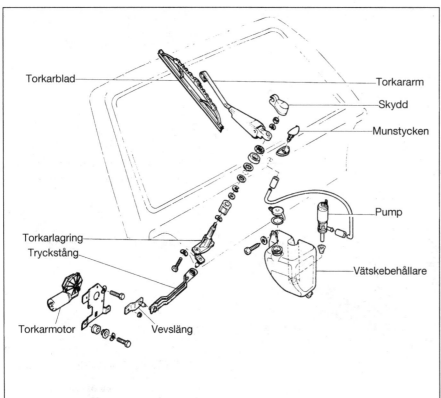

Torkarblad — Torkararm — Skydd — Munstycken — Pump — Torkarlagring — Tryckstång — Vätskebehållare — Torkarmotor — Vevsläng

Fig. 9.36 Bakrutetorkarens detaljer (avsn 39)

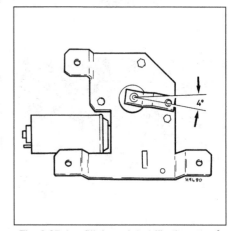

Fig. 9.37 Inställningsvinkel för vevarm på bakrutetorkare (avsn 39)

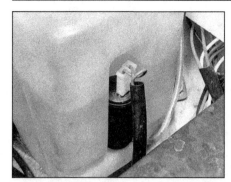

41.1 Vindrutespolarpump och anslutning

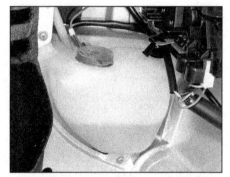

41.2 Placering av bakrutespolarbehållare

bakre högra hörnet på bagageutrymmet, pump och motor sitter på sidan av behållaren **(se bild)**.

3 Behållaren ska regelbundet fyllas på med lämplig spolvätska.

4 Vid justering av munstycken, använd en nål för att styra strålen mot mitten av den torkade ytan (fig. 9.38). VV specialverktyg 301 9A erfordras för att justera spolningen hos strålkastarmunstyckena, en nål kan dock användas även här.

42 Signalhorn – demontering och montering

1 Om endast ett horn är monterat så finns det till höger bakom kylargrillen. På modeller med två signalhorn sitter ett extra högtonshorn under främre delen på vänster hjulhus **(se bilder)**.

2 Vid demontering av signalhorn, lossa först batteriets negativa anslutning.

3 Demontera kylargrillen enligt beskrivning i kapitel 11 (så att lågtonshornet blir åtkomligt).

4 Lossa fästskruven och kablarna samt ta bort hornet.

5 Om hornet har otillfredsställande ljud, är det möjligt att justera genom att ta bort tätningen från justerskruven och vrida den åt något håll.

6 Montera i omvänd ordning. Kontrollera att signalhornen fungerar tillfredsställande.

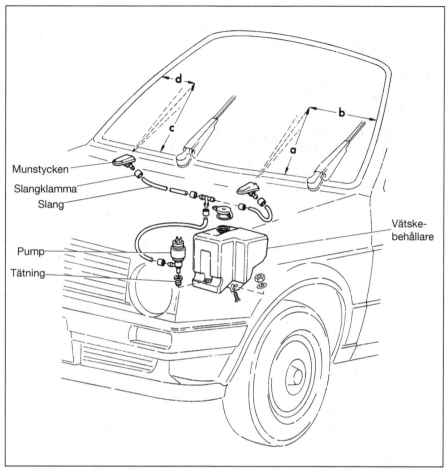

Fig. 9.38 Vindrutespolarystemet och inställning av spolarmunstycken (avsn 41)

$a = 345\ mm$ $b = 300\ mm$ $c = 320\ mm$ $d = 420\ mm$

43 Radio/kassettbandspelare – demontering och montering

1 Lossa batteriets negativa anslutning.

2 Ta bort radio/kassettbandspelare från urtaget i instrumentbrädan. Tillverka två U-formade verktyg av lämplig tråd, som skall passa in i spåren i sidan på enheten, se fig. 9.39.

3 För in verktygen, tryck sedan båda sidorna utåt samtidigt, dra dem jämt så att radion följer med ut. Det är viktigt att samma tryck läggs på varje sida.

4 Då radion är ute, lossa antennanslutningen, strömtillförsel, högtalarkontakter och jordledning samt ledningar för ljus och minne (där sådant förekommer).

5 Tryck fästklammorna inåt så att demonteringsverktygen kan tas bort (fig. 9.40).

6 Hållaren för radio hålls på plats av flikar. Vid

42.1A Enkelt signalhorn bakom grillen

42.1B Högtonshorn – modell med två signalhorn

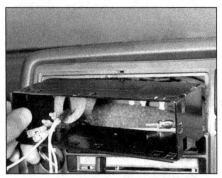

43.6 Demontering av radiohållare

44.3 Panelmonterad högtalare, fästskruvar vid pilarna

44.5 Högtalare monterad i bagageutrymme, fästmuttrar vid pilarna

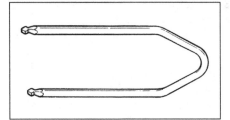

Fig. 9.39 Verktyg för demontering av radio (avsn 43)

montering, bänd tillbaka flikarna och dra ut hållaren **(se bild)**.
7 Montera i omvänd ordning. Verktygen som användes vid demontering behöver inte användas, tryck helt enkelt in radion i urtaget tills den låser fast.

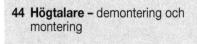

44 Högtalare – demontering och montering

1 Lossa batteriets negativa anslutning.

Panelmonterade högtalare

2 Lossa försiktigt de små fyrkantiga locken som täcker fästskruvarna och ta bort dem. Ta bort gallret.
3 Lossa de två skruvarna som håller högtalaren, lyft ut högtalaren tillräckligt så att kablarna kan lossas **(se bild)**.
4 Montera i omvänd ordning.

Högtalare i bagageutrymme

5 Lossa fästmuttrarna underifrån, ta bort

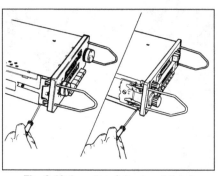

Fig. 9.40 Losstagning av verktyget (avsn 43)

högtalaren och lossa kablarna **(se bild)**.
6 Montera i omvänd ordning.

Felsökning – elsystem

Startmotorn drar inte runt motorn

☐ Batteriet urladdat eller defekt
☐ Batterianslutning och/eller jordanslutning lösa
☐ Startmotorns anslutningar lösa
☐ Startmotorns solenoid defekt
☐ Kolen slitna eller kärvar
☐ Kommutatorn smutsig eller sliten
☐ Startmotorns fältspole jordad

Startmotorn drar runt motorn långsamt

☐ Batteriet urladdat
☐ Startmotorns anslutningar lösa
☐ Kolen slitna eller kärvar

Oljud från startmotorn

☐ Startdrev eller startkrans slitna
☐ Fästskruvar lösa

Batteriet håller inte laddning

☐ Batteriet defekt
☐ För låg elektrolytnivå
☐ Batterianslutningar lösa
☐ Generatorns drivrem slirar
☐ Generator eller spänningsregulator defekt
☐ Kortslutning i kablaget

Laddningslampan slocknar inte

☐ Generatorn defekt
☐ Drivremmen defekt

Laddningslampan tänds inte

☐ Varningsglödlampa trasig
☐ Generatorn defekt

Bränsle- och temperaturavläsningarna ökar med motorhastighet

☐ Spänningsstabilisator defekt

Ljuset fungerar inte

☐ Säkring har gått
☐ Glödlampa trasig
☐ Kontakten defekt
☐ Anslutning eller kablage defekt

Motor till någon komponent fungerar inte

☐ Kommutatorn smutsig eller bränd
☐ Ankaret felaktigt
☐ Kolen slitna eller kärvar
☐ Ankarlager kärvar
☐ Säkring har gått

Fel på enstaka komponent

☐ Lös anslutning eller kabelbrott
☐ Säkring har gått
☐ Kontakt defekt
☐ Komponenten defekt

Kapitel 10
Fjädring och styrning

Beträffande ändringar och information om senare modeller, se kapitel 12

Innehåll

Svårighetsgrader

Enkelt, passar novisen med lite erfarenhet	Ganska enkelt, passar nybörjaren med viss erfarenhet	Ganska svårt, passar kompetent hemma-mekaniker	Svårt, passar hemmamekaniker med erfarenhet 	Mycket svårt, för professionell mekaniker

Specifikationer

Framfjädring

Typ .... Separatfjädrade hjul med fjäderben och undre bärarm (triangelarm), samt krängningshämmarstag på vissa modeller. Telskopstötdämparna är inbyggda i fjäderbenen

Bakfjädring

Typ .... Fjädring med en torsionsbalk och bakåtriktade svängarmar, fjäderben/stötdämpare. Krängningshämmarstag på vissa modeller

Styrning

Typ .... Kuggstång med rattaxel av säkerhetstyp. Styrservo finns som extrautrustning på Golf GL-modellen
Vändcirkel (ungefärlig) .... 10,5 m
Skrubbvinkel .... negativ 8,2 mm
Antal rattvarv från ändläge till ändläge:
   Standard 3,83
   Styrservo 3,17
Styrväxel – utväxling:
   Standard 20,8
   Styrservo 17,5
Oljetyp för styrservo .... Se *Rekommenderade smörjmedel och vätskor*

Framhjulsinställning

Total toe-in .... 0° ± 10' Camber (rakt framåt):
   Alla modeller utom Golf GTI och Jetta GT .... –30' ± 20'
   Golf GTI och Jetta GT .... –35' ± 20'
Maximal avvikelse mellan höger och vänster sida .... 30'
Castervinkel (ej justerbar):
   Alla modeller utom Golf GTI och Jetta GT .... 1° 30' ± 30'
   Golf GTI och Jetta GT .... 1° 35' ± 30'
Maximal avvikelse mellan höger och vänster sida .... 1°

Observera: *Camber- och castervinklarna kan variera på olika modeller – kontrollera med en VW-verkstad vilka värden som gäller din modell.*

Bakhjulens inställning (ej justerbar)

Total toe-in	25' ± 15'
Maximal avvikelse i inställningen	25'
Cambervinkel	–1° 40' ± 20'
Maximal avvikelse mellan höger och vänster sida	30'

Fälgar

Golf basmodell, C, CL och C Formel E	5J x 13
Golf GL	5 1/2J x 13
Golf GTI	5 1/2 eller 6J x 14
Jetta	5 1/2J x 13

Däck

Typ	Radialdäck

Storlek:

Golf basmodell, C, CL och C Formel E	155 SR 13
Golf GL	175/70 SR 13
Golf GTI	185/60 HR 14
Jetta	175/70 SR 13

Däcktryck (bar):	Fram	Bak
Golf och Jetta:		
1,05 och 1,3 liters modeller:		
Halv belastning	1,8	1,8
Full belastning	1,8	2,4
Alla övriga modeller:		
Halv belastning	2,0	1,8
Full belastning	2,0	2,4
T-typ (temporärt, utrymmessparande) reservhjul	4,2	
Normalt reservhjul	2,4	

Åtdragningsmoment

	Nm
Framfjädring	
Fjäderben till kaross	60
Fjäderben till hjullagerhus:	
19 mm mutter	80
18 mm mutter	95
Undre bärarm:	
Ledbult till monteringsram	130
Undre kulled	35
Undre bärarm/monteringsramens skruvar	130
Monteringsramens bakre stag till kaross	80
Stötdämparens slitsade mutter	40
Krängninghämmarstagets öglebult	25
Drivaxelmuttern till navet	265
Bakfjädring	
Fästets kragskruv	85
Stötdämparens undre mutter	70
Axeltappen	60
Bakaxelbalk/fästets ledtappsbult – mutter	60
Bromsregulatorns fjäderfäste	35
Stötdämparens övre mutter	15
Stötdämparens distans – mutter	15
Styrning	
Ratt	40
Rattaxelrörets fäste	20
Styrstagets inre del	35
Styrled	35
Styrledens låsmutter	50
Kuggstångenhetens överfall	30
Rattaxelns universalknut	30
Styrservons rör och slangnipplar	20
Styrservopumpens fäste	20
Styrservopumpens justerstag	20
Styrservopumpens remskiva	20
Styrservons dragstång till kuggstången	70
Hjulens fälgskruvar	110

1 Allmän beskrivning

Framfjädringen är av separatfjädrad typ med fjäderben med spiralfjädrar samt undre bärarm (triangelarm). Fjäderbenen har inbyggda teleskopiska stötdämpare och hela framfjädringen är uppbyggd med en monteringsram som bas. Ett krängningshämmarstag är kopplat till de undre bärarmarna på vissa modeller.

Bakfjädringen består av en tvärställd torsionsbalk med bakåtriktade svängarmar monterade i gummibussningar till karossen.

Axeln är kopplad till de bakre fjäderbenen/-stötdämparnas undre del (se fig. 10.2).

Styrningen består av en kuggstångsenhet monterad på den främre monteringsramen. Styrstagen är monterade direkt i kuggstångsenheten med en kulled på kuggstången. Vissa modeller har styrservo.

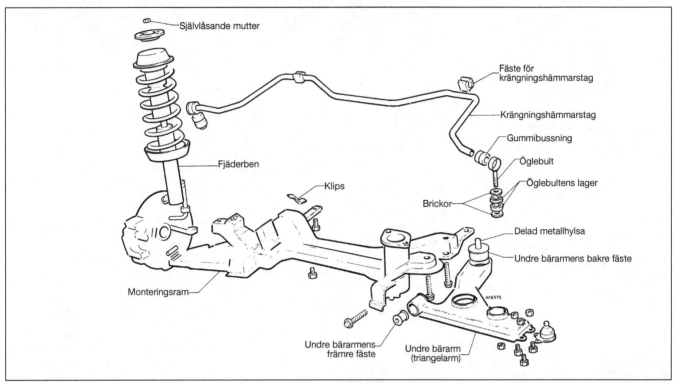

Fig. 10.1 Framfjädringens detaljer (avsn 1)

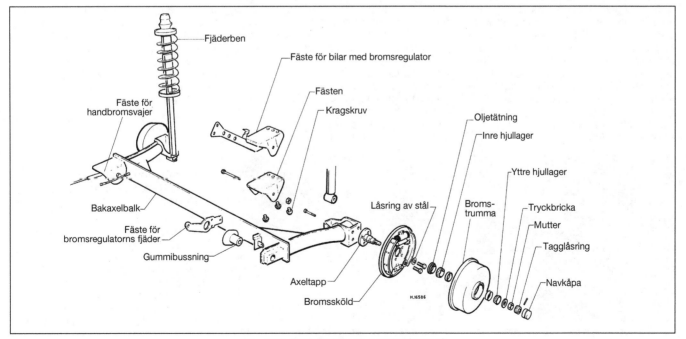

Fig. 10.2 Bakfjädringens detaljer (avsn 1)

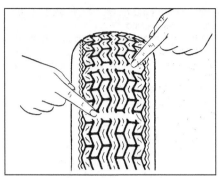

Fig. 10.3 Däckens slitageindikatorer som syns när däckmönstrets djup är för litet och ska bytas ut

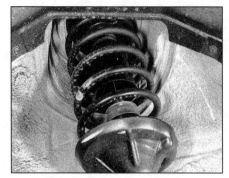

2.2 Kontrollera om stötdämparna läcker olja

2.3 Kontrollera regelbundet kulleder och dammtätningar

2 Rutinmässigt underhåll – fjädring och styrning

Följande rutinmässiga underhåll ska utföras vid de miltal som anges i början av boken.

Däck

1 Kontrollera och justera vid behov däcktrycket. Kontrollera däckens allmänna slitagebild; om de är ojämnt slitna ska styrningen och hjulupphängningens inställningar kontrolleras. Se avsnitt 24 för mer information om däck och hjul.

Fjädring

2 Hissa med domkraft upp bilens fram- och bakände i tur och ordning och kontrollera hjulupphängning och styrning med avseende på skador och onormalt slitage. Kontrollera slitaget i kulleder, dammskydd och damasker, samt att sprickor eller deformationer inte uppstått. Byt ut vid behov. Kontrollera att bussningarna vid framfjädringens undre bärarmar (triangelarmarna) och krängningshämmarstaget är i gott skick och inte uppvisar spår av onormalt slitage, eller är deformerade. Byt ut detaljer vid behov. Kontrollera att stötdämparna inte visar spår av läckage samt att inga korrosionsangrepp finns vid monteringsramens infästningar till karossen **(se bild)**.

Styrning

3 Kontrollera styrstagens kulleder med avseende på onormalt slitage och skador. Kontrollera också att inga skador eller sprickor finns på dammtätningarna **(se bild)**. Besiktiga även skyddsbälgarna med avseende på sprickor och oljeläckage. Kontrollera också att alla styrstagsleder och fästen sitter stadigt.

Servostyrning

4 Kontrollera att styrservoolja finns i behållaren, fyll på vid behov med föreskriven oljetyp. Kontrollera att styrservopumpens drivrem är spänd. Justera remspänningen om det behövs, byt rem vid behov, se anvisningar i avsnitt 22.

3 Främre fjäderben – demontering och montering

1 Dra åt handbromsen, hissa upp bilens framdel med domkraft och ställ under pallbockar. Ta bort hjulet på den sida som ska åtgärdas.
2 Sätt en domkraft under bärarmens yttre del för att stödja fjäderbenet.
3 I motorrummet, bänd bort kåpan över fjäderbenets övre fäste **(se bild)** och skruva loss den självlåsande muttern samtidigt som fjäderbenets kolvstång hålls stilla med en

insexnyckel. Den självlåsande muttern ska kasseras och en ny användas vid monteringen.
4 Lossa och ta bort krängningshämmarstagets öglebult (avsnitt 5).
5 Lossa och ta bort styrstagets styrled enligt beskrivningen i avsnitt 16.
6 Ta bort bromsoket, se anvisningarna i kapitel 8, häkta upp bromsoket på lämpligt sätt. Lossa bromsslangen från fästet på stödbenet.
7 Ritsa ett lägesmärke på fjäderbenet så att detaljernas läge markeras och återmontering kan göras i rätt läge. Lossa de två skruvarna som håller framhjulets lagerhus **(se bild)**. De självlåsande muttrarna och specialbrickorna ska bytas ut.
8 Sänk ned den undre bärarmen så att fjäderbenet lossnar från det övre fästet, ta sedan loss det från framhjulets lagerhus.
9 Ta inte loss den undre kulleden från undre bärarman utan att först läsa anvisningarna i avsnitt 8.
10 Montering sker i omvänd ordning mot demontering. Läs kapitel 8 när bromsoket ska monteras och även avsnitten 5 till 16 i detta kapitel när styrleden och krängningshämmarstaget ska monteras. Dra fast muttrarna till det i specifikationerna angivna åtdragningsmomentet. Använd endast nya låsmuttrar och specialbrickor vid monteringen av skruvarna som håller fjäderbenet till framhjulets lagerhus.

3.3 Ta bort kåpan över fjäderbenets övre fäste

3.7 Främre fjäderbenets muttrar/skruvar till framhjulets lagerhus

4 Främre fjäderben och spiralfjäder – isärtagning och ihopsättning

1 Ta loss det främre fjäderbenet enligt beskrivningen i föregående avsnitt.
2 Försök inte ta bort fjädern utan att ha en fjäderkompressor till hands. Om en sådan inte är tillgänglig ska hela enheten tas till en serviceverkstad för isärtagning och ihopsättning.
3 Sätt upp fjäderbenets undre del i ett skruvstycke, sätt på fjäderkompressorn och kontrollera att den greppar fjädern på rätt sätt och sitter säkert.

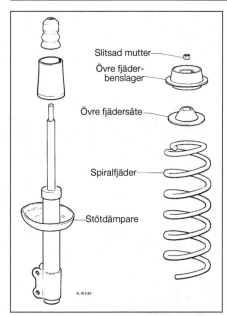

Fig. 10.4 Främre fjäderbenets detaljer (avsn 4)

Slitsad mutter
Övre fjäderbenslager
Övre fjädersäte
Spiralfjäder
Stötdämpare

4 Kläm samman fjädern med fjäderkompressorn tills dess att fjäderns översta varv släpper kontakten med det övre fjädersätet. Skruva sedan loss den slitsade muttern vid kolvstångens övre del. För detta behövs ett specialverktyg **(fig. 10.5)**. Det är dock möjligt att hålla kolvstången stilla med hjälp av en insexnyckel eller en U-nyckel mot nyckeltaget

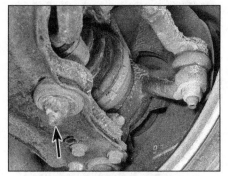

5.2 Krängningshämmarstagets öglebultsmutter (vid pilen)

5.5 Krängningshämmarstagets läge i öglebulten

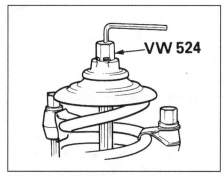

VW 524

Fig. 10.5 Använd VW specialverktyg för att lossa den slitsade muttern på det främre fjäderbenet. En tappnyckel och en insexnyckel kan användas om inget annat finns - se texten (avsn 4)

(om detta finns) och skruva loss muttern med en stiftnyckel.
5 Ta bort fjäderbenets lagerenhet tillsammans med fjädersätet.
6 Lyft bort spiralfjädern, med fjäderkompressorn kvar, från kolvstången. Märk upp fjäderns översida.
7 Ta bort genomslagsbuffertens delar från kolvstången, observera i vilken ordning dessa sitter.
8 Dra och tryck kolvstången till ändlägena för att kontrollera att dämprörelsen är jämn och bestämd. Om det i något läge känns som om rörelsen hindras eller blir för lätt, eller om tydligt oljeläckage finns, måste stötdämparen bytas ut.
9 Spiralfjädrarna är normalt färgkodade och om fjädrarna behöver bytas ut (det är alltid bäst att byta bägge framfjädrarna samtidigt) måste man kontrollera att den rätta fjädertypen med samma färgkod köps som reservdel.

10 Montering sker i omvänd ordning mot demontering. Dra åt den slitsade muttern till föreskrivet moment innan fjäderkompressorn avlastas och släpper fjädern.

5 Krängningshämmarstag – demontering och montering

1 Dra åt handbromsen, hissa upp bilens framdel med domkraft och ställ under pallbockar. Ta bort hjulet på den sida som ska åtgärdas.
2 Lossa och ta bort krängningshämmarstagets öglebult genom att lossa muttern på undersidan av bärarmen på båda sidorna **(se bild)**.
3 Ställ en garagedomkraft under monteringsramen och lyft denna så att den stöds.
4 Lossa skruven som håller monteringsramens stag mot karossen i dess bakre ände, lossa den främre skruven och sväng staget runt för att kunna lösgöra krängningshämmarstaget och dess bussningar. Upprepa samma åtgärder på andra sidan.
5 Lyft upp öglebultarna och ta bort dem från krängningshämmarstaget **(se bild)**. Observera var och hur öglebultarnas bussningar och brickor är placerade. Lyft ut krängningshämmarstaget.
6 Om krängningshämmarstaget är skadat eller böjt ska det bytas ut. Bussningarna ska bytas om de är slitna eller deformerade.
7 Montering sker i omvänd ordning mot demontering. Kontrollera att öglebultarnas bussningar monteras korrekt.
8 Dra inte fast några detaljer slutgiltigt förrän bilen ställts på hjulen igen och fjädringen gungats ned upprepade gånger för att alla delar ska sätta sig.

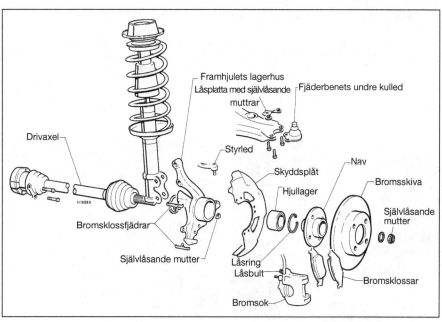

Fig. 10.6 Sprängskiss av framhjulets lagerhus och detaljer (avsn 6)

---

6 Framhjulens lagerhus – demontering och montering

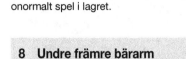

1 Se kapitel 7, avsnitt 2 och fortsätt sedan enligt beskrivningen i punkterna 1 till 5 för att ta bort drivaxeln på den sida som ska åtgärdas.

2 Se avsnitt 16 i detta kapitel och ta loss styrleden från styrarmen på hjullagerhuset.

3 Läs vad som står i kapitel 8, avsnitt 4 beträffande losstagning av bromsoket. Låt bromsslangen sitta kvar på bromsoket och häng upp bromsoket så att slangen inte belastas. Ta loss bromsslangfästet från fjäderbenet.

4 Lossa skruven som håller bromsskivan och ta bort denna.

5 Ritsa ett lägesmärke på fjäderbenet så att detaljernas läge markeras och återmontering kan göras i rätt läge.

6 Lossa de två muttrar som håller framhjulets lagerhus till fjäderbenet och ta bort muttrarna tillsammans med deras specialbrickor. Dessa låsmuttrar måste ersättas med nya vid monteringen. Dra ut skruvarna och ta loss lagerhuset från fjäderbenet.

7 Om hjullagerhuset ska bytas ut, ta ur hjullagren på det sätt som beskrivs i avsnitt 7. Montera sedan navet och hjullagren på det nya hjullagerhuset enligt anvisningarna i samma avsnitt.

8 Montering sker i omvänd ordning mot demontering. Montera nya låsmuttrar på samtliga ställen.

9 När hjullagerhuset ska sättas tillbaka på fjäderbenet, kontrollera att det blir rätt placerat i förhållande till de markeringar som gjordes vid demonteringen, innan skruvarna och muttrarna dras till föreskrivet moment.

10 Montera drivaxlarna enligt beskrivningen i avsnitt 2 i kapitel 7.

11 Montera styrleden och krängningshämmarstaget på den undre bärarmen enligt avsnitten 5 och 8.

12 Montera bromsskivan och bromsoket enligt de anvisningar som finns i kapitel 8 för respektive enhet.

13 När dessa arbeten utförts ska bilen sänkas så att den står på hjulen innan drivaxelns axelmutter dras till föreskrivet moment.

7 Framhjulslager – demontering och montering

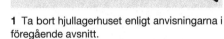

1 Ta bort hjullagerhuset enligt anvisningarna i föregående avsnitt.

2 Om bromsskivan sitter kvar, ta bort krysspårskruven och ta bort bromsskivan.

3 Lossa skruvarna som håller skyddsplåten och ta bort denna.

4 Stöd hjullagerhuset med hjulnavet vänt nedåt och pressa eller knacka loss navet med hjälp av en passande dorn. Lagrets innerring sitter kvar på navet och när det en gång tagits isär är det inte möjligt att använda. Använd en avdragare för att dra loss lagrets innerring från navet.

5 Ta bort spårringarna, stöd hjullagerhuset och pressa eller knacka ut lagrets ytterring med hjälp av en passande dorn.

6 Rengör lagersätena och fetta in dessa med lite MP-fett. När ett nytt hjullager ska monteras ingår en förpackning med molyfett i lagersatsen. Stryk på lite av detta fett på lagersätena (smörj inte lagret).

7 Sätt in den yttre låsringen, stöd hjullagerhuset och pressa eller knacka in det nya lagret med en dorn som bara ligger an mot lagrets ytterring.

8 Sätt in den inre spårringen, kontrollera att den snäpper in i spåret.

9 Placera navet med dess lagersäte vänt uppåt på ett lämpligt underlag och pressa eller knacka in lagret i läge med hjälp av en rörformad metalldorn som enbart ligger an mot lagrets innerring.

10 Sätt tillbaka skyddsplåten och bromsskivan och montera hjullagerhuset enligt anvisningar i föregående avsnitt.

11 När dessa arbeten utförts ska bilen sänkas så den står på hjulen innan drivaxelmuttern dras till föreskrivet moment. Om hjullagren har bytts rekommenderas att man hissar upp bilen igen efter det att axelmuttern momentdragits, för att kontrollera att hjulet roterar fritt och jämnt utan missljud och onormalt spel i lagret.

8 Undre främre bärarm (triangelarm) – demontering renovering och montering

1 Lossa fälgskruvarna, hissa upp framvagnen och ställ under pallbockar. Ta bort framhjulen.

2 När så behövs, ta även bort krängningshämmarstaget (avsnitt 5).

3 Skruva loss ta bort den undre kulleden från hjullagerhuset, lossa klämskruven (se bild). Observera att skruvens huvud ska vara vänt framåt. Knacka ut kulleden från hjullagerhuset.

4 Skruva ur och ta bort den främre ledtappen från undre bärarmens inre fäste, vid monteringsramen (se bild).

5 Lossa och ta bort bärarmens bakre fästskruv och dra loss denna tillsammans med staget. Dra ut den delade bussningen från hålet med hjälp av en lämplig flacktång.

6 Tryck undre bärarmens framkant nedåt och dra ut den från monteringsramen, bänd vid behov.

7 När undre bärarmen tagits loss ska den rengöras före kontrollen.

8 Kontrollera att kulleden inte är onormalt sliten samt att armens bussningar inte är deformerade. Se även efter att bärarmen inte har skador eller är deformerad. Vid behov ska kulleden och bussningarna bytas ut.

9 Om kulleden skall bytas, markera först den gamla ledens läge på armen med ritsar. Detta är viktigt, eftersom kulledens läge på bärarmen har justerats in vid tillverkningen och den nya kulleden måste sättas i exakt samma läge. Lossa skruvarna och ta bort kulleden och dess låsplatta med självlåsande skruvar. Montera den nya kulleden enligt

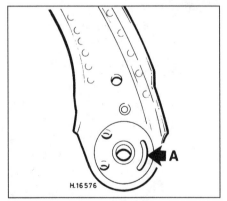

Fig. 10.7 Bussningen monterad i rätt läge i bärarmen (avsn 8)

Öppning A skall vara placerad mot insidan av bilen

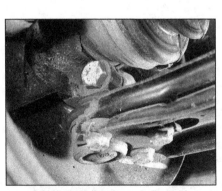

8.3 Undre bärarmens kulled och klämskruv

8.4 Undre bärarmens ledtappskruv

9.4 Kåpa över bakre fjäderbenets övre
fäste

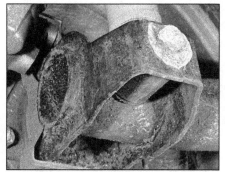

9.6 Bakre fjäderbenets undre fäste

9.7 Dra loss bakre fjäderbenet och
spiralfjädern nedåt

ritsarna och dra åt muttrarna. Om en ny undre bärarm monteras ska kulleden placeras så att dess skruvar kommer mitt i de ovala hålen.

10 När den främre ledtappens bussning ska bytas, använd en lång bult tillsammans med ett metallrör och brickor för att dra loss den gamla bussningen ur bärarmen. Den nya bussningen monteras på samma sätt, men doppa den först i såpvatten för att underlätta isättningen.

11 Den bakre bussningen, förstärkt med stålhylsor, kan bändas loss, men om detta misslyckas måste man försiktigt skära sönder gummit och ståldelen för att spräcka den så den släpper och kan pressas ut. Den sistnämnda metoden behöver bara tas till om bussningen rostat fast.

12 Tryck eller pressa in de nya bussningarna på plats från bärarmens toppände och se noga till att de är rätt monterade på det sätt som visas i **fig. 10.7**.

13 Montering av undre bärarmen sker i omvänd ordning mot demonteringen men vänta med att dra åt ledtappsskruvarna tills bilen åter står på hjulen. Se avsnitt 5 innan krängningshämmarstaget sätts tillbaka. Låt en VW-verkstad kontrollera och vid behov justera in framhjulens cambervinkel.

9 Bakre fjäderben och spiralfjäder – demontering och montering

1 Ta bort innerklädseln i bagageutrymmet över fjäderbenets övre fäste

2 Ställ stoppblock vid framhjulen och hissa upp bilens bakdel med domkraft och ställ under pallbockar. Ta bort hjulet på den sida som ska åtgärdas.

3 Stöd fjäderbenet med en domkraft under den bakåtriktade armens yttre del.

4 Ta bort kåpan över fjäderbenets övre fäste **(se bild)** och skruva loss den självlåsande muttern samtidigt som fjäderbenets kolvstång hålls stilla med en U-nyckel.

5 Lyft bort den kupade brickan och lossa den andra muttern, ta bort nästa bricka och den övre infästningen.

6 Vid fjäderbenets undre fäste, håll fast den självlåsande muttern med en U-nyckel, det

finns ett urtag i bakaxelns arm **(se bild)**. Lossa skruven och dra ut den.

7 Sänk ned bakaxelns arm så långt detta går och dra ut fjäderbensenheten **(se bild)**.

8 För att ta loss spiralfjädern från fjäderbenet, lossa och ta bort muttern, dra sedan bort distanshylsan och undre delen av infästningen, övre fjädersätet och packningen. Observera hur packningen är placerad för att kunna sätta tillbaka den i samma läge vid monteringen.

9 Ta av spiralfjädern, gummistoppet och ringen med skyddshylsan, undre kåpan, packningen och det undre fjädersätet.

10 Om stötdämparen är defekt brukar det vanligtvis höras slaglud när bilen körs på ojämn vägbana. När stötdämparen är demonterad är det enkelt att prova den. Tryck in

och dra upp kolvstången, rörelsen ska ske jämnt och ryckfritt men trögt. Kontrollera gummibuffertar, genomslagsstoppet och samhörande delars kondition. Byt ut vid behov.

11 Spiralfjädrar ska bara bytas ut parvis på bakvagnen och det är viktigt att rätt fjädertyp monteras. Fjädrarna är färgkodade och lätta att identifiera.

12 Montering sker i omvänd ordning mot demonteringen, se noga till att fjäderns ändar lägger sig rätt i båda fjädersätena. Det undre fästets skruv ska inte dras fast förrän bilens fulla vikt vilar på hjulen igen.

13 Om nya spiralfjädrar monterats bör kontroll och eventuell justering av bakvagnen utföras av en VW-verkstad efter ungefär 1500 km körsträcka, när fjädrarna hunnit sätta sig.

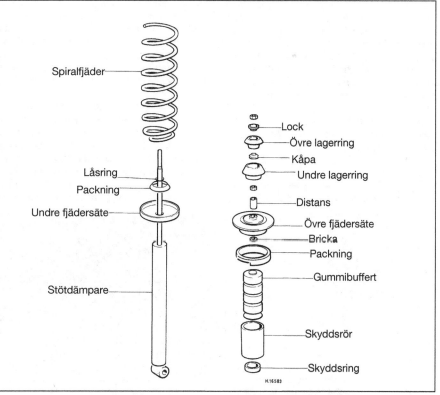

Fig. 10.8 Sprängskiss av bakre fjäderbenets delar (avsn 9)

Spiralfjäder

Lock
Övre lagerring
Kåpa
Undre lagerring

Låsring
Packning
Distans
Övre fjädersäte
Undre fjädersäte
Bricka
Packning
Gummibuffert

Stötdämpare

Skyddsrör

Skyddsring

H.16583

10.3 Bromstrycksregulatorenheten och dess fjäderfäste

10.7 Bakaxelarmens ledtappskruv med skruvskallen på rätt sida

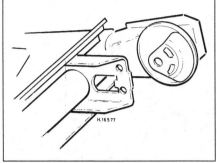
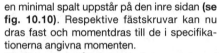

Fig. 10.9 Bakaxelleden, gummi-bussningens läge – den utstickande delen ska vändas framåt som bilden visar (avsn 10)

10 Bakaxelbalk – demontering och montering

Observera: Om man misstänker att bakaxelbalken är skadad, måste detta arbete utföras av en VW-verkstad med optisk utrustning för uppmätning och inställning av hjulen.

1 Ta bort axeltapparna enligt beskrivningen i avsnitt 11.

2 Stöd bakaxelns armar med pallbockar, sedan kan fjäderbenens undre fäste lossas och skruvarna tas bort.

3 På modeller utrustade med bromstryckregulator, ta bort fjäderfästet från bakaxelbalken (se bild).

4 Koppla loss handbromsvajrarna från fästena på bakaxeln och från den vänstra sidan samt även från fästet på karossens undersida enligt anvisningarna i kapitel 8.

5 Ta av locket från huvudcylinderns bromsvätskebehållare, lägg en bit plastfolie över öppningen samt tryck tillbaka locket. På detta sätt minskas den mängd bromsvätska som rinner ur systemet.

6 Sänk bakaxelbalken, lossa bromsslangarna enligt anvisningarna i kapitel 8. Sätt pluggar på nipplarna för att hindra smuts att komma in i systemet.

7 Stöd bakaxelbalkens vikt med pallbockar, lossa skruvarna vid armarnas infästning i karossen, ta bort skruvarna och sänk ner

bakaxeln till golvet. Observera att skruvarnas skallar ska vara vända på det sätt som visas i bild (se bild).

8 Om bussningarna är slitna ska de ersättas. Använd en tvåbent avdragare för att dra ut bussningarna från bakaxelbalken. Doppa de nya bussningarna i såpvatten innan de pressas i läge från utsidan med hjälp av avdragaren. Bussningen ska vändas så att de segment som sticker ut vänds i färdriktningen, se fig. 10.9. När de pressats i läge ska den cylindriska delen sticka ut ca 8 mm.

9 Om fästet ska tas loss måste dess monteringsläge i förhållande till axeln noteras. Om skruvarna dras av när de ska tas bort, måste resterna borras bort och det nya hålet gängas till 12 mm x 1,5. Var mycket noga vid urborrningen så att denna görs i mitten på den kvarsittande skruvdelen. Om hålet hamnar snett betyder detta att även axeln kommer snett. Bara den som har stor erfarenhet kan göra detta arbete, överlämna det annars till en erfaren yrkesman.

10 När fästet är monterat igen ska dess vinkel i förhållande till bakaxelbalken vara 12 ± 2°.

11 Monteringen sker i omvänd ordning mot demonteringen men observera följande. När bakaxelbalken är uppsatt i läge och fästena förspända, sök reda på fästskruvarna och rikta upp den högra sidans fäste så att skruvarna kommer mitt i de ovala hålen. Använd sedan ett par lämpliga bräckjärn för att pressa fästet mot gummibussningen så att

en minimal spalt uppstår på den inre sidan (se fig. 10.10). Respektive fästskruvar kan nu dras fast och momentdras till de i specifikationerna angivna momenten.

12 Som sista åtgärd ska bromssystemet luftas enligt anvisningarna i kapitel 8.

11 Bakre hjullager – demontering och montering

1 På modeller med skivbromsar bak, se kapitel 8 avsnitt 8

2 På modeller med trumbromsar, ta av bromstrummorna enligt anvisningarna i kapitel 8, avsnitt 9. Lagren och oljetätningarna kan tas bort enligt de anvisningar som gäller för dessa detaljer på skivbromsar enligt kapitel 8, avsnitt 8.

3 Montera bromsskivorna/-trummorna, och justera in lagren enligt anvisningarna i avsnitt 8 eller 9 i kapitel 8.

12 Ratt – demontering och montering

1 Ta bort batteriets jordkabel.

2 Ställ framhjulen rakt framåt.

3 Bänd loss kåpan i rattens centrum. Eftersom denna även är signalhornsknappen, observera hur ledningarna är dragna och anslutna innan de tas loss från rattkåpans kontakter (se bilder).

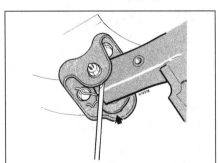

Fig. 10.10 Montering av bakaxel - kontrollera att spelet (vid pilen) är minsta möjliga på vänster sidas innerkant (avsn 10)

12.3A Losstagning av rattens centrumkåpa - GTI

12.3B Losstagning av rattens centrumkåpa - 1,3 liters modell

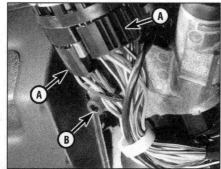

12.4 Lossa rattens mutter

13.4 Dra loss kabelkontakterna från strömställaren (A)

Rattaxelns skruv visas vid pilen (B)

13.7 Rattaxelns universalknut (övre knuten)

4 Ritsa märke i rattnav och axel för att markera hur de ska sitta. Lossa muttern och dra loss ratten **(se bild)**. Ta bort brickan.
5 Monteringen sker i omvänd ordning mot demonteringen, men se noga till så att blinkersspaken står i neutralläge, annars kan skador uppstå på dess returarm. Återgångsklacken på ringen ska peka åt vänster. Dra fast rattaxelmuttern och dra denna till föreskrivet moment.
6 När dessa åtgärder avslutats ska batteriets jordkabel anslutas och signalhornet samt de strömställare som sitter på rattaxeln kontrolleras.

13 Rattaxel – demontering, renovering och montering

1 Ta bort batteriets jordkabel.
2 Ta bort ratten enligt beskrivningen i avsnitt 12.
3 Lossa skruvarna och ta bort den undre kåpan vid ratten.
4 Ta bort de tre skruvarna och lyft bort strömställaren. Dra loss kabelkontakterna **(se bild)**.
5 Ta bort skruvarna som håller klädseln under instrumentpanelen.
6 Ta loss de skruvar som håller rattaxelröret. Om specialskruvar använts måste dessas huvud borras bort för att de sedan ska kunna gängas ur. Använd en körnare för att slå loss dem. På vissa modeller kan skruvarna vara av insextyp och de kan då lossas med en insexnyckel.
7 Lossa och ta bort skruven som håller universalknuten till rattaxeln **(se bild)**. Lossa även den nedre skruven på rattaxelröret och dra sedan upp hela enheten från universalknuten, ta reda på spiralfjädern.
8 På tidiga bilar (före Juli 1984) är en 2-delad rattaxel monterad. Dennas två sektioner ska tryckas ihop för att frigöra de rektangulära klackarna inuti röret, ta reda på gummihattarna och dra ut den undre delen uppåt genom röret.
9 Kontrollera slitaget på alla delar. Om rattaxelröret har blivit skadat på något sätt,

måste detta bytas ut som en komplett enhet. Om den tidigare typen av rör ska bytas ut, kan den nya typen användas, om man samtidigt byter det nedre fästet till det nya utförandet. Fäste av äldre utförande kan inte monteras ihop med det nya rattaxelröret.
10 För att ta isär rattaxelrörets övre del (båda typerna), bänd loss låsbrickan från rattaxeln och ta bort fjädern och kontaktringen (låsbrickan måste ersättas med en ny).
11 Kontrollera konditionen på flänsbussningarna och byt ut dessa vid behov. Bänd loss bussningarna med en skruvmejsel och doppa de nya bussningarna i såpvatten innan de pressas i. Skruva ur de gamla specialskruvarna och skaffa nya skruvar.
12 Använd en insexnyckel, lossa skruvarna som håller rattlåset och ta ut låset. Observera

att startnyckeln måste sitta i och låset vridas till olåst läge.
13 Dra ut rattaxeln från rattrören och ta bort stödringen.
14 Rengör alla delarna och kontrollera slitaget. Byt ut vid behov.
15 Monteringen sker i omvänd ordning mot demonteringen. Smörj alla lagerytor med MP-fett och montera en ny låsbricka på den inre delen.
16 På det senare utförandet med en teleskopisk ensektions rattaxel, sker monteringen på annorlunda sätt. Sätt upp rattaxelns nedre del i ett skruvstycke med mjuka backar, så att axelns övre del vilar mot skruvstyckets käftar och axelns två delar inte kan skjutas ihop. Det lilla stiftet i den undre delen måste vara synligt genom hålet i axelns

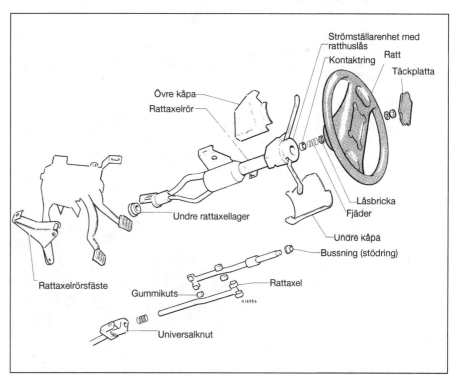

Fig. 10.11 Sprängskiss av rattaxel med tillhörande detaljer - den tidigare 2-delade typen (avsn 13)

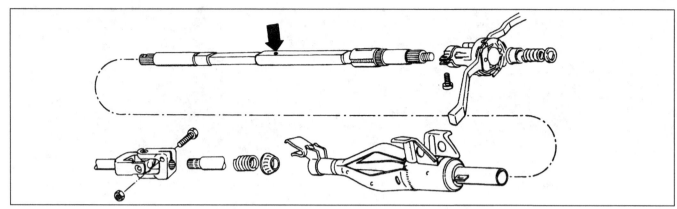

Fig. 10.12 Sprängskiss av den senare typen av rattaxel

Rattaxelns indexhål vid pilen

övre del (vid pilen i **fig. 10.12**). Montera stödringen tillsammans med strömställarenheten, rattlåset samt kontaktringen, fjädern och låsbrickan.

17 För båda typerna gäller att låsbrickan ska skjutas på och tryckas fast tills denna är tryckt i botten. För den äldre 2-delade typen gäller att delarna ska pressas ihop med ett par tänger samtidigt som brickan trycks i läge.

18 Kontrollera att rattaxeln är rätt uppriktad när den ska skjutas in i universalknuten. Dra fast återstående muttrar och skruvar till föreskrivna åtdragningsmoment. Brytskruvarna ska dras tills skruvskallen bryts loss.

19 Avsluta med att kontrollera att styrningen fungerar riktigt och att alla de kontakter och funktioner som finns på rattaxeln fungerar normalt.

14 Rattlåsenhet – demontering och montering

1 Ta loss batteriets jordkabel.
2 Ta bort ratten enligt avsnitt 12.
3 Ta bort skruvarna och ta loss kåpan under ratten.
4 Dra loss kabelkontakten och de tre skruvar som håller strömställarenheten och lyft undan denna.

5 Använd en insexnyckel för att skruva bort skruven som håller rattlåset.
6 Bryt bort låsbrickan från rattaxeln, lyft bort fjädern och kontaktringen.
7 Dra loss kabelkontakten från tändningslåset och dra ut hela enheten från rattaxeln tillsammans med den övre kåpan. Observera att tändningsnyckeln måste sitta i låset och detta måste vara upplåst.
8 Ta bort skruven och dra ut kontaktenheten från låshuset.
9 För att ta bort låscylindern ska ett 3 mm hål borras enligt ritningen i **fig. 10.13**. Tryck in den fjädrande tappen och dra ut låscylindern.
10 Montering sker i omvänd ordning mot demonteringen och rattaxelns låsbricka måste ersättas med en ny sådan, som ska pressas ned till stopp samtidigt som rattaxelns undre del stöds.

15 Kuggstångens bälgar – byte

1 Kuggstångens bälgar över de inre kullederna kan tas bort utan att kuggstången demonteras från bilen.
2 Ta loss styrleden eller styrstaget, beroende på utförandet, enligt anvisningarna i avsnitt 16. På modeller med styrservo kan styr-

lederna på höger och vänster sida skruvas loss, så styrstaget behöver inte demonteras.
3 Skruva loss styrleden, lossa först låsmuttern och därefter styrleden från styrstaget.
4 Ta bort klipsen som håller bälgen och dra av denna från kuggstångshuset och styrstaget **(se bild)**.
5 Montering sker i omvänd ordning mot demonteringen. Smörj bälgens tätningskanter före monteringen för att det ska bli lättare att kränga på den. Montera nya låsmuttrar till kullederna.
6 Efter avslutat arbeta ska hjulinställningen kontrolleras enligt anvisningarna i avsnitt 23.

16 Styrstag med kulleder (utan styrservo) – demontering och montering

1 Om styrstagens kulleder är slitna kan glappet kännas om man vickar ett framhjul sidledes. Slitna kulleder måste bytas. På vänsterstyrda modeller är det vänstra styrstaget justerbart **(se bild)** och kulleden på denna sida kan bytas ut separat. Det högra styrstaget måste däremot bytas som en komplett enhet. På högerstyrda modeller är förhållandet omvänt.
2 Hissa upp bilen med domkraft och ställ den

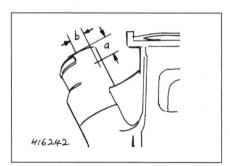

Fig. 10.13 Måttritning för borrning när rattlåscylindern ska tas bort (avsn 14)

a = 12 mm   b = 10 mm

15.4 Kuggstångens bälg och klips

16.1 Höger sidas styrled (ej justerbar)

16.4 Avdragare för styrleder vid demontering, vänster sida (justerbar)

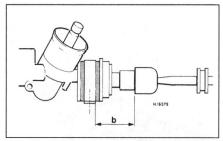

Fig. 10.14 Mått "b" är avståndet mellan styrstaget och kuggstångshuset (avsn 16) som ska vara:

Alla modeller: b = 70.5 mm

på pallbockar. Dra åt handbromsen och ta av framhjulen.

3 Om styrleden ska skruvas loss så ska den synliga gängans längd utanför låsmuttern mätas upp och värdet antecknas innan låsmuttern får lossas.

4 Lossa kulledtappens låsmutter på den sida som ska bytas och använd en speciell avdragare för styrleder för att ta bort den från hjullagerhuset **(se bild)**. När styrleden har lossats från hjullagerhuset kan den skruvas loss från styrstaget (när detta är möjligt).

5 För att ta loss styrstaget ska bälgen tas av från kuggstångshuset och skjutas tillbaka över styrstaget så att den inre kulleden blir åtkomlig.

6 Lossa den inre kulledens låsmutter och skruva bort kulleden från kuggstången. Bälgen kan sedan dras av från styrstagets inre del. Om bälgen är sliten eller skadad ska den bytas ut.

7 Montering sker i omvänd ordning mot demonteringen, men lägg märke till följande speciella åtgärder.

8 Torka bort rester av gammal låsvätska från kuggstången och även från styrstaget om detta ska monteras tillbaka. Låsvätska ska strykas på i gängan före montering.

9 Smörj damaskens innerkanter innan denna skjuts upp på styrstaget.

10 När styrstaget ska skruvas fast på kuggstången, se till att måttet "b" blir det som

visas i **fig. 10.14**. När båda styrstagen (höger och vänster) ska monteras på kuggstången, ska denna ställas i mittläge så att måttet "a" enligt **fig. 10.15** är lika stort på både höger och vänster sida.

11 Ställ kuggstången i mittläge, justera sedan in längden på det högra styrstaget så att det överensstämmer med måttet "a" i **fig. 10.16**, mätt mellan styrledens mittpunkt och kuggstångshusets anslagsyta. När måttet är rätt inställt ska låsmuttern dras fast. Det andra styrstagets längd ska justeras in i enlighet med den gänglängd som mättes upp vid demonteringen. På detta sätt får man en ungefärlig grundinställning av toe-in. Efter detta måste denna inställning göras om enligt anvisningarna i avsnitt 23. Om ytterligare finjusteringar behövs, ska dessa göras på det vänstra styrstaget för att får toe-in inställd enligt specifikationerna.

12 Alternativt kan styrstagets längd justeras genom att man skruvar in styrleden tills denna sitter i samma läge som den hade före demonteringen, och därefter drar fast låsmuttern. Kontrollera att avståndet mellan inre kulleden och kuggstångshuset är i enlighet med angivet mått och dra därefter fast låsmuttern. Sätt tillbaka bälgarna på kuggstångshuset och se till att de inte deformeras.

13 Sätt tillbaka styrlederna på hjullagerhuset och sätt på låsmuttrarna, använd nya muttrar

om de gamla styrlederna ska användas, dra åt dem till föreskrivet moment.

14 Efter avslutad montering ska hjulinställningen kontrolleras enligt anvisningarna i avsnitt 23.

17 Styrstag med kulleder (med styrservo) – demontering och montering

1 Ta loss kuggstångsenheten, tillsammans med styrstagen. Detta är nödvändigt för att inte skada kuggstångsenheten. Läs avsnitt 20 för detaljerade anvisningar.

2 När kuggstångsenheten är losstagen ska den rengöras utvändigt, sedan ska bälgarna tas loss vid kuggstångshuset och dras undan på styrstagen så att de inre kullederna friläggs.

3 Sätt upp kuggstångshuset i ett skruvstycke med mjuka backar. Kläm aldrig fast kuggstångshuset i ett skruvstycke utan mjuka backar.

4 Varje styrstag och dess styrled kan nu tas bort på liknande sätt som beskrivits för kuggstångsenheten utan styrservo (se föregående avsnitt).

5 Montera styrstagen till kuggstången, följ beskrivningen i föregående avsnitt, justera in styrstagslängden. Dra därefter fast styrstagen och momentdra dessa till föreskrivet moment efter det att rätt mått ställts in.

6 Montera kuggstångsenheten och styrstagen enligt anvisningarna i avsnitt 20.

7 Efter avslutad montering ska hjulinställningen kontrolleras enligt anvisningarna i avsnitt 23.

18 Styrväxel (utan styrservo) – justering

1 Om det finns något onormalt glapp i styrväxeln som orsakar oljud och vibrationer, ska kuggstångsväxeln justeras på följande sätt **(se bild)**.

2 Hissa upp framvagnen och ställ under pallbockar.

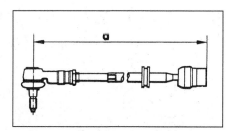

Fig. 10.16 Kontrollera att styrstagets fasta längd, höger sida, är enligt specifikationerna mellan de punkter som måttpilen visar (avsn 16)

Avstånd "a" måste vara 410 mm

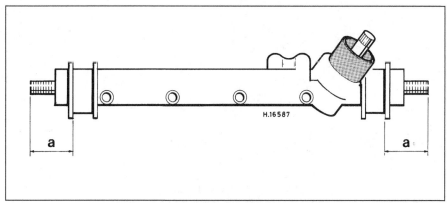

Fig. 10.15 Kuggstångsenheten ska ställas i mittläge så att måttet (a) är lika stort på båda sidor (avsn 16)

18.1 Justerskruv, vid pilen, på kugg-
stångshuset (utan styrservo). Högerstyrd
visad, vänsterstyrd liknande

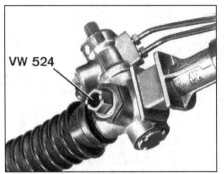

Fig. 10.17 Justerskruv (med servo) –
använd helst ett VW specialverktyg
(avsn 19)

20.6 Rattaxelns nedre universalknut,
kopplingen till kuggstångsdrevets axel

3 Ställ framhjulen för körning rakt framåt, dra åt den självlåsande justerskruven 20 grader (ungefärligt värde).
4 Sänk bilen och ställ den på hjulen, provkör bilen. Om ratten inte återgår av sig själv till rak kurs efter en kurva, ska justerskruven lossas en liten aning i taget tills ratten gör detta.
5 Om det efter det att ratten automatiskt återgår till rak kurs fortfarande finns ett glapp i styrningen, beroende på slitage i styrväxeln, kan muttern efterjusteras ytterligare lite för att kompensera detta spel.
6 Om åtgärderna angivna ovan inte räcker till, är styrväxelns slitage så stort att den måste demonteras och renoveras.

19 Styrväxel (med styrservo) – justering

1 Demontera styrväxelenheten enligt beskrivningen i avsnitt 20.
2 Lossa justerskruvens låsmutter och skruva

in justerskruven till det läge där kuggstången precis kan skjutas för hand utan att kärva eller fastna (se fig. 10.17). Dra åt låsmuttern.
3 Montera styrväxelenheten i bilen.

20 Styrväxelenhet – demontering och montering

1 Dra åt handbromsen, hissa upp bilens framdel och ställ upp den på pallbockar. Ta av framhjulen.
2 Ta loss styrstagens innerände enligt beskrivningen i avsnitt 16.
3 På modeller med styrservo, koppla loss pumpens sugslang vid pumpen och låt oljan rinna ner i ett kärl.
4 Ta loss styrstagens styrleder enligt anvisningarna i avsnitt 16.
5 Där så behövs ska även växlingslänkarna demonteras från fästet på styrväxeln.
6 Lossa och ta bort rattaxelns nedre universalknut, skruva bort dess klämskruv (se

bild). Lossa och skjut undan bälgen som skyddar rattaxelns nedre del.
7 Lossa och ta bort de klammor som håller kuggstångsenheten till monteringsramen. Om det är nödvändigt kan skruvarna slås ut nedåt med hjälp av en mässingsdorn.
8 På modeller med styrservo, koppla loss slangarna för tryck- och returolja vid nipplarna på styrväxelhuset.
9 För att kuggstångsenheten ska kunna tas bort från bilen, kan det bli nödvändigt att lossa och dra upp rattaxelenheten så mycket att dess nedre universalknut kan tas loss från styrväxelns axeltapp, se avsnitt 13. Innan universalknuten tas loss bör man ritsa ett märke på axeln och knuten för att kunna sätta tillbaka dem i samma inbördes läge vid monteringen.
10 På modeller med styrservo ska lyftverktyget (se kapitel 1) användas för att bära vikten av motor/växellåda när monteringsramens vänstra fästskruv lossas och tas bort. Lossa men ta inte bort monteringsramens högra fästskruv.

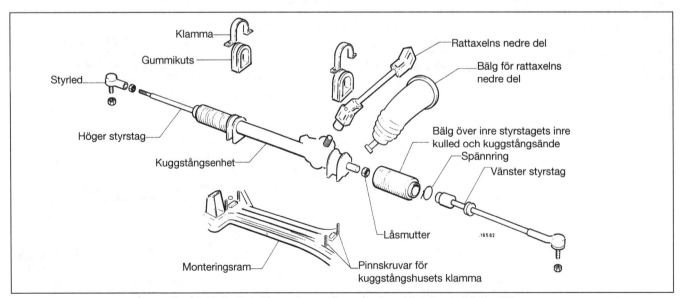

Fig. 10.18 Sprängskiss av kuggstångsstyrningen (utan servo) (avsn 20)

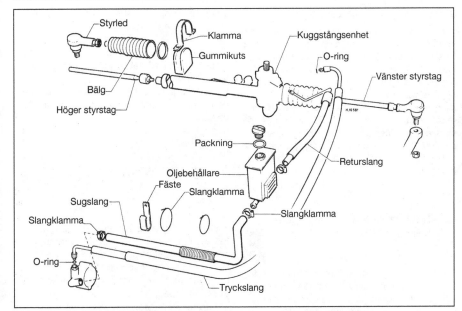

Fig. 10.19 Sprängskiss av styrservosystemet (avsn 20)

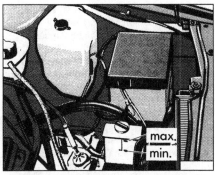

Fig. 10.20 Oljebehållarens markering för MIN och MAX oljenivå (avsn 21)

11 På modeller utan styrservo ska kuggstångsenheten dras ut genom öppningen i det vänstra hjulhuset.

12 På modeller med styrservo ska kuggstångsenheten tas ut på vänstra sida och lirkas ut förbi den delvis nedsänkta monteringsramen. Sätt skyddspluggar på styrservons slangar och nippelöppningar för att hindra smuts att komma in i systemet.

13 Ta bort styrstagen från kuggstångsenheten enligt anvisningarna i avsnitt 16.

14 Montering sker i omvänd ordning mot demonteringen. Alla självlåsande muttrar måste bytas ut.

15 Smörj kuggstången med styrväxelfett innan styrstagen monteras. Justera styrstagens längdmått enligt anvisningarna i avsnitt 16.

16 Kontrollera att uppriktningen av kuggstångsenheten och rattaxelns undre universalknut blir korrekt för att rattläget vid körning rakt fram ska bli rätt. Om en ny kuggstångsenhet ska monteras ska både kuggstångsenheten och ratten ställas i mittläge innan de kopplas samman.

17 Vänta med att dra åt alla muttrar och skruvar tills det att bilen sänkts ned och står med full vikt på hjulen. Kontrollera, och om det är nödvändigt, justera hjulinställningen enligt anvisningarna i avsnitt 23.

18 På modeller med styrservo, ta av pluggarna på slangarna och från ventilationshålet på styrservons oljebehållare och var försiktig så att ingen smuts kommer in i systemet. Fyll på olja enligt anvisningarna i avsnitt 21 och kontrollera som sista åtgärd att inget läckage finns.

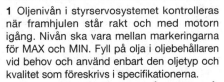

21 Styrservoolja – nivåkontroll, avtappning och påfyllning

1 Oljenivån i styrservosystemet kontrolleras när framhjulen står rakt och med motorn igång. Nivån ska vara mellan markeringarna för MAX och MIN. Fyll på olja i oljebehållaren vid behov och använd enbart den oljetyp och kvalitet som föreskrivs i specifikationerna.

2 Om systemet regelbundet måste fyllas på, kontrollera var spår av läckage finns vid pumpen, behållaren och nipplarna. Reparera vid behov.

3 För att tappa ut oljan från systemet, ska pumpens sugslang lossas vid pumpen och den utrinnande oljan samlas upp i en lämplig burk, så att den kan lämnas in för säkert omhändertagande. Systemet töms på olja när ratten vrids från ändläge till ändläge för att pressa ut så mycket olja som möjligt från styrväxelenheten.

4 När all olja tappats ut, sätt tillbaka sugslangen på styrservopumpen och fyll på ny olja i behållaren. Starta motorn och stäng av den så fort den går igång. Upprepa detta flera gånger eftersom detta är den snabbaste metoden för att fylla servosystemet med ny olja.

5 Håll uppsikt över oljenivån i behållaren och fyll hela tiden på mer olja så att behållaren inte

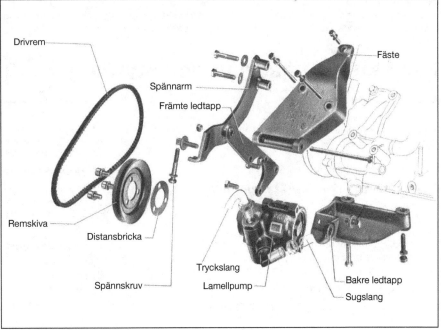

Fig. 10.21 Sprängskiss av styrservopumpen och dess detaljer (avsn 22)

sugs tom. När nivån i behållaren stabiliserar sig som ett resultat av start-/stoppmetoden, starta motorn och låt den gå på tomgång.

6 Vrid ratten flera gånger till ändlägena och åter till mittläget. Se till att inte låta ratten stå kvar med fullt styrutslag på hjulen, eftersom detta medför att trycket i styrservosystemet byggs upp.

7 Bevaka oljenivån i behållaren och fyll hela tiden på så att nivån är uppe vid MAX-märket.

8 När nivån stabiliserats och inga mer luftbubblor syns i behållarens olja ska motorn stängas av och behållarens lock sättas tillbaka. Oljenivån ökar något när motorns stängs av.

22 Styrservopump – demontering, montering och justering

1 Om man misstänker att styrservon inte fungerar normalt, bör kontroll av arbetstrycken i systemet utföras av en VW-verkstad. Styrservons pump kan inte renoveras eller repareras, den måste bytas ut som en komplett enhet.

2 För att ta bort pumpen måste systemet först tömmas på olja enligt anvisningarna i föregående avsnitt.

3 Lossa slanganslutningarna vid pumphuset.

4 Lossa de skruvar som håller pumpen vid fästet och justerstaget. Tryck tillbaka pumpen så att drivremmen kan tas bort.

5 Håll i pumpen och ta bort skruvarna, lyft ut pumpen.

6 Montering sker i omvänd ordning mot demonteringen. Spänn drivremmen på det sätt som beskrivs i punkt 7, fyll på ny hydraulolja och lufta systemet på det sätt som beskrevs i föregående avsnitt.

Justering av drivremmen

7 För att kunna justera drivremmens spänning måste muttrarna och skruvarna som håller pumpen och dess justerstag lossas. Lossa även justerstagets andra fästpunkt vid fästet. Vrid spännskruven så att drivremmen sträcks så mycket att den med ett bestämt tryck med tummen kan tryckas ned ca 10 mm mitt mellan remskivorna. Dra fast spännskruven med låsmuttern när rätt remspänning justerats in. Dra även fast de andra muttrarna och skruvarna på fästet och som håller pumpen.

23 Hjulinställning – kontroll och justering

1 En korrekt hjulinställning är nödvändig för att få bra styregenskaper och lågt slitage på däcken. Uppgifterna om rekommenderade värden på hjulvinklar finns i avsnittet Specifikationer och dessa inställningar kan kontrolleras av en väl utrustad serviceverkstad. Det går dock att köpa utrustning för inställning av framhjulen från en tillbehörsleverantör och hur denna ska användas beskrivs nedan.

2 Se till att bilen bara är belastad med normal tomvikt med fylld bränsletank och rätt däcktryck.

3 Ställ bilen på plan mark och med framhjulen på rak kurs. Rulla bilen ca 4 meter bakåt och sedan framåt igen.

4 Använd hjulinställningsmåttet i enlighet med tillverkarens bruksanvisning, kontrollera att framhjulens toe-in stämmer överens med det värde som anges i specifikationerna. Om toe-in måste justeras, åtgärda styrstaget på vänster sida genom att lossa låsmuttern vid styrleden och vrida styrstaget tills rätt

inställning uppnås. Observera att den andra sidans styrstag är fast (**se fig. 10.16**) och inte får ändras.

5 Även om framhjulens cambervinkel är justerbar, måste detta arbete utföras av en VW-verkstad.

6 Castervinkeln är fast och kan inte justeras och kontroll av denna ska utföras av en VW-verksta d.

24 Hjul och däck – allmänt

1 Rengör fälgarnas insida varje gång hjulen tas av. Om rost finns ska den skrapas bort och ny färg strykas på där detta är möjligt.

2 Ta även bort grus och småsten som fastnat i däckmönstret. Kontrollera däcken med avseende på skador, sprickbildning och separationer i korden. När slitbanan är nedsliten så att slitagevarnarna syns i däckmönstret, ska däcken kasseras.

3 Ombalansering bör göras när däcken blivit halvslitna, för att kompensera för förlusten av slitbanetjocklek.

4 Kontrollera och justera regelbundet däckens lufttryck och att ventilhattarna sitter kvar. Kom även ihåg att kontrollera reservhjulet.

5 Om fälgar av lättmetall ska monteras i stället för stålfälgar, måste även fälgskruvarna bytas till den typ som passar till fälgen som ska användas. Kontrollera alltid med din VW-verkstad.

6 Användning av temporärt reservhjul med högtrycksdäck innebär att bilen bara får köras med begränsad hastighet. Uppgifter om detta finns i bilens instruktionsbok.

Felsökning – fjädring och styrning

Stort glapp i styrningen

☐ Slitage i styrväxeln
☐ Styrstagens kulleder slitna
☐ Styrstagens bussningar slitna
☐ Felaktigt injusterad styrväxel
☐ Glapp i fjädringssystemets kulleder

Bilen vandrar eller drar åt något håll

☐ Felaktig hjulinställning
☐ Styrstagens kulleder slitna
☐ Fjädringens kulleder slitna
☐ Olika däcktryck i hjulen
☐ Stötdämpare med dålig funktion
☐ Brusten eller svag spiralfjäder

Styrningen går tungt

☐ Kulled i styrning eller fjädring har skurit (fastnat)

☐ Felaktig hjulinställning
☐ För lågt tryck i däcken
☐ Oljeläckage i styrväxelenheten
☐ Styrservon felaktig (om sådan finns)
☐ Styrservopumpens drivrem av eller slirar (om sådan finns)

Hjulen skevar eller vibrerar

☐ Obalanserade hjul
☐ Hjulen skadade
☐ Dåliga stötdämpare
☐ Hjullagren slitna

Onormalt däckslitage

☐ Felaktig hjulinställning
☐ Dåliga stötdämpare
☐ Fel lufttryck i däcken
☐ Obalanserade hjul

Kapitel 11
Kaross och detaljer
Beträffande ändringar och information om senare modeller, se kapitel 12

Innehåll

Svårighetsgrader

| Enkelt, passar novisen med lite erfarenhet | Ganska enkelt, passar nybörjaren med viss erfarenhet | Ganska svårt, passar kompetent hemma-mekaniker | Svårt, passar hemmamekaniker med erfarenhet | Mycket svårt, för professionell mekaniker |

Specifikationer

Åtdragningsmoment

	Nm
Främre stötfångare, fästskruvar	82
Bakre stötfångare, fästskruvar	70
Mutter, baklucka (kombi)	6
Framsäte, kupolmutter	1,5
Säkerhetsbälte, infästningar	40

1 Allmän beskrivning

Karossen är helt av stål med energiupptagande deformationszoner fram och bak, vilka vid sammanstötning tar emot de största krafterna så att passagerarutrymmet påverkas så lite som möjligt. De främre deformationszonerna utgörs av speciellt utformade sektioner vid balkar och torpedvägg.

Golf förekommer som två- eller fyrdörrars kombi-kupé, alla modeller har stor baklucka som hålls öppen av gasfjädrar.

Jetta finns bara som fyrdörrars sedan med konventionell baklucka.

Framflyglarna är monterade med skruvar på alla modeller och kan därför lätt bytas.

2 Underhåll – kaross och chassi

Karossens tillstånd är det som mest påverkar fordonets värde. Underhåll är enkelt, men måste utföras regelbundet. Försummas detta, särskilt efter mindre skada, kan detta leda till mer omfattande skador och höga reparationskostnader. Det är också viktigt att man håller kontroll på delar som inte är direkt synliga, t ex undersidan, insidan på hjulhusen samt undre delen av motorrummet.

Grundläggande underhåll för kaross är tvättning – företrädesvis med mycket vatten från en slang. Det är viktigt att smuts som samlas på bilen spolas bort, så att inte eventuella partiklar skadar lacken. Hjulhus och underrede kräver tvättning på samma sätt, då smutsansamlingar kan hålla kvar fukt och utgöra risk för rostangrepp. Paradoxalt nog är det bäst att tvätta underrede och hjulhus då de redan är våta och leran fortfarande är genomblöt och mjuk. Vid mycket våt väderlek rengörs ofta underredet automatiskt, och detta är ett bra tillfälle för kontroll.

Det är också lämpligt, utom på fordon med vaxbaserat rostskydd, att regelbundet rengöra underredet, inklusive motorutrymme, med ånga. Detta underlättar kontroll beträffande mindre skador. Ångtvätt kan fås på många ställen och tvättar effektivt bort oljeansamlingar o dyl. Om ångtvätt inte är tillgänglig, finns en del utmärkta avfettningsmedel som kan läggas på med borste, och smutsen kan sedan helt enkelt spolas av. Notera att dessa metoder inte skall användas på bilar med vaxbaserat rostskydd, eftersom detta då också löses upp. Sådana fordon skall inspekteras årligen, helst just före vintern, då underredet bör tvättas rent och all eventuell skada på rostskyddet bättras på. Helst skall ett helt nytt lager läggas på och vaxbaserade produkter för hålrum bör också övervägas som extra säkerhet mot rostangrepp, om sådant skydd inte ombesörjs av tillverkaren.

Då lacken tvättats, torka den torr med sämskskinn för bästa finish. Ett lager vax ger ökat skydd mot kemiska föroreningar. Om glansen har mattats eller oxiderats, använd rengöringsmedel/polermedel i kombination, för att återställa glansen. Detta kräver lite arbete, men den matta ytan är ofta resultatet av försummad tvättning. Särskild omsorg bör ägnas åt metallack, eftersom polermedel utan slipmedel måste användas. Kontrollera att alla ventilationshål i dörrar och på andra ställen är öppna så att vatten kan rinna ut. Blanka detaljer bör behandlas på samma sätt som lacken. Vind- och andra rutor kan hållas rena med hjälp av ett speciellt glasrengöringmedel. Använd aldrig vax, eller annat polermedel för lack eller kromglans, på glas.

3 Underhåll – klädsel och mattor

Mattorna bör borstas eller dammsugas regelbundet för att hållas fria från smuts. Om de är mycket fläckiga, ta bort dem från bilen för rengöring och se till att de är torra innan de läggs tillbaka. Säten och klädsel kan hållas rena genom att man torkar med fuktig trasa eller använder speciellt rengöringsmedel. Blir de fläckiga (vilket oftare händer på ljusa färger), använd lite rengöringsmedel och mjuk nagelborste. Glöm inte att hålla taket rent på samma sätt som klädseln. Då rengöringsmedel används inuti bilen, använd inte för mycket. Överskott kan gå in i sömmar och stoppade detaljer och då orsaka fläckar, lukt eller t o m röta. Blir bilen blöt invändigt av någon anledning, kan det vara värt att torka ut den ordentligt, särskilt mattorna. *Lämna inte kvar olje- eller elektriska värmare i fordonet för detta ändamål.*

 Om bilen av en olyckshändelse råkat bli blöt inuti är det värt besväret att torka ur den ordentligt, särskilt om mattorna blivit våta. Lämna inte oljeelement eller elektriska element i bilen för detta ändamål.

4 Mindre skador på kaross – reparation

Reparation av mindre repor i lacken

Om repan är ytlig och inte tränger ner till metallen, är reparationen enkel. Gnugga området med vax som innehåller färg, eller en mycket fin polerpasta, för att ta bort lös färg från repan och rengör kringliggande partier från vax. Skölj området med rent vatten.

Lägg på bättringsfärg eller lackfilm med en fin borste; fortsätt att lägga på tunna lager färg tills repan är utfylld. Låt färgen torka minst två veckor, jämna sedan ut den mot kringliggande partier med hjälp av vax innehållande färg eller mycket fint polermedel, s k rubbing. Vaxa till sist ytan.

Då repan gått igenom färgskiktet i plåten och orsakat rost, krävs annan teknik. Ta bort lös rost från botten av repan med en pennkniv, lägg sedan på rostförebyggande färg för att förhindra att rost bildas igen. Använd en gummi- eller nylonspackel för att fylla ut repan med lämplig produkt. Vid behov kan denna förtunnas enligt tillverkarens anvisningar. Innan spacklet härdar, linda en bit mjuk bomullstrasa runt fingertoppen. Doppa fingret i cellulosathinner, och stryk snabbt över repan; detta gör att toppen på spacklet blir något urholkat. Repan kan sedan målas över enligt beskrivning tidigare i detta avsnitt.

Reparation av bucklor i karossen

Då en djup buckla uppstår i karossen, är första uppgiften att slå ut den, så att karossformen blir nästan den ursprungliga. Metallen är skadad och har sträckt sig, så det är ingen idé att försöka återställa den ursprungliga ytan helt. Det är bättre att räta ut plåten tills den är ca 3 mm lägre än omgivande partier. Om bucklan är mycket grund från början, lönar det sig inte alls att försöka slå ut den. Om undersidan på bucklan är åtkomlig, kan den hamras ut försiktigt från baksidan med hjälp av en plast- eller träklubba. Håll samtidigt ett lämpligt trästycke på utsidan som mothåll, så att inte större del av karossen trycks utåt.

Är bucklan på ett ställe där plåten är dubbel, eller den av annan anledning inte är åtkomlig bakifrån, måste man förfara på ett annat sätt. Borra flera små hål genom plåten inom det skadade området, speciellt i den djupare delen. Skruva sedan i långa självgängande skruvar så att de får gott grepp i plåten. Räta nu ut bucklan genom att dra i de isatta skruvarna med en tång.

Nästa steg är att ta bort färgen från det skadade området och några centimeter runt omkring. Detta åstadkommes bäst med hjälp av en stålborste eller slipskiva i en borrmaskin, men det kan också göras för hand med hjälp av slippapper. Förbered ytan för spackling genom att repa den med en skruvmejsel eller liknande. Man kan också borra små hål i detta område, vilket ger gott fäste för spacklet. Se vidare avsnittet om spackling och sprutning.

Reparationer av rost och andra hål i karossen

Ta bort all färg från det berörda området och några cm runt omkring med hjälp av slippapper eller en stålborste i en borrmaskin. Några slippapper och en slipkloss gör annars jobbet lika effektivt. När färgen är borttagen kan man bedöma skadans omfattning; avgör om en ny detalj behövs (om det är möjligt) eller om den gamla kan repareras. Nya karossdetaljer är inte så dyra som man många gånger tror, och det går oftast snabbare och bättre att sätta på en ny detalj, än att försöka laga stora områden med rostskador.

Ta bort alla detaljer i det skadade området utom sådana som erfordras för att återställa ursprunglig form på den skadade detaljen (som strålkastarsarg etc). Klipp eller såga sedan bort lös eller kraftigt korroderad metall. Knacka in hålkanten lite för att åstadkomma en fördjupning för spacklet. Stålborsta den berörda ytan för att ta bort rostrester från ytan runt omkring. Måla sedan med rostskyddande färg; om baksidan av det angripna området är åtkomlig, behandla även den.

Innan utfyllnad kan göras, måste stöd läggas i hålet på något sätt. Detta kan göras med hjälp av aluminium- eller plastnät, eller aluminiumtejp.

Aluminium- eller plastnät, eller glasfibermatta, är förmodligen det bästa materialet för stora hål. Klipp ut en bit som täcker hålet, placera den sedan så att kanterna är under den omgivande karossplåtens nivå. Den kan hållas på plats med några klickar spackel.

Aluminiumtejp kan användas för små och mycket smala hål. Dra loss en bit och forma den till ungefär samma storlek och form som hålet, dra loss skyddspappret (om sådant finns) och placera tejpen över hålet; flera lager kan användas om inte ett är tillräckligt. Tryck till kanten på tejpen med ett skruvmejselskaft eller liknande, för att den skall fästa ordentligt.

Karossreparationer – spackling och sprutning

Innan detta avsnitt används, se tidigare anvisningar beträffande reparation av bucklor, djupa repor, rost- och andra hål.

Många typer av spackel förekommer, men generellt fungerar de reparationssatser som består av grundmassa och en tub härdare bäst. En bred, flexibel spackel av plast eller nylon är ovärderlig för att forma spacklet efter karossens konturer.

Blanda lite spackel på en skiva. Mät härdaren noggrant (följ tillverkarens anvisning), annars kommer spacklet att härda för snabbt. Det finns också 1-komponentsprodukter, men då krävs dagsljus för härdning. Stryk på spacklet, dra spackelspaden över ytan så att spacklet antar samma kontur som den ursprungliga. Så snart formen någorlunda överensstämmer med den tänkta, avbryt bearbetningen – arbetar man för länge blir massan kletig och fastnar på spackel-spaden. Stryk på tunna lager med 20 min mellanrum tills området har byggts upp så att det är något för högt.

Så snart spacklet har härdat, kan överskottet tas bort med fil eller annat lämpligt verktyg. Sedan skall allt finare slippapper användas. Starta med nr 40 och sluta med nr 400 våtslippapper. Använd alltid någon form av slipkloss, annars blir ytan inte plan. Under det avslutande skedet skall våtslippapperet då och då sköljas i vatten. Detta garanterar en mycket jämn yta.

Området kring bucklan bör nu bestå av ren metall, som i sin tur skall omgivas av den uttunnade lackeringen. Skölj ytan med rent vatten tills allt damm efter slipningen försvunnit.

Spruta hela området med ett tunt lager grundfärg, så att eventuella ojämnheter i ytan framträder. Åtgärda dessa ojämnheter med fil eller finspackel och jämna på nytt till ytan med slippapper. Om finspackel används kan det blandas med förtunning, så att man får en riktig tunn massa, perfekt för att fylla små hål. Upprepa sprutnings- och spacklingsproceduren tills du är nöjd med ytan och utjämningen runt om skadan. Rengör området med rent vatten och låt det torka helt.

HAYNES TiPS *Om finspackel används kan det blandas med förtunning, så att man får en riktigt tunn massa, perfekt för att fylla små hål.*

Området är nu klart för slutbehandling. Sprutning av färgskikt måste ske i en varm, torr, drag- och dammfri omgivning. Dessa villkor kan uppfyllas om man har en stor arbetslokal, men om man tvingas arbeta utomhus måste man välja tidpunkt omsorgsfullt. Arbetar man inomhus kan man binda dammet genom att hälla vatten på golvet. Om den reparerade ytan begränsar sig till en

panel, maskera omkringliggande partier; detta hjälper till att begränsa effekten av färgnyansskillnad. Detaljer som kromlister, dörrhandtag etc måste också maskeras. Använd riktig maskeringstejp och flera lager tidningspapper.

Innan sprutningen påbörjas, skaka flaskan omsorgsfullt, gör sedan ett sprutprov (t ex på en gammal konservburk) tills du behärskar tekniken. Täck området med ett tjockt lager grundfärg; lägg flera tunna lager på varandra, inte ett tjockt. Slipa ytan med nr 400 våtslippapper tills den är helt slät. Under slipningen skall området vattenbegjutas och papperet emellanåt sköljas i vatten. Låt ytan torka helt innan den sprutas igen. Spruta på färglagret, bygg på nytt upp tjockleken med flera tunna lager.

Börja spruta mitt i området, arbeta sedan utåt genom att röra burken från sida till sida. Fortsätt arbeta utåt tills hela området och ca 50 mm utanför har täckts. Ta bort maskeringen 10 till 15 min efter sprutningen av färgskiktet.

Låt det nya färgskiktet torka minst två veckor, bearbeta sedan ytan med vax innehållande färg eller mycket fin polerpasta, s k rubbing. Jämna ytorna mot den gamla lackeringen. Vaxa slutligen bilen.

Plastdetaljer

Fler och fler detaljer av plast används vid tillverkningen, t ex stötfångare, spoiler och i vissa fall hela karossdetaljer. Reparation av mera omfattande skada på sådana detaljer har inneburit att man antingen överlåter arbetet till en specialist, eller byter detaljerna. Sådan reparation är i regel inte lönsam att göra själv, då utrustning och material är dyra. Tekniken går ut på att man gör ett spår längs sprickan i plastdetaljen med hjälp av en roterande fil i borrmaskinen. Den skadade detaljen svetsas sedan samman med hjälp av en varmluftspistol som värmer och smälter ihop plasten, eventuellt med tillsatsmaterial i spåret. Överskottsplast kan sedan tas bort och området poleras till en jämn yta. Det är mycket viktigt att man använder tillsatsmaterial av rätt plast, eftersom dessa detaljer kan göras av olika material (som polykarbonat, ABS, polypropylen).

Mindre omfattande skador (skavning, mindre sprickor etc) kan repareras med hjälp av en 2-komponents epoxyprodukt, eller en motsvarande en-komponentprodukt. Dessa produkter används efter blandning, eller i vissa fall direkt från tuben, på samma sätt som spackel. Produkten härdar på 20-30 min och är då redo för slipning och målning.

Om man byter en hel detalj, eller har reparerat med epoxy, återstår problemet att

8.2 Huvgångjärn

8.3 Spolarslangens anslutning till munstycke på huven

8.5 Huvens gummibuffert

hitta en lämplig färg som kan användas på den plast det är fråga om. Tidigare var det omöjligt att använda en och samma färg till alla detaljer p g a skillnaden i materialets egenskaper. Standardfärg binder inte tillfredsställande till plast eller gummi, men specialprodukter kan fås från återförsäljaren. Nu är det också möjligt att köpa en speciell färgsats, bestående av för-primerbehandling, en grundfärg och färg, och normalt medföljer kompletta instruktioner. Metoden går i korthet ut på att man först lägger på förbehandlingen, låter den torka i 30 min innan grundfärgen läggs på. Denna får torka i drygt 1 timme innan till sist färglagret läggs på. Resultatet blir en korrekt finish där färgen överensstämmer och skikten kan böja sig med plast- eller gummidetaljer. Detta klarar normalt inte en standardfärg.

5 Större skador på kaross – reparation

Där större skador har inträffat, eller stora partier måste bytas p g a dåligt underhåll, måste hela paneler svetsas fast. Detta är ett arbete som bäst överlåts åt fackmannen. Om skadan beror på en kollision, måste man också kontrollera att kaross och chassi inte har blivit skeva, och detta kan endast göras av en auktoriserad verkstad med speciella jiggar. Om karossen inte riktas upp, kan det vara farligt att köra bilen, eftersom den inte uppför sig riktigt. Belastning kan också orsakas på komponenter som styrning, fjädring och möjligen transmission. Onormalt slitage, speciellt på däck, eller haveri blir följden.

6 Underhåll – gångjärn och lås

1 Med regelbundna intervall (se Rutinmässigt underhåll), smörj gångjärn för dörrar, motorhuv och baklucka med lite olja. Smörj också huvens låsmekanism samt lås för dörrar och baklucka.

2 Vid samma intervall, smörj dörrstoppet med lite fett.
3 Olja inte rattlåset.

7 Dörrskrammel – lokalisering och åtgärder

1 Kontrollera först att dörren inte är lös i gångjärnen och att låskolven håller dörren på plats utan glapp (avsnitt 19).
2 Om låskolven är rätt placerad, men fortfarande skramlar, är låsmekanismen sliten och måste bytas.
3 Annat skrammel från dörrarna kan orsakas av slitage i mekanismen för sidorutan, den inre låsmekanismen eller skenorna för glasrutorna.

8 Motorhuv – demontering, montering och justering

1 Stöd huven i öppet läge, lägg kartongbitar eller trasor under hörnen vid gångjärnen.
2 Markera gångjärnens läge mot huven med en penna, lossa de fyra skruvarna (se bild).
3 I förekommande fall, lossa spolarslangarna från munstyckena på huven (se bild).
4 Ta hjälp av någon, lossa staget, ta bort skruvarna och sedan huven.
5 Montera i omvänd ordning, men justera

gångjärnen till deras ursprungliga läge och kontrollera att huven är plan, jäms med omgivande karossdelar. Justera vid behov huvens framkant genom att skruva gummibuffertarna in eller ut (se bild).
6 Kontrollera att låset fungerar tillfredsställande.

9 Huvlås och låsvajer – demontering och montering

1 Huvlåset hålls på plats på tvärbalken av fyra popnitar och dess läge kan inte justeras (se bild). Vid demontering, lossa vajern enligt nedanstående beskrivning, borra sedan försiktigt ut nitarna, ta bort låset.
2 Montera i omvänd ordning, kontrollera att de nya nitarna håller låset ordentligt.
3 Vid demontering av vajer, öppna och stöd huven. Se punkt 8 om vajern har gått av. Demontera kylargrillen (avsnitt 10).
4 Genom hålet i fronten, tryck på frigöraren och lossa vajerns fästklammor på undersidan av balken (se bild).
5 Haka loss vajern från fästena i motorrummet.
6 Lossa vajern från handtaget inne i bilen, dra sedan vajern genom genomföringen in i motorrummet.
7 Montera i omvänd ordning. Dra i handtaget och kontrollera att mekanismen fungerar tillfredsställande.

9.1 Huvlås och nitar

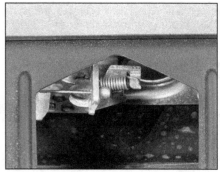

9.4 Anslutning av vajer vid huvlås

10.2 En av grillens fästskruvar

10.3 Grillens spärrhakar

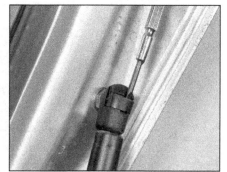
11.2 Demontering av kulled

8 Om vajern går av då huven är stängd, kan man lossa spärren för hand. En stor skruvmejsel når precis låsarmen om man sticker in den i grillen genom märket i mitten. Tryck sedan på skruvmejseln eller använd försiktigt märket som mothåll. Huven kan då öppnas.

10 Kylargrill – demontering och montering

1 Öppna och stöd huven.
2 Lossa och ta bort de två skruvarna i övre hörnen (se bild).
3 Lossa spärrhakarna upptill i grillen (se bild).

Ta bort grillen genom att lyfta den uppåt.
4 Montera i omvänd ordning.

11 Bakluckans gasfjädrar (kombi) – demontering och montering

1 Öppna och stöd luckan.
2 Lossa fjäderklammorna i änden på gasfjädern vid infästningen i karossen, dra upp kulleden och frigör fjädern från denna (se bild).
3 Lossa fjäderklamman från andra änden, ta bort brickan samt lossa gasfjädern från ledpinnen.
4 Montera i omvänd ordning.

12 Baklucka (kombi) – demontering och montering

1 Öppna och stöd bakluckan. Lossa remmarna som håller bagagehyllan.
2 Ta bort klädseln med en bredbladig skruvmejsel, lossa kablaget för bakrutevärme och torkarmotor. Lossa spolarslangen och dra bort kablage och slang från luckan.
3 Ta bort tätningslisten från karossen vid gångjärnen.
4 Dra försiktigt ner takklädseln så att skruvarna blir åtkomliga.
5 Lossa fjäderklammorna från gasdämparna, ta bort brickorna och frigör dämparna från bakluckan.
6 Lossa gångjärnsskruvarna och ta bort bakluckan.
7 Montera i omvänd ordning. Men innan åtdragning av gångjärnsskruvarna, kontrollera att bakluckan passar ordentligt i öppningen. Justera vid behov låset enligt beskrivning i avsnitt 13.

13 Bakluckans lås, handtag och låscylinder (kombi) – demontering, montering och justering

1 Öppna bakluckan, använd en insexnyckel och lossa låsets två fästskruvar. Ta bort låset (se bild).
2 Låstappen kan demonteras om man tar bort de två fästskruvarna.

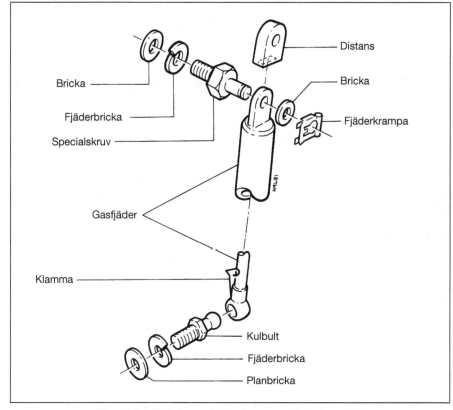

Bricka
Fjäderbricka
Specialskruv
Gasfjäder
Klamma
Distans
Bricka
Fjäderkrampa
Kulbult
Fjäderbricka
Planbricka

Fig. 11.1 Infästning av bakluckans gasfjäder (avsn 11)

13.1 Bakluckans lås (kombi)

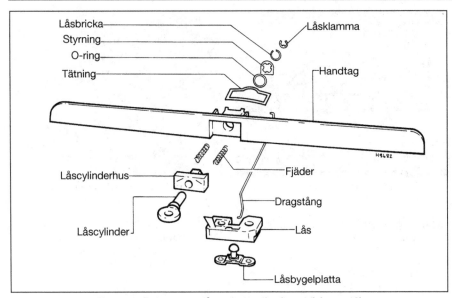

Fig. 11.2 Bakluckans lås och detaljer (kombi) (avsn 13)

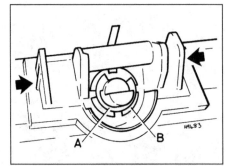

Fig. 11.3 Luckhandtag/låscylinder, låsbricka (A), spärring (B). Tryck vid pilarna (avsn 13)

3 Vid demontering av handtag och låscylinder, lossa skruvarna på utsidan, tryck sedan de två spärrarna på bägge sidor om cylindern mot varandra, ta bort handtaget.
4 Montera nyckeln i låscylindern, frigör låsbrickan och ta bort cylindern genom att dra i nyckeln.
5 Vid demontering av låscylinderhus, ta bort låsringen och dra huset från handtaget.
6 Montera i omvänd ordning, innan låstappen dras fast, öppna och stäng luckan några gånger så att den ställer in sig.

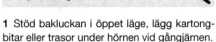

14 Baklucka (sedan) – demontering, montering och justering

1 Stöd bakluckan i öppet läge, lägg kartongbitar eller trasor under hörnen vid gångjärnen.
2 Lossa kabelstammen och märk gångjärnens läge med en penna.
3 Ta hjälp av någon, lossa skruvarna och ta bort bakluckan från bilen.
4 Montera i omvänd ordning, men justera gångjärnen till ursprungligt läge så att luckan går jäms med omgivande karossdelar.

15 Bakluckans lås och låscylinder (sedan) – demontering och montering

Lucka och låscylinder påminner om utförandet på kombikupémodellerna. Se därför avsnitt 13 beträffande demontering och montering.

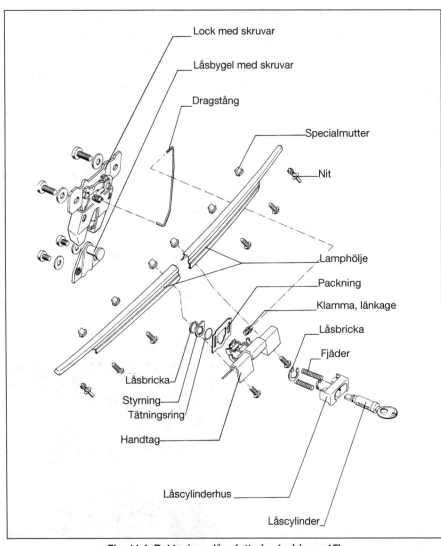

Fig. 11.4 Bakluckans lås, Jetta (sedan) (avsn 15)

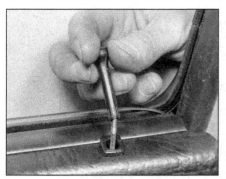

16.1 Lossa låsknappen

16.2 Demontering av innerhandtagets sarg

16.3A Demontering av draghandtagets lock

16 Dörrklädsel – demontering och montering

1 Skruva loss och ta bort låsknappen (se bild).
2 Demontera innerhandtagets sarg genom att föra den bakåt (se bild).
3 Ta bort locket på draghandtaget med en liten skruvmejsel, lossa sedan skruvarna, ta bort handtaget (se bilder).
4 Notera fönstervevens läge då rutan är stängd, lossa sedan locket, ta bort skruven och sedan vev och bricka (se bilder).
5 Där sådan förekommer, lossa juster-

knappen för backspegeln och ta bort skyddet (se bild).
6 Skruva loss de självgängande skruvarna och dra bort dörrfickan (där sådan förekommer).
7 Lossa stoppen och skruvarna som håller klädseln (se bilder).
8 Använd en bredbladig skruvmejsel, lossa fästklammorna från dörren, se till att inte klädseln skadas. Klädseln kan nu tas bort.
9 Demontera tätningen för fönsterveven (i förekommande fall).
10 Lossa försiktigt plasten så att insidan på dörren blir åtkomlig (se bild).
11 Montera i omvänd ordning. Man bör låsa gängorna för fönstervevens skruv med lite låsvätska.

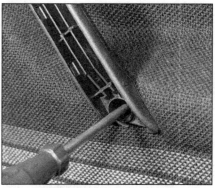

16.3B Fästskruvarna tas bort

16.4A Demontering av lock på fönstervev

16.4B ... och fästskruven

16.5 Demontering av justerknapp för backspegel

16.7A Demontera stoppen (där så behövs) så att klädselns skruvar blir åtkomliga

16.7B Demontering av skruv till klädsel (bakkant)

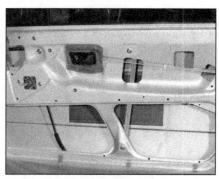

16.10 Plastskyddet borttaget

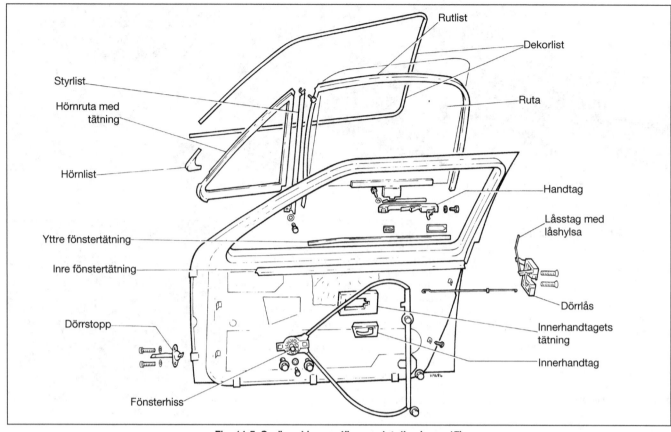

Styrlist

Hörnruta med tätning

Hörnlist

Yttre fönstertätning

Inre fönstertätning

Dörrstopp

Fönsterhiss

Rutlist

Dekorlist

Ruta

Handtag

Låsstag med låshylsa

Dörrlås

Innerhandtagets tätning

Innerhandtag

Fig. 11.5 Sprängskiss av dörrens detaljer (avsn 17)

17 Inre dörrhandtag – demontering och montering

1 Ta bort klädseln enligt beskrivning i avsnitt 16.
2 Ta bort den mjuka täckbrickan, lossa sedan hållaren nedtill på handtaget.
3 Tryck plattan framåt ut från dörren, haka loss den från stången (se bild).
4 Montera i omvänd ordning.

18 Yttre dörrhandtag – demontering och montering

1 Demontera dörrklädseln enligt beskrivning i avsnitt 16.
2 Använd en liten skruvmejsel, bryt loss plastbiten från yttre handtaget.
3 Demontera skruvarna från handtaget och vid änden på dörren.
4 Ta bort handtaget och lossa det från låset (se bild). Ta bort packningarna.

5 Montera i omvänd ordning, men montera nya packningar vid behov.

19 Dörr – demontering och montering

1 Öppna dörren, använd en dorn för att driva ut ledpinnen från dörrstoppet (se bild).
2 Märk gångjärnens läge på dörren.
3 Stöd dörren, lossa sedan och ta bort undre gångjärnsskruven följd av den övre. Ta bort dörren.

17.3 Demontering av innerdörrhandtag

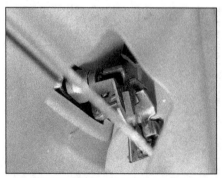

18.4 Ytterhandtaget sett från insidan av dörren

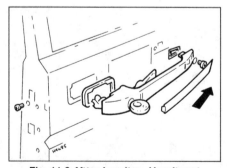

Fig. 11.6 Yttre handtag. Handtaget demonteras i pilens riktning (avsn 18)

19.1 Dörrstopp och gångjärn

19.4 Spärrtapp

21.2 Dörrlås

4 Montera i omvänd ordning, men dörrens läge måste justeras med gångjärnen så att, då den är stängd, den går jäms med omgivande karossdelar samt passar mitt i öppningen. Smörj gångjärnen med lite olja och dörr-stoppet med fett. Justera vid behov spärr-tappens läge **(se bild)**, se avsnitt 20.

20 Spärrtapp – justering

1 Märk runt tappen med en penna.
2 Med en nyckel på sexkanten, lossa spärrtappen ungefär ett varv, så att den kan röra sig då man knackar på den med en mjuk klubba.
3 Knacka spärrknappen inåt om dörren skramlar, eller utåt om dörren är svår att stänga. Se dock till att den inte flyttar sig från horisontallinjen, såvida inte denna justering erfordras. Flytta den bara lite åt gången; det faktiska måttet kan lätt avgöras genom en jämförelse med pennmärkena.
4 Då rätt position erhållits, när dörren hålls på plats ordentligt utan att den blir svårstängd, dra åt spärrtappen.

21 Dörrlås – demontering och montering

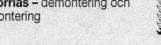

1 Det är inte nödvändigt att ta bort klädseln. Öppna först dörren och ställ låset i låst läge, antingen genom att använda innerknappen eller vrida om nyckeln.
2 Använd en insexnyckel, lossa fästskruvarna och dra tillbaka låset cirka 12 mm så att manöverarmen blir åtkomlig **(se bild)**.
3 Håll manöverarmen i utdraget läge genom att föra in en skruvmejsel genom hålet undertill i låset **(fig. 11.7)**.
4 Lossa dragstången från manöverarmen och den övre armen från hylsan. Ta bort låset.
5 Montera i omvänd ordning, men kom ihåg att ställa låset i låst läge. Se till att spärrarna på plasthylsan är ordentligt på plats.

22 Fönsterhiss (manuell) – demontering och montering

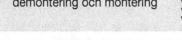

1 Demontera dörrklädseln enligt beskrivning i avsnitt 16.
2 Sätt tillfälligt tillbaka fönsterveven och sänk rutan så att lyftplattan blir synlig.

3 Ta bort hissens fästskruvar i dörren, samt lyftplattans skruvar till rutstyrningen **(se bilder)**.
4 Lossa hissen från dörren och ta bort den genom öppningen.
5 Montera i omvänd ordning, men se till innervajern är smord. Justera vid behov hissens läge så att rutan rör sig jämnt.

23 Fönsterhiss (elektrisk) – demontering och montering

1 Lossa batteriets jordledning.
2 Ta bort dörrklädseln enligt beskrivning i avsnitt 16.
3 Sänk rutan så att lyftplattans fästskruvar kan lossas.
4 Lossa kontaktstycket.
5 Lossa och ta bort hissmotorns fästskruvar samt de tre skruvarna som håller styrlisten **(fig. 11.8)**.
6 Ta bort hissenheten, d v s motor, vajrar och vajerstyrningar från öppningen undertill i dörren.
7 Montera i omvänd ordning. Se till att övre vajern ligger under styrlistens fäste samt, vid montering av klädsel, att inga veck finns på plasten.

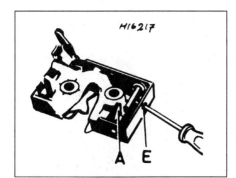

Fig. 11.7 Skruvmejsel genom hål i dörrlåset (E) för att hålla manöverarmen (A) i utsträckt läge (avsn 21)

22.3A Fästskruvar för fönsterhiss

22.3B Skuvar för lyftplatta till rutstyrning

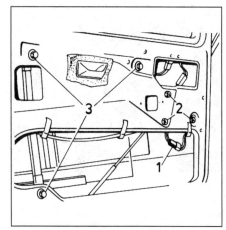

Fig. 11.8 Fönsterhiss (elektrisk) (avsn 23)

1 Kontaktstycke
2 Fästskruvar för motor
3 Styrlistskruvar

24 Fönsterrutor – demontering och montering

Dörruta

1 Ta bort fönsterhissen enligt beskrivning i avsnitt 22 eller 23.
2 Med rutan i fullt nedsänkt läge, ta bort yttre och inre list från rutöppningen.
3 Ta bort bult och skruv, dra ut främre styrlisten.
4 Ta bort hörnrutan och tätningen.
5 Lyft bort rutan från dörren.
6 Montera i omvänd ordning. Om glaset byts, se till att styrlisten placeras på samma sätt som på den gamla rutan.

Vindruta och fasta rutor

7 Demontering och montering av vindruta samt andra fasta rutor överlåts bäst till en fackman.

25 Stötfångare – demontering och montering

Främre stötfångare

Notera: Bilen ska under inga omständigheter köras med främre stötfångare eller stötfångarfästen dåligt fastsatta, eftersom den främre tvärbalken som stöder motorn då inte längre är korrekt fixerad.

1 Lossa batteriets negativa anslutning, koppla sedan bort kontaktstyckena för blinkerslyktorna.
2 Hissa upp framänden på bilen, stöd den på pallbockar. Placera en domkraft under främre motorfästet, lägg en träbit mellan. Hissa upp domkraften så att den just avlastar motorns tyngd.
3 Lossa främre stötfångarens fästen underifrån, från längsgående balken på varje sida. Ta bort stötfångaren **(se bild)**.
4 Montera i omvänd ordning. Kontrollera att blinkersen fungerar tillfredsställande.

Bakre stötfångare

5 Hissa upp bakänden, stöd den på pallbockar.
6 Lossa de två skruvarna till stötfångarfästena på varje sida **(se bild)**.
7 Ta bort stötfångaren, dra den bakåt och lossa den från styrningarna på varje sida. **(fig. 11.9)**.
8 Montera i omvänd ordning.

26 Stötfångarhölje – demontering och byte

1 Demontera berörd stötfångare enligt beskrivning i föregående avsnitt.
2 Använd ett lämpligt verktyg, bänd loss ytterhöljet på den gamla stötfångaren.
3 Vid montering av nytt hölje, lägg det på plats över stötfångaren, stöd sedan höljet så

att stötfångaren kommer överst. Använd ett mjukt underlag.
4 Knacka eller tryck stötfångaren ner på det nya höljet så att fästklammorna kommer på plats. Starta i mitten och arbeta utåt, växla från sida till sida.
5 Montera stötfångaren.

27 Yttre backspeglar – demontering och montering

Utan fjärreglering

1 Lossa plastskyddet på insidan av dörren.
2 Lossa skruvarna och ta bort klämmorna.
3 Ta bort ytterhölje och spegel.
4 Montera i omvänd ordning.

Fjärrmanövrerade speglar

5 Dra bort justerknopp och damask på insidan.
6 Ta bort dörrklädseln enligt beskrivning i avsnitt 16.
7 Lossa låsmuttern och ta bort justerknappen från fästet.
8 Bänd loss plastskyddet, lossa sedan skruvarna och ta bort klammorna.
9 Ta bort spegeln tillsammans med justerspak och packning.
10 Montera i omvänd ordning, byt packning vid behov.

28 Innerflygel fram – demontering och montering

1 Hissa upp bilen och stöd den på pallbockar.
2 Ta bort hjulet på den berörda sidan.
3 Ta bort de två skruvarna som visas i **fig. 11.11.**
4 Vrid innerflygen 90° nedåt och dra loss den från de avlånga hålen.
5 Lossa och ta bort skruvarna (med brickor)

25.3 Fästskruvar för stötfångare till balk (vid pilarna)

25.6 Bakre stötfångarskruvar (vid pilarna)

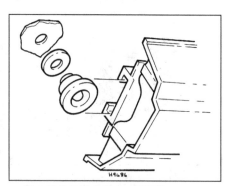

Fig. 11.9 Infästning av stötfångarens sidodel (avsn 25)

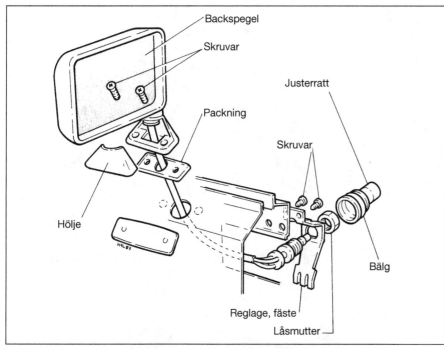

Fig. 11.10 Sprängskiss för fjärrmanövrerad backspegel (avsn 27)

Labels: Backspegel, Skruvar, Justerratt, Packning, Skruvar, Hölje, Bälg, Reglage, fäste, Låsmutter

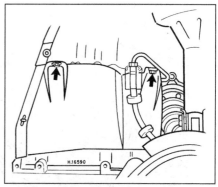

Fig. 11.11 Demontera innerflygelns fästskruvar (vid pilarna) (avsn 28)

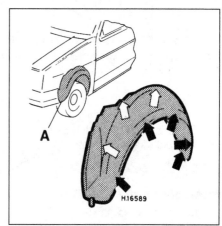

Fig. 11.12 Placering av fästskruvar för innerflygel - vid pilarna (avsn 28)

A Styrstift

som visas i **fig. 11.12**, ta bort innerflygeln efter att ha lossat styrningen A från den främre undre kanten.

6 Byt skadade nitar.

7 Montera i omvänd ordning.

29 Framflygel – demontering och montering

1 En skadad framflygel kan bytas komplett. Demontera först stötfångaren enligt beskrivning i avsnitt 25.

2 Ta bort skruvarna och innerflygeln (se föregående avsnitt).

3 Lossa/ta bort eventuell radioantenn monterad i framflygeln.

4 Ta bort alla skruvar och lossa flygeln från bilen. Värm vid behov tätningsmassan med en

värmepistol, *se till att vidta åtgärder för att undvika brand.*

5 Rengör tätningsytorna och behandla med rostskydd vid behov.

6 Stryk på tätningsmedel i skarven innan skärmen sätts på plats. Då flygeln skruvats fast, rostskyddsbehandla den. Måla flygeln och montera innerflygel och stötfångare.

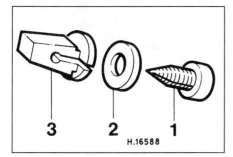

Fig. 11.13 Innerflygelns fästskruv (1), bricka (2), specialnit (3) (avsn 28)

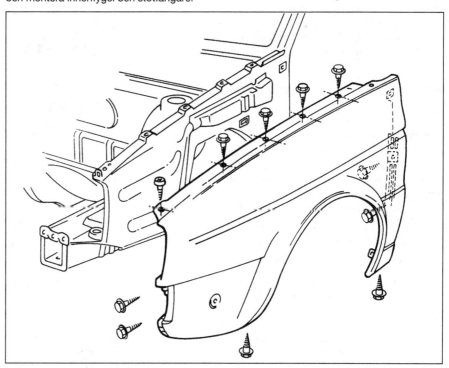

Fig. 11.14 Placering för framflygelns fästskruvar - Jetta (avsn 29)

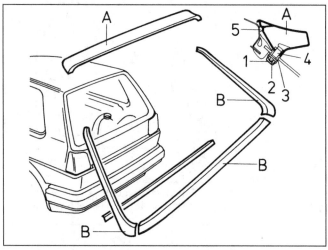

Fig. 11.15 Bakspoiler (A) och lister (B) - GTI (avsn 30)

1 Skyddslock   2 Mutter   3 Gummibussning
4 Distanshylsa   5 Gummirep (5 mm dia.)

Fig. 11.16 Skärmbreddare med popnitar i bakkant (avsn 30)

30 Skydds- och dekorlister – demontering och montering

Bakspoiler och list – GTI

1 Detaljerna visas i **fig. 11.15**.
2 Spoilern hålls av en mutter, gummigenomföring och distanshylsa. Fästmuttern blir åtkomlig när klädsel och skyddslock tagits bort.
3 Vid montering av spoiler, kontrollera att karossytan är rengjord.
4 Listerna är limmade runt rutan, de demonteras och monteras bäst av en fackman. Om arbetet utförs måste arbetstemperaturen vara mellan 15 och 25°C. Det är dessutom viktigt att ytan på vilken listen monteras, är grundligt rengjord och preparerad (se punkt 8).

Skärmbreddare

5 Dessa är fästa i skärmen med popnitar. Borra ur nitarna och ta bort skärmbreddarna. Montera i omvänd ordning, men se till att kringliggande delar är grundligt rengjorda.
6 Börja nita i mitten och arbeta växelvis utåt mot sidorna.

Skyddslister av gummi

7 Listerna måste värmas loss med värmepistol, men se till att inte lacken skadas.
8 Rengör från lim och vax med varnolen och lämpligt borttagningsmedel för silikon.
9 Innan ny list monteras, kontrollera att kontaktytan och karossen är torr, värm den till 35°C. Ta bort skyddspapperet på den nya listen och lägg den noggrant på plats genom att trycka bestämt, särskilt i ändarna.

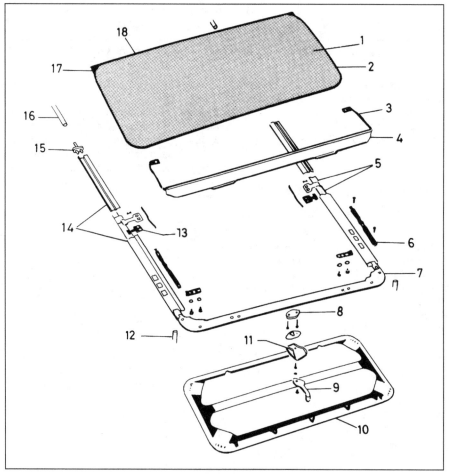

Fig. 11.17 Sprängskiss av taklucka (avsn 31)

1 Lucka	med vajer	9 Vev	13 Stödplåt	17 Vatten-
2 Tätning	(en enhet)	10 Luckklädsel	14 Styrning	avvisare
3 Avvisararm	6 Fästbleck	11 Fingerplatta	15 Ändplugg	18 Tätning
4 Vindavvisare	7 Vajerstyrning	12 Främre	16 Bakre	
5 Bakre styrning	8 Vajerdrivning	dräneringsslang	dräneringsslang	

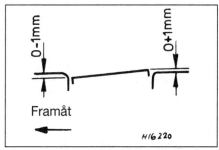

Fig. 11.18 Injustering av taklucka (avsn 31)

31 Taklucka – demontering, montering och justering

1 Öppna takluckan till hälften och ta bort de fem listklamrarna.
2 Stäng takluckan och tryck listen bakåt.
3 Lossa styrskruvarna framtill på luckan och ta bort styrningarna.
4 Lossa bladfjädrarna från de bakre styrningarna genom att dra dem inåt.
5 Ta bort skruvarna och den bakre stöd-plåten.
6 Lyft bort takluckan.
7 Vid montering, lägg luckan på plats i öppningen och montera de främre styrningarna.
8 Med takluckan stängd och riktigt placerad, montera de bakre styrningarna och blad-fjädrarna.
9 Korrekt justering av takluckan visas **fig. 11.18** – framänden måste gå jäms med eller ligga max 1 mm under takkanten, bakänden måste gå jäms med eller max 1 mm över takkanten.
10 Vid justering av framkant, lossa främre styrningarnas skruvar och vrid justerskruvarna såsom erfordras, dra åt styrskruvarna.
11 Vid justering av bakkant, lossa blad-fjädrarna, lossa skruvarna med avlånga hål och flytta takluckan såsom erfordras. Dra åt skruvarna, sätt tillbaka bladfjädrarna.
12 Sätt tillbaka lister och klammer.

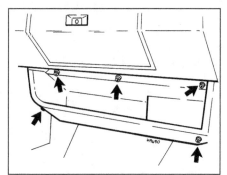

Fig. 11.21 Bagagehylla under instrument-brädan på passagerarsidan – skruvar vid pilarna (avsn 33)

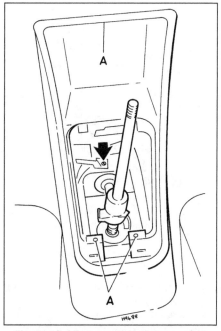

Fig. 11.19 Mittkonsolens fästskruv (vid pilen) samt styrningar (A) (avsn 32)

32 Mittkonsol – demontering och montering

1 Lossa batteriets negativa anslutning.
2 Lossa och ta bort växelspaksknoppen och

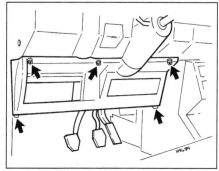

Fig. 11.20 Undre panel vid instrument-bräda - skruvar vid pilarna (avsn 33)

fortsätt sedan genom att lossa och ta bort damasken.
3 Lossa fästskruvarna, ta sedan bort konsolen från styrningarna baktill. Lossa eventuella kablar **(fig. 11.19)**.
4 Montera i omvänd ordning. Kontrollera funktionen hos eventuella strömställare.

33 Instrumentbräda – demontering och montering

1 Demontera ratten enligt beskrivning i kapitel 10.
2 Lossa fästskruvarna och ta bort den undre panelen på förar- och passagerarsidan **(fig. 11.20 och 11.21)**.

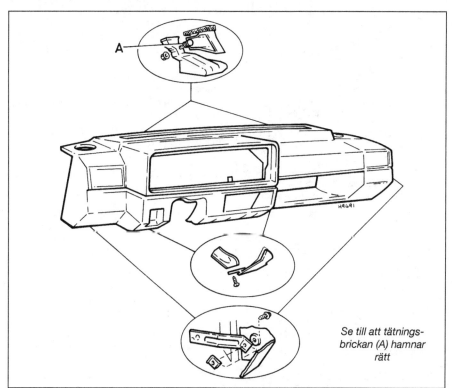

Se till att tätnings-brickan (A) hamnar rätt

Fig. 11.22 Infästning av instrumentbräda (avsn 33)

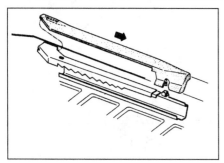

Fig. 11.23 Skydd över golvstyrning (avsn 34)

Haka loss och ta bort i pilens riktning

3 Ta bort mittkonsolen enligt beskrivning i föregående avsnitt.
4 Dra loss knopparna för värmereglagen, lossa sedan panelen och de elektriska anslutningarna.
5 Se kapitel 9, demontera radio, instrumentpanel samt högtalare och galler.
6 Demontera luftinsläppen genom att försiktigt bryta loss dem, lossa sedan skruvarna som håller huset och ta bort det.
7 Se **fig. 11.22**, ta bort fästskruvarna som visas. Vid demontering av muttrar/skruvar framtill, är de åtkomliga genom luftintaget i motorrummet.

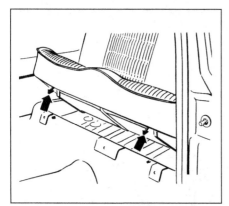

Fig. 11.26 Tryckpunkter vid demontering av baksäte - vid pilarna (avsn 35)

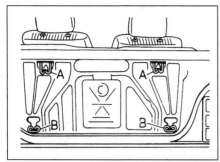

Fig. 11.27 Bakre ryggstödets fästhakar i bagageutrymmet - A och B (typisk) (avsn 35)

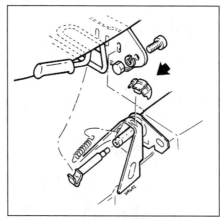

Fig. 11.24 Spärr för framsäte och dess detaljer (avsn 34)

Främre styrning vid pilen

8 Se till att instrumentpanelen är helt lossad, ta bort den från bilen.
9 Montera i omvänd ordning. Vid montering av muttrar i luftintaget, använd rätt typ av tätningsbricka.
10 Kontrollera efter avslutat arbete att alla funktioner är riktiga.

34 Framsäten – demontering och montering

1 Bryt loss skyddet för golvstyrningen och klamman baktill på sätet.
2 Ta bort skyddet och dra sätet framåt.
3 Se **fig. 11.24**, ta bort kupolmuttern, brickan och skruven. Ta bort stången, dra sedan sätet bakåt.
4 Svårighet att ställa in stolens läge i längdled, beror förmodligen på slitna styrningar fram och bak. Byt dem i så fall **(fig. 11.25)**.
5 Montera i omvänd ordning, kupolmuttern måste dras till angivet moment.

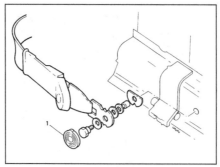

Fig. 11.28 Främre säkerhetsbältets infästning (avsn 36)

Fjäderänden (1) pekar mot övre uttaget i länken och vrids sedan 270° för att hakas på stiftet

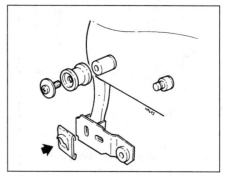

Fig. 11.25 Framsätets bakre styrning (vid pilen) - byt om den är sliten (avsn 34)

35 Baksäte – demontering och montering

1 Ta bort dynan genom att trycka på punkterna på båda sidor i främre nederkant och lyfta dynan uppåt, se **fig. 11.26**.
2 Från bagageutrymmet, lossa hakarna som håller ryggstödet, låt någon samtidigt trycka ryggstödet framåt **(fig. 11 .27)**.
3 Montera i omvänd ordning, men se till att ryggstödets hakar fäster ordentligt.

36 Säkerhetsbälten – underhåll

1 Kontrollera regelbundet att inte bältena fransat sig eller fått andra skador. Byt dem i så fall.
2 Om bältena blir smutsiga, torka dem med en fuktig trasa och lite tvättmedel.
3 Kontrollera att infästningarnas skruvar sitter ordentligt och, om de någonsin demonteras, se till att alla detaljer monteras på samma sätt, se **fig. 11.28 till 11.33**.
4 Justera aldrig bältet eller dess infästning i karossen.

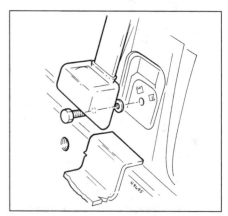

Fig. 11.29 Säkerhetsbältets nedre infästning i B-stolpen (avsn 36)

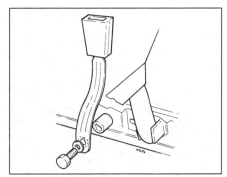

Fig. 11.30 Infästning stolramen (avsn 36)

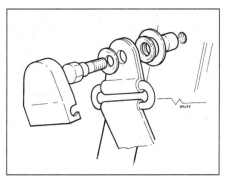

Fig. 11.31 Säkerhetsbältets övre infästning
i B-stolpen (avsn 36)

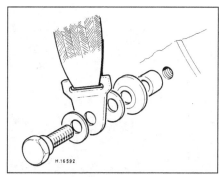

Fig. 11.32 Bakre bältets infästning i golvet
(avsn 36)

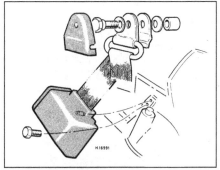

Fig. 11.33 Bältets infästning i C-stolpen
(avsn 36)

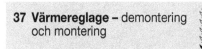

37 Värmereglage – demontering och montering

1 Värmereglaget sitter mitt i intrumentbrädan. Det är tillgängligt sedan radion demonterats eller, om radio saknas, täckbrickan. Då radion är borttagen blir enheten synlig. Lossa batteriets jordledning.
2 Ta bort knapparna och lossa panelen **(se bilder)**.
3 Ta bort de tre skruvarna som håller reglageenheten, den kan då dras framåt **(se bild)**.
4 Vajrarna kan nu hakas loss från reglagen och ytterhöljet lossas från infästningen.
5 Om någon kabel ska bytas, lossa den från spjället i andra änden och ta bort den. För att

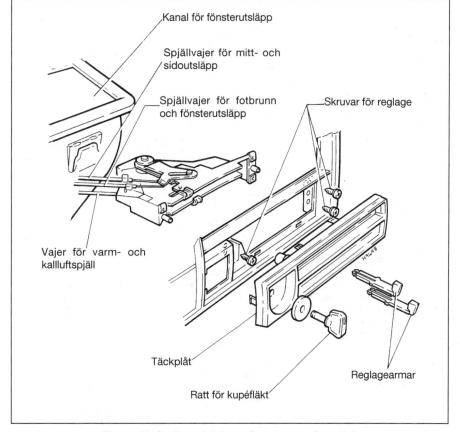

Kanal för fönsterutsläpp

Spjällvajer för mitt- och sidoutsläpp

Spjällvajer för fotbrunn och fönsterutsläpp

Skruvar för reglage

Vajer för varm- och kallluftspjäll

Täckplåt

Ratt för kupéfläkt

Reglagearmar

Fig. 11.34 Sprängskiss över värmereglage (avsn 37)

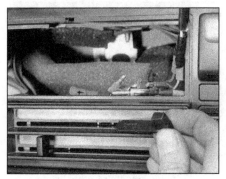

37.2A Ta bort reglerknapparna

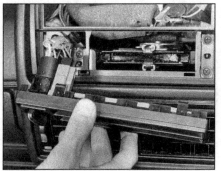

37.2B Lossa och dra ut panelen

37.3 Demontering av reglaget

37.5A Demontera bagagehylla . . .

37.5B . . . och isolering (högerstyrd visad, vänsterstyrd liknande)

37.5C Vajeranslutningar vid spjällen för värmefördelning (vid pilarna). Högerstyrd visad, vänsterstyrd liknande

komma åt spjällen måste undre panelen och bagagehyllan tas bort på passagerarsidan, samt även isoleringen (se bilder).
6 Det är bäst att byta vajrarna komplett om innervajern går sönder. På detta sätt erhåller man precis rätt längd. Det är en god idé att montera nya klammor också, eftersom de gamla verkar deformeras vid demontering.
7 Montera i omvänd ordning. Se till att kablarna är riktigt dragna utan skarpa böjar.

38 Kupéfläkt – demontering och montering

1 Lossa batteriets jordledning.
2 Ta bort bagagehylla och isolering på undersidan av instrumentbrädan, på passagerarsidan.
3 Fläkten är monterad i vänster hörn. Lossa kontaktstycket (se bild).
4 Lossa fästklamman (försiktigt), vrid sedan fläkten medurs och ta bort den från huset (se bild).
5 Anslutningsplåten på fläkten kan tas bort med hjälp av en skruvmejsel för att lossa blecket på ovansidan.
6 Om en ohmmeter är tillgänglig, kan över-

hettningsskyddet kontrolleras enligt fig. 11.35.
7 Kontrollera att fläkten rör sig fritt och att inga luftkanaler är blockerade.
8 Montera i omvänd ordning.

39 Värmeväxlare/friskluftsintag – demontering och montering

1 Lossa batteriets jordledning.
2 Ta bort mittkonsolen (avsnitt 32).
3 Ta bort bagagehylla och isolering på passagerarsidan.
4 Tappa av kylvätskan (med värmereglaget på), se kapitel 2.
5 Lossa kylarslangarna vid torpedväggen på passagerarsidan (fig. 11.36).
6 Lossa fästskruvarna och ta bort utgående luftkanal från friskluftskanalen, lossa sedan fördelarstycket från vänster och höger luftkanal då de dras tillbaka. Ta bort packningen.
7 Lossa vajrarna från luftkanalen.
8 Lossa instrumentbrädans skruvar så mycket att friskluftskanalen kan demonteras.
9 Lossa klämmorna och ta bort värmeväxlaren från luftkanalen, men se upp för

kylvätska som fortfarande kan rinna genom rören.
10 Husets övre och undre halva kan delas genom att klammorna tas bort (se bild). Då huset delats kan spjället tas bort. Notera: Se till att inte skada husen.

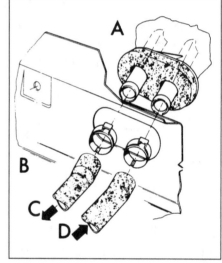

Fig. 11.35 Slanganslutning vid torped (avsn 39)

A Kupé   C Returslang
B Motorrum   D Matarslang

38.3 Fläkt och elanslutning. Högerstyrd visad, vänsterstyrd liknande

38.4 Demontering av fläkten. Högerstyrd visad, vänsterstyrd liknande

39.10 Låsklammer för hushalvor (vid pilarna)

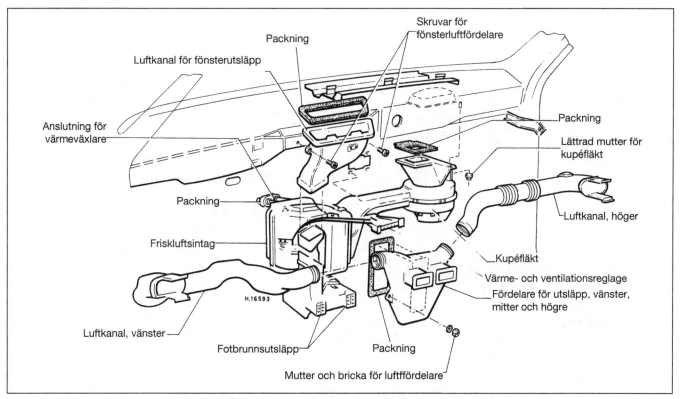

Skruvar för fönsterluftfördelare

Packning

Luftkanal för fönsterutsläpp

Anslutning för värmeväxlare

Packning

Lättrad mutter för kupéfläkt

Packning

Friskluftsintag

Luftkanal, höger

Kupéfläkt

Värme- och ventilationsreglage

Fördelare för utsläpp, vänster, mitter och högre

Luftkanal, vänster

Fotbrunnsutsläpp

Packning

Mutter och bricka för luftffördelare

Fig. 11.36 Sprängskiss av värme- och ventilationssystem (avsn 39)

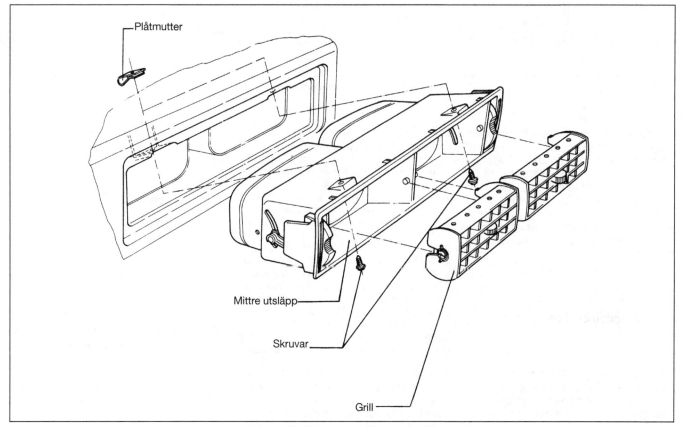

Plåtmutter

Mittre utsläpp

Skruvar

Grill

Fig. 11.37 Mittre luftutsläpp (avsn 39)

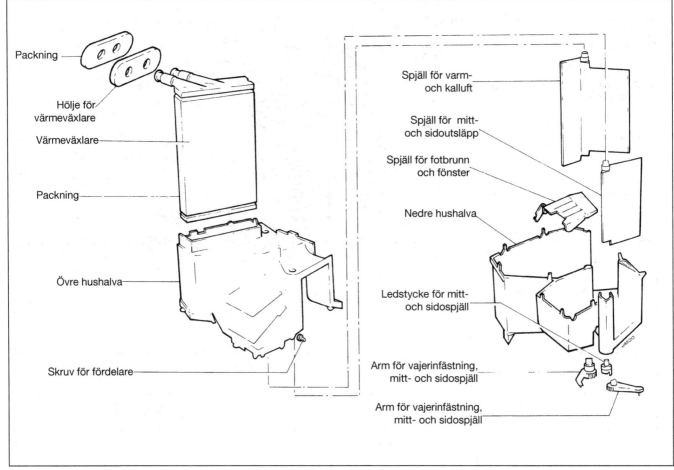

Fig. 11.38 Värmekanaler (avsn 39)

11 Montera i omvänd ordning. Då reglagearmarna sätts på plats, ställ in märkena på yttersidan av segmenten **(fig. 11.39)**. Byt värmeväxlarens packning och se till att slangarna ansluts ordentligt.
12 Innan bagagehyllan monteras, fyll på kylsystemet och låt motorn gå tills den får normal arbetstemperatur. Kontrollera värmeanläggningen beträffande läckage och funktion.

40 Luftkonditionering – allmänt

1 Luftkonditioneringen fungerar exakt som ett kylskåp, den har en kompressor, en kondensor och en förångare. Kondensorn är ansluten till bilens kylsystem. Kompressorn,

remdriven från vevaxeln, sitter på ett fäste på motorblocket. Förångaren är installerad i ett hus under instrumentbrädan, där den upptar platsen för friskluftskanalen. Förångaren har en fläkt för cirkulation av kalluft.
2 Systemet regleras från instrumentbrädan på liknande sätt som värmeanläggningen.
3 Det kylmedium som används är freon, med beteckningen F12 på äldre bilar. Föreningen är farlig om den inte hanteras på rätt sätt. Som vätska är den mycket kall och vidrör den huden kan frostskador uppstå. Som gas är den färglös och saknar lukt. Den är tyngre än luft, och tränger undan syrgas, vilket kan vara farligt om den samlas i gropar. Den brinner inte, men en tänd cigarett kan få den att omvandlas till en gas, vilken kan vara dödligt giftig. Så har man luftkonditionering och bilen fattar eld, har man fått ytterligare ett problem.
4 Vi rekommenderar att endast certifierad personal arbetar med luftkonditioneringssystemet. Den enda justering som bör göras är justering av kompressorns drivrem. Den ska

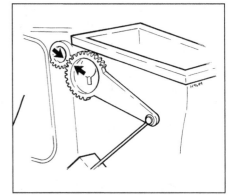

Fig. 11.39 Ställ in märkena för segmenten mitt för varandra (avsn 39)

kunna tryckas ner 5 till 10 mm mitt mellan remskivorna. Se avsnitt 41 för vidare information.

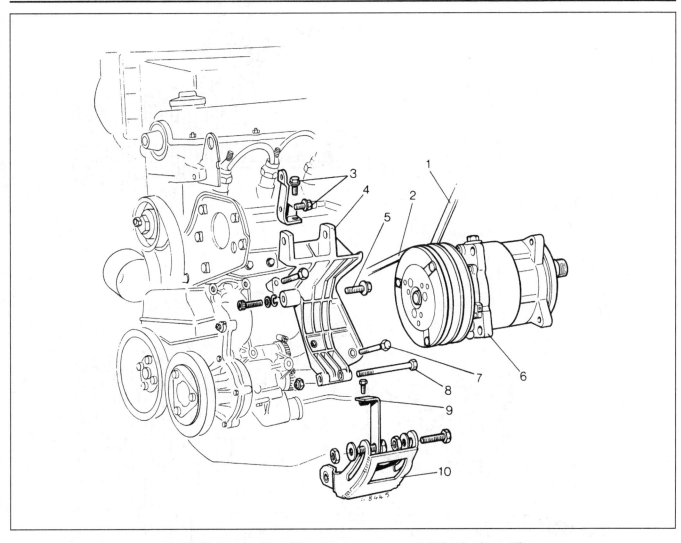

Fig. 11.40 Typisk luftkonditioneringskompressor och infästning (avsn 40)

1 Drivbelt för generator	4 Fäste	8 Skruv
2 Drivrem för vattenpump och kompressor	5 Skruv	9 Slangfäste
3 Skruvar	6 Kompressor - skruven måste vara uppåt	10 Spännanordning
	7 Skruv	

5 Demontering och montering av kompressorn är enkel som kan ses av **fig. 11.40**, men **kylledningarna får inte öppnas**. Kompressorn måste föras åt sidan i motorrummet vid demontering av motor, men bara så långt att slangarna kan vara anslutna utan att sträckas.
6 Då någon detalj i systemet måste demonteras, låt en fackman tömma systemet och även fylla det efteråt.
7 Låt systemet arbeta några minuter varje vecka under vintern. Till en viss gräns fungerar det även utmärkt på vintern, och förbättrar defrosterns funktion.
8 Rengör regelbundet kondensorn och ta bort smuts, insekter och annat som kan ha

fastnat. Tvätta antingen med kallt vatten eller försiktigt med tryckluft. Använd en mjuk borste för att få bort hårt sittande smuts.

41 Luftkonditioneringens drivrem – justering

1 Drivremmen justeras genom att man lägger till eller tar bort brickor mellan remskivans halvor.
2 Rätt justerad ska remmen gå att trycka ned 5 till 10 mm på längsta delen mellan remskivorna.

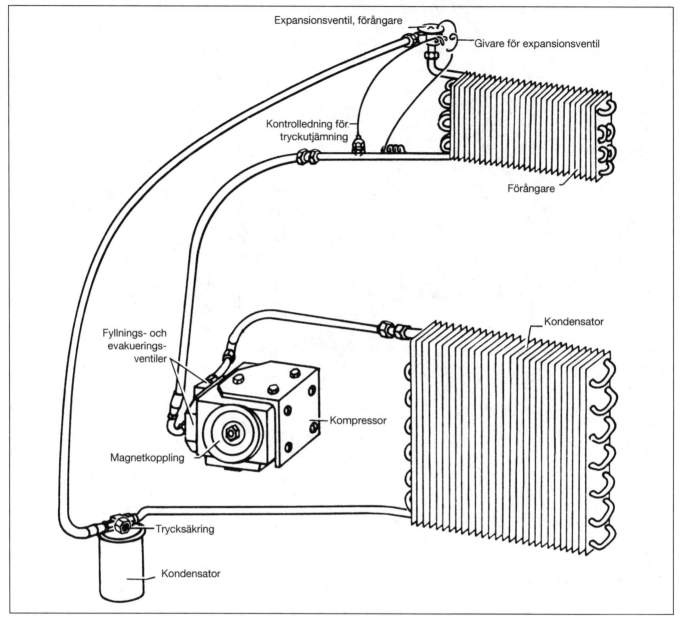

Fig. 11.41 Schematisk bild av luftkonditionering (avsn 40)

Kapitel 12
Supplement: Ändringar och information om senare modeller

Innehåll

Svårighetsgrader

Enkelt, passar novisen med lite erfarenhet	Ganska enkelt, passar nybörjaren med viss erfarenhet	Ganska svårt, passar kompetent hemma-mekaniker	Svårt, passar hemmamekaniker med erfarenhet	Mycket svårt, för professionell mekaniker
		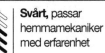		

1 Inledning

Supplementet innehåller information som blivit tillgänglig efter det att boken tryckts i sin första upplaga. Detta omfattar införandet av hydrauliska ventillyftare, insprutningssystem av typ Digifant, Digijet och Mono-Jetronic, 16-ventils motor för GTI-modellen, nya förgasartyper, helelektroniskt tändsystem (FEI), 5-växlad växellåda (085), samt ett flertal andra mindre ändringar.

För att på bästa sätt kunna använda denna information, bör supplementets uppgifter läsas före huvudkapitlet. På så sätt är man säker på att alla aktuella uppgifter erhållits innan arbetet enligt kapitlen 1 till 11 utförs. Detta sparar både tid och kostnader.

2 Tjänstevikt – allmänt

Uppgifterna finns i registreringsbeviset och i instruktionsboken som följer med bilen. De uppgifter som står på sidan 6 är generella och de för den aktuella bilen kan erhållas från en VW serviceverkstad.

3 Specifikationer

De uppgifter som lämnas i följande text är reviderade, eller kompletterande, uppgifter till tidigare kapitel.

Motor (1,05 och 1,3 liter) – 1986 och senare

Allmänt
Bokstavskoder:
  1,05 liter .... HZ
  1,3 liter .... MH
  1,3 liter .... NZ
  1,3 liter 2G
Cylinderdiameter:
  1,05 liter .... 75 mm
  1,3 liter .... 75 mm
Slaglängd:
  1,05 liter .... 59 mm
  1,3 liter .... 72 mm
Kompressionsförhållande:
  1,05 liter 9,5:1
  1,3 liter 9,5:1
Motoreffekt:
  1,05 liter .... 37 kW (50 bhp) vid 5 900 rpm
  1,3 liter .... 40 kW (54 bhp) vid 5 200 rpm
Vridmoment (max):
  1,05 liter .... 74 Nm vid 3 600 rpm
  1,3 liter .... 96 Nm vid 3 400 rpm

Topplock
Minsta mått efter planing .... 135,6 mm

Kamaxel

Kast (max)	0,01 mm
Radialspel (max)	0,1 mm

Ventiler

Skalldiameter:

Insug	36 mm
Avgas	29 mm

Ventillängd:

Insug	98,9 mm
Avgas	99,1 mm
Ventilsätesbredd (max)	2,2 mm

Hydrauliska ventillyftare:

Fri rörlighet (max)	0,1 mm

Ventiltider

	HZ	MH/NZ/2G
(vid 1 mm ventillyft och utan ventilspel)	**HZ**	**MH/NZ/2G**
Insug öppnar	12° EÖDP	5° EÖDP
Insug stänger	28° EUDP	29° EUDP
Avgas öppnar	25° FUDP	33° FUDP
Avgas stänger	9° FÖDP	9° FÖDP

Smörjsystem

Volym:

Utan filterbyte	3,0 liter
Med filterbyte	3,5 liter
Volym mellan mätstickans MIN och MAX	1 liter

Oljepump:

Spel i kuggarna:

Ny oljepump	0,05 mm
Slitagegräns	0,20 mm
Kugghjulens axialspel (slitagegräns)	0,15 mm
Drivkedjans rörlighet	1,5-2,5 mm

Åtdragningsmoment

	Nm
Kamaxelhjulets skruv	80 Kamremskåpa:
Övre skruv	10
Undre skruv	20

Kamaxelns lageröverfall:

Steg 1	6
Steg 2	dra ytterligare 90°
Överfall nr 5	10

Topplockets skruvar:

Steg 1	40
Steg 2	60
Steg 3	dra ytterligare 180° (eller två 90° steg)
Oljepumpens skruvar	20
Stagfästets skruvar	10
Oljesilen till oljepumphuset	10
Insexskruvar till oljetråget (nya)	8

Vevaxelns kedjehjulsskruv (anoljad) – 1986 och senare:

Steg 1	90
Steg 2	dra ytterligare 180°
Svänghjulets skruvar (med krage)	100

Motor (1,6 och 1,8 liter)

Allmänt

Bokstavskoder:

1,6 liter	RF med katalysator
1,8 liter, GTI 16V	KR med katalysator
1,8 liter, GTI 8V (januari 1987 och senare)	PB, GU (RH, RP, PF med katalysator)

Kompressionsförhållande:

Motorer med kod KR, PB, GU, RH och PF	10,0:1
Motorer med kod RF och RP	9,0:1

Kolvringar

Ändgap (nya) – utom 16V:
Oljeskrapring (2-delad) .... 0,25-0,45 mm
Oljeskrapring (3-delad) .... 0,25-0,50 mm
Ändgap (max) – alla motorer .... 1,0 mm

Topplock

Min höjd:
Alla utom 16V .... 132,6 mm
16V .... 118,1 mm mätt genom hål för topplocksskruv

Ventiler (utom 16V)

Skalldiameter:
Insug (modellkoder PB och PF) .... 40,0 mm
Insug (alla andra modellkoder) .... 38,0 mm
Avgas .... 33,0 mm
Spindeldiameter:
Insug .... 7,97 mm
Avgas .... 7,95 mm
Total längd:
Insug .... 91,0 mm
Avgas (modellkoder PB, PF och RP) .... 90,95 mm
Avgas .... 90,8 mm
Sätesvinkel .... 45°

Ventiler (16V)

Skalldiameter:
Insug .... 32,0 mm
Avgas .... 28,0 mm
Spindeldiameter:
Insug .... 6,97 mm
Avgas .... 6,94 mm
Total längd:
Insug .... 95,5 mm
Avgas 98,2

Ventiltider

(vid 1,0 mm lyfthöjd)

	KR motor	PB och PF motorer
1,8 liter KR, PB och PF motorer:		
Insug öppnar	3° EÖDP	3° EÖDP
Insug stänger	35° EUDP	43° EUDP
Avgas öppnar	43° FUDP	37° FUDP
Avgas stänger	3° FÖDP	3° EÖDP

	EZ motor	GU motor
1,6 liter EZ och 1,8 liter GU motorer med hydrauliska ventillyftare – fr o m augusti 1985 till mars 1986:		
Insug öppnar	3° FÖDP	3° FÖDP
Insug stänger	19° EUDP	33° EUDP
Avgas öppnar	27° FUDP	41 ° FUDP
Avgas stänger	5° FÖDP	5° FÖDP

	EZ motor	GU motor
1,6 liter EZ och 1,8 liter GU motorer med hydrauliska ventillyftare – fr o m mars 1986:		
Insug öppnar	ÖDP	2° FÖDP
Insug stänger	22° EUDP	34° EUDP
Avgas öppnar	28° FUDP	44° FUDP
Avgas stänger	6° FÖDP	8° FÖDP

	RF motor	RH motor
1,6 liter RF och 1,8 liter RH motorer:		
Insug öppnar	ÖDP	2° FÖDP
Insug stänger	22° EUDP	34° EUDP
Avgas öppnar	28° FUDP	44° FUDP
Avgas stänger	6° FÖDP	8° FÖDP

	T o m juli 1988	Fr o m augusti 1988
1,8 liter RP motor:		
Insug öppnar	2° EÖDP	5° FÖDP
Insug stänger	38° EUDP	41° EUDP
Avgas öppnar	40° FUDP	37° FUDP
Avgas stänger	4° FÖDP	1° FÖDP

Smörjning

Oljevolym (alla motorer fr o m augusti 1985) . . . .   Se *Dimensioner, vikter och volymer*

Åtdragningsmoment (16V)   Nm

Vibrationsdämpare   20
Aggregataxeldrev, skruv   65
Kamkåpa   10
Oljekylare   25
Kamaxeldrev, skruv   65
Lageröverfall, kamaxel   15
Oljetempgivare   10
Oljepumplock   10
Oljepump, fästskruvar   20
Oljemunstycke   10
Vevaxeldrev, skruv (oljade gängor)   180

Kylsystem

Termostat

1,05 och 1,3 liters motorer med hydrauliska ventillyftare:
   Öppningstemperatur . . . .   87°C
   Fullt öppen vid . . . .   102°C
   Min slag . . . .   7,0 mm

Kylfläktens termokontakt (i kylaren)

Bränsleinsprutade motorer (utom 16V):
   Tillslagstemperatur (en hastighet och 1:a steg vid två-hastighet) . . .   92°-97 °C
   Frånslagstemperatur (en hastighet och 1:a steg vid
   två-hastighet) . . . .   84°-91 °C
   Tillslagstemperatur (2:a steg vid två-hastighet) . . . .   99°-105°C
   Frånslagstemperatur (2:a steg vid två-hastighet) . . . .   91°-98°C

Kylfläktens termokontakt (insprutarkylning)

Tillslagstemperatur . . . .   110°C
Frånslagstemperatur . . . .   103°C

Åtdragningsmoment   Nm

Kylare   10
Termokontakt (kylare)   25

Bränsle- och avgassystem

Förgasare (1,05 liter motor) – Pierburg 1B3

Halsring . . . .   23 mm
Huvudmunstycke   105
Luftkorrektionsmunstycke   57,5
Blandningsmunstycke, tomgång 50/130
Pumprör 32,5/150
Nålventil   1,5
Accelerationspump, kapacitet (cc/slag) . . . .   1,0 ± 0,15
Chokespjällöppning . . . .   1,8 ± 0,2 mm
Snabbtomgång . . . .   2000 ± 100 rpm
Tomgångsvarv . . . .   800 ± 50 rpm
CO-halt . . . .   2,0 ± 0,5%

Förgasare (1,05 liter motor) – Weber 32 TLA

Halsring . . . .   22 mm
Huvudmunstycke:
   Kod 030 129 016   105
   Kod 030 129 016D   102
Luftkorrektionsmunstycke:
   Kod 030 129 016   80
   Kod 030129 016D   100
Emulsionsrör F96
Tomgångsmunstycke   47
Tomgångsluftmunstycke:
   Kod 030 129 016   110
   Kod 030 129 016D   145
Tillsatsmunstycke (kod 030 129 016D)   30
Tillsatsluftmunstycke (kod 030 129 016D)   170

Pumprör	0,35/0,35
Flottörventil	1,75
Flottörventilbricka, tjocklek	0,75 mm
Accelerationspump, kapacitet (cc/slag)	1,05 ± 0,15
Chokespjällöppning:	
Utan vakuum	2,5 ± 0,2 mm
Med 300 mbar vakuum.	2,0 ± 0,2 mm
Chokespjällöppning (full gas):	
Kod 030 129 016	2,0 ± 0,5 mm
Kod 030 129 016D	2,5 ± 0,5 mm
Flottörhusnivå	28,0 ± 1.0 mm
Snabbtomgång	2 000 ± 100 rpm
Tomgångsvarv	800 ± 50 rpm
CO-halt	2,0 ± 0,5%

Förgasare (1,6 liter motor, kod RF) – Solex/Pierburg 2E2

	Steg 1	Steg 2
Halsring	22 mm	26 mm
Huvudmunstycke	102,5	127,5
Luftkorrektionsmunstycke med emulsionsrör	80	105
Blandningsmunstycke, tomgång	42,5	-
Anrikningsmunstycke	-	0,7
Pumprör	0,5	-
Chokespjällöppning (± 0,15 mm):		
Manuell växellåda	2,5 mm	5,0 mm
Automatväxellåda	1,9 mm	5,3 mm
Accelerationspump, kapacitet (cc/slag)	0,85-1,15	
Snabbtomgång	2 800-3 200 rpm	
Tomgångsvarv	700-800 rpm	
CO-halt	1,0-1,5%	

K-Jetronic bränsleinsprutning (1,8 liter motor, kod KR (16V) och EV)

Systemtryck – fr o m mars 1986	5,2-5,9 bar
Tomgångsvarv – fr o m september 1984 (utom 16V)	900 ± 100 rpm
Tomgångsvarv (16V)	950 + 50 rpm

Åtdragningsmoment K-Jetronic bränsleinsprutning

	Nm
Insprutarfäste	20
Termotidkontakt	30
Insugningsrör, skruvar/muttrar	20

Digifant II bränsleinsprutning (1,8 liter motor, kod PB och PF)

Tomgångsvarv	800 ± 50 rpm
CO-halt	1,0 ± 0,5%
Systemtryck – vid tomgång:	
Till	c:a 2,5 bar
Från	c:a 3,0 bar
Efter 10 minuter (tändning frånslagen)	min 2,0 bar

Åtdragningsmoment Digifant II bränsleinsprutning

	Nm
Gasspjällhus	20
Insugningsrör	25
Bränsletryckregulator	15
Insprutarfäste	20

Digijet bränsleinsprutning (1,3 liter motor, kod NZ)

Varvtalsbegränsare	6 400-6 500 rpm
Styrenhet, färgkod :	
T o m juni 1989	Kopparbrun märkning
Fr o m juli 1989	Blå märkning
Tomgångsvarv:	
T o m juni 1989	750-850 rpm
Fr o m juli 1989	880-980 rpm
CO-halt:	
T o m juni 1989	0,3-0,11 %
Fr o m juli 1989	0,3-1,5%
Insprutare:	
Resistans	15-20 Ω

Sprutbild	Konisk
Bränsletryck (c:a):	
Vakuumslang ansluten	2,5 bar
Vakuumslang bortkopplad	3,0 bar
Oktantal	91 RON (endast blyfri)

Mono-Jetronic bränsleinsprutning (1,8 liter motor, kod RP)

Oktantal	91 RON (endast blyfritt)
Tomgångsvarv	750-950 (ej justerbart)
CO-halt	0,2-1,2 %
Systemtryck	0,8-1,2 bar
Resttryck (motorn avstängd 5 minuter)	0,5 bar
Insprutarresistans	1,2-1,6 Ω

Åtdragningsmoment (Mono-Jetronic bränsleinsprutning) Nm

Insugningsrör	10
Insprutarfäste	5
Spjällstyrning	6
Insugningsrör till insprutarfläns	13
Insugningsrör	25
Insugningsrör, förvärmning	10

Tändsystem

Tändspole fr o m augusti 1987

Primärlindning, resistans	0,6-0,8 Ω
Sekundärlindning, resistans	6 900-8 500 Ω

Fördelare

Rotor bryter vid:

1,05 och 1,3 liter (transistortändning)*	6 600-7 000 rpm
1,6 och 1,8 liter (transistortändning)**	6 150-6 460 rpm

*Borttagen fr o m 1986 modeller
**Endast på motor utan hydraullyftare

Tändläge

1,3 liter motor (kod NZ) –TCI-H	4-6° FÖDP vid 750-850 rpm, med vakuumslang bortkopplad
1,6 liter motor (kod RF) – TCI-H	17-19° FÖDP vid 700-800 rpm, med vakuumslang bortkopplad
1,8 liter motor (kod PB och PF) – Digifant	5-7° FÖDP vid 2 000-2 500 rpm, med tempgivare bortkopplad
1,8 liter motor (kod GU och RH) – TCI-H	17-19° FÖDP vid 675-825 rpm, med vakuumslang ansluten
1,8 liter motor (kod RP) – TCI-H	5-7° FÖDP vid 950 rpm, med vakuumslang bortkopplad
1,8 liter motor (16V) FEI	5-7 ° FÖDP vid 950-1 050 rpm, med vakuumslang ansluten

Tändstift

Typ – fr o m september 1985:

1,3 liter motor	Champion N7BYC eller N7YCC
1,6 liter motor:	
Spole med grön märkning	Champion N9BYC4 eller N9YCC
Spole med grå märkning	Champion N9YCC
1,8 liter motor (utom 16V)	Champion N7BYC eller N7YCC
1,8 liter motor (16V)	Champion C6BYC eller C6YCC
Elektrodavstånd:	
1,3 liter motor	0,8 mm
1,6 liter motor:	
Spole med grön märkning	1,0 mm
Spole med grå märkning	0,8 mm
1,8 liter motor	0,8 mm

Åtdragningsmoment Nm

Tändstift:

1,05 och 1,3 liter motorer	25
1,06 och 1,8 liter motorer	20
Detonationssensor (1,8 liter motor)	20

Koppling – modeller med växellåda 085

Allmänt

Lamellcentrum diameter	190 mm
Tryckplatta max konicitet inåt	0,3 mm
Lamellcentrum max kast – mätt 2,5 mm från ytterkant	0,4 mm

Åtdragningsmoment   Nm
Svänghjul:
Skruv med krage 100
Skruv utan krage 75
Styrhylsa 18
Tryckplatta 25

Manuell växellåda

Typkoder
1,3 liter motor (5-växlad) 085 (8N)
1,6 liter motor .... 085 (AEN)
1,8 liter motor .... 085 (ACD, AEN, 2Y, AUG, ATH eller AVZ)

Utväxling (1,3 liter motor)
1:an 3,455: 1
2:an 1,958:1
3:an 1,250:1
4:an 0,891: 1
5:an 0,740:1
Back 3,384:1
Slutväxel 4,267:1

Utväxling (1,6 och 1,8 liter motorer)

	ACD, AEN	2Y	AUG	ATH	AVZ
1:an	3,45:1	3,45:1	3,45:1	3,45:1	3,45:1
2:an	2,11:1	2,11:1	1,94:1	1,94:	1,94:1
3:an	1,44:1	1,44:1	1,44:1	1,28:1	1,28:1
4:an	1,12:1	1,12:1	1,12:1	0,90:1	0,90:1
5:an	0,89:1	0,91 :1	0,89:1	0,74:1	0,74:1
Back	3,16:1	3,16:1	3,16:1	3,16:1	3,16:1
Slutväxel	3,66:1	3,66:1	3,66:1	3,66:1	3,94:1

Smörjning
Volym:
1,3 liter motor (5-växlad) .... 3,1 liter
1,6 och 1,8 liter motorer .... 2,0 liter
Smörjmedel .... Se *Rekommenderade smörjmedel och vätskor*

Åtdragningsmoment   Nm
Skruv, gavel 085 växellåda 8
Växelarmsfäste (inuti växellåda) – 085 växellåda 16
Väljararm, klämskruv – 085 växellåda 25
Väljaraxel, låsskruv* – 020 växellåda fr o m 1989 20
Tätningsmedel på gängorna

Automatväxellåda

Åtdragningsmoment   Nm
Drivplatta till vevaxel:
Steg 1 30
Steg 2 .... Dra ytterligare 90°

Säkringar (fr o m augusti 1989)

Säkring	Krets	Ampere
1	Halvljus, vänster	10
2	Halvljus, höger	10
3	Instrument- och nummerskyltbelysning	10
4	Handskfack	15
5	Vindrutetorkare/-spolare	15
6	Kupéfläkt	20
7	Parkeringsljus, höger	10
8	Parkeringsljus, vänster	10
9	Bakrutevärme	20
10	Dimljus	10
11	Helljus, vänster	10
12	Helljus, höger	10
13	Signalhorn	10
14	Backljus, uppvärmda spolmunstycken	10
15	Elektromagnetisk avstängning, bränslepump	10
16	Instrumentpanel	15
17	Varningsblinkers	10
18	Bränslepump, Lambdasond uppvärmning	20
19	Kylfläkt, A/C relä	30
20	Bromsljus	30
21	Innerbelysning, digital klocka	15
22	Radio, cigarettändare	10

Fjädring och styrning

Framhjulsinställning
Camber (hjulen rakt fram):
Golf/Jetta GTI 16V . . . . - 40' ± 20

Styrservoolja (fr o m april 1989) . . . . VW olja G 002000 (Duckhams Uni-Matic eller D-Matic –
endast för påfyllning)

Hjul
Dimension:
Golf/Jetta GTI 16V . . . . 6J x 14

Däck
Dimension:
Golf/Jetta GTI 16V . . . . 185/60 VR 14

Åtdragningsmoment
Fjädringens infästning, bakvagn (fr o m 1988) . . . . **Nm**
70

4 Rutinmässigt underhåll

Intervaller för rutinmässigt underhåll för modeller tillverkade fr o m augusti 1985 (d v s 1986 års modeller) är följande:

Var 400 km eller en gång i veckan – vilket som först inträffar
Se avsnittet **Rutinmässigt underhåll** i början av boken

En gång om året
☐ Kontrollera funktionen hos all belysning, blinkers samt signalhorn (kapitel 9)
☐ Kontrollera funktionen hos spolsystem och fyll på vid behov (kapitel 9)
☐ Kontrollera kopplingspedalens spel, justera vid behov (kapitel 5)
☐ Kontrollera batteriets elektrolytnivå, fyll på med destillerat vatten vid behov (kapitel 9)
☐ Kontrollera motorn beträffande olje-, bränsle- och kylvätskeläckage (kapitel 1, 2 och 3)
☐ Kontrollera frostskydd, åtgärda vid behov (kapitel 3)
☐ Smörj dörrar, kontrollera stoppen (kapitel 11)
☐ Byt motorolja och -filter (kapitel 1)
☐ Kontrollera bromsledningar beträffande läckage och skador (kapitel 8)
☐ Kontrollera rostskydd, åtgärda vid behov (kapitel 11)
☐ Kontrollera avgassystem beträffande läckage och skador (kapitel 3)
☐ Kontrollera styrleder beträffande slitage och skador (kapitel 10)
☐ Kontrollera framfjädringens kulleder beträffande slitage och skador (kapitel 10)
☐ Kontrollera växellådan beträffande läckage och skador (kapitel 6)
☐ Kontrollera drivaxeldamasker beträffande läckage och skador (kapitel 7)
☐ Kontrollera alla bromsbelägg beträffande slitage (kapitel 8)
☐ Kontrollera alla däck beträffande slitage och skador (kapitel 10)

☐ Kontrollera bromsvätskenivån, fyll på vid behov (kapitel 8)
☐ Kontrollera styrservonivå, fyll på vid behov (kapitel 10)
☐ Kontrollera oljenivå i automatlåda, fyll på vid behov (kapitel 6)
☐ Kontrollera och justera tomgångsvarv och blandningsförhållande (kapitel 3)
☐ Kontrollera ljusinställning, justera vid behov (kapitel 9)

Var 15 000:e km om årlig körsträcka överstiger 15 000 km
☐ Byt motorolja och -filter (kapitel 1)
☐ Kontrollera skivbromsbelägg beträffande slitage

Var 30 000:e km
☐ Kontrollera drivremmar beträffande slitage och skador, justera vid behov (kapitel 9)
☐ Byt tändstift (kapitel 4)
☐ Byt luftfilter, rengör luftrenarhuset (kapitel 3)
☐ Byt bränslefilter, i förekommande fall (kapitel 3)
☐ Byt automatväxelolja, rengör tråg och filter (kapitel 6)
☐ Rengör takluckans styrningar, smörj med silikonspray

Vartannat år
☐ Byt bromsvätska

Var 60 000:e km
☐ Byt kamrem (kapitel 1)

5.4 Ny typ av kamkåpa

5.5 Oljesköld av plast

5 Motor (1,05 och 1,3 liter med hydrauliska ventillyftare)

Allmän beskrivning

1 1,05 och 1,3 liters motorer (kod HZ, MH, NZ och 2G), tillverkade från och med augusti 1985, har fått ändrat topplock, med hydrauliska ventillyftare istället för vipparmar, samt ändrad oljepump som drivs via kedja från vevaxeln.
2 Dessutom skiljer sig detaljer som förgasare och strömfördelare.
Observera: *Dessa senare modeller har kamremskåpa av plast i två delar, som hålls av fjäderklips upptill och skruvar nedtill. Vevaxelns remskiva och kamremskåpans nedre del måste demonteras innan man lossar vattenpumpens fästskruvar.*

Topplock – demontering 🔧🔧🔧

3 Arbetet följer i stort sett beskrivningen i kapitel 1, men notera följande:
4 Kamkåpan är annorlunda, den hålls av tre skruvar **(se bild)**.
5 Det finns en oljesköld av plast vid fördelaränden av motorn **(se bild)**.
6 Bränsle- och kylrör är ändrade, beroende på modell.
7 Slangklammor av fjädertyp kan förekomma.

Dessa demonteras genom att man kniper ihop ändarna och för bort klamman ut efter slangen.
8 Klammorna på bränsleslangarna kan endast användas en gång, nya måste anskaffas vid demontering.

Kamaxel – demontering och kontroll 🔧🔧🔧

Demontering

9 Se kapitel 1, avsnitt 11, punkterna 1 till 4.
10 Se till att kamaxeln inte vrids, demontera sedan drevets skruv **(se bild)**. Ta bort drevet och, där sådan förekommer, woodruffkilen.
11 Kamaxellageröverfallen måste monteras på ursprunglig plats, vända åt samma håll. De är vanligtvis numrerade, men märk dem med körnslag vid behov.
12 Demontera överfallen 5, 1 och 3 i nämnd ordning. Lossa muttrarna som håller andra och fjärde överfallet diagonalt och växelvis så att kamaxeln lyfts tills fjädertrycket är avlastat. Ta sedan bort överfallen.
13 Om överfallen sitter fast, ge dem ett bestämt slag med en mjuk klubba. Försök inte bryta loss dem med en skruvmejsel.
14 Ta bort kamaxel komplett med tätningar.

Kontroll

15 Rengör kamaxeln med lösningsmedel, kontrollera lagerytor och kamnockar beträf-

fande gropbildning, repor, sprickor eller slitage.
16 Kamaxellagren är bearbetade direkt i topplocket och överfallen.
17 Radialspel i lagren kan mätas med plastigage. Jämför resultatet med anvisningarna i specifikationerna.
18 Om slitaget är tydligt, konsultera en fackman.

Kamaxelns oljetätning – byte 🔧🔧🔧

19 Detta är enkelt om kamaxeln är demonterad, men tätningen kan bytas med kamaxeln på plats.
20 Ett VW specialverktyg finns för detta arbete, men om detta inte är tillgängligt måste den gamla tätningen demonteras med hjälp av plåtskruvar och tång. Notera hur tätningen är vänd.
21 Vilken metod som än används, måste kamkåpa och kamdrev demonteras. Lossa på vattenpumpens skruvar så att kamremmen slackas.
22 Olja in den nya tätningen och för den på kamaxeln – vänd åt samma håll som den gamla. Använd en lämplig hylsa och en skruv i kamaxeländen för att pressa tätningen på plats. Tryck in den så långt det går.

Kamaxelns axialspel 🔧🔧🔧

23 Vid kontroll av axialspelet, demontera kamaxel och alla lyftare.
24 Montera kamaxeln med endast överfall nr 3 på plats.
25 Använd en indikatorklocka eller bladmått för att mäta axialspelet **(se bild)**. Om spelet är större än angivet (se kapitel 1, specifikationer), rådfråga en fackman.

Kamaxel – montering 🔧🔧🔧

26 Olja in lyftarna, kamaxellagren samt nockarna rikligt med ren motorolja.

5.10 Två metallstycken för att hålla fast kamdrevet

5.25 Uppmätning av kamaxelns axialspel

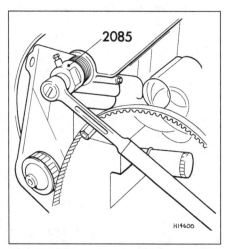

Fig. 12.1 Byte av kamaxeltätning med VW specialverktyg 2085 (avsn 5)

5.27 Montering av kamaxel

5.28 Kamaxelns oljetätning

5.30 Åtdragning av mutter till lageröverfall

27 Placera kamaxeln på plats på cylinderlocket (se bild).
28 Montera ny oljetätning (se bild).
29 Sätt överfallen på plats, se till att de är rätt vända och på rätt plats (de bör vara numrerade 1-5, läsbart från avgassidan på motorn).
30 Sätt på överfallsmuttrarna löst, dra sedan åt muttrarna på överfall nr 2 och 4 diagonalt och växelvis till steg 1 i angivelsen för åtdragningsmoment (se bild).
31 Dra sedan muttrarna på överfall nr 1, 3 och 5 till steg 1.
32 Då alla muttrar dragits till steg 1, dra dem ytterligare 90° (steg 2). Sätt i och dra skruvarna för överfall nr 5 till angivet moment.
33 Sätt tillbaka woodruffkilen, där sådan förekommer, i kamaxeln. Montera drevet och dra åt skruven till angivet moment (se bild).
34 Om arbetet utförs med motorn i bilen, följ anvisningar i kapitel 1, avsnitt 37, punkterna 9 till 18.
35 Bortse från anvisningen till oljeröret, se till att oljeskölden vid strömfördeläränden på kamaxeln kommer på plats innan kamkåpan monterats.
36 Om topplocket är losstaget måste det naturligtvis sättas på plats innan kamremmen ansluts. Montering av topplock beskrivs senare i avsnittet.

Topplock – kontroll 🔧🔧🔧🔧

37 Om ventilsätena visar sig vara gropiga

eller slitna kan de bearbetas, men detta är ett jobb för en specialist.
38 På liknande sätt kan topplocket planas om det är skevt, men även detta bör utföras av en fackman.
39 Om ventilsätena visar sig ha sprickor från ventilsätet till tändstiftshålet, kan topplocket eventuellt användas. Konsultera en VW verkstad.

Hydrauliska ventillyftare – demontering, kontroll och montering 🔧🔧🔧🔧

40 Ta bort kamaxeln enligt tidigare beskrivning.
41 Ta bort lyftarna en och en, se till att hålla dem i rätt ordning så att de kan monteras på ursprunglig plats (se bild).
42 När de demonterats, placera dem med tryckytan nedåt på ett rent papper.
43 Kontrollera beträffande slitage i form av ojämnheter, gropbildning eller sprickor.
44 Lyftelementen kan inte repareras, är de slitna måste de bytas.
45 Innan montering av lyftare, olja in alla delar rikligt och sätt lyftaren på plats där den tidigare suttit.

⚠️ Varning: Om nya lyftare monteras måste man vänta 30 min innan man startar motorn, annars kan ventilerna ska slå i kolvarna.

Hydrauliska ventillyftare – kontroll av fri rörelseväg 🔧🔧🔧🔧

46 Starta motorn och låt den gå tills kylfläkten har startat.
47 Öka motorns varvtal till ca 2 500 rpm under två minuter.
48 Oregelbundet oljud är normalt vid start, men det bör tystna efter några minuter.
49 Om ventilerna fortfarande slamrar, utför följande kontroll för att finna slitna lyftare.
50 Stanna motorn och ta bort kamkåpan.
51 Vrid vevaxeln medurs med en nyckel på vevaxelns skruv, tills kammen på den lyftare som kontrolleras pekar uppåt, och inte trycker mot lyftaren.
52 Tryck ned lyftaren med en trä- eller plastkil.
53 Om lyftaren rör sig mer än vad som föreskrivs i specifikationerna måste den bytas.

Insug- och avgasventiler – demontering, kontroll och montering 🔧🔧🔧🔧

54 Demontera topplock, kamaxel och lyftare enligt föregående beskrivning.
55 Använd en ventilfjäderkompressor med djup räckvidd, tryck ihop ventilfjädrarna. Ta bort knastren och avlasta fjädern.

5.33 Montering av skruv till kamdrev

5.41 Demontering av hydraulisk lyftare

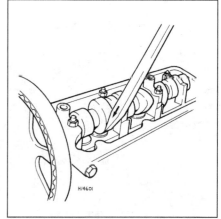

Fig. 12.2 Kontroll av lyftelementets rörelse (avsn 5)

5.56 Demontering av övre fjädersäte

5.57A Demontering av yttre ventilfjäder

5.57B Demontering av inre ventilfjäder

5.58 Demontering av ventil

56 Ta bort övre fjädersätet **(se bild)**.
57 Demontera yttre och inre ventilfjädrar **(se bilder)**.
58 Lyft ut ventilen **(se bild)**.
59 Ventilerna bör inspekteras enligt beskrivning i kapitel 1, avsnitt 12.
60 Ventiler kan inte bearbetas, är de slitna måste de bytas. De ska slipas in på vanligt sätt.
61 Om möjligt, kontrollera ventilfjädrarnas längd gentemot varandra. Byt alla om någon är för kort.
62 Montering sker i omvänd ordning.

Ventilspindeltätningar – byte

63 Ventilspindlarnas oljetätningar kan bytas då ventilerna demonteras, bryt loss dem från änden på styrningarna **(se bild)**. Då tätningarna är borta kan även det undre fjädersätet tas bort för rengöring. Tryck de nya tätningarna över änden på styrningarna.

Topplock – montering

64 Ta bort alla packningsrester från motorblock och topplock, se till att tätningsytorna inte skadas.

5.63 Ventilspindeltätning

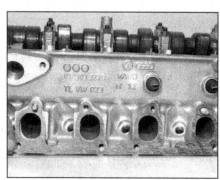

5.65A Montering av ny grenrörspackning

5.65B Montering av insugningsrör med förgasare

5.66 Montering av oljetryckskontakt

5.67 O-ringstätning (vid pilen) för termostathuset

5.68 Kylvätskeslangar i rätt läge

5.69 Montering av tryckstång för bränslepump

5.70A Montering av bränslepump

5.70B En av motorns lyftöglor

65 Använd ny packning, montera sedan insugningsröret (se bilder).
66 Om de demonterats, montera oljetryckskontakterna med nya kopparbrickor (se bild).
67 Sätt tillbaka termostathuset, använd ny O-ring (se bild).
68 Sätt tillbaka kylvätskeslangarna, se till att de kopplas rätt (se bild).
69 Smörj bränslepumpens tryckstång med ren olja sätt den på plats i huset på topplocket (se bild).
70 Sätt tillbaka pumpen och dra åt skruvarna. Glöm inte bort lyftöglan (se bilder).

71 För strömfördelaren på plats och kontrollera att den går in helt (se bild). Dra åt skruvarna för hand.
72 Montera rotorarmen (se bild).
73 Montera fördelarlocket och anslut jordledningen (se bild).
74 Kontrollera att inställningsmärkena på topplock och kamaxeldrev står mitt för varandra.
75 Notera att en av kolvarna måste stå vid ÖDP vid montering av topplocket.
76 Placera ny topplockspackning på blocket (se bild).
77 Sänk försiktigt locket på plats. Special-

styrningar används av tillverkaren både för att styra packningen och locket på plats, men detta kan även göras med lämpliga stänger i hålen för två av skruvarna.
78 Sätt skruvarna på plats. Se fig 1.11 i kapitel 1 beträffande åtdragningsordning, men använd åtdragningsmoment och steg enligt avsnittets specifikationer i detta kapitel.
79 Det är inte nödvändigt att efterdra skruvarna.
80 Montera plastoljeskölden (se bild).
81 Använd ny gummipackning, placerad korrekt över styrstiften, sätt sedan tillbaka kamkåpan (se bild).

5.71 Montering av strömfördelare

5.72 Montering av rotorarm

5.73 Montering av fördelarlock och jordledning

5.76 Topplockspackningen på plats

5.80 Oljeskölden korrekt monterad

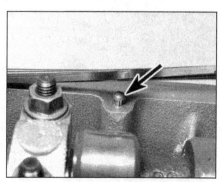

5.81 Styrstift för kamkåpspackningen (vid pilen)

5.82 Montering av ny grenrörspackning

5.83A Avgasgrenrör monterat på plats

5.83B Montering av värmesköld

82 Montera ny avgasgrenrörspackning **(se bild)**.
83 Montera avgasgrenröret, dra åt skruvarna ordentligt, sätt sedan på värmeskölden **(se bilder)**.
84 Anslut främre avgasröret och övriga detaljer som lossats på avgassystemet.
85 Sätt alla slangar för kyl- och bränslesystem på plats, se berört kapitel vid behov.
86 Montera alla elektriska anslutningar som lossats, strömfördelare, förgasare, oljetrycksgivare, kylvätsketempgivare samt insugningsrörsvärme, etc.) **(se bilder)**. Glöm inte jordledningen under muttern på insugningsröret.

87 Montera vakuumslangar till fördelaren.
88 Se kapitel 1, avsnitt 39, sätt tillbaka kamrem och kåpor.
89 Se kapitel 3 och montera gasvajer.
90 Montera tändstift, luftrenare och tillhörande detaljer samt elektriska anslutningar.
91 Kontrollera olje- och kylvätskenivå, fyll på vid behov. Justera sedan tändningen enligt anvisning i kapitel 4.

Oljepump
Allmän beskrivning
92 Oljepumpen som används från och med augusti 1985 har ändrats till en drevpump, driven av en kedja från vevaxeln.

5.86A Tändfördelarens anslutning

1 Oljepump
2 Kedja
3 Packning
4 Lock
5 Tätning
6 Fäste för ÖDP indikator

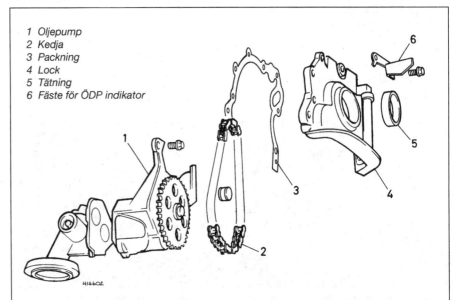

Fig. 12.3 Detaljer för oljepump av drevtyp (avsn 5)

5.86B Anslutning för kylvätsketempgivare/kontakt

5.86C Anslutning för oljetrycksgivare

5.86D Jordledning vid skruv för insugningsröret

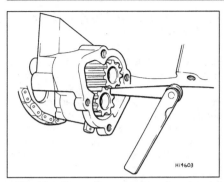

Fig. 12.4 Kontroll av pumpens kuggspel (avsn 5)

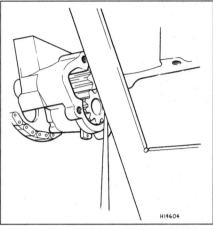

Fig. 12.5 Kontroll av pumpens axialspel (avsn 5)

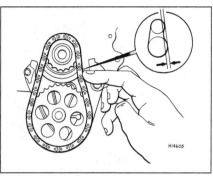

Fig. 12.6 Kontroll av kedjespänning (avsn 5)

93 Endast oljepumpen har ändrats, smörjsystemet är i övrigt enligt tidigare.

Demontering och kontroll

94 Oljepumpen kan demonteras med motorn på plats.
95 Tappa av oljan.
96 Se berörda kapitel, lossa främre avgasrör och inre knuten på höger drivaxel, så att tråget kan tas bort.
97 Ta bort tråget.
98 Om endast kuggspelet ska kontrolleras, kan detta göras genom att man tar bort pumpens lock och sil, från baksidan.
99 Se **fig 12.4 och 12.5**, kontrollera kuggspel samt axialspel, jämför med uppgifterna i specifikationerna.
100 Om toleranserna överskrider de angivna måste oljepumpen bytas.
101 Vid demontering av oljepump, se berörda kapitel och demontera följande

  Kamrem
  Generatorrem
  Vevaxelns remskiva
  Undre kamremskåpa
  Främre kåpa och ÖDP inställningsmärke

102 Om de fortfarande är på plats, ta bort skruvarna som håller det bakre staget.
103 Demontera de två skruvarna som håller oljepumpen till blocket.
104 Detta avlastar kedjespänningen, pumpen kan då demonteras.
105 Om kedjan inte blir tillräckligt slak, skjut då pump, kedja och drev tillsammans framåt på vevaxeln.
106 Kontrollera kedja och drev, byt ut dem om de är slitna.
107 Om ny pump monteras bör övriga berörda detaljer bytas samtidigt.

Montering

108 Montering sker i omvänd ordning, men notera följande.
109 Använd nya packningar överallt.
110 Olja in detaljerna rikligt.
111 Om den lilla pluggen i främre locket på något sätt är skadad, byt den.
112 Byt även kamaxelns oljetätning. Tätningen kan brytas loss och en ny sättas på plats.

113 Kedjan spänns genom att pumphuset förs mot fästskruvarna.
114 Vid lätt fingertryck på kedjan ska böjningen vara enligt specifikationerna.
115 När tråget tas bort med motorn på plats, bör de två sexkantskruvarna vid tätningen mot svänghjulet bytas mot insexskruvar och fjäderbrickor. Dra åt enligt anvisningar i specifikationerna.

Vevaxelns kedjehjul – ändring

116 Från och med augusti 1986 har kedjehjulet en medbringare som skall gå i spåret på vevaxeln, detta ersätter woodruffkil.
117 Då skruven i vevaxeln dras åt, följ anvisningar i specifikationerna.

---

6 Motor (1,6 och 1,8 liter)

Främre motorfäste – ändring

1 Från och med december 1984 är främre motorfäste bytt från ett gummifäste till ett mer aktivt dämpande. Se **fig 12.7** – åtdragningsmoment för skruvar och muttrar markerade med bokstäver återfinns i avsnittets specifikationer i kapitel 1.

Kamaxel och topplock – kontroll och renovering

2 På utbytesmotorer eller topplock har kamlagringarna lösa insatser istället för att gå direkt i godset. Utbytesenheter från VW kan ha underdimensionskamaxel med motsvarande lager och i detta fall är kamaxeln märkt med en gul prick. Lagerdiametern kommer att vara 25,75 mm. En omärkt kamaxel med lösa lager kommer att ha standard diameter, 26 mm.

Hydrauliska ventillyftare – beskrivning

3 Alla motorer från och med 1986 har nytt topplock med hydrauliska lyftarelement. Kamaxellager nr 4 har utgått på alla modeller med en kamaxel. För att identifiera lyftarelementet, finns en lapp på kamkåpan som säger att ventiljustering inte längre är nödvändig.
4 All information i avsnitt 5, rörande hydraullyftare, gäller också 1,6 och 1,8 liters motorer. Notera särskilt att ventilerna inte ska slipas, eftersom detta påverkar lyftarfunktionen. Ventilerna kan slipas in, men är de mycket gropiga bör de bytas.

Oljetråg – ändring

5 Från och med augusti 1985 monteras större oljetråg, kapaciteten anges i specifikationerna.

Oljekylare – byte

6 Oljekylare på bränsleinsprutade motorer bör bytas om det finns metallspån i motoroljan, vilket kan vara fallet vid motorskärning. Byt den under alla omständigheter om den kan innehålla skadliga föroreningar.

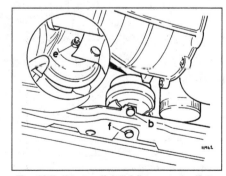

Fig. 12.7 "Hydrauliskt" främre motorfäste (avsn 6)

Se kapitel 1 beträffande åtdragningsmoment för muttrar samt skruvarna b, e och f

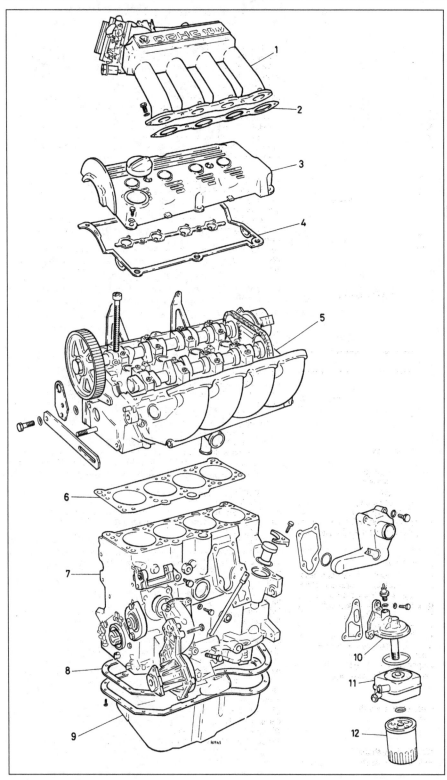

Fig. 12.8 Sprängskiss över bränsleinsprutningen för 16V motorer (avsn 6)

1 Insugningsrör, övre del
2 Packning
3 Kamkåpa
4 Packning
5 Topplock med kamaxlar
6 Topplockspackning
7 Cylinderblock
8 Packning
9 Oljetråg
10 Oljefilterfäste
11 Oljekylare
12 Oljefilter

16-ventils motor (16V) – allmän beskrivning

7 16-ventilsmotorn i GTI-modellerna från och med oktober 1986 har dubbla överliggande kamaxlar. En kamaxel manövrerar avgasventilerna och den andra insugningsventilerna. Det finns fyra ventiler per cylinder. Ventilerna arbetar parvis, de ger betydligt bättre andning, vilket resulterar i högre effektuttag. Endast avgaskammen har kamaxeldrev, insugningskammen drivs av en kedja från andra änden på avgaskammen.

8 Förutom de skillnader som påpekats i punkt 7, tillgår mycket av arbetet på 16-ventilsmotorn på samma sätt som för 8-ventilsmotorn; följande beskrivningar visar skillnader.

Kamrem (16V motor) – demontering och montering

9 Förutom de inställningsmärken som visas i kapitel 1, **fig 1.15**, finns ytterligare ett märke på utsidan av kamdrevet **(fig 12.9)**, som ska stå mitt för ett märke i kamkåpan. Detta betyder att om endast kamremmen byts, är det inte nödvändigt att demontera kamkåpan för att kontrollera inställningen.

10 Vid montering av kamrem rekommenderas VW verktyg 210 för inställning av remspänning, eftersom detta är mer kritiskt på

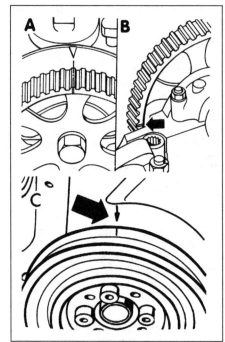

Fig. 12.9 Kaminställningsmärken för 16V motorer (avsn 6)

A Yttre märken för kamdrev
B Inre märken för kamdrev
C Märken för vevaxelns svängningsdämpare

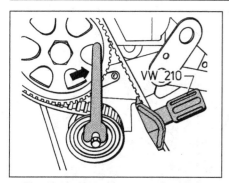

Fig. 12.10 Justering av kamremmens spänning med VW verktyg 210 (avsn 6)

Fig. 12.11 ÖDP-märken i läge på kamdrevet (avsn 6)

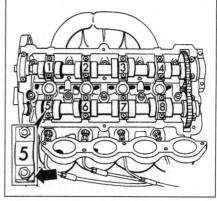

Fig. 12.12 Märkning för kamaxellager på 16V motorer (avsn 6)

Infälld bild visar fasat hörn (vid pilen)

denna motor. Använd verktyget så att spänningen ligger mellan 13 och 14 på skalan. Verktyget är tillgängligt från VW.

Kamaxlar (16V motor) – demontering och montering

11 Demontera kåpan för kamdrevet.
12 Lossa övre delen av insugningsröret.
13 Lossa och ta bort kamkåpan efter det att tändkablarna tagits bort från tändstiften. Ta bort huvudpackning samt den mittre packningen runt tändstiftshålen.
14 Ställ in märkena enligt anvisning i kapitel 1, kontrollera också att märkena på kedjedreven står rätt (**fig 12.11**).
15 Ta bort kamrem och kamdrev enligt beskrivning i kapitel 1.
16 Notera hur kamlageröverfallen sitter, märk dem vid behov. Se **fig 12.12** för detaljer.
17 Lossa växelvis och lite i sänder skruvarna från de yttre överfallen samt överfall 1 och 3 på avgaskammen.
18 Gör på samma sätt med överfallen 2 och 4; ventilfjädrarna kommer att trycka avgaskammen uppåt då skruvarna lossas. Ta bort överfallen och håll reda på ordningen.
19 Lossa på samma sätt överfallen för insugningskammen, de yttre överfallen samt överfall 5 och 7.
20 Lossa sedan skruvarna från överfallen 6 och 8, ta bort överfallen och håll ordning på dem.
21 Ta bort bägge kamaxlarna från topplocket, lossa dem från drivkedjan.
22 Vid behov, demontera lyftarelementen enligt anvisning i punkt 3 i detta avsnitt, samt se berörda punkter i avsnitt 5. Kontrollera kedjan beträffande slitage, se avsnitt 5.
23 Olja in alla lyftare samt kamaxeln, sätt sedan lyftarna på plats där de ursprungligen suttit.

24 Lägg kedjan på plats mellan kamaxlarna så att märkena står enligt **fig 12.11**, sänk sedan kamaxlarna på plats i topplocket. Kontrollera inställningsmärkena.
25 Montera ny tätning framtill på avgaskammen.
26 Vid montering av överfall, se till att de sitter på rätt ställe och är rätt vända. De är numrerade enligt **fig 12.12** och numren ska kunna läsas från insugssidan på topplocket. Hörnen med uttag måste också vändas mot insugssidan.
27 Sätt tillbaka överfall 6 och 8, dra sedan skruvarna växelvis till rätt moment.
28 Montera insugningskammens yttre överfall samt överfall 5 och 7, dra åt muttrar och skruvar till angivet moment.
29 Sätt tillbaka överfallen 2 och 4 och dra skruvarna till angivet moment.
30 Montera avgaskammens yttre överfall samt överfallen 1 och 3, dra växelvis och jämt till angivet moment.
31 Montera kamdrev och rem enligt anvisning i kapitel 1 samt punkterna 9 och 10 i detta avsnitt. Kontrollera att alla inställningsmärken stämmer.
32 Montera kamkåpa tillsammans med packningar, sätt tillbaka tändkablarna.
33 Montera insugningsrörets övre del samt kamremskåpa.

> ⚠ **Varning: Om nya lyftarelement monterats, får motorn inte startas inom 30 minuter – ventilerna kan slå i kolvarna.**

Avgasventiler (16V motor) – beskrivning

34 Avgasventilerna på 16V motorer är natriumfyllda för att ge förbättrad kylning, speciella föreskrifter gäller vid skrotning av sådana ventiler. Detta gäller speciellt för återvinning.

35 Ventilen bör rengöras, sedan ska spindeln punkteras med en bågfil. Släng ventilen i en hink vatten, se till att hålla ordentligt avstånd tills den kemiska reaktionen avtar.

Ramlageröverfall (16V motor) – beskrivning

36 Ramlageröverfallen på 16V motorer har oljemunstycken som ger olja till kolvarnas undersida, huvudsakligen för kylning.
37 Oljemunstyckena hålls vid överfallen av små skruvar, låsvätska måste användas på dessa innan de monteras och dras till rätt moment.

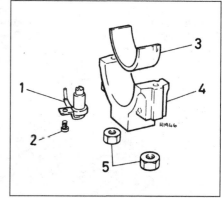

Fig. 12.13 Ramlagerdetaljer på 16V motorer (avsn 6)

1 Oljemunstycke   4 Överfall
2 Skruv   5 Muttrar
3 Lagerskål

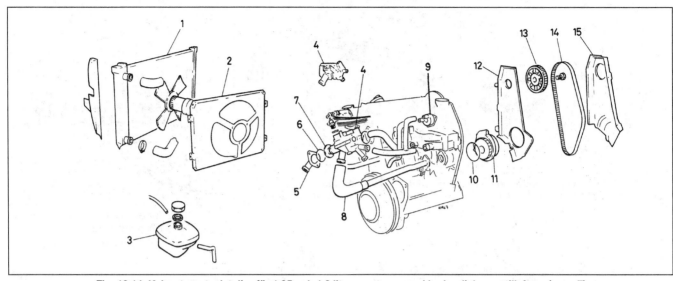

Fig. 12 14 Kylsystemets detaljer för 1,05 och 1,3 liters motorer med hydrauliska ventillyftare (avsn 7)

1 Kylare	4 Termostathus	7 Termostat	10 O-ring	13 Kamdrev
2 Fläktring	5 Lock	8 Slang	11 Vattenpump	14 Kamrem
3 Expansionskärl	6 O-ring	9 Automatchoke	12 Inre kamremskåpa	15 Yttre kamremskåpa

Motor (fr o m 1986) – demontering

38 Vid demontering av 1,6 och 1,8 liters motorer på senare modeller, gäller i huvudsak beskrivningen i kapitel 1, notera dock följande.

39 Demontera främre panelen innan kylaren demonteras.

40 Om bilen har servostyrning, ta bort servopump och drivrem, demontera pumpens drivrem, lossa sedan pump, remspännare och

vätskebehållare. Bind upp dem på sidan av motorrummet.

7 Kylsystem

Termostathus (1,05 och 1,3 l motorer) – ändringar

1 På 1,05 och 1,3 liters förgasarmotorer med

hydrauliska lyftare, används en kylvätskemanövrerad automatchoke. Matar- och returslangar går från termostathuset. De ändrade detaljerna visas i **fig 12.14**; arbetet utförs dock i huvudsak enligt beskrivning i kapitel 2.

Vattenpump (1,05 och 1,3 l motorer) – demontering och montering

2 Vid montering av vattenpump som har renoverats av VW, bör man kontrollera om spåret för tätningsringen har bearbetats. Det

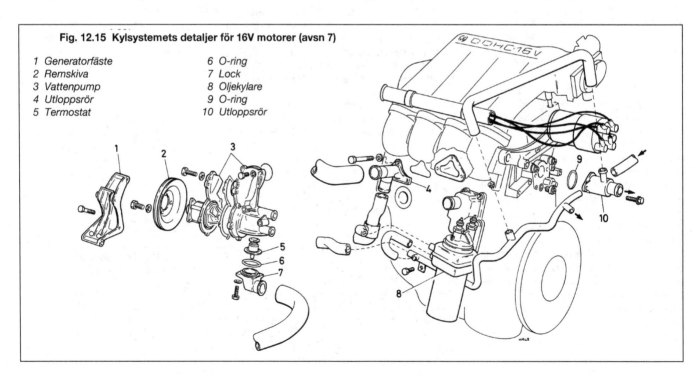

Fig. 12.15 Kylsystemets detaljer för 16V motorer (avsn 7)

1 Generatorfäste	6 O-ring
2 Remskiva	7 Lock
3 Vattenpump	8 Oljekylare
4 Utloppsrör	9 O-ring
5 Termostat	10 Utloppsrör

är i sådana fall utmärkt med ett y på monter-
ingsflänsen. I detta fall ska en 5 mm
tätningsring användas istället för normalt 4
mm.

Kylfläkt och motor – demontering och montering

3 Från och med januari 1986 har alla kylfläk-
tsmotorer från VW en standardiserad an-
slutning. Den gamla anslutningen måste då
klippas från kabelhärvan och en ny detalj
monteras. Erforderliga detaljer är tillgängliga
från VW-handlaren.

Elkylfläkt (modeller med bränsleinsprutning) – ändringar

4 Från och med september 1985, på modeller
med bränsleinsprutning (utom 16V), är kylfläk-
tmotorns kontakt undertill i kylaren försedd
med tre stift, istället för som tidigare två. Den

nya kontakten har två arbetslägen (se speci-
fikationer) – första steget låter fläkten gå med
normal hastighet, den andra med förhöjd
hastighet.
5 Kylfläkt på 16V motorer har sex blad; på
övriga motorer har fläkten fyra eller sex blad.
6 Från och med mars 1986 styrs också
fläkten av en tempgivare, placerad mellan
insprutare 1 och 2. Ett tidrelä används också
så att fläkten kan arbeta 10-12 minuter sedan
tändningen stängts av.
7 För att undvika personskada, arbeta inte i
närheten av fläktbladen då motorn är varm
eller då tidrelät är i funktion. Lossa för
säkerhets skull batteriets negativa anslutning
vid arbeten kring fläkten.

Tempgivare (16V motor) – beskrivning

8 På 16V motorer är tempgivaren placerad
vid svänghjulsänden på blocket, under slang-
anslutningen. Den styr tempmätaren

8 Bränsle- och avgassystem

Förgasare (32 TLA och 1B3) – beskrivning

1 Från och med mars 1985 monteras på 1,05
liters motorer en Weber 32 TLA förgasare.
Alternativt kan de från juli 1985 vara försedda
med en Pierburg 1B3 förgasare.

Förgasare (32 TLA och 1B3) rengöring – allmänt

2 Tvätta förgasaren utvändigt med lösnings-
medel och låt den torka.
3 Ta isär förgasaren enligt respektive beskriv-
ning. Innan isärtagning, se till att en ny
packningssats finns. Notera hur chokehuset
sitter på förgasarhuset innan demontering.
4 Rengör de inre detaljerna. Peta inte i
munstycken med metalltråd eller liknande för
att ta bort föroreningar, blås genom dem med
tryckluft.

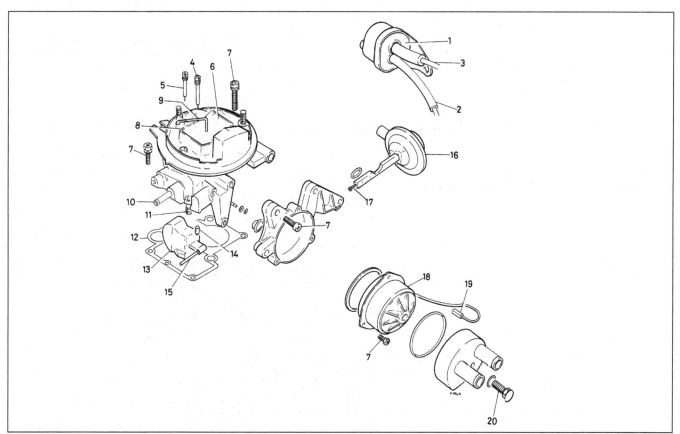

Fig. 12.16 Sprängskiss av Pierburg 1B3 förgasare, överdel (avsn 8)

1 Tomgångsförhöjningsventil, tvåvägs	5 Tillsatsmunstycke för bränsle/luft	10 Bränslematning	16 Chokeavlastare
2 Till tomgångsjusterskruvar	6 Chokespjäll	11 Huvudmunstycke	17 Justerskruv
3 Till vakuumledning och bromsservo	7 Skruv	12 Packning	18 Automatchoke
4 Luft/bränsle munstycke, tomgång	8 Lock	13 Flottör	19 Kontaktstycke
	9 Anriktningsrör	14 Nålventil	20 Skruv
		15 Ledstift	

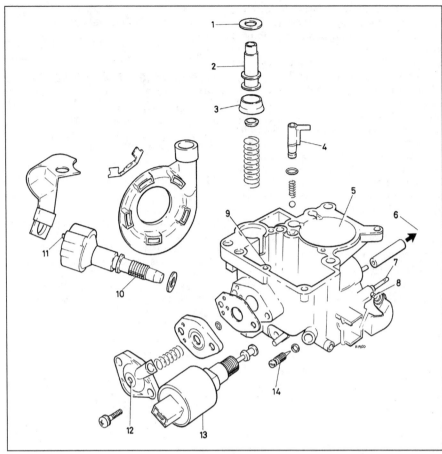

Fig. 12.17 Sprängskiss av Pierburg 1B3 förgasare, underdel (avsn 8)

1 Lagerring	7 Till vakuumstyrning för	11 Tvåvägsventil
2 Pumpstång	luftrenare	12 Anriktningsventil, delgas
3 Tätning	8 Justerskruv, snabbtomgång	13 Bränsleavstängnings-
4 Insprutningsrör	9 Munstycke, delgas-	solenoid
5 Förgasarhus	anriktning	14 Blandningsskruv
6 Till chokeavlastare	10 Justerskruv, tomgångsvarv	

5 Ta inte bort eller ändra stoppet för full gas, justera inte heller inställningen för steg två (i förekommande fall).
6 Montera i omvänd ordning, byt alla tätningar och ringar. Se följande underavsnitt beträffande kontroll och justering.

Pierburg 1B3 förgasare – service och justering

7 Innan förgasaren justeras, kontrollera noggrant att alla munstycken och så vidare, är rena.
8 Vid montering av tätning för accelerationspump, tryck den i motsatt riktning mot ventilationsborrningen. Låsringen för kolven måste tryckas in jäms med förgasarhuset.

Allmänt

9 Alla kontroller och justeringar sker så som för Pierburg 2E3 enligt beskrivning i kapitel 3, dock med följande tillägg:

Anrikningsrör

10 Med chokespjället stängt ska underdelen på anrikningsröret vara 1 mm från spjället (**se fig 12.18**).

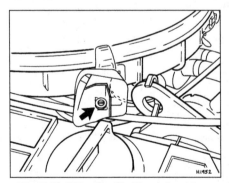

Fig 12.20 Placering för blandningsskruv (CO-halt) – Pierburg 1B3 förgasare (avsn 8)

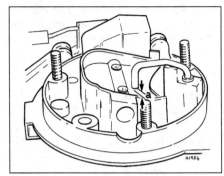

Fig. 12.18 Justering av anriktningsrör – Pierburg 1B3 förgasare (avsn 8)

$a = 1.0 \pm 0.3\ mm$

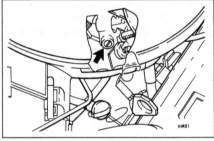

Fig. 12.19 Placering för justerskruv, tomgångsvarv – Pierburg 1B3 förgasare (avsn 8)

Tomgångsvarv och blandnings-justering

11 Innan justering, kontrollera att automatchoken är helt öppen, annars kan gaslänkaget fortfarande vila mot snabbtomgångskammen.

Tomgångsförhöjningsventil

12 Justeringen innehåller en vakuummanövrerad ventil, som öppnas om tomgångsvarvtalet sjunker under 700 rpm. Ventilen styrs av en tvåvägsventil och en styrenhet. Styrenheten bevakar motorvarvtalet och aktiverar tvåvägsventilen, vilken leder vakuum till förhöjningsventilen.
13 Vid kontroll av systemet, låt motorn gå på tomgång, sänk sedan sakta varvtalet genom att stänga spjället för hand. Vid 700 varv ska vakuum föras till ventilen.

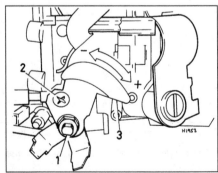

Fig. 12.21 Justering av accelerationspump – Pierburg 1B3 förgasare (avsn 8)

1 Mutter   3 Kamplåt
2 Låsskruv för kamplåt

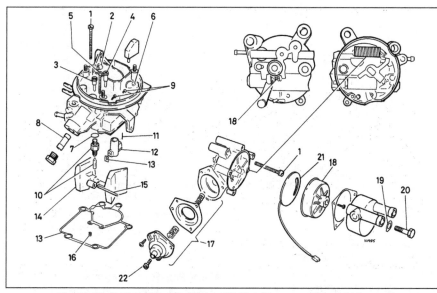

Fig. 12.22 Sprängskiss för Weber 32 TLA förgasare, övre del (avsn 8)

1 Skruv	8 Filter	16 Huvudmunstycke
2 Luftkorrektionsmunstycke	9 Pluggar	17 Vakuumklocka
3 Tillsatsbränslemunstycke	10 Nålventil	18 Automatchoke
(i förekommande fall)	11 Stift	19 Tätningsring
4 Bränslemunstycke, tomgång	12 Finfördelare	20 Skruv
5 Emulsionsrör	13 Packning	21 Värmeplatta
6 Chokespjäll och arm	14 Flottör	22 Justerskruv
7 Bricka	15 Stift	

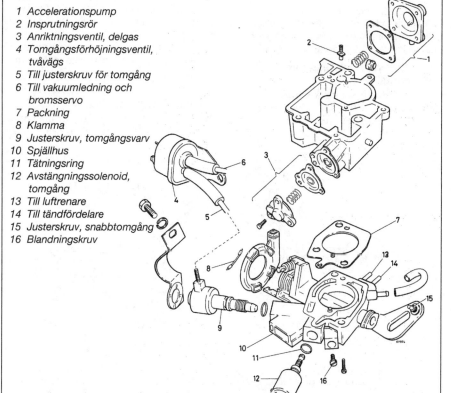

1 Accelerationspump
2 Insprutningsrör
3 Anriktningsventil, delgas
4 Tomgångsförhöjningsventil,
  tvåvägs
5 Till justerskruv för tomgång
6 Till vakuumledning och
  bromsservo
7 Packning
8 Klamma
9 Justerskruv, tomgångsvarv
10 Spjällhus
11 Tätningsring
12 Avstängningssolenoid,
   tomgång
13 Till luftrenare
14 Till tändfördelare
15 Justerskruv, snabbtomgång
16 Blandningskruv

Fig. 12.23 Sprängskiss för Weber 32 TLA förgasare, undre del (avsn 8)

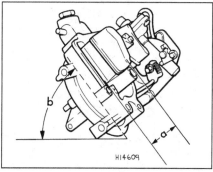

**Fig. 12.24 Diagram för kontroll av flottör-
husnivå – Weber 32 TLA förgasare
(avsn 8)**

$a = 28 \pm 1.0$ mm $b = 45°$ vinkel

Snabbtomgång

14 Med motorn vid normal arbetstemperatur
och avstängd, anslut en varvräknare samt ta
bort luftrenaren.
15 Öppna gasspjället helt, vrid sedan snabb-
tomgångskammen och släpp gasspjället så
att justerskruven vilar mot näst högsta steget
på snabbtomgångskammen.
16 Utan att röra gaspedalen, starta motorn
och kontrollera att snabbtomgången är enligt
specifikationerna. Om inte, vrid justerskruven
så som erfordras. Om justersäkring förekom-
mer, byt den efter justering.

Chokespjällöppning

17 Med kall motor, öppna gasspjället helt och
vrid därefter snabbtomgångskammen och
släpp spjället så att justerskruven vilar sig mot
det högsta steget på kammen.
18 Tryck in chokens manöverstång så långt
som möjligt mot chokeavlastaren.
19 Använd en spiralborr, kontrollera av-
ståndet mellan chokespjäll och förgasarhus,
se specifikationer. Justera vid behov med
skruven bakom automatchoken.

Accelerationspumpvolym

20 Håll förgasaren över en tratt och ett
mätglas.

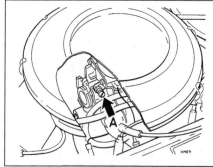

**Fig. 12.25 Tomgångsskruv (A) för modeller
t o m juni 1985 – Weber 32 TLA förgasare
(avsn 8)**

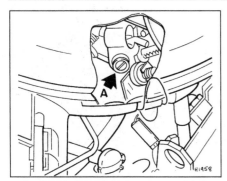

Fig. 12.26 Tomgångsjusterskruv (A) för modeller fr o m juli 1985 – Weber 32 TLA förgasare (avsn 8)

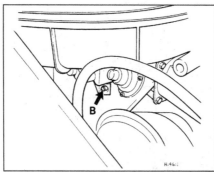

Fig. 12.27 Blandningsskruv (B) – Weber 32TLS förgasare (avsn 8)

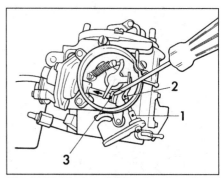

Fig. 12.28 Chokespjällöppning, justering – Weber 32 TLA förgasare (avsn 8)

1 Justerskruv, snabbtomgång
2 Kam
3 Dragstång

21 Vrid snabbtomgångskammen så att justeringsskruven går fri. Håll kammen i detta läge under följande.

22 Öppna gasen helt tio gånger, låt minst tre sekunder gå för varje slag. Dela totala mängden bränsle i mätglaset med tio, jämför med specifikationerna. Om det inte stämmer, se **fig 12.21** och lossa kamplåtens låsskruv, vrid sedan plåten så som erfordras, dra åt skruven.

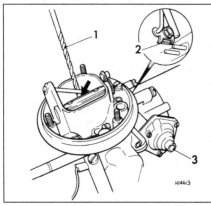

Fig. 12.29 Kontroll av chokespjällöppning (avlastare) Weber 32 TLA förgasare (avsn 8)

1 Spiralborr 2 Fjäder 3 Justerskruv

23 Skulle det vara svårt att justera, kontrollera pumpens tätning och backventil samt insprutningsrör.

Tomgångsavstängningssolenoid

24 Då tändningen slås på, ska man höra solenoiden klicka, vilket visar att den öppnar. Om solenoiden demonteras för kontroll, måste tryckstången först tryckas in 3-4 mm innan enheten kopplas in.

Weber 32 TLA förgasare – service och justering

25 Innan någon justering görs, kontrollera att alla munstycken etc, är rena.

Flottörhusnivå

26 Demontera locket och håll det upp och ner i ca 45°. Avståndet "a" i **fig 12.24** skall vara enligt anvisning. Kulan och tätningsnålen ska inte tryckas mot fjädern vid mätningen.

Tomgångsvarv och blandningsförhållande

27 Metoden för kontroll och justering av tomgång och CO-halt sker huvudsakligen på samma sätt som beskrivs i kapitel 3, avsnitt 17. Se dock **fig 12.25, 12.26 och 12.27** för placering av justeringsskruvar. Se även

uppgifter i specifikationerna för detta supplement.

Tomgångsförhöjningsventil

28 Tomgångsförhöjningsventilen är likadan som den för Pierburg 1B3 förgasaren, beskriven i punkterna 12 och 13.

Chokespjällsöppning (avlastare)

29 Ta bort chokelocket.

30 Placera snabbtomgångsjusterskruven på kammens högsta steg **(fig 12.28)**. Tillverkarens instruktioner var tidigare att trycka dragstången i pilens riktning **(fig 12.28)**, och där kontrollera att chokeöppningen är 2,5 ± 0,2 mm. Från och med april 1987 har instruktionerna ändrats, man måste nu använda en vakuumpump och med den ge 300 mbar vakuum till chokeavlastaren. Chokespjället skall då öppna 2,0 ± 0,2 mm.

31 Justering görs med skruven i änden på chokeavlastararmen. Kontrollera att fjädern **(2 i fig. 12.29)** inte är sammantryckt vid kontrollen.

Tomgångsavstängningsventil

32 Vid kontroll av ventilen, anslut batterispänning. Ventilen måste höras klicka då den får spänning.

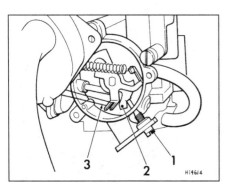

Fig. 12.30 Justering av snabbtomgång – Weber 32 TLA förgasare (avsn 8)

1 Justerskruv, snabbtomgång
2 Kam
3 Gummiband

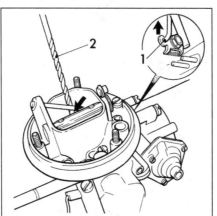

Fig. 12.31 Kontroll av gasspjällstyrd chokespjällöppning – Weber 32 TLA förgasare (avsn 8)

1 Tryck uppåt 2 Spiralborr

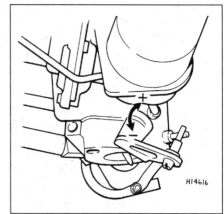

Fig. 12.32 Justering av gasspjällstyrd chokespjällöppning – Weber 32 TLA

Böj armen vid behov

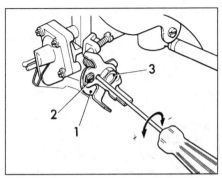

Fig. 12.33 Justering av accelerationspump – Weber 32 TLA förgasare (avsn 8)

1 Kam   2 Låsskruv för kamplatta
3 Låsmutter för kamplatta

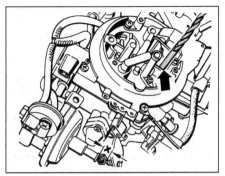

Fig. 12.34 Kontroll av chokespjällöppning på Solex/Pierburg 2E2 (avsn 8)

Använd en borr av rätt tjocklek vid kontroll (vid pilen)
Notera avståndet x (10 mm)

Snabbtomgångsvarv

33 Innan kontrollen utförs, kontrollera att tändinställning och grundtomgång är riktiga. Motorn ska ha normal arbetstemperatur.
34 Demontera luftrenaren.

35 Plugga anslutningen för temperaturregulatorn.
36 Anslut varvräknare.
37 Demontera chokelocket och ställ snabbtomgångskammens justerskruv på den näst

---

högsta kammen **(fig 12.30)**.
38 Spänn överarmen med en gummisnodd så att chokespjället är helt öppet.
39 Utan att röra gaspedalen, starta motorn, den bör gå på tomgångsvarv enligt specifikationerna.
40 Justera med skruven vid behov.

Chokespjällöppning (full gas)

41 Demontera luftrenaren.
42 Öppna choken helt och håll den i detta läge.
43 Se **fig 12.31** och tryck armen (1) uppåt.
44 Kontrollera spalten med en borr, se specifikationer. Justera genom att böja armen **(fig 12.32)**.

Accelerationspumpvolym

45 Denna kan kontrolleras enligt anvisningarna i kapitel 3, avsnitt 16, med följande ändringar.
46 Öppna gasspjället snabbt (d v s 1 sekund per slag, vila 3 sekunder mellan slagen).
47 Mängden insprutat bränsle kan ändras, men endast mycket lite, enligt följande.
48 Ta bort accelerationspumpkammen.
49 Sätt fast pumpkammen med en M4 skruv **(fig 12.33)**.
50 Lossa låsmuttern för plattans fästskruv. Lossa skruven och vrid kamplattan med en skruvmejsel – medurs för att minska insprutad mängd och moturs för att öka den. Dra åt skruv och låsmutter och kontrollera på nytt.

Solex/Pierburg 2E2 förgasare – justering av chokespjällöppning (full gas)

51 Demontera chokelocket och sätt ett gummiband på manöverstången så att chokespjället hålls stängt.
52 Håll primärspjället ca 45° öppet. För att göra detta, sätt tillfälligt en 10 mm mutter mellan snabbtomgångsjusterskruven och vakuumklockans tryckstång.
53 Använd en spiralborr, kontrollera spelet mellan chokespjäll och förgasare, det skall vara 6,3 + 0,3 mm. Böj i annat fall chokemanöverarmen så som erfordras.
54 Efter justering, kontrollera och justera chokeavlastare enligt kapitel 3.

Solex/Pierburg 2E2 förgasare, chokeavlastare – ändring

55 Från och med februari 1987, styrs chokeavlastaren både av temperatur och tid, via en ventil. Då ventilen är öppen (start av kall motor) reduceras vakuumet till enheten, och chokespjället öppnas endast något. Efter ca 1-6 sekunder (beroende på temperatur) värms ventilen upp (till ca 20-30°C) och stänger. Detta ger mer vakuum till klockan, och chokespjället öppnas mera. Choken kommer

---

Fig. 12.35 Sprängskiss av K-Jetronic system, insugningsrör och bränsleinsprutning (utom motorer med kod PB eller PF samt 16V) fr o m september 1984 (avsn 8)

1 Tvåvägsventil (II)	(CO-halt)	13 Spjällhus	20 Skruv
2 Tvåvägsventil (I)	8 Luftflödesmätare	14 Vakuumservo	21 Gasspjällkontakt
3 T-stycke	9 Temperaturspjäll (där	15 Fäste	22 Till bromsservo
4 Skruv	sådant förekommer)	16 Skruv	23 Fäste
5 Membran	10 Skruv	17 Till flerfunktions-	24 Till topplock
tryckventil	11 Justerskruv,	indikator	25 Till tändfördelare
6 Plugg	tomgång	18 Till kamkåpa	
7 Blandningsskruv	12 O-ring	19 Tillsatsluftsslid	

sedan att öppnas av motorvärme och den elektriska enheten som verkar på bimetallfjädern.

Solex/Pierburg 2E2 förgasare, tre-/fyrpunktsenhet – kontroll

56 Metoden som beskrivs i kapitel 3 avsnitt 20, kräver användande av vakuumpump, medan följande metod använder motorns vakuum.

57 Låt motorn gå med normal arbetstemperatur, stäng sedan av den. Ta bort luftrenaren och stäng vakuumledningen från förgasare till temperaturregulator.

58 Med motorn avstängd, kontrollera att membranets tryckstång **(A i fig 3.27)** är fullt ute (ca 14,5 mm).

59 Starta motorn och låt den gå på tomgång. Tryckstången ska nu sticka ut 8,5 mm för trepunktsenhet, eller 9,5 mm för fyrpunktsenhet, den ska just vidröra justerskruven för snabbtomgång.

60 På modeller med luftkonditionering, slå på luftkonditioneringen med full fläkt. Tryckstången ska sticka ut ca 12 mm.

61 Vid kontroll av stängning vid motorbroms, låt motorn gå på tomgång.

62 På fyrpunktsenheten, lossa och plugga slangen med rosa märkning.

63 Använd en skruvmejsel, håll primärspjället fullt stängt så att det inte rör sig.

64 Lossa pluggen från tomgång/motorbromsventilen, kontrollera sedan att tryckstången sticker ut ca 1,5 mm.

65 Vid kontroll beträffande läckage, kläm åt slangen mellan enheten och y-förgreningen, detta gäller endast trepunktsenhet.

66 Stäng av motorn och lossa tändspolens anslutning, kontrollera att tryckstången stannar kvar i läge minimun 5 sekunder.

67 Anslut tändspolen, plugg och slangar vid behov, sätt tillbaka luftrenaren.

K-Jetronic bränsleinsprutning (ej PB, PF och 16V motorer) – ändringar

68 Från och med september 1984 har detaljerna samhörande med insugningsröret ändrats enligt **fig 12.35**. Alla arbeten sker fortfarande enligt beskrivning i kapitel 3, del B.

69 Från och med mars 1986 finns en tempgivare monterad mellan insprutare 1 och 2. Denna slår till kylfläkten då temperaturen i topplocket överstiger 110°C, efter det att tändningen har slagits av. Ett tidrelä ingår i kretsen, den stänger av fläkten efter 10 till 12 minuter.

Digifant bränsleinsprutning (1,8 I PB och PF motorer) – beskrivning och föreskrifter

70 Digifant insprutningssystem är helt elektroniskt och en datorstyrd version av K-jetronicsystemet beskrivet i kapitel 3.

71 De huvudsakliga detaljerna består av en styrenhet, elektroniska insprutare och diverse sensorer och givare som övervakar motortemperatur, varvtal, luftflöde och gasspjälläge. Styrenheten bestämmer insprutarnas öppningstid samt justerar kontinuerligt tändläge i förhållande till varvtal, belastning och temperatur.

72 Vid arbete på systemet, var extra noga med att inte damm och smuts kommer in i

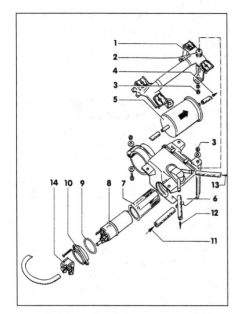

Fig. 12.36 Digifant bränslepump och filter (avsn 8)

1 Fäste
2 Gummifäste
3 Mutter
4 Bränsleförsörjning
5 Bränslefilter
6 Accelerationspump
7 Sil
8 Bränslepump
9 O-ring
10 Hållare
11 Från matarpump i bränsletank
12 Retur till bränsletank
13 Retur från tryckregulator
14 Mellanstycke

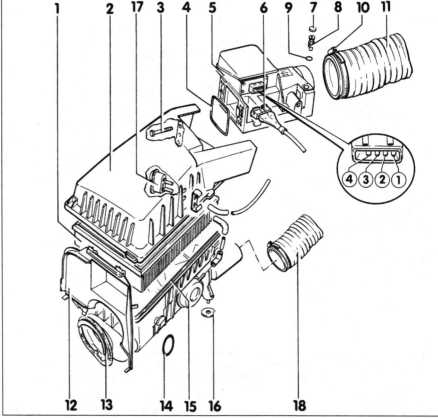

Fig. 12.37 Digifant luftflödesmätare (avsn 8)

1 Luftfilter	6 Anslutning	10 Klamma	15 Luftrenare
2 Lock	7 Justersäkring	11 Slang, luftintag	16 Gummimellanlägg
3 Skruv	8 Blandningsskruv	12 Platta	17 Temperatur-
4 Tätning	(CO-halt)	13 Tätning	regulator
5 Luftflödesmätare	9 O-ring	14 Låsring	18 Varmluftslang

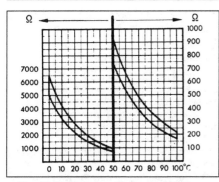

Fig. 12.38 Diagram för insugslufttemp-givare – Digifant och Digijet system (avsn 8)

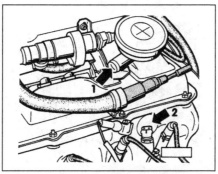

Fig. 12.39 Digifant tryckreglerventil för vevhusventilation (1) och tempgivare (2) (avsn 8)

Fig. 12.40 Digifant tomgångsjusterskruv (1) och blandningsskruv (2) (avsn 8)

detaljerna. Använd helst inte tryckluft eller luddiga trasor vid kontroll och rengöring.
73 Slå av tändningen innan något kontaktstycke lossas, eller då motorn tvättas.
74 Snabbladdning av batteriet tillåts endast 1 minut vid max 16,5 volt.
75 Lossa båda batterikablarna innan elsvetsning företas.

Digifant bränsleinsprutning (1,8 l PB och PF motorer) – kontroll och justering

76 Följande avsnitt beskriver kontroll och justering av insprutningssystemet. Information rörande tändsystemet ges i avsnitt 9 i detta supplement.

Bränslepump – kontroll

77 Huvudbränslepumpen är placerad i ackumulatorn baktill under bilen, en matarpump är placerad i bränsletanken, tillsammans med tankarmaturen.
78 Med motorn avstängd, låt någon slå på tändningen. Man ska höra båda pumparna gå en kort stund. Kontrollera i annat fall säkring 5, kontrollera också kablar och anslutningar.
79 Med tändningen på, lossa respektive anslutning från pumparna och kontrollera att tolv volts matningsspänning finns.
80 Saknas spänning vid pumparna då tändningen är tillslagen, kan pumprelät (nr 2 i säkringsdosan) vara defekt. Detta kontrolleras bäst genom byte mot ett nytt relä.

Luftflödesmätare – kontroll

81 Se fig 12.37 och lossa anslutningen från luftflödesmätaren.
82 Anslut en ohmmeter mellan anslutningarna 1 och 4, kontrollera att resistansen för insugslufttemperatur är enligt **fig 12.38** i förhållande till lufttemperatur.
83 Anslut en ohmmeter mellan anslutningarna 3 och 4 och kontrollera potentiometerresistansen, den ska vara mellan 0,5 och 1,0 k ohm.
84 Anslut en ohmmeter mellan anslutningarna 2 och 3, kontrollera att resistensen varierar då mätskivan rörs.

Tomgångsvarv och blandningsförhållande (CO-halt) – justering

85 Låt motorn gå tills oljetemperaturen är minst 80°C – detta motsvarar normal arbetstemperatur.
86 Slå av alla elektriska detaljer, inklusive luftkonditionering. Notera att kylfläkten också ska vara avstängd under justeringen.
87 För korrekt justering måste gasspjäll-

kontakt och tomgångsstabilisatorventil fungera riktigt, tändläget måste också vara rätt inställt.
88 Med motorn avstängd, anslut en varvräknare. Plugga ett av avgasrören och för in en mätsond i den andra.
89 Lossa slangen för vevhusventilation från tryckregulatorventilen på kamkåpan, plugga slangen.

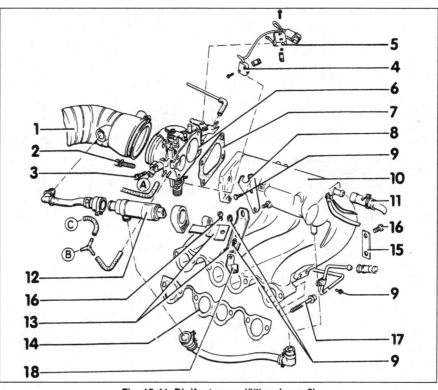

Fig. 12.41 Digifant gasspjällhus (avsn 8)

A Främre vevhusventilations-ventil
B Vakuumslanganslutning från tryckregulator
C Vakuumslang från luft-renarens temperatur-regulator

1 Slang, insugningsluft

2 Skruv
3 Tomgångsjustering
4 Gasspjällkontakt 1
5 Gasspjällkontakt 2
6 Gasspjällhus
7 Packning
8 Fäste
9 Skruv
10 Insugningsrör

11 Vakuumslang till bromsservo
12 Tomgångsstabilisator-ventil
13 Stag
14 Packning
15 Stag
16 & 17 Skruv
18 Fäste

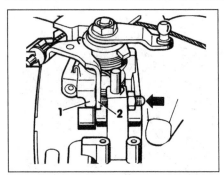

Fig. 12.42 Digifant spjällstoppjustering (avsn 8)

1 Arm   2 Stopparm
Pilen visar justerskruv

90 Låt motorn gå på tomgång, lossa sedan efter 1 minut kabeln från tempgivaren **(fig 12.39)**, höj snabbt tomgångsvarvet till 3 000 rpm tre gånger.
91 Med motorn åter på tomgång, kontrollera tomgångsvarv och CO-halt. Vid behov, justera med skruvarna som visas i **fig 12.40**. CO-skruven är försedd med justersäkring, denna måste tas bort vid justering.
92 Anslut kabeln till tempgivaren, öka på nytt hastigt motorvarvet till 3 000 rpm tre gånger. Med motorn åter på tomgång ska tomgångsvarv och CO-halt vara enligt specifikationerna, justera vid behov på nytt.
93 Montera justersäkring.
94 Anslut vevhusventilationsslangen. Notera att om CO-halten då ökar, ska inte justeringen ändras. Orsaken är bränsleutspädning av oljan på grund av korta körsträckor. En lång körning under belastning reducerar CO-halten till korrekt nivå. Alternativt kan oljan bytas.

Automatisk temperaturreglering av luftrenare – kontroll

95 Lossa slangen från vakuumklockan, ta sedan bort luftrenarlock och luftfilter.
96 Kontrollera att spjället i undre delen av huset stänger för varmluft.
97 Sug i vakuumslangen och kontrollera att spjället rör sig lätt och stänger för kalluft.
98 Spjället kan kontrolleras med motorn på tomgång om man förlänger vakuumslangen och placerar en termometer vid temperaturregulatorn. Under 20°C ska kalluftinloppet vara stängt, över 30°C ska varmluftinsläppet vara stängt. Mellan 20 och 30°C ska spjället befinna sig halvvägs mellan dessa.
99 Montera luftfilter och lock, anslut slangen.

Gasspjällkontakter – kontroll och justering

100 Det finns två gasspjällkontakter. Kontakt 1 övervakar gasspjället beträffande stängt läge, kontakt 2 visar fullt öppet läge.
101 Lossa anslutningen från kontakt 2 och kontrollera att de ligger ca 5 volt över anslutningar med tändningen påslagen. Kontrollera i annat fall kablarna från styrenheten.
102 Anslut en ohmmeter över stiften till

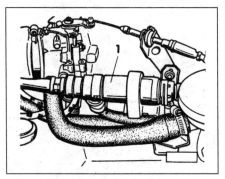

Fig. 12.43 Digifant tomgångsstabilisatorventil (1) (avsn 8)

kontakt 1, öppna sedan sakta gasspjället tills kontakten sluts. Spjället måste vara 0,20-0,60 mm öppet då kontakten sluter. Justera annars kontaktens läge.
103 Ett papper med 10° märkning behövs för kontroll av kontakt 2. Sätt papperet på axeln för gasspjället.
104 Öppna gasspjället helt och ställ in nollan på 0° på kortet. Stäng spjället ca 20°, öppna det sedan tills kontakt 2 sluter. Detta ska ske vid 10° ± 2° innan full gas. Justera vid behov

läget på kontakt 2. Notera att gasspjällarmens rulle måste vara i beröring med den sluttande delen på kontakt 2.

Spjällstopp – justering

105 Spjällets stopp justeras vid tillverkningen, det bör man inte röra. Skulle det däremot oavsiktligt lossas, gör enligt följande.
106 Backa av justerskruven tills ett spel finns mellan platta och stopparm **(fig 12.42)**.
107 Vrid justerskruven tills de två just vidrör varandra, vrid sedan ytterligare ett halvt varv. Dra åt låsmuttern.
108 Efter justering, justera gasspjällkontakterna samt tomgångsvarv och blandningsförhållande.

Tomgångsstabilisator – kontroll

109 Kontrollera att styrventilen surrar då tändningen slås på. Använd i annat fall en ohmmeter, kontrollera förbindelsen i ventilen sedan anslutningen lossats **(fig 12.43)**.
110 Låt motorn gå tills oljetemperaturen är minst 80°C – detta motsvarar normal arbetstemperatur.
111 Anslut en multimeter till ventilen i serie med lindningen.
112 Låt motorn gå på tomgång, öka sedan

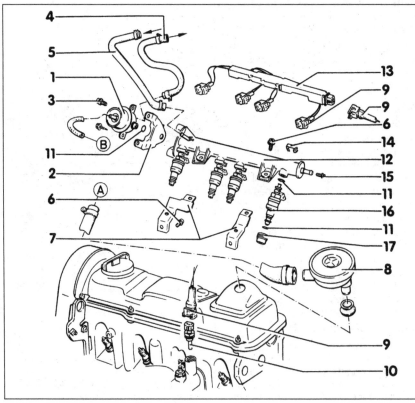

Fig. 12.44 Digifant insprutare och tryckregulator (avsn 8)

A Vevhusventilationsslang	6 Skruv	12 Bränslefördelare
B Vakuumslang	7 Fäste	13 Kabelskärm
1 Bränsletrycksregulator	8 Tryckregulatorventil,	14 Klamma
2 Fäste	vevhusventilation	15 Plugg
3 Skruv	9 Anslutning	16 Insprutare
4 Bränslereturslang (blå)	10 Tempgivare	17 Insats
5 Bränsleslang (svart)	11 O-ring	

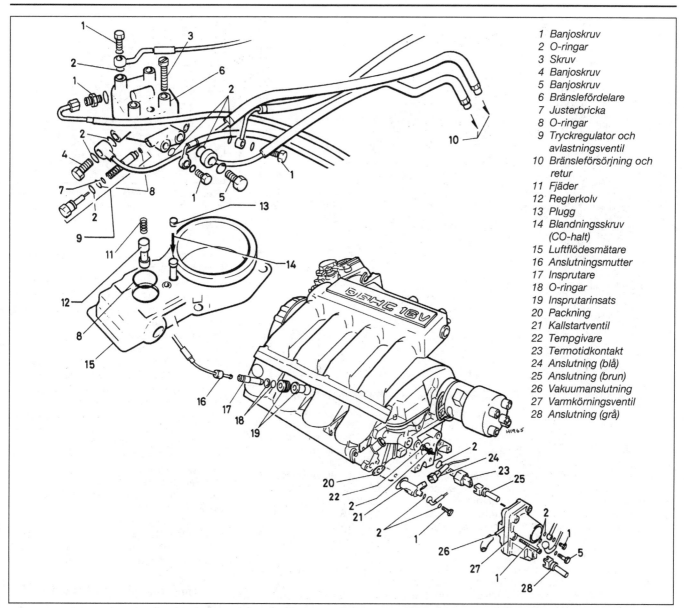

1 Banjoskruv
2 O-ringar
3 Skruv
4 Banjoskruv
5 Banjoskruv
6 Bränslefördelare
7 Justerbricka
8 O-ringar
9 Tryckregulator och
   avlastningsventil
10 Bränsleförsörjning och
   retur
11 Fjäder
12 Reglerkolv
13 Plugg
14 Blandningsskruv
   (CO-halt)
15 Luftflödesmätare
16 Anslutningsmutter
17 Insprutare
18 O-ringar
19 Insprutarinsats
20 Packning
21 Kallstartventil
22 Tempgivare
23 Termotidkontakt
24 Anslutning (blå)
25 Anslutning (brun)
26 Vakuumanslutning
27 Varmkörningsventil
28 Anslutning (grå)

Fig.12.45 K-Jetronic bränslemängdreglering – 16V modeller (avsn 8)

efter 1 minut motorvarvet till 3000 rpm tre gånger. Åter på tomgång ska strömmen genom ventilen vara 420 ± 30 mA och *växlande*. Med tempgivarens anslutning lossad, ska strömmen vara ca 420 ± 30 mA men *konstant*. Alla elektriska detaljer måste vara avslagna vid kontrollen, servostyrning (där sådan förekommer) måste vara i mittläge

Bränsletryckregulator – kontroll

113 Ett bra mätinstrument och lämplig anslutning krävs. Eftersom dessa normalt inte förekommer hemma, rekommenderas att en fackman får utföra kontrollen.

Bränsleinsprutare – kontroll

114 Se kapitel 3, avsnitt 37, punkterna 1-3, men utför även följande elektrisk kontroll.
115 Lossa kontaktstycket från insprutarnas kabelskärm, anslut en ohmmeter över

skärmens kontakter. Resistansen hos alla insprutare skall vara 3,7-3,5 ohm. Om en insprutare har avbrott, ska resistensen vara 5,0-6,7 ohm, avbrott i två insprutare ger 7,5-10 ohm, i tre insprutare 15,0-20,0. Lossa vid behov skärmen och kontrollera resistensen hos varje insprutare som ska vara 15,0-20,0 ohm.
116 Kontroll av insprutningsbilden kan inte göras enligt kapitel 3, beroende på placering av bränslefördelare. Insprutarna kan dock demonteras tillsammans med bränslefördelare och skärm, man kör sedan runt motorn med startmotorn några sekunder. Använd lämplig behållare för att samla ihop bränslet.

Styrenhet – allmänt

117 Styrenheten är placerad på vänster sida

av torpedväggen. Tändningen måste alltid vara avslagen då kontaktstycket lossas.
118 Kontroll av styrenheten är omöjlig utan specialutrustning. Misstänks fel bör en VW-verkstad kontaktas.

Avstängning vid motorbroms samt fullgasanrikning – kontroll

119 Låt motorn gå tills oljetemperaturen är minst 80°C, normal arbetstemperatur, låt den sedan gå på tomgång.
120 Stäng för hand kontakt 2 för fullgas och håll den stängd. Öppna gasspjället tills varvtalet är ca 2 000 rpm, kontrollera att motorn tvekar, vilket tyder på att avstängning vid motorbroms fungerar.
121 Lossa i annat fall kontaktstycket från tempgivaren och koppla samman stiften i kontaktstycket.

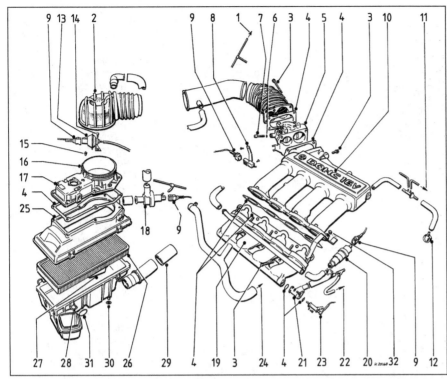

Fig. 12.46 K-Jetronic insugningsrör och detaljer – 16V modeller (avsn 8)

1 Till styrenhet, tändning
2 Anslutningsstos
3 Skruv
4 Packningar
5 Gasspjällhus
6 O-ring
7 Justerskruv, tomgång
8 Gasspjällkontakt
9 Anslutning
10 Insugningsrör, övre del
11 Till flerfunktionsindikator

12 Till bromsservo
13 Membran, tryckvemtil
14 Skruv
15 Plugg
16 Blandningsskruv (CO-halt)
17 Luftflödesmätare
18 Avstängningsventil,
   motorbroms
19 Insugningsrör, undre del
20 Tomgångsstabilisatorventil
21 Knärör

22 Till varmkörningsventil
23 Kallstartventil
24 Till vevhusventilation
25 Övre luftrenare
26 Luftfilter
27 Temperaturreglerspjäll
28 Undre luftrenare
29 Varmluftslang
30 Bricka
31 Låsring
32 Mutter

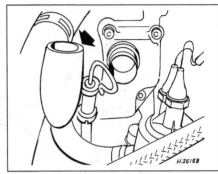

Fig. 12.47 Vevhusventilationsslang lossas
på K-Jetronic system – 16V motor (avsn 8)

höras när tändningen slås på. Kontrollera i
annat fall systemet enligt punkterna 134-137.
129 Lossa kontaktstycket till tomgångsstabil-
isatorsystemet nära tändspolen (se fig 12.48).
130 Låt motorn gå på tomgång, kontrollera
sedan att tomgångsvarvet är 1000 ± 50 rpm.
Ta annars bort skyddet och justera tom-
gången så som erfordras.
131 Kontrollera CO-halten, se specifikationer,
blockera tillfälligt den avgasrörspipa som inte
används för kontroll. Vrid, vid behov, juster-
skruven sedan justersäkringen lossats. Spe-
cialverktyg behövs för att vrida skruven, men
ett lämpligt annat verktyg kan användas.
Notera att justerskruven inte får tryckas in
eller lyftas och att motorn inte får varvas med
verktyget på plats.
132 Sätt tillbaka slangen för vevhusventi-
lation. Om CO-halten ökar, se kapitel 3,
avsnitt 31, punkt 9.
133 Anslut kontaktstycket och ta bort mätin-
strumenten. Notera att sedan kontaktstycket
satts på plats, ska stabilisatorsystemet
placera tomgången vid 950 + 50 rpm.

Tomgångsstabilisator – kontroll

134 Kontrollera att man kan höra ventilen
snurra då tändningen slås på. Använd i annat
fall en ohmmeter för att kontrollera ventilens
lidning, sedan kontaktstycket lossas.

122 Gör om provet enligt punkt 120. Om
motorn nu tvekar är tempgivaren felaktig.
Kontrollera i annat fall kablarna till kontakt 2.
Om inget fel upptäcks, byt styrenheten.

K-Jetronic bränsleinsprutning
(16V motor) – kontroll och
justering

123 Insprutningssystemet på 16V motorer
visas i **fig 12.45 och 12.46**. Kontroll sker enligt
beskrivning i kapitel 3, del B, utom
beträffande följande.

Tomgångsvarv – justering

124 Låt motorn gå tills den har normal arbet-
stemperatur, kontrollera sedan att all elektrisk
utrustning är avslagen. Notera att kylfläkten
inte heller får arbeta.
125 Lossa vevhusventilationsslangen, se **fig
12.47**.

126 Anslut en varvräknare samt en avgas-
analysator.
127 Om insprutarledningar har demonterats
och monterats just innan justeringen, varva
motorn till 3000 rpm några gånger, låt den
sedan gå på tomgång minst två minuter.
128 Kontrollera att stabilisatorventilen kan

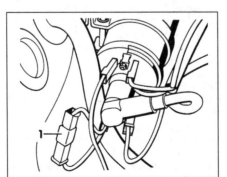

Fig. 12.48 Kontaktstycke K-Jetronic tom-
gångsstabilisator – 16V modeller (avsn 8)

Fig. 12.49 K-Jetronic tomgångsskruv (A)
och blandningsskruv (B) – 16V modeller
(avsn 8)

Fig. 12.50 Kontroll av kablage för tomgångsstabilisatorventil på K-Jetronic system – 16V modeller (avsn 8)

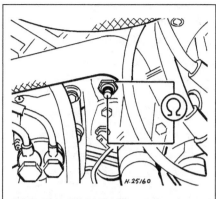

Fig. 12.51 Kontroll av tempgivarens resistans på K-Jetronic system – 16V modeller (avsn 8)

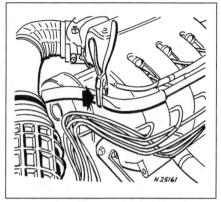

Fig. 12.52 Kontrollera tomgångsstabilisatorventilen på K-Jetronic system genom att nypa ihop slangen (vid pilen) – 16V modeller (avsn 8)

135 Kontrollera på samma sätt tempgivaren. Vid 20°C ska resistensen vara 1 000 ohm, vid 60°C ca 250 och vid 100° ca 75 ohm.

136 Om inget fel anträffats i föregående kontroll, undersök kablar och slutligen, vid behov, byt styrenheten bakom mittpanelen

137 Styrventilen kan kontrolleras genom anslutning av en multimeter. Med även varvräknaren ansluten, låt motorn gå på tomgång (varm) och avläs strömmen. Kläm åt slangen som visas i **fig. 12.52** och kontrollera att strömmen ökar. Släpp slangen, öka varvtalet till 1 300 rpm och slut gasspjällkontakten. Strömmen ska sjunka under 430 mA. Med anslutningen lossad enligt beskrivning i paragraf 129, ska strömmen vara mellan 415 och 445 mA.

Avstängningsventil vid motorbroms – kontroll

138 Med en varvräknare ansluten, låt motorn gå på 2 500 varv (varm), öppna sedan gas-

spjällkontakten och kontrollera att tomgången blir ojämn. Låt i annat fall motorn gå på tomgång, lossa kontaktens anslutning och anslut en voltmeter till stiften enligt **fig 12.53**. Ingen spänning skall finnas.

139 Öka motorvarvet till 4 000 rpm, stäng sedan spjället snabbt. Vid 1 400 rpm ska spänning finnas.

140 Byt vid behov styrenhet bakom mittkonsolen.

Tryckkontakt – kontroll

141 Lossa kontaktstycket, anslut en ohmmeter till stiften. Med motorn på tomgång ska avbrott visas. Öppna och stäng spjället snabbt och kontrollera att resistensen tillfälligt sjunker och sedan stiger till oändlighet.

Gasspjällkontakt – kontroll

142 Ta bort kontaktstycket från gasspjällkontakten.

143 Se **fig 12.55**, kontrollera sedan med en ohmmeter att motståndet är 0 mellan stift 1

och 2 vid stängt gasspjäll medan det mellan stiften 2 och 3 skall vara avbrott. Med gasspjället öppet ska avläsningarna vara tvärt om.

144 Vid justering av kontakten, för in ett 0,10 mm bladmått mellan gasspjällarm och stopp **(se fig 12.56)**, lossa sedan skruvarna och för kontakten mot armen tills man kan höra kontakterna klicka. Dra åt skruvarna och ta bort bladmåttet.

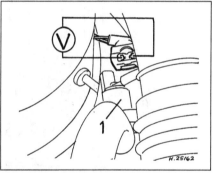

Fig. 12.53 Kontroll av avstängsningsventil vid motorbroms (1) på K-Jetronic system – 16V modeller (avsn 8)

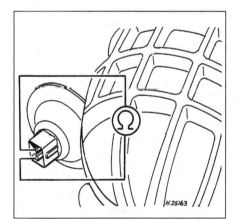

Fig. 12.54 Kontroll av membrantryckventil på K-Jetronic system – 16V modeller (avsn 8)

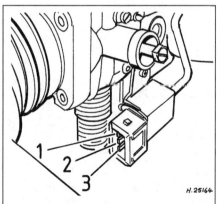

Fig. 12.55 K-Jetronic gasspjällkontakt, stift i kontaktstycke – 16V modeller (avsn 8)
Se texten för identifiering av stiften

Fig. 12.56 Gasspjällkontaktens justering på K-Jetronic system – 16V modeller (avsn 8)

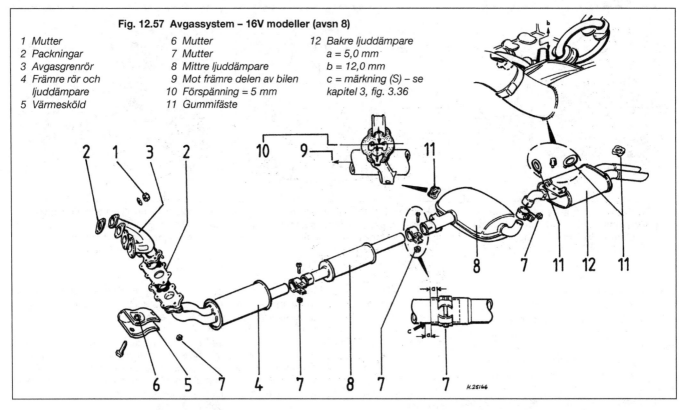

Fig. 12.57 Avgassystem – 16V modeller (avsn 8)

1 Mutter	6 Mutter	12 Bakre ljuddämpare
2 Packningar	7 Mutter	a = 5,0 mm
3 Avgasgrenrör	8 Mittre ljuddämpare	b = 12,0 mm
4 Främre rör och	9 Mot främre delen av bilen	c = märkning (S) – se
ljuddämpare	10 Förspänning = 5 mm	kapitel 3, fig. 3.36
5 Värmesköld	11 Gummifäste	

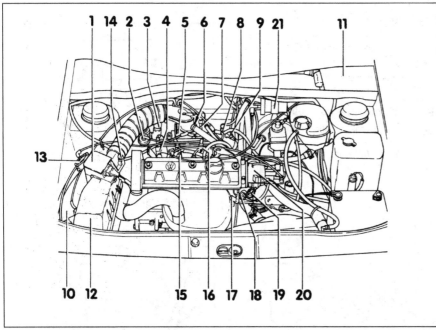

Fig. 12.58 Digijet bränsleinsprutning, placering av komponenter (avsn 8)

1 Luftflödesmätare	10 Vakuumenhet, förvärmning	17 Mätrör CO-halt
2 Bränsletrycksregulator	av insugsluft	18 Tempgivare (blå) för
3 Värmekropp	11 Digijet styrenhet/TCI-H	Digijet system
4 Insprutare	strömställare	19 Tempgivare (svart) för
5 Gasspjällhus	12 Luftrenare	kylvästketempmätare
6 Justerskruv, tomgång	13 Avstängningsventil	20 Tändfördelare (med
7 Gasspjällkontakt	14 Blandningsskruv (CO-halt)	hallgivare)
8 Tillsatsluftsslid, anslutning	15 Tändstift	21 Tändspole
9 Lambdasond, anslutning	16 Tillsatsluftsslid	

Insugningsrör (16V motor) – demontering och montering

145 Insugningsröret är i två delar. Vid montering av övre del, dra först muttrarna som håller den till den undre delen innan skruvarna för det bakre stödet fästs.

Avgassystem (modeller med bränsleinsprutning) – beskrivning

146 Avgassystemet på 16V motorer visas i **fig 12.57**. Det innehåller fyra ljuddämpare tillsammans med dubbla framrör och slutrör. Flänsen mellan grenrör och framrör är av gängse typ med packning. Se kapitel 3, avsnitt 24 beträffande anvisningar.

147 På övriga modeller tillverkade från och med augusti 1985, är flänsen mellan grenrör och framrör också försedd med packning och saknar fjäderklammor.

Digijet bränsleinsprutning (1,3 l NZ motor) – beskrivning och föreskrifter

148 Huvudsakliga detaljer visas i **fig 12.58** och **12.59**. Systemet regleras enligt instruktioner från styrenheten, placerad på vänster sida i luftintaget på torpedväggen. Bränslepumpen (och dess placering) överensstämmer med digifantsystemet som tidigare behandlats. Bränsletanken och dess detaljer visas i **fig 3.5**, den enda skillnaden rör matarledningens anslutning till spärrventilen från kolfiltret.

149 Digijet systemets styrenhet modifierades

i juli 1989 och kan kännas igen på en blå märkning (tidigare modeller hade kopparfärgad märkning).

150 Föreskrifter och underhåll enligt avsnitt 26 i kapitel 3 rörande K-Jetronic system, gäller även Digijetsystemet. Med detta som grund kan följande kontroller och justeringar göras om nödvändig utrustning är tillgänglig.

Digijet bränsleinsprutning (1,3 l NZ motor) – kontroll och justering

Luftrenare – demontering, rengöring/byte och montering

151 Se kapitel 3, avsnitt 27.

Tomgångsvarv och blandningsförhållande – kontroll och justering

152 Tomgångsvarvet kan endast justeras med hjälp av en noggrann varvräknare och avgasanalysator. VW rekommenderar att givare för lufttemperatur hålls vid 1,8 k ohm vid justering, men eftersom detta kräver specialverktyg, kan endast en ungefärlig kontroll göras.

153 Vid kontroll eller justering av tomgångsvarv är det viktigt att följande iakttas

(a) Motorn måste ha normal arbetstemperatur.
(b) All elektrisk utrustning måste vara avstängd (inklusive kylfläkt).
(c) Tändläget måste vara korrekt justerat.

154 Lossa vevhusventilationsslangen från tryckregulatorn och plugga den.

155 Med tändningen avslagen, anslut en varvräknare enligt tillverkarens anvisningar, anslut sedan CO-mätaren till mätröret (fig. 12.62). Ett mellanstycke behövs förmodligen så att anslutningen blir tät. Lossa kontaktstycket från Lambdasonden.

156 Starta motorn och kontrollera att tomgångsvarv och CO-halt är enligt specifikationerna. Är tomgångsvarvet för högt, kontrollera att gasspjället stänger helt innan justering företas.

157 Krävs justering av tomgångsvarv/CO-halt, vrid respektive justerskruv så som erfordras (se fig. 12.63). Om CO-halten ska justeras måste justersäkringen tas bort och lämplig insexnyckel användas. På modeller fr o m juli 1989 ska tomgångsvarvet till en början vara 900-1000 rpm och CO-halten 1,0-1,4%. När Lambdasonden åter ansluts ska CO-halten vara enligt specifikationerna. Montera ny justersäkring.

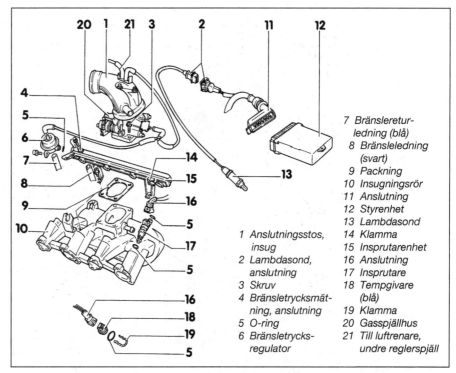

7 Bränslereturledning (blå)
8 Bränsleledning (svart)
9 Packning
10 Insugningsrör
11 Anslutning
12 Styrenhet
13 Lambdasond
14 Klamma
15 Insprutarenhet
16 Anslutning
17 Insprutare
18 Tempgivare (blå)
19 Klamma
20 Gasspjällhus
21 Till luftrenare, undre reglerspjäll

1 Anslutningsstos, insug
2 Lambdasond, anslutning
3 Skruv
4 Bränsletrycksmätning, anslutning
5 O-ring
6 Bränsletrycksregulator

Fig. 12.59 Digijet bränslesystem (avsn 8)

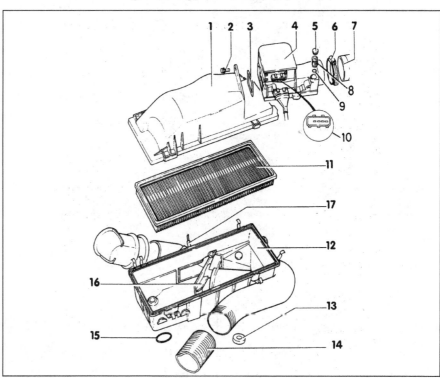

Fig. 12.60 Digijet system – luftrenare (avsn 8)

1 Övre lock
2 Skruvar
3 O-ring
4 Luftflödesmätare
5 Justersäkring
6 Slangklamma

7 Insugsslang
8 Blandningsskruv (CO-halt)
9 O-ring
10 Anslutning
11 Luftfilter
12 Luftrenarhus

13 Gummipackning
14 Förvärmningsslang
15 Låsring
16 Reglerspjäll, förvärmningsluft
17 Till anslutningsstos

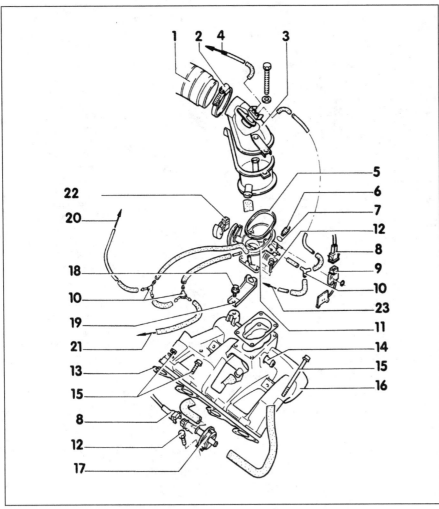

Fig. 12.61 Digijet system – insugningsrör (avsn 8)

1 Insugningsslang
2 Klamma
3 Anslutningsstos
4 Slang till reglerspjäll
5 Packning
6 Tomgångsjusterskruv
7 O-ring
8 Anslutning
9 Gasspjällkontakt

10 Vinklad anslutning
11 Gasspjällhus
12 Skruv
13 Packning
14 Vakuumanslutning, bromsservo
15 Skruv
16 Insugningsrör
17 Tillsatsluftsslid

18 Skruv
19 Fäste
20 Vakuumslang (till tändfördelare)
21 Vakuumslang (till backventil)
22 Snabbtomgångskam
23 Slang, bränsletrycksregulator

158 Lossa mätutrustningen efter justering. Anslut Lambdasonden.

Luftflödesmätare – kontroll

159 Flödesmätarens funktion kontrolleras genom att man mäter resistansen mellan stiften 1 och 4 i styrenhetens kontaktstycke (fig. 12.64 och 12.38). Potentiometern mäts på samma sätt genom att man ansluter mätproberna till stift 2 och 3 samt rör mätskivan. Resistansen ska då variera.

Förvärmning av insugningsluft (fr o m september 1989) – kontroll

160 Varmluftpistol eller hårtork kan användas vid kontrollen. Lossa först klammorna, lyft sedan av locket på luftrenaren, ta bort luftfiltret.

161 Med kall motor och yttertemperatur mellan 5 och 15°C, måste varmluftspjället öppna. Värmer man området kring ventilen till över 20°C, ska ventilen stänga.

Insprutare – kontroll

162 Se avsnitt 37 i kapitel 3, men notera att dropptestet i punkt 5 skiljer sig från det specificerade. Slå på tändningen i 5 sekunder, kontrollera sedan att inte mer än 2 droppar per minut läcker från någon av insprutarna.

Gasspjällkontakt – kontroll

163 En multimeter (inställd på resistansmätning) krävs vid denna kontroll. Lossa kontaktstycket från gasspjällkontakten, anslut instrumentet över stiften i kontakten, kontrollera att full förbindelse finns. Öppna gasspjället helt (mätaren ska visa avbrott), stäng sedan spjället sakta tills det finns ett spel på 0,3 mm mellan arm och stoppskruv, instrumentet ska fortfarande visa avbrott. För in ett bladmått med denna tjocklek (se fig. 12.65) för att få rätt spel. Skulle justering behövas, lossa skruvarna, ändra sedan kontaktens läge så att avbrott precis visas av instrumentet. Dra åt skruvarna. Kontrollera att kontakten är sluten då spjället är stängt och öppen i andra lägen, enligt föregående beskrivning. Anslut kontaktstycket.

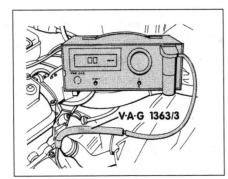

Fig. 12.62 CO-mätare och anslutningsrör monterade på Digijet (avsn 8)

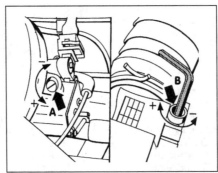

Fig. 12.63 Tomgångs- (A) och blandningsskruv (B) – Digijet system (avsn 8)

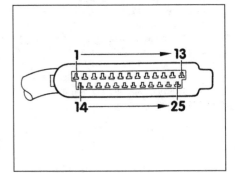

Fig. 12.64 Digijet, anslutning från styrenhet, med kontaktstift (avsn 8)

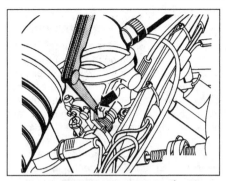

Fig. 12.65 Placering av bladmått för kontroll av gasspjällkontakt på Digijet system (avsn 8)

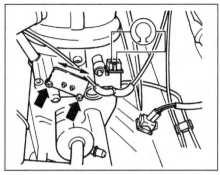

Fig. 12.66 Gasspjällkontakt, anslutningar för testinstrument samt fästskruvar – Digijet system (avsn 8)

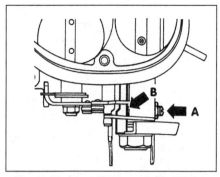

Fig. 12.67 Gasspjällets grundinställning med begränsningsskruv (A) och stopp (B) – Digijet system (avsn 8)

164 Gasspjällets grundläge ställs in vid produktionen och behöver normalt inte åtgärdas. Skulle smärre justering krävas, kan man lossa begränsningsskruven så att ett minimalt spel erhålls mellan skruv och stopp. Man drar sedan åt skruven tills den just berör stoppet **(se fig. 12.67)**. Det är svårt att veta när skruven just vidrör stoppet, man kan därför placera ett tunt papper mellan skruv och stopp. Från det läge då papperet precis kläms fast, drar man sedan åt skruven ytterligare ett halvt varv.

165 Efter justering bör tomgångsvarv och blandningsförhållande kontrolleras. Man bör också kontrollera gasspjällkontakten enligt tidigare beskrivning i detta avsnitt.

Grundöppning av gasspjäll

166 Gasspjällets grundöppning ställs in vid tillverkningen och behöver normalt inte kontrolleras. Skulle justering krävas, demontera först luftrenaren. Använd sedan ett 0,5 mm trådmått (eller spiralborr med denna dimension) enligt **fig. 12.68**, för att kontrollera spelet på detta ställe. Vid justering, lossa låsmuttern och vrid justerskruven så att spelet blir 0,5 mm. Dra sedan åt låsmuttern.

Digijet bränsleinsprutning (1,3 l NZ motor) – demontering och montering av komponenter

167 Av illustrationerna framgår hur detaljerna ska demonteras och monteras, följande ska dock iakttagas.

(a) Observera föreskrifterna i avsnitt 26, kapitel 3 då någon detalj tas bort eller sätts på plats.

(b) Se till att notera dragning och anslutning av kablar, bränsle- och vakuumledningar

innan de lossas (så att de kan monteras på rätt plats).

(c) Om insprutarenheten demonteras, måste man först ta bort insugningsstosen komplett med gasspjällhus.

(d) O-ringar och packningar i systemet ska alltid bytas vid monteringen.

(e) Demontering, montering samt justering av gasvajer sker enligt beskrivning i avsnitt 11, kapitel 3.

(f) Bränsletanken och dess komponenter demonteras enligt beskrivning i avsnitt 46, kapitel 3.

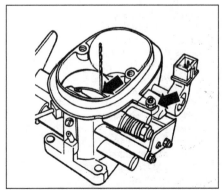

Fig. 12.68 Mätning av gasspjällets grundöppning med 0,5 mm bladmått eller spiralborr. Justerskruv och låsmutter visas också – Digijet system (avsn 8)

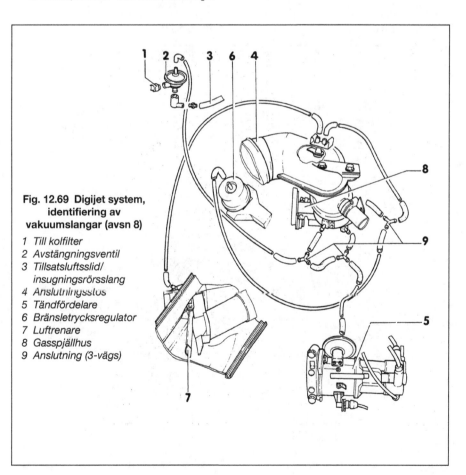

Fig. 12.69 Digijet system, identifiering av vakuumslangar (avsn 8)

1 Till kolfilter
2 Avstängningsventil
3 Tillsatsluftsslid/ insugningsrörsslang
4 Anslutningsstos
5 Tändfördelare
6 Bränsletrycksregulator
7 Luftrenare
8 Gasspjällhus
9 Anslutning (3-vägs)

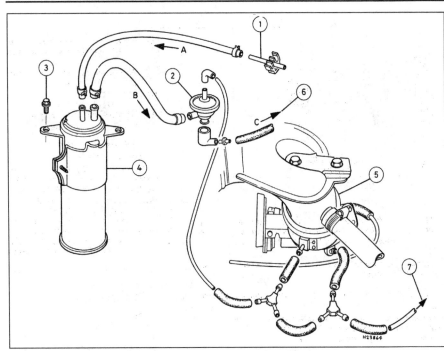

Fig. 12.70 Kolfiltrets komponenter (avsn 8)

A Bränsletankångornas väg då motorn går på tomgång
B/C Bränsletankångornas väg då motorn går med högre varvtal
1 Rör (till bränsletankens spärrventil i påfyllningsröret)

2 Avstängningsventil
3 Låsskruv
4 Kolfilterbehållare
5 Gasspjällhus
6 Slang (tillsatsluftsslid/insugningsrör)
7 Slang (till tändfördelaren)

Kontrollsystem för bränsleångor (1,3 I NZ motor) – beskrivning

168 Detaljerna visas i **fig. 12.70**. Systemets funktion är att samla och leda bränsleångor tillbaka till tanken i stället för att de släpps ut i atmosfären. Då motorn är avstängd eller går på tomgång, samlas bränsleångorna i kolfiltret där de lagras tills motorn startas och går med högre varv än tomgång. Ångorna förs då från behållaren, via en avstängningsventil, till luftfiltret och insugningsröret för förbränning. Behållaren är monterad under luftfiltret och åtkomlig sedan detta demonterats.

Mono-Jetronic bränslein-sprutning (1,8 I RP motor) – beskrivning och föreskrifter

169 Mono-Jetronic centralinsprutning som används på 1,8 liter RP motor, är en förenklad form av bränsleinsprutning. System och detaljer visas i **fig. 12.71**.
170 Bränsle sprutas in i insugningsröret genom en enda solenoidventil (insprutare), centralt placerad i insprutarhuset. Insprut-ningstiden bestämmer insprutad bränsle-mängd. De elektriska signalerna som bestäm-mer hur lång tid insprutaren ska vara öppen, bestäms av en elektronisk styrenhet (ECU) genom information från diverse givare. Bränsletrycket regleras mekaniskt.

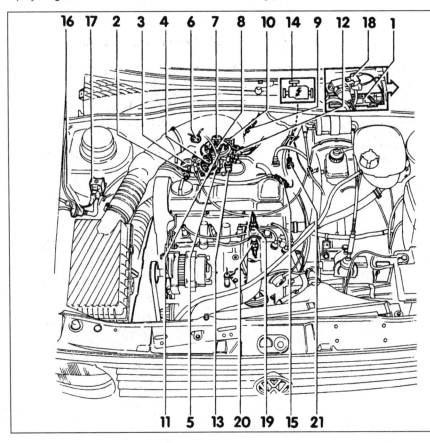

Fig. 12.71 Mono-Jetronic system, placering av komponenter (avsn 8)

1 Styrenhet (ECU)
2 Anslutning (gasspjällägesgivare och tomgångskontakt)
3 Spjälldämpare
4 Anslutning (insprutare och tempgivare för inluftslid)
5 Gasspjällägesgivare och tomgångskontakt
6 Tempregulator, förvärmning av insugsluft
7 Insprutare och lufttempgivare
8 Bränsletrycksregulator
9 Förvärmare, inugningsluft
10 Vakuumstyrventil, insprutningstid
11 Insprutare
12 Potentiometer, gasspjäll
13 Vattenavskiljare (gasspjällpotentiometer)
14 Varningslampa/självdiagnos
15 Lambdasond, anslutning
16 Solenoidventil, kolfilter
17 Solenoidventil, kolfilter
18 Insprutare seriemotstånd
19 Termokontakt för insugsvärme
20 Kylvätsketempgivare
21 Anslutning, självdiagnos

171 Signalerna till ECU består av information om varvtal och vevaxelläge från strömfördelaren, gasspjällets öppning från gasspjällägesgivaren, kylvätsketemperatur samt syrehalten i avgaserna från syresensorn (Lambdasond).

172 Baserad på informationen från givaren beräknar och sänder ECU signal till manöverenheterna så som erfordras.

173 ECU har också ett diagnossystem inbyggt, som med hjälp av ett VW-instrument kan felsöka systemet. Förutom grundläggande kontroller beträffande kablar och slangar samt deras anslutningar, bör all felsökning överlåtas till en VW-verkstad.

Mono-Jetronic bränsleinsprutning (1,8 l RP motor) – kontroll och justering

174 Följande kontroller kan utföras utan specialutrustning. Mera detaljerad felsökning kräver särskilt anpassad utrustning och bör överlåtas till en VW-verkstad.

Tomgångsvarv och CO-halt, kontroll

175 Förutsättningarna för denna kontroll är att tändläget är korrekt samt att motorn har normal arbetstemperatur. Under kontrollen ska all elektrisk belastning, inklusive kylfläkt, vara avslagen.

176 Tändningen måste vara avslagen då mätinstrumentet för varvtal ansluts. En avgasanalysator krävs för kontroll av CO-halten i avgaserna.

177 Tomgångsvarv och blandningsförhållande kan inte justeras. Skulle de avvika från specifikationerna är det enda man kan göra att kontrollera att bränsle-, vakuum- och elledningar är hela och korrekt anslutna. Är detta fallet måste systemet kontrolleras av en VW-verkstad med riktig utrustning.

Tomgångsventil

178 Anordningen är placerad på gasspjällägesgivaren och har till funktion att styra tändningens vakuumförställning. En trasig tomgångsventil kan orsaka problem med tomgång och/eller avstängning vid motorbroms. Ett enkelt prov kan göras genom att man slår på tändningen och sedan öppnar och stänger gasspjället. Kontrollera att ventilen "klickar" två gånger. Är detta korrekt, starta motorn, låt den gå på tomgång och lossa tillfälligt och anslut ventilens kontaktstycke. Varvtalet ska då tillfälligt öka och sedan återta normal nivå. I annat fall är ventilen defekt och måste bytas.

Insprutare

179 Låt motorn gå tills den får normal arbetstemperatur, lossa sedan och ta bort stosen på insugningskanalen från insprutarhuset.

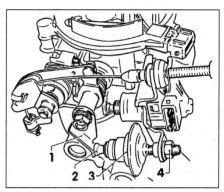

Fig. 12.72 Spjälldämpare på Mono-Injection system (avsn 8)

1 Gasspjällarm   3 Dämpare
2 Tryckstång   4 Låsmutter

180 Med motorn gående på tomgång, titta ner i insprutarhuset och kontrollera bränslefördelningen, vilken bör synas på spjället.

181 Öka varvtalet till 3 000 rpm, stäng sedan hastigt spjället och kontrollera att bränsleflödet tillfälligt upphör. Slå av tändningen och kontrollera att inte mer än två droppar bränsle per minut läcker från insprutaren. Detta visar att bränsleavstängningen vid motorbroms fungerar tillfredsställande.

Spjälldämpare

182 Då gasspjället är stängt, ska dämparens tryckstång vara intryckt minst 4 mm av manöverarmen (fig. 12.72). Krävs justering, lossa låsmuttern, vrid sedan dämparens skruv så att den just vidrör tryckstången. Vrid nu skruven fyra och ett halvt varv mot armen, dra åt låsmuttern.

Förvärmning av insugningsluft

183 Med motorn kall, ta bort luftrenarens övre del samt luftfiltret. Kontrollera att spjället i den undre delen av luftrenaren rör sig obehindrat. Kontrollera att spjället, då det är stängt, blockerar för varmluft.

184 Börja med att starta motorn och låt den gå på tomgång. Kontrollera att spjället blockerar för kalluft.

185 För att kontrollera att temperaturregulatorn fungerar korrekt, lossa dess två slangar. Koppla ihop slangarna och kontrollera att varmluftintaget är blockerat. Är detta fallet är vakuumenheten defekt. Blockeras i stället kalluftintaget är tempregulatorn felaktig och måste bytas.

186 Spjällets läge då motorn är igång beror på regulatorns temperatur. Regulatorn bör vara öppen och kalluftintaget blockerat då temperaturen understiger 35°C. Vid temperaturer över 45°C bör regulatorn vara stängd och varmluftintaget blockerat.

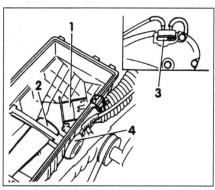

Fig. 12.73 Detaljer i luftrenarhus (avsn 8)

1 Varmluftsmunstycke 3 Temperaturreglator
2 Kalluftmunstycke   4 Vakuumenhet

Mono-Jetronic bränsleinsprutning (1,8 l RP motor) – demontering och montering av komponenter

Luftrenare

187 Arbetet går till på samma sätt som för övriga modeller med insprutning, se avsnitt 27, kapitel 3.

Luftkanal och grenrör

188 Lossa klammorna och frigör kanalen från grenrör och luftfilter.

189 Vid demontering av grenröret upptill på insprutarhuset, notera hur anslutningarna sitter och lossa sedan slangarna från tempgivaren på grenröret. Lossa fästskruven och lyft bort grenrör och packning från insprutarhuset.

190 Montering sker i omvänd ordning.

Insprutare

191 Demontera kanal och grenrör enligt ovan.

192 Lossa fästskruven och lyft upp hållare och O-ring från insprutaren. Notera hur den är monterad, dra sedan insprutaren ur huset. Ta bort O-ringarna.

193 Montera i omvänd ordning. Vid byte av insprutare måste nya, lätt smorda O-ringar användas.

Insprutarhus

194 Ta bort kanal och grenrör enligt ovan.

195 Lossa bränslematnings- och returledningar från anslutningarna på sidan av insprutarhuset. Var beredd på bränslespill, plugga slangarna för att undvika ytterligare bränslespill samt att smuts kommer in i dem.

196 Lossa anslutningarna på insprutarhuset.

197 Lossa gasvajern från spjällarmen på huset.

198 Lossa skruvarna, ta bort insprutarhuset från insugningsröret. Ta bort packningen, är den inte i fullgott skick, byt ut den.

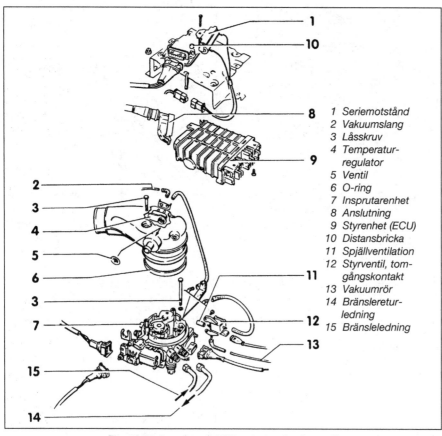

1 Seriemotstånd
2 Vakuumslang
3 Låsskruv
4 Temperatur-
regulator
5 Ventil
6 O-ring
7 Insprutarenhet
8 Anslutning
9 Styrenhet (ECU)
10 Distansbricka
11 Spjällventilation
12 Styrventil, tom-
gångskontakt
13 Vakuumrör
14 Bränslereturledning
15 Bränsleledning

Fig. 12.74 Insprutare, ECU och detaljer (avsn 8)

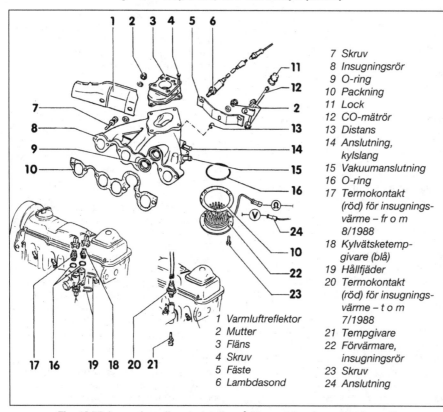

7 Skruv
8 Insugningsrör
9 O-ring
10 Packning
11 Lock
12 CO-mätrör
13 Distans
14 Anslutning,
kylslang
15 Vakuumanslutning
16 O-ring
17 Termokontakt
(röd) för insugnings-
värme – fr o m
8/1988
18 Kylvätsketemp-
givare (blå)
19 Hållfjäder
20 Termokontakt
(röd) för insugnings-
värme – t o m
7/1988
21 Tempgivare
22 Förvärmare,
insugningsrör
23 Skruv
24 Anslutning

1 Varmluftreflektor
2 Mutter
3 Fläns
4 Skruv
5 Fäste
6 Lambdasond

Fig. 12.75 Insugningsrör och detaljer på Mono-Jetronic system (avsn 8)

199 Montera i omvänd ordning. Se till att bränsleledningar och anslutningar är rena då de sätts tillbaka.

Bränslepump – Mono-Jetronic och Digifant bränsleinsprutning

200 Från och med mitten av 1989 använder vissa modeller med Mono-Jetronic eller Digifant system endast en bränslepump (monterad i tanken), i stället för separat matarpump. Pumpen kan kontrolleras på samma sätt som den tankmonterade "dubbelpumpen" (se punkterna 77-80 i detta avsnitt).
201 Pumpen demonteras enligt beskrivning för tankarmatur i avsnitt 9, kapitel 3.

Avgassystem med katalysator – beskrivning, demontering och montering

202 Katalysator förekommer som standard på vissa modeller.
203 Katalysatorn är monterad i främre delen av avgassystemet, och består av ett yttre hus i stål och en keramisk insats. Insatsen har längsgående kanaler med en beläggning av platina.
204 Då avgaserna passerar genom katalysatorn, omvandlas skadliga beståndsdelar till vatten, kvävgas och koldioxid.
205 För att katalysatorn ska fungera korrekt **får endast blyfritt bränsle användas**. Motorn måste också vara rätt inställd och styrsystemen felfria.
206 Katalysatorn når mycket höga temperaturer, bilen bör därför inte parkeras över lättantändligt material, speciellt inte långt gräs, eftersom brand då kan uppstå. Se också till att inte katalysatorn skadas vid färd på ojämnt underlag.
207 Ett typexempel på avgassystem visas i **fig. 12.78**. Demontering sker helt enkelt genom att man lossar anslutningarna och delar på systemet. Katalysatorn är ömtålig, se till att den inte skadas av verktyg och domkraft, eller vid borttagning och montering.
208 Använd nya upphängningar och tätningar vid montering.

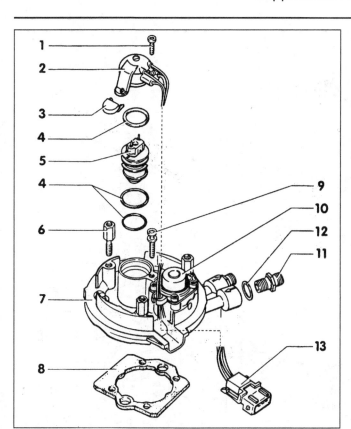

Fig. 12.76 Övre insprutarenhet och detaljer – Mono-Jetronic
system (avsn 8)

1 Skruv	8 Packning
2 Insprutarfäste	9 Skruv
3 Skyddslock	10 Tryckregulator
4 O-ring	11 Förskruvning, bränsleledning
5 Insprutare	12 Tätningsring
6 Bult	13 Anslutning
7 Övre hus	

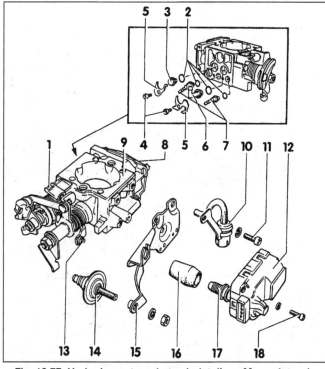

Fig. 12.77 Undre insprutarenhet och detaljer – Mono-Jetronic
system (avsn 8)

1 Stoppskruv, gasspjäll	11 Skruv
2 O-ring	12 Gasspjällägesgivare
3 Plugg	13 Justerskruv, spjälldämpare
4 Skruv	14 Spjälldämpare
5 Hållare	15 Fäste
6 Anslutning	16 Skyddsbälg (för
7 Anslutning	tomgångskontakt)
8 Potentiometer, gasspjäll	17 Tomgångskontakt
9 Undre insprutarhus	18 Skruv
10 Vattenavskiljare	

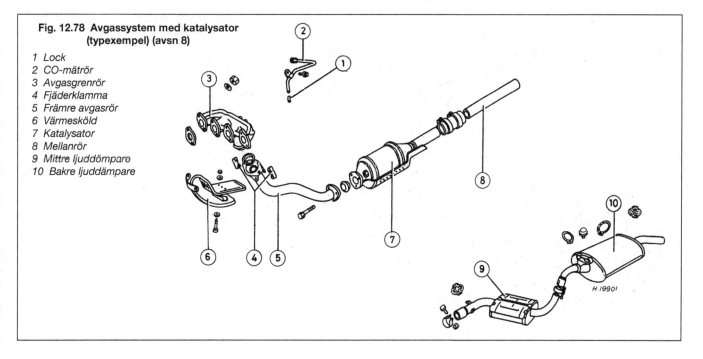

Fig. 12.78 Avgassystem med katalysator
(typexempel) (avsn 8)

1 Lock
2 CO-mätrör
3 Avgasgrenrör
4 Fjäderklamma
5 Främre avgasrör
6 Värmesköld
7 Katalysator
8 Mellanrör
9 Mittre ljuddämpare
10 Bakre ljuddämpare

H.19901

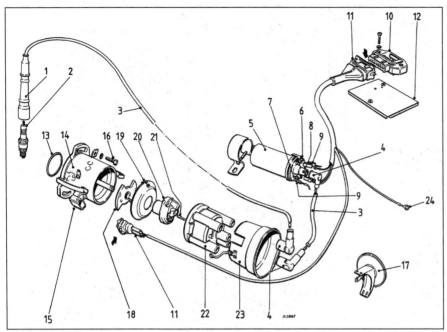

Fig. 12.79 Transistoriserat tändsystem – 1,05 och 1,3 liters motorer (avsn 9)

1 Anslutning	9 Kontaktstycken	17 Vakuumenhet
2 Tändstift	10 TCI-H kontakt	18 Lagerplatta
3 Tändkabel	11 Anslutning	19 Dammkåpa
4 Anslutning, avstörning	12 Kylelement	20 Rotor
5 Tändspole	13 O-ring	21 Kolborste med fjäder
6 Anslutning (–)	14 Fördelare	22 Fördelarlock
7 Anslutning 15 (+)	15 Hallgivare	23 Skärmring
8 Anslutning 4	16 Skruv	24 Jordledning

9 Tändsystem

Tändsystem (1,05 och 1,3 l motor med hydrauliska ventillyftare) – beskrivning

1 Vid införandet av hydrauliska lyftarelement på 1,05 och 1,3 liter motorer byttes också tändsystemet mot ett transistoriserat system. Se kapitel 4 beträffande funktion och föreskrifter för systemet. Notera också att fr o m senare delen av 1986, används inte rotor med varvtalsbegränsare.
2 Kontroll för transistorenhet och hallgivare beskrivs i kapitel 4. Demontering och montering av fördelare sker i princip som på modeller med brytarsystem, renovering som för övriga transistorsystem; se även **fig. 12.79** och de följande punkterna 3-4.
3 Fördelaraxeln stöds av en lagerplatta som kan tas bort sedan de två skruvarna som håller den vid spännringen lossats. Innan ringen tas bort, märk fördelarhuset mitt för styrningen.
4 Justerbrickor används över och under hallgivaren och dessa ska väljas så att axialspelet elimineras, men så att vakuum-klockan kan röra detaljerna.

Tändsystem (1,6 l motor med automatväxellåda) – beskrivning

5 På modeller med automatväxellåda och 1,6 liter motor finns en termo-pneumatisk ventil och en backventil i vakuumledningen mellan förgasare och fördelare. Detta säkerställer vakuumförställningen då motorn är kall, även under acceleration. Vid normal motortemperatur förekommer inte vakuumförställning under acceleration.
6 Vid kontroll av den termo-pneumatiska ventilen, värm ventilen i hett vatten och blås genom den. Den ska vara stängd under 30°C och öppen över 46°C. Kontrollera också att backventilen öppnar i en riktning.

Digifant tändsystem (1,8 l PB och PF motorer) – beskrivning och föreskrifter

7 Digifant tändsystem använder TCI-H tändsystemet beskrivet i kapitel 4, men har också en detonationssensor, vilken känner av begynnande detonation och minskar förtändningen för att motverka detta. Normalt regleras tändförställningen automatiskt av styrdonet, som också styr insprutningen. Fördelaren saknar därför mekanisk förställningsmekanism.

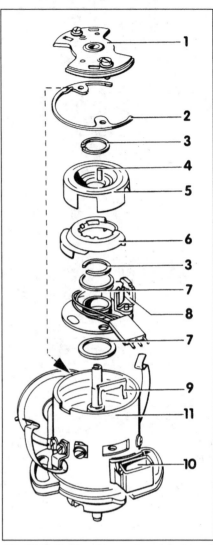

Fig. 12.80 Sprängskiss av transistoriserad tändfördelare – 1,05 och 1,3 liters motorer (avsn 9)

1 Lagerplatta	7 Justerbrickor
2 Spänningring	8 Hallgivare
3 Låsring	9 Klamma
4 Stift	10 Anslutning
5 Rotor	11 Hus
6 Lock	

8 Detaljerna visas i **fig. 12.81 och 12.82**. Arbetsbeskrivningar är i stort sett enligt kapitel 4, utom vad som anges i följande punkter.

Digifant tändsystem (1,8 l PB och PF motorer) – kontroll och justering

9 Låt motorn gå tills den har normal arbets-temperatur, slå sedan av tändningen.
10 Anslut en stroboscopelampa.
11 Starta och låt motorn gå på tomgång.

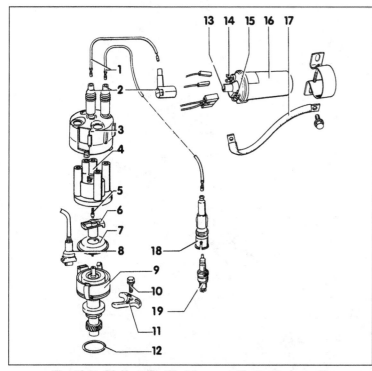

Fig. 12.81 Digifant tändfördelare och tändspole (avsn 9)

1 Tändkablar	8 Anslutning	15 Spole anslutning 1 (–)
2 Anslutning, avstörning	9 Fördelare	16 Spole
3 Skärmning	10 Skruv	17 Jordledning
4 Fördelarlock	11 Klamma	18 Tändstift, anslutning
5 Kolborste och fjäder	12 O-ring	19 Tändstift
6 Rotor	13 Spole anslutning 4	
7 Dammkåpa	14 Spole anslutning 15 (+)	

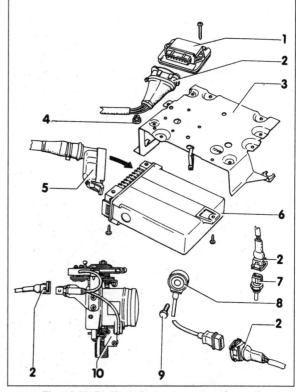

Fig. 12.82 Digifant tändreglersystem (avsn 9)

1 TCI-H kontakt	6 Digifant styrenhet
2 Anslutning	7 Tempgivare
3 Platta	8 Denotationssensor
4 Mutter	9 Skruv
5 Anslutning	10 Gasspjällkontakt

12 Lossa anslutningen från tempgivaren (fig. 12.83).

13 Öka motorvarvet till mellan 2 000 och 2 500 rpm, rikta stroboscopelampan mot öppningen i kåpan för svänghjulet. Inställningsmärkena bör överensstämma (kapitel 4, fig. 4.12), lossa i annat fall klämskruven och vrid fördelaren så som erfordras, dra åt skruven.

14 Vid kontroll av tändläget bör även funktionen hos tempgivare och detonationssensor kontrolleras.

15 Lossa tempgivarens anslutning, öka varvtalet till 2 300 rpm och notera exakt tändläge. Håll varvtalet vid 2 300 rpm, anslut på nytt tempgivaren och kontrollera att tändförställningen ökar 30° ± 3° från tidigare avläsning.

16 Ökar förtändningen endast ca 20°, lossa detonationssensorns fästskruv, dra åt till 20 Nm och gör om kontrollen. Blir det ingen skillnad, kontrollera att inte kablaget har avbrott, eller, som en sista utväg, byt detonationssensorn.

17 Ändras inte tändläget alls, kontrollera

tempgivarens kablage beträffande avbrott. Finns inget avbrott tyder detta på ett fel i styrenheten.

Digifant strömfördelare (1,8 l PB och PF-motorer) – demontering och montering

18 Lossa fördelarlocket och lägg det åt sidan, komplett med tändkablar.

19 Lossa kontaktstycket på sidan av strömfördelaren.

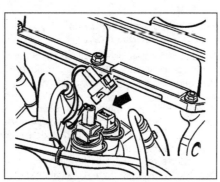

Fig. 12.83 Ledning för tempgivaren lossas – Digifant system (avsn 9)

20 Lossa klämskruven, ta bort hållplattan och sedan fördelaren.

21 Innan montering, ställ kolv nr 1 i ÖDP. Märkningen på svänghjul eller remskiva ska då stämma överens med respektive märkning på block eller kåpa. Kamaxeldrevet ska stå mitt för skarven på kamkåpan.

22 Vrid oljepumpaxeln med en skruvmejsel så att spåret blir parallellt med vevaxeln.

23 Ställ rotorn så att den pekar på märket för 1:ans cylinder på fördelarhuset.

24 Montera fördelaren så att kontaktstycket kommer i det läge som visas i fig. 12.84. Kontrollera tändläget, justera vid behov.

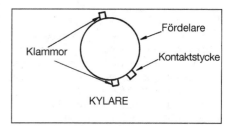

Fig. 12.84 Fördelarens läge vid montering – Digifant system (avsn 9)

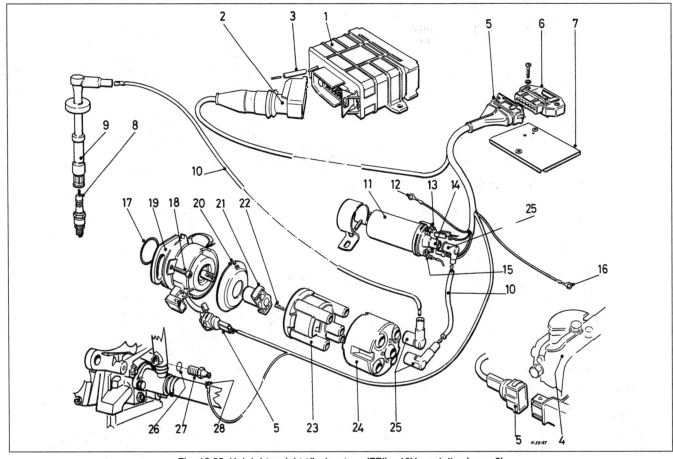

Fig. 12.85 Helelektroniskt tändsystem (FEI) – 16V modeller (avsn 9)

1 FEI styrenhet	7 Kylelement	13 Anslutning 1 (–)	19 Fördelare	25 Anslutningar, avstörning
2 Anslutning	8 Tändstift	14 Anslutning 4	20 Dammkåpa	26 Bricka
3 Vakuumledning	9 Anslutning	15 Anslutning 15 (+)	21 Rotor	27 Tempgivare
4 Gasspjällkontakt	10 Tändkabel	16 Jordledning	22 Kolborste och fjäder	28 Anslutning
5 Anslutning	11 Tändspole	17 O-ring	23 Fördelarlock	
6 TCI-H kontakt	12 Jordledning	18 Skruv	24 Skärmning	

Helelektroniskt tändsystem (FEI) (16V motor) – beskrivning och föreskrifter

25 16V motorn har ett helt elektroniskt system (FEI) som visas i **fig. 12.85**. Det fungerar i stort som det transistoriserade systemet beskrivet i kapitel 4, men det har en styrenhet som elektroniskt justerar tändläget i förhållande till varvtal, belastning och temperatur. Fördelaren har varken centrifugal- eller vakuumförställning.

26 Föreskrifterna givna i kapitel 4, avsnitt 7 gäller även FEI-systemet. Notera att en digital multimeter ska användas vid kontroller, annars kan avläsningarna bli missvisande. **Använd aldrig** en testlampa, eftersom detta skadar de elektroniska komponenterna. Vid användning av multimeter, **byt inte** mät-område med instrumentet anslutet, efter-som detta också kan skada komponenterna.

FEI strömfördelare (16V motor) – demontering och montering

27 Detta sker enligt beskrivning i kapitel 4, avsnitt 10, men bortse från hänvisningarna rörande vakuumrör och byte av O-ringar.

FEI strömfördelare (16V motor) – renovering

28 Det enda arbete som möjligen blir aktuellt är byte av hallgivare. Den är tillgänglig som reparationssats komplett med drivkoppling, stift och låsring.
29 Är rotorn defekt måste den krossas med tång, eftersom den är fäst vid axeln med starkt lim. Rengör axeln och fäst den nya axeln med lim från VW.
30 Vid byte av hallgivare, notera först den förskjutna drivkopplingen i förhållande till rotorn.

31 Stöd drivkopplingen i ett skruvstycke, driv ut fjäderstiftet sedan låsringen lossats.
32 Demontera kopplingen följd av juster-brickor och plastbricka.
33 Demontera axeln, komplett med rotor, följd av dammkåpan av plast, justerbrickor och plastbricka.
34 Ta bort skruvarna och lyft bort hallgivaren från fördelarhuset.
35 Rengör alla detaljer, montera sedan hall-givaren i omvänd ordning gentemot demon-teringen, smörj axeln med lite fett.

FEI kontaktenhet (16V motor) – kontroll

36 Enheten sitter på vänster sida i luftintaget, under ett plastlock. Tändspolen måste vara i fullgott skick innan detta prov utförs.
37 Tryck in trådlåsningen och ta bort kontakt-stycket från enheten.
38 Anslut en voltmeter mellan stift 4 och 2 i

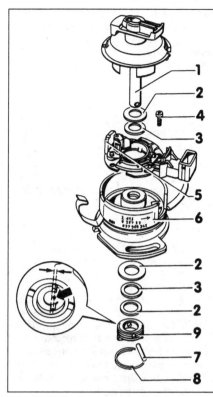

Fig. 12.86 Sprängskiss av FEI fördelaren –
16V modell (avsn 9)

1 Axel   6 Hus
2 Justerbrickor   7 Fjäderstift
3 Plastbrickor   8 Låsring
4 Skruv   9 Drivkoppling
5 Hallgivare

kontaktstycket, slå på tändningen och
kontrollera att matningsspänning finns. Slå av
tändningen.
39 Använd en ohmmeter, kontrollera att det
finns förbindelse mellan stift 1 i kontaktstycket
och stift 1 på spolen.
40 Sätt tillbaka kontaktstycket på kontaktenheten, anslut en voltmeter över lågspänningsanslutningarna på spolen enligt **fig. 12.88**.

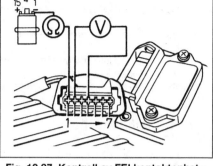

Fig. 12.87 Kontroll av FEI kontaktenhet –
16V modeller (avsn 9)

41 Lossa fjädern och sedan kontaktstycket
från styrenheten och slå därefter på tändningen. Kontrollera att voltmetern till en början
visar 2 volt, som ska sjunka till 0 efter en eller
ett par sekunder. Byt i annat fall kontaktenhet
och vid behov tändspole.
42 Använd en bit kabel, jorda kortvarigt stift
12 i kontaktstycket. Spänningen ska stiga till
minst 2 volt. Byt i annat fall kontaktenhet.

FEI styrenhet
(16V motor) – kontroll

43 Kontrollera kontaktenheten enligt
föregående beskrivning innan styrenheten
kontrolleras.
44 Lossa fjädern och sedan kontaktstycket
från styrenheten, placerad på höger sida i
luftintaget.
45 Slå på tändningen, kontrollera med en
voltmeter att batterispänning finns mellan stift
3 och 5 i kontaktstycket.
46 Kontrollera även att batterispänning finns
mellan stift 6 och 3, öppna gasspjället och
kontrollera att spänningen sjunker till 0. Slå av
tändningen.
47 Använd en ohmmeter, mät resistansen
mellan stiften 1 och 3. Detta är anslutningarna
för tempgivaren och resistansen varierar med
temperaturen, enligt avsnitt 8, punkt 69.
48 Tryck in låsningen och lossa kontakt-

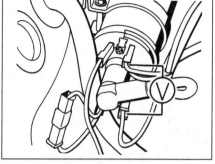

Fig. 12.88 Voltmätarens anslutning över
tändspolens lågspänningsanslutningar vid
kontroll av FEI kontaktenhet – 16V modell
(avsn 9)

stycket på sidan av fördelaren. Anslut en
voltmeter till de två yttre stiften i kontaktstycket, slå på tändningen. 5 volt spänning
ska finnas. Slå av tändningen.
49 Anslut en voltmeter över lågspännings´-
anslutningarna på tändspolen. Slå på
tändningen.
50 Använd en bit kabel, jorda kortvarigt
mittstiftet i fördelarens anslutning. Spänningen ska stiga till minst 2 volt och man ska
höra bränslepumpen arbeta. Byt i annat fall
styrenheten och kontrollera pumprelät vid
behov.

FEI-systemets hallgivare
(16V motor) – kontroll

51 Se punkt 26 i detta avsnitt beträffande
anvisningar om mätinstrument, samt övriga
anvisningar och föreskrifter innan följande
kontroller utförs.
52 Lossa anslutningen för hallgivaren.
Kontrollera matningsspänningen till hallgivaren genom att ansluta mätaren till de yttre
stiften i kontaktstycket. Slå på tändningen.
Minst 5 volt ska finnas, kontrollera i annat fall
styrenhet och kablage.
53 För kontroll av hallgivarens signal, för
undan gummiskyddet för kontaktstycket och,
med kontaktstycket fortfarande anslutet,
anslut en diodtestlampa till det mittre och

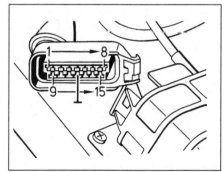

Fig. 12.89 FEI styrenhetens anslutningar –
16V modell (avsn 9)

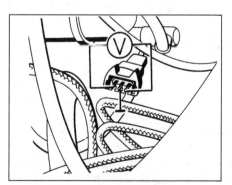

Fig. 12.90 Kontroll av hallgivarens
anslutningar på sidan av fördelaren – 16V
modeller (avsn 9)

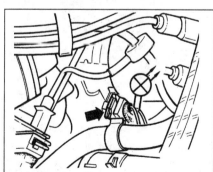

Fig. 12.91 Kontrollmetod för hallgivarens
signal – 16V modeller (avsn 9)

yttre kontaktstiftet (brun/vit). Kör runt motorn med startmotorn och kontrollera att dioden blinkar. Byt i annat fall hallgivare.

FEI-system, tändläge (16V motor) – kontroll och justering

54 Arbetet sker enligt beskrivning i kapitel 4, avsnitt 12, med stroboscoplampa. Styrenhetens funktion kan också kontrolleras enligt följande.
55 Låt motorn gå på tomgång, notera grundtändläget. Dra bort vakuumslangen från styrenheten, öka motorvarvet till 4 600 rpm, avläs tändläget på nytt. Subtrahera värdet för grundtändläge från detta, resultatet bör bli 18°. Detta motsvarar förställningen beroende på motorvarv.
56 Anslut vakuumslangen. Låt motorn på nytt gå med 4 600 rpm. Notera tändläget. Tändläget ska nu vara c:a 20° senare än utan vakuum. Detta motsvarar skillnaden på grund av vakuum.

Tändstift – demontering och montering

57 Demontera luftrenaren vid behov.
58 Lossa tändkabelanslutningarna från tändstiften, märk ut vilken cylinder de hör samman med. På 16V motorer finns förlängda anslutningar eftersom stiften sitter i djupa brunnar.
59 Rensa bort skräp runt stiften med tryckluft.
60 Lossa stiften med lämplig hylsa, helst med gummiring som håller kvar stiften.
61 Montera i omvänd ordning, dra stiften till rätt moment.

Tändstift och tändspole – allmänt

62 Fr o m augusti 1987 har vissa modeller modifierad tändspole och andra tändstift. Den modifierade tändspolen kan identifieras genom att den har en grå, i stället för grön, märklapp (som på vissa andra modeller). Se rekommendationerna i början av kapitlet, beträffande val av tändstift.
63 Notera att man inte kan använda nya stift tillsammans med gammal spole, eller tvärtom.

Tändsystem (1,3 l NZ motor och 1,8 l RP motor) – allmänt

64 Det transistoriserade TCI-H tändsystemet på dessa bägge motortyper är likt det som beskrivs i kapitel 4. Se kapitel 4 beträffande kontroll, demontering och montering. Se även de föreskrifter som finns i avsnitt 7 i kapitel 4

innan arbete på TCI-H tändsystem. Kontroll och justering av tändläge sker med stroboscopelampa enligt beskrivning i avsnitt 12, kapitel 4. Se början av detta kapitel beträffande specifikationer.

10 Koppling

Kopplingsvajer (självjusterande, växellåda 085 och 020) – demontering och montering

1 På senare modeller är kopplingsvajern av självjusterande typ. Observera att det är möjligt att göra en första justering av vajern vid installation av en ny vajerenhet. Även i det fall när den automatiska justeringen utnyttjats helt ut, ska en manuell kontroll av justeringen göras innan vajerenheten byts ut. Denna kontroll görs genom att man fem gånger i följd trampar ner kopplingspedalen i botten för att kontrollera att kopplingens manöverarm inte kan tryckas ned. Om detta är fallet ska kopplingsvajerenheten bytas ut.
2 För att byta vajerenheten, ta loss batteriets jordkabel.
3 Tryck ned kopplingspedalen upprepade gånger, tryck därefter samman justermekanismen i dess bälg och säkra denna i hoptryckt läge. Ett specialverktyg för detta visas i **fig. 12.93**, men det går även att göra med t ex järntråd.

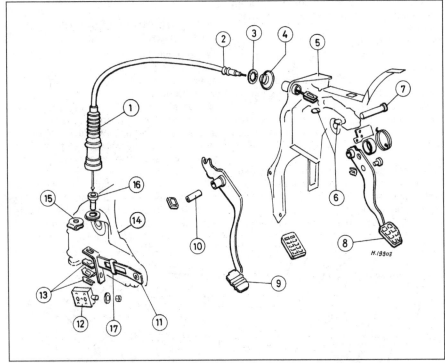

Fig. 12.92 Kopplingsvajerenhet med automatisk justering av spelet (avsn 10)

1 Automatisk justeringsenhet	7 Pedalaxel	13 Vajerlåsning
2 Tätning	8 Bromspedal	14 Växellådshus
3 Klammerbricka	9 Kopplingspedal	15 Gummibricka
4 Hylsa	10 Bussning	16 Gummistyrning
5 Pedalfäste	11 Frikopplingsarm	17 Buffert
6 Låsklips	12 Balansvikt	

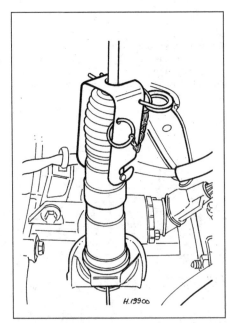

Fig. 12.93 Specialverktyg (VW 3151) för komprimering av justermekanismen (avsn 10)

4 Haka loss vajeränden från frikopplings-armen. Haka därefter av den från kopplingspedalen. Dra ut vajern från motorrumssidan genom gummigenomföringen.

5 Montera en ny vajerenhet och haka bara på den vid kopplingspedalen.

6 Tryck ned kopplingspedalen medan en medhjälpare drar i vajerns andra ände. Tryck samman justeringsenheten som sitter i bälgen och se till att denna hålls kvar i sammantryckt läge.

7 Haka på vajeränden på frikopplingsarmen.

8 Tryck ned kopplingspedalen i botten minst fem gånger i följd. Tryck tillbaka frikopplings-armen minst 10 mm i motsatt riktning. Kontrollera att frikopplingsarmen är fritt rörlig.

9 Automatjusteringen får under inga förhållanden tas isär.

Koppling (växellåda 085) – beskrivning

10 Den kopplingsenhet som är monterad i växellåda 085 är i princip likadan som den som används för växellåda 084, beskriven i kapitel 5. De flesta arbetsmomenten är beskrivna i det kapitlet, men läs även den beskrivning som ges i följande avsnitt.

Svänghjul (växellåda 085) – åtdragning

11 Droppa låsvätska på skruvarnas gängor innan de sätts in och dras fast till föreskrivet moment. Skruvar med krage ska dras med ett annat moment än de utan krage (se specifikationer).

Frikopplingsmekanism (växellåda 085) – demon - tering och montering

12 Frikopplingsenheten på växellåda typ 085 visas i **fig. 12.94**. Denna skiljer sig från typ 084 genom att frikopplingsarmens axel har splines och axeln kan dras ut utan att styrhylsan först tas bort.

13 För att ta bort frikopplingsarmen, ta bort de två låsringarna från axeln, dra sedan ut axeln.

14 Bussningarna kan knackas ut från huset med en passande dorn, dock kan det behövas ett VW specialverktyg för losstagning och montering av den inre bussningen (rådfråga en VW verkstad vid tveksamhet). Den yttre bussningen ska monteras så att oljetätningen ligger jäms med hålkanten.

15 Montering av frikopplingsarmen sker i omvänd ordning mot demonteringen. En styrspline finns på axeln så denna kan bara monteras i ett enda läge. Smörj bussningarna med molyfett.

16 Alla övriga arbeten på kopplingen finns beskrivna i kapitel 5, avsnitt 7.

Lamell och tryckplatta – korrosionsskydd

17 Både lamellen och tryckplattan är infettade med rostskyddsmedel vid tillverkningen för att öka livslängden. Vid

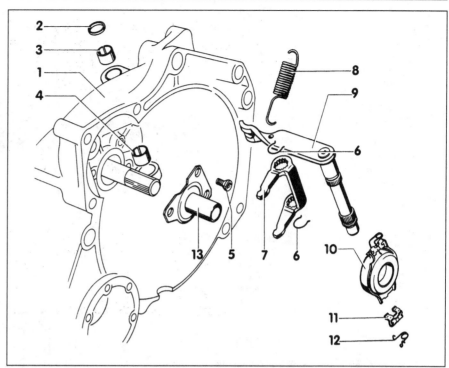

Fig. 12.94 Sprängskiss av frikopplingsenheten på växellåda typ 085 (avsn 10)

1 Kopplingshus	5 Skruv	8 Returfjäder	11 Låsklips
2 Tätning	6 Låsringar	9 Frikopplingsaxel	12 Låsfjäder
3 Yttre bussning	7 Frikopplingsgaffel	10 Urtrampningslager	13 Styrhylsa
4 Inre bussning			

montering ska enbart friktionsytorna rengöras, rostskyddet på övriga ytor ska sitta kvar.

---

11 Manuell växellåda och automatväxellåda

Växellådans oljenivå (084) – kontroll

1 Påfyllningspluggen på 084-lådan kan vara svår att komma åt med den vanliga 6-kanthylsan; det går mycket lättare om man använder en mutter och en skruv som visas i **fig 12.95**, tillsammans med en vanlig skiftnyckel. I stället för att svetsa fast en mutter på skruven, kan man stryka på låsvätska på två muttrar och dra ihop dem.

Manuell växellåda (085) – allmän beskrivning

2 Vissa modeller är utrustade med den manuella växellådan 085, som är en 5-växlad version av 084-lådan. Även om konstruktionen på 085-lådan förefaller vara densamma som 084-lådan, finns det stora olikheter som gör att de flesta åtgärderna blir annorlunda. Där det är nödvändigt hänvisas till kapitel 6 i de punkter som följer. Observera att för vissa åtgärder krävs specialverktyg – läs därför

igenom hela avsnittet innan något arbete påbörjas.

Manuell växellåda (085) – demontering och montering

3 Se kapitel 6, avsnitt 4. Kontrollera innan växellådan monteras att styrtapparna är korrekt monterade i motorblocket.

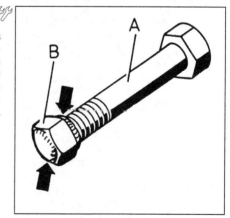

Fig. 12.95 Verktyg för nivåplugg på 084 växellåda, ihopsvetsat av skruv och mutter

A Skruv M10 x 100 mm
B Fastsvetsad mutter   Pilarna visar svetsar

1 Skruv
2 Fläns
3 Fjäder
4 Tryckbricka
5 Konring
6 Skruv
7 Kopplingshus
8 Hastighetsmätardrev
9 Bussning
10 Slutväxel
11 Styrning
12 Växellådshus
13 Konring
14 Tryckbricka
15 Fjäder
16 Fläns
17 Skruv
18 Magnet
19 Styrning
20 5:ans drev
21 Låsring
22 Tryckbricka
23 Hylsa
24 Nållager
25 5:ans drev

26 5:ans synkring
27 Fjäder
28 5:ans synknav
29 Låsbleck
30 5:ans växelförargaffel
31 5:ans synkhylsa
32 Packning
33 Lock
34 Skruv

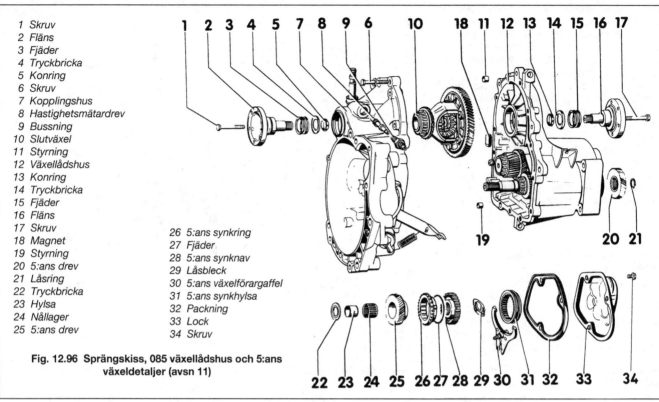

Fig. 12.96 Sprängskiss, 085 växellådshus och 5:ans växeldetaljer (avsn 11)

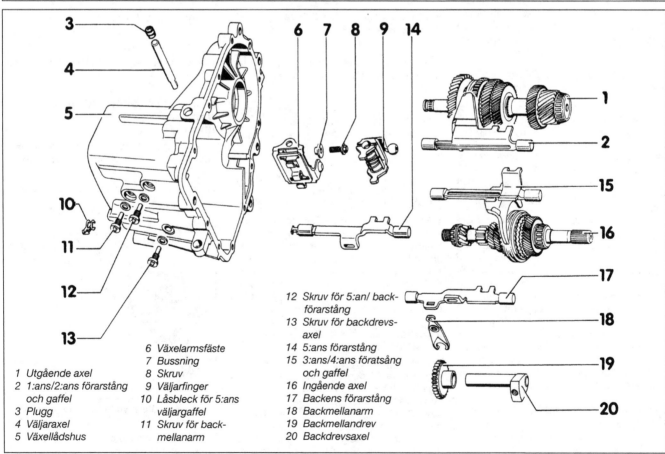

1 Utgående axel
2 1:ans/2:ans förarstång och gaffel
3 Plugg
4 Väljaraxel
5 Växellådshus

6 Växelarmsfäste
7 Bussning
8 Skruv
9 Väljarfinger
10 Låsbleck för 5:ans väljargaffel
11 Skruv för back-mellanarm

12 Skruv för 5:an/ back-förarstång
13 Skruv för backdrevs-axel
14 5:ans förarstång
15 3:ans/4:ans föratsång och gaffel
16 Ingående axel
17 Backens förarstång
18 Backmellanarm
19 Backmellandrev
20 Backdrevsaxel

Fig. 12.97 Växellådshus – 085 växellåda (avsn 11)

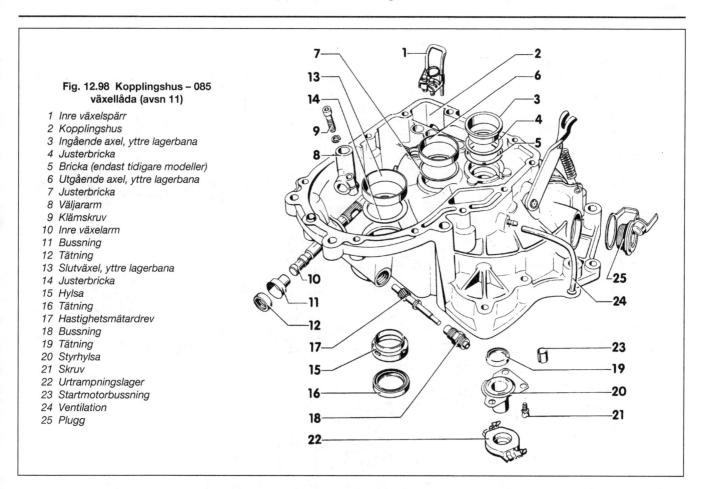

Fig. 12.98 Kopplingshus – 085 växellåda (avsn 11)

1 Inre växelspärr
2 Kopplingshus
3 Ingående axel, yttre lagerbana
4 Justerbricka
5 Bricka (endast tidigare modeller)
6 Utgående axel, yttre lagerbana
7 Justerbricka
8 Väljararm
9 Klämskruv
10 Inre växelarm
11 Bussning
12 Tätning
13 Slutväxel, yttre lagerbana
14 Justerbricka
15 Hylsa
16 Tätning
17 Hastighetsmätardrev
18 Bussning
19 Tätning
20 Styrhylsa
21 Skruv
22 Urtrampningslager
23 Startmotorbussning
24 Ventilation
25 Plugg

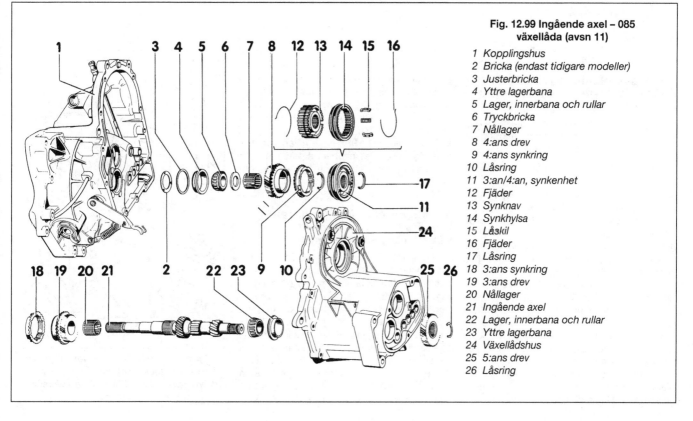

Fig. 12.99 Ingående axel – 085 växellåda (avsn 11)

1 Kopplingshus
2 Bricka (endast tidigare modeller)
3 Justerbricka
4 Yttre lagerbana
5 Lager, innerbana och rullar
6 Tryckbricka
7 Nållager
8 4:ans drev
9 4:ans synkring
10 Låsring
11 3:an/4:an, synkenhet
12 Fjäder
13 Synknav
14 Synkhylsa
15 Låskil
16 Fjäder
17 Låsring
18 3:ans synkring
19 3:ans drev
20 Nållager
21 Ingående axel
22 Lager, innerbana och rullar
23 Yttre lagerbana
24 Växellådshus
25 5:ans drev
26 Låsring

Fig. 12.100 Utgående axel – 085 växellåda (avsn 11)

1 Kopplingshus
2 Justerbricka
3 Yttre lagerbana
4 Lager, innerbana och rullar
5 Utgående axel
6 4:ans drev
7 Låsring
8 Låsring
9 3:ans drev
10 Nållager
11 2:ans drev
12 2:ans synkring
13 1:an/2:an synkenhet
14 Låsring
15 Nållager
16 1:ans synkring
17 1:ans drev
18 Tryckbricka
19 Lager, innerbana och rullar
20 Yttre lagerbana
21 Växellådshus
22 Fjäder
23 Kil
24 Synknav
25 Synkhylsa
26 Fjäder
27 Tryckbricka
28 Inre hylsa
29 Nållager
30 5:ans drev
31 5:ans synkring
32 Fjäder
33 5:ans synknav
34 5:ans synkhylsa
35 Låsbleck

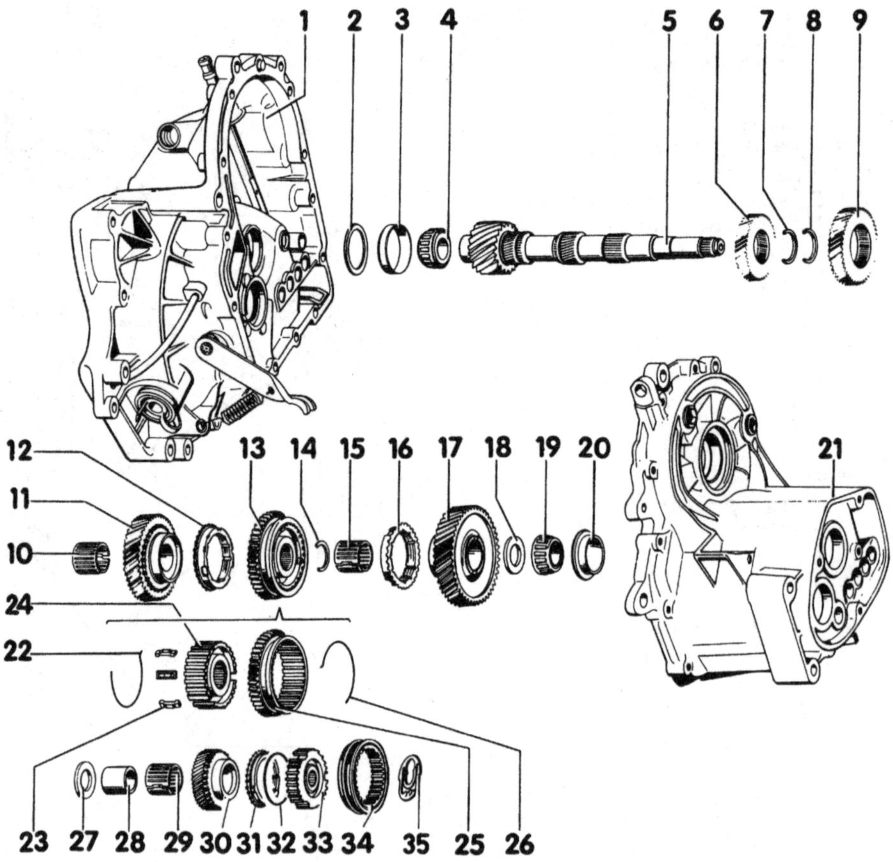

Växlingsmekanism (växellåda 085) – demontering, montering och justering

4 Se avsnitt 5 i kapitel 6. För senare modeller, se även den text som behandlar ändring av växellådor i slutet av detta avsnitt.

Växellådans oljenivå (020, 5-växlad) – kontroll

5 Om det inte finns uppenbara läckage i växellådan behöver oljenivån inte kontrolleras. I tveksamma fall bör nivån kontrolleras enligt följande anvisningar.
6 Den 5-växlade 020-lådan var ursprungligen konstruerad för en motor-/växellådsenhet som inte lutar. När den monteras på dessa modeller finns en lutning åt vänster på 2°, och det är därför inte möjligt att göra en exakt kontroll när bilen står på plant underlag. Nivåkontroll på demonterade växellådor medför inga problem, eftersom man antingen fyller på specificerad mängd olja eller ställer växellådan horisontellt.
7 Om nivån kontrolleras när bilen står på plant underlag, lossa nivåpluggen. Skruva omedelbart tillbaka pluggen om olja väller ut.

8 Om det inte kommer ut någon olja, fyll då på tills oljan når upp till nivåpluggens hål och sätt tillbaka pluggen. Fyll sedan på ytterligare 0,5 liter genom hålet för hastighetsmätarens drivaxel **(fig. 12.101)**.
9 Fr o m oktober 1987 finns nivåpluggen 7 mm högre upp. Det innebär att påfyllning och eventuell efterfyllning kan göras genom nivåpluggens hål, och hastighetsmätarvajern behöver inte demonteras.

Växlingsmekanism (senare 4- och 5-växlade manuella växellådor) – ändringar

10 Från och med januari 1991 har en modifiering av växlingsmekanismen införts. I stället för den kula som fanns på tidigare modeller finns nu en excentrisk justeranordning. På samma sätt som på tidigare modeller ska alltid justeringen kontrolleras (och vid behov en ungefärlig justering göras) i samband med demontering och montering av växellåda och/eller växlingsmekanism. Justering av den excentriska typen görs på samma sätt som beskrivs i kapitel 6, avsnitt 19, men dessutom ska följande kontroll göras.

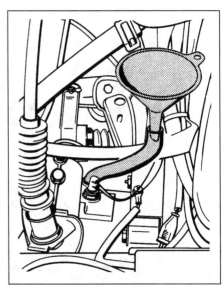

Fig. 12.101 Påfyllning av växellådsolja genom hålet för hastighetsmätar-drivningen – tidig 020 5-växlad växellåda (avsn 11)

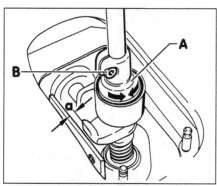

Fig. 12.102 Växelspak med excenterjustering (A) och låsskruv (B) senare utföranden (avsn 11)

Spel 'a' måste justeras till 1.0 - 1.5 mm

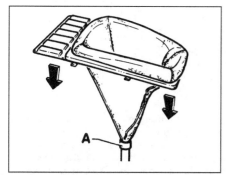

Fig. 12.103 Montering av växelspaksdamask med krage 'A' (avsn 11)

11 Se fig. 12.102 – kontrollera att måttet "a" är enligt specifikationerna, växelspaken ska vara i läge 1. Vid behov kan man göra en finjustering genom att trycka växelspaksknoppen nedåt och åt vänster för att ta upp mindre spel i växlingsmekanismen. Lossa sedan låsskruven och vrid den excentriska justeranordningen så mycket som behövs för att spelet "a" ska bli rätt. Dra fast låsskruven, kontrollera att växelspaken är kvar i läge 1 medan justeringen görs.
12 Den excentriska justeranordningen kan, till skillnad från kulan på tidigare modeller, demonteras och vid behov bytas ut. Lossa låsskruven och bryt excentern bort från armen. Montering sker i omvänd ordning och justering görs på det sätt som beskrivs i föregående punkt.

Växelspaksdamask (manuella växellådor) – montering

13 Det är viktigt att damasken monteras på rätt sätt så att den inte tar skada. Vänd damasken ut och in, trä den över växelspaken tills den stannar mot flänsen 55 mm ned på växelspaken. Dra sedan i kanterna så att

damasken vänds rätt och fäst klackarna i mittkonsolen. Se till att damasken inte är vriden.

Automatväxellåda

14 Skruvarna som håller drivplattan till vevaxeln är på senare modeller av en typ som har gängor täckta av svart låsvätska. Dessa skruvar måste dras enligt specifikationerna i början av detta kapitel.

12 Elsystem

Batteri

1 Vid byte av batteri är det bättre att använda ett med centralventilation, än ett med ventilerade cellpluggar. Om ventilerade cellpluggar används måste ett skyddslock monteras över batteriet. Detta för att hindra vatten som sköljer över batteriet att tränga in i cellerna och orsaka för hög elektrolytnivå. Batterisyra kan då flöda över och skada omgivande detaljer.

Generatorns drivrem – justering

2 Tidigt under 1985 fick vissa modeller en remjustering i form av en kuggstång. Vid justering av remspänning, lossa först justeringens låsmutter och skruv, sedan länkens och generatorns ledbultar så att generatorn faller åt sidan av sin egen tyngd.
3 Använd hylsa och momentnyckel, dra justerskruven med 8 till 10 Nm. säkra justerskruven i detta läge genom att dra låsmuttern 35 Nm.
4 Om VW specialverktyg används kan nu justeringen dras åt. Om inte verktyget finns till hands, dra fast ledbulten, flytta hylsan och dra omedelbart åt justerskruven. Se till att inte generatorn rubbas.
5 Dra åt ledbultarna för länk och generator.

Oljetrycksvarning – beskrivning

6 Vissa modeller är utrustade med optiskt och akustiskt varningssystem för oljetryck Systemet har två oljetrycksgivare, den ena med signaltryck på 0,3 bar, vilken har brun isolering och är monterad i topplocket. Den andra har ett signaltryck på 1,8 bar, den har vit isolering och återfinns i oljefilterfästet.
7 När motorn startar och oljetrycket stiger över 0,3 bar, slocknar oljetryckslampan. När motorvarvet överstiger 2 000 rpm aktiveras den andra kretsen och om oljetrycket skulle sjunka under 1,8 bar, tänds varningslampan och en summer ljuder.
8 Förutom att byta tryckgivare kan man inte göra mycket åt systemet då det inte kräver

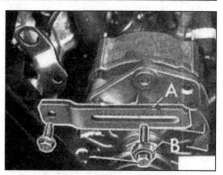

Fig. 12.104 Spännanordning med kuggstång (A), låsmutter (B) och justerskruv (C) (avsn 12)

något underhåll. Fungerar inte systemet, kontakta en VW-verkstad.

Flerfunktionsindikator – beskrivning

9 Vissa modeller är utrustade med en flerfunktionsindikator bestående av en styrenhet och en display. Men tändningen tillslagen kan följande information fås, om man trycket på knappen i änden på vindrutetorkarspaken.

Tid
Körtid
Körsträcka
Genomsnittshastighet
Genomsnittlig bränsleförbrukning
Motoroljans temperatur
Yttertemperatur

10 Vid eventuellt fel ska kablage och anslutningar kontrolleras, särskilt vid givaranslutningarna. Ytterligare kontroll kräver specialutrustning och bör överlåtas åt en VW-verkstad.

Vindrute- och bakrutetorkare/spolare – ändringar

11 Tidigt under 1985 ändrades systemet som beskrivs i kapitel 9, avsnitt 41. Det nya systemet har en enda behållare och pump, placerade i motorrummet. Slangen till bakrutan är dragen vid kabelstammen.
12 Strömställaren för torkarna har två uppsättningar kontakter som polvänder matningsspänningen till motorn. Motorn kommer då att rotera åt olika håll. Genom backventiler styrs spolvätskan antingen till vind- eller bakrutan beroende på åt vilket håll motorn roterar.

Dubbla strålkastare – inställning

13 På modeller med dubbla strålkastare justeras de inre lamporna i horisontalled med den undre justerskruven, i vertikalled med den övre.

13 Fjädring och styrning

Justering av framhjulens cambervinkel – allmänt

1 På tidigare modeller kan framhjulens cambervinkel justeras om man lossar de två skruvarna som håller framhjulets lagerhus vid fjäderbenet och vrider den övre excentriska skruven efter behov. När denna justerfunktion finns, måste den excentriska skruvens läge markeras med ritsar innan den tas bort, för att detaljerna ska kunna sättas tillbaka i ursprungligt läge utan att cambervinkeln ändras. Om detta inte görs på rätt sätt måste cambervinkeln justeras av en VW-verkstad.

2 På senare modeller finns inte denna juster-möjlighet, då fabriken förbättrat toleranserna vid tillverkningen så att efterjustering inte behövs. Det kan dock i enstaka fall bli nödvändigt att göra mindre korrigeringar, 1 till 2°, av cambervinkeln. I dessa fall finns det en speciell skruv med detaljnummer N 903-334-01 som kan köpas hos VW reservdelsbutik. Skruvens ogängade del har en mindre diameter, 11 mm, i stället för standard-skruvens 12 mm, vilket ger möjlighet att göra mindre lägesjusteringar.

3 Specialskruven ska monteras överst, men om detta inte ger tillräcklig justermån kan även den undre skruven bytas ut till en specialskruv. Originalskruvarna får under inga omständigheter svarvas eller slipas ned för att ge motsvarande justermån.

Bakfjädringens fäste – ändring

4 På 1988 års modell har bakfjädringens fäste ändrats. Skruven har fått en krage av nytt utförande och därmed har även skruvens åtdragningsmoment minskats i enlighet med uppgifter i specifikationerna.

Styrservons kuggdrev – ändring

5 Från och med maj 1985 har klämskruvens placering på drevets axeltapp ändrats, så att denna ligger ca 1 mm närmare axeltappens centrum. För att identifiera den nya typen har denna fått ett fräst plan på motsatt sida om urtaget.

6 När någon av detaljerna behöver bytas, kan det vara nödvändigt att fila upp urtaget för klämskruven i axeln, så detta blir 1 mm djupare och att de två detaljerna passar samman. Ändra inte på hålet i mellanaxelns klämfäste.

7 Från och med april 1989 används VW hydraulolja (det.nr. G 002 000) i styrservosystemet. Denna olja kan utan risk blandas med den ATF-olja som använts tidigare.

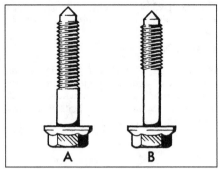

Fig. 12.105 Skruvar för camberjustering fram – senare modeller (avsn 13)

A Standard 12.0 mm diameter skruv
B Special 11.0 mm diameter skruv

Hjul och däck – allmän vård och underhåll

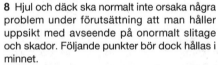

8 Hjul och däck ska normalt inte orsaka några problem under förutsättning att man håller uppsikt med avseende på onormalt slitage och skador. Följande punkter bör dock hållas i minnet.

9 Kontrollera däcktrycket regelbundet och se till att i de däcktryck som anges i specifika-tionerna används. Luftning av däcken ska göras när de är kalla och aldrig omedelbart efter körning. Om däcktrycket kontrolleras när däcken är varma, kommer det uppmätta däcktrycket att vara högre än när däcket har svalnat. Därför ska inte luft släppas ut från ett varmt däck för att uppnå föreskrivet tryck, då detta kommer att resultera i ett för lågt tryck då däcket svalnat.

10 För lågt däcktryck orsakar överhettning beroende på att däckets slitbana och däcksidorna fjädrar kraftigt och slitbanan får fel anliggning mot vägbanan. Detta medför att bilens väghållning försämras och däckslitaget ökar, samtidigt som värmeutvecklingen i däcket medför risk för plötsligt däckhaveri.

11 För högt däcktryck ger ökat slitage på mönstrets mittre del samtidigt som väggreppet försämras. Detta ger stötig gång och risk för skador på däckstommen.

12 Kontrollera däcken regelbundet med avseende på skärskador och bubblor, speciellt däcksidorna. Ta bort vassa föremål och stenar som fastnat i mönstret innan dessa orsakar djupare skador och punktering. Om en spik som dras ut orsakar luftläckage, bör den sättas i igen för att markera stället. Byt till reservhjulet och lämna in hjulet för reparation. Kör aldrig med ett punkterat däck. I de flesta fall kan en besvärlig punktering åtgärdas genom iläggning av en innerslang med rätt dimension. Om man är tveksam angående däckets kondition bör man rådfråga en gummiverkstad för rätt bedömning.

13 Ta regelbundet av och rengör hjulens fälgar från den smuts som samlas på dess in-

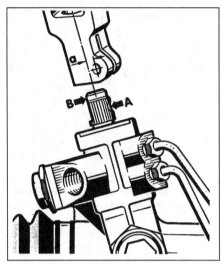

Fig. 12.106 Ändring av styrväxelaxel (avsn 13)

a Dimension reducerad från 12.1 mm till 11.0 mm
A Ökat spårdjup
B Fräst plan för identifiering

och utsida. Kontrollera om fälgen är rostig eller skadad på annat sätt. Lättmetallfälgar skadas lätt om bilen körs i mot en trottoarkant vid parkering, och detta gäller även stålfälgar som då kan deformeras. Om detta skett brukar den enda möjligheten vara att byta fälgen.

14 Varje hjul måste balanseras för att undvika onödigt slitage, inte bara på däcket utan även i styrsystemet och fjädringen. Obalans i hjulen märks ofta som en vibration i karossen, men i många fall känns det först i ratten. Man bör även vara medveten om att glapp och skador i styrning och fjädringssystem kan orsaka onormalt däckslitage. Orunda, felaktiga däck och skadade hjul eller hjullager, samt fel hjulinställning ger ökat slitage. Balansering hjälper oftast inte fall av sådant slitage.

15 Balansering av hjul kan göras endera på bilen eller i balanseringsmaskin. Om balan-seringen görs på bilen, ska förhållandet mellan hjul och nav märkas upp så att korrekt montering kan göras.

16 Däckslitaget är i hög grad beroende på förarens körsätt – häftig bromsning, acceleration och kurvtagning ger stort slitage. Växling av hjulens placering kan fördela slitaget bättre, men det kan bara göras när alla däcken är av samma typ och har samma mönster. När däcken ska bytas är det fördelaktigt att byta alla fyra samtidigt. Den extra kostnaden är en god investering.

17 Framhjulens slitagebild kan bli ojämn beroende på fel i hjulinställningen. Hjulinställ-ningen fram måste vara enligt tillverkarens specifikationer.

18 Bilen är typgodkänd med viss däckutrustning och olika dimensioner och mönstertyper får inte användas samtidigt. Detta innebär att på samma axel måste däck av identisk dimension och typ monteras. Även om det är olämpligt får framaxeln ha radialdäck med textilgördel och bakaxeln däck med stålgördel, men helst ska alla däck vara av samma typ. Omvänd placering av däcktyperna får inte användas. En uppenbar nackdel med olika däcktyper blir att man måste ha två olika reservhjul för att inte bli lagbrytare.

19 Vägtrafikförordningens föreskrifter om däcktyp och däckens minsta mönsterdjup, samt uppgifterna i bilens registreringsbevis, ger besked om vad som gäller.

14 Kaross och detaljer

Säkerhetsbälten med höjdjustering – beskrivning

1 Tidigt under modellåret 1986 utrustades vissa modeller med justerbar övre infästning i B-stolpen för de främre säkerhetsbältena. Berörda detaljer visas i **fig. 12.107**.

2 Justerbara bälten kan monteras på alla modeller med chassinummer senare än 16/19 G 054 900, men ny klädsel för B-stolpen måste då också monteras.

Centrallås – beskrivning

3 Centrallåset på vissa modeller består av en tryck-/ vakuumpump, styrenhet (på förardörren), manöverenheter (på övriga dörrar och tankluckan), samt slangar mellan enheterna.

Centrallåssystemets komponenter – demontering och montering

4 Vid demontering av tryck-/vakuumpump, lossa gummiremmen i bagageutrymmet, avlägsna locket, dra sedan ut pumpen och lossa kablar och slangar.

5 Vid demontering av en manöverenhet, avlägsna först klädseln på dörr, baklucka eller ibagageutrymme (beroende på manöverenhet). Vid dörrarna, dra försiktigt undan skyddsfolien. Lossa enhetens fästskruvar och dra loss slangarna. Lossa kablarna från enheten (gäller endast förardörren). Lossa tryckstången (gäller ej banklucka) samt ta bort enheten.

6 Montera i omvänd ordning, se till att skyddsfolien i dörren fastnar ordentligt så att vatten inte kan tränga in. Använd dubbelhäftande tejp vid behov.

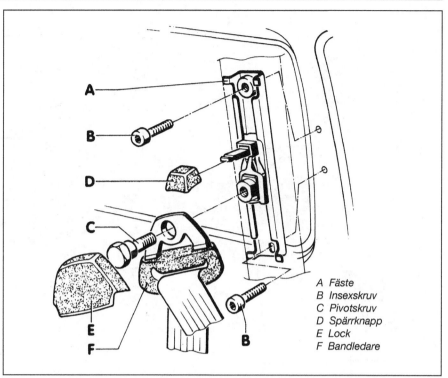

A Fäste
B Insexskruv
C Pivotskruv
D Spärrknapp
E Lock
F Bandledare

Fig. 12.107 Justerbar övre infästning för säkerhetsbälte (avsn 14)

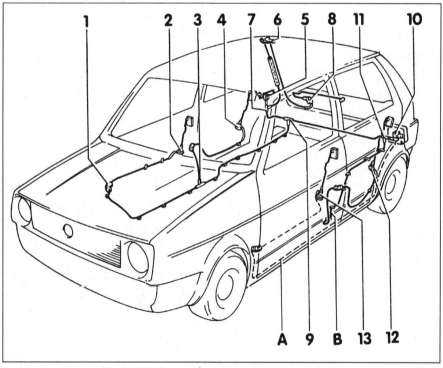

Fig. 12.108 Centrallås – vänsterstyrd modell visad

A Kablage
B Slang
1 Bälgar
2 Manöverenhet, framdörr
   (eller styrelement för
   högerstyrd)

3 Anslutning
4 Manöverenhet, bakdörr
5 Manöverenhet, tanklucka
6 Genomföring
7 Anslutning
8 Manöverenhet, baklucka

9 Anslutning
10 Tryck-/vakuumpump
11 Anslutning
12 Manöverenhet, bakdörr
13 Styrelement, framdörr
   (manöverenhet på högerstyrd)

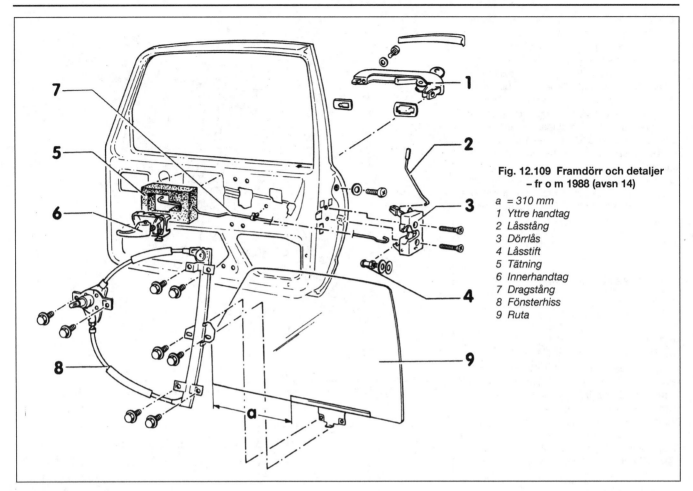

Fig. 12.109 Framdörr och detaljer
– fr o m 1988 (avsn 14)

a = 310 mm
1 Yttre handtag
2 Låsstång
3 Dörrlås
4 Låsstift
5 Tätning
6 Innerhandtag
7 Dragstång
8 Fönsterhiss
9 Ruta

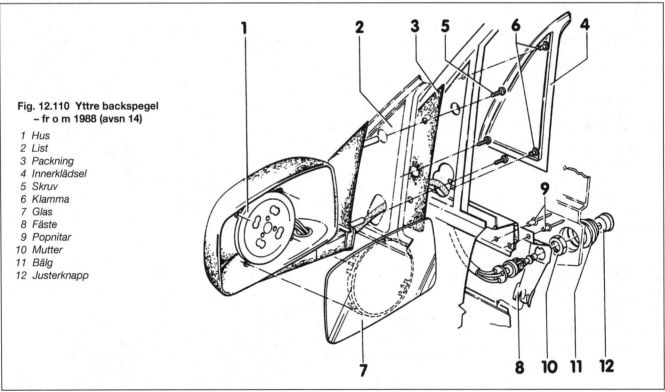

Fig. 12.110 Yttre backspegel
– fr o m 1988 (avsn 14)

1 Hus
2 List
3 Packning
4 Innerklädsel
5 Skruv
6 Klamma
7 Glas
8 Fäste
9 Popnitar
10 Mutter
11 Bälg
12 Justerknapp

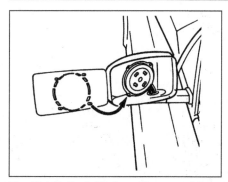

Fig. 12.111 Fastsättning, yttre spegelglas –
fr o m 1988 (avsn 14)

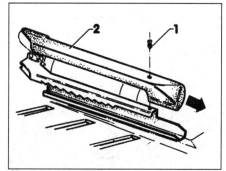

Fig. 12.112 Framsäte, styrning och skydd –
fr o m 1986 (avsn 14)

1 Skruv   2 Skydd

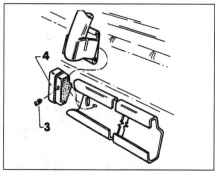

Fig. 12.113 Framsäte, fastsättning för
styrning – fr o m 1986 (avsn 14)

3 Skruv   4 Skydd

Framdörr (fr o m 1988) – isärtagning och ihopsättning

7 Framdörrens detaljer fr o m 1988 års modeller visas i **fig. 12.109**. Isärtagning och ihopsättning sker på samma sätt som för tidigare modeller.

Yttre backspegel och glas (fr o m 1988) – demontering och montering

8 På 1988 års modeller är backspeglarna monterade i triangeln framför sidorutan
9 Demontering och montering sker på samma sätt som för tidigare modeller. Notera att glaset är fastspänt och kan tas loss genom att man försiktigt bryter ut nederkanten, sedan överkanten, med lämpligt verktyg av plast eller trä. Vid montering, rikta in styrstiften, använd en trasa och tryck endast mot mitten på glaset.

Framsäte (fr o m 1986) – demontering och montering

10 Se **fig. 12.112**, ta bort skruven (1) och skjut undan skyddet från styrlisten.
11 Se **fig. 12.113**, ta bort stjärnskruven (3), dra undan stoppet (4) från styrlisten.
12 Skjut sätet framåt så långt det går, lossa sedan kupolmuttern, ta bort låsbrickan och spårskruven, se **fig. 11.24** (kapitel 11).
13 Frigör låsstången, skjut sedan sätet bakåt bort från styrningarna.
14 Montera i omvänd ordning.

Sidoskyddslist – demontering och montering

15 Sidolisterna av gummi demonteras genom att man med lämpligt verktyg bryter loss dem från fästklammorna. Skydda lacken genom att linda tejp runt änden på verktyget.
16 Vid montering, haka fast underkanten i klamman och slå ett bestämt slag mot listen så att överkanten hakar fast.

Hylla under instrumentbrädan – demontering och montering

17 På vissa modeller finns ett skydd, i form av en hylla, under instrumentbrädan.
18 Vid demontering, för undan listen vid dörröppningen och klädseln intill fästena i änden på hyllan.
19 Ta bort fästskruvarna och sedan hyllan.
20 Montera i omvänd ordning.

Bakre spoiler (Jetta GT) – demontering och montering

21 Öppna bagageluckan och ta bort muttrarna som håller spoilerns fästklammer.
22 Ta bort spoilern.

Damm- och pollenfilter

23 Detta filter kan förekomma på alla modeller som beskrivs i boken. Det är placerat på höger sida i luftintaget. Filtret är åtkomligt sedan galler och vattenavvisare tagits bort.

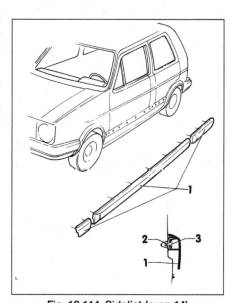

Fig. 12.114 Sidolist (avsn 14)

1 Gummilist   2 Hållare   3 Klamma

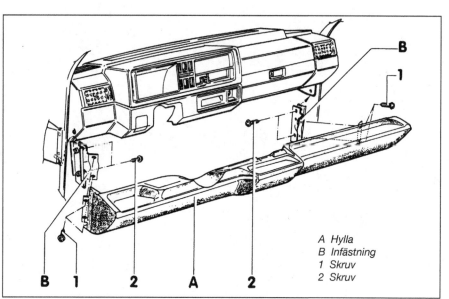

A Hylla
B Infästning
1 Skruv
2 Skruv

Fig. 12.115 Hyllinfästning (avsn 14))

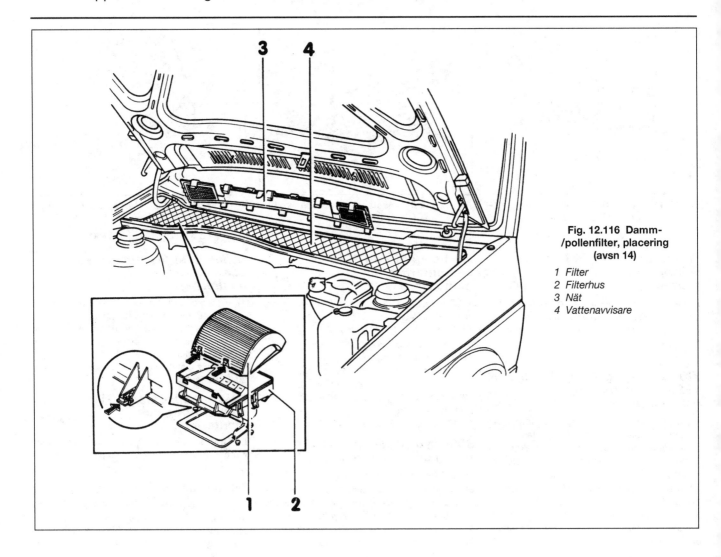

Fig. 12.116 Damm-
/pollenfilter, placering
(avsn 14)

1 Filter
2 Filterhus
3 Nät
4 Vattenavvisare

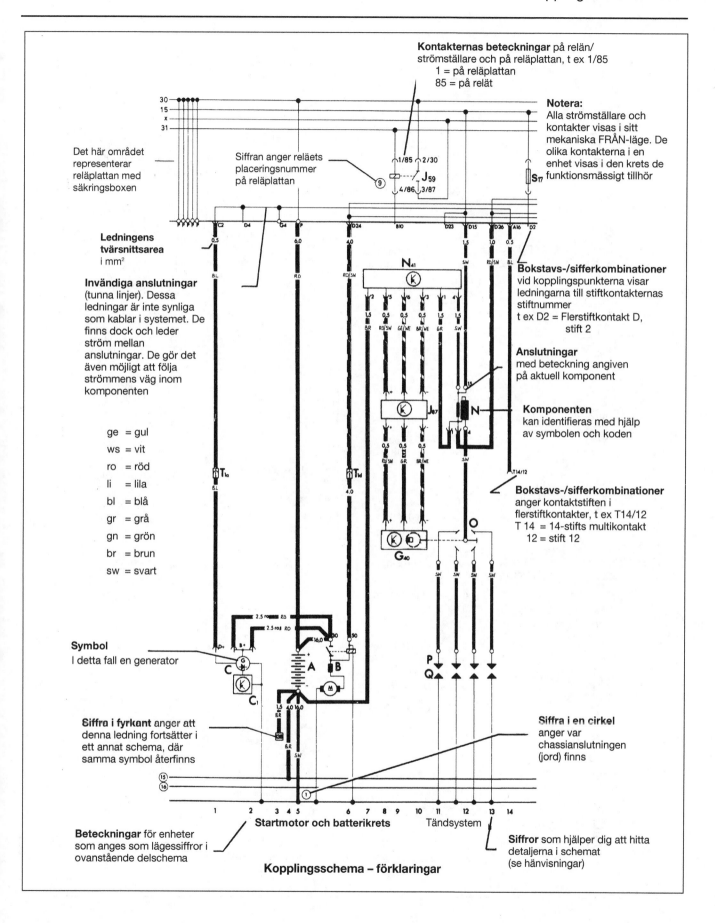

Kontakternas beteckningar på relän/
strömställare och på reläplattan, t ex 1/85
1 = på reläplattan
85 = på relät

Notera:
Alla strömställare och
kontakter visas i sitt
mekaniska FRÅN-läge. De
olika kontakterna i en
enhet visas i den krets de
funktionsmässigt tillhör

Det här området
representerar
reläplattan med
säkringsboxen

Siffran anger reläets
placeringsnummer
på reläplattan

**Ledningens
tvärsnittsarea**
i mm²

Invändiga anslutningar
(tunna linjer). Dessa
ledningar är inte synliga
som kablar i systemet. De
finns dock och leder
ström mellan
anslutningar. De gör det
även möjligt att följa
strömmens väg inom
komponenten

ge = gul
ws = vit
ro = röd
li = lila
bl = blå
gr = grå
gn = grön
br = brun
sw = svart

Bokstavs-/sifferkombinationer
vid kopplingspunkterna visar
ledningarna till stiftkontakternas
stiftnummer
t ex D2 = Flerstiftkontakt D,
stift 2

Anslutningar
med beteckning angiven
på aktuell komponent

Komponenten
kan identifieras med hjälp
av symbolen och koden

Bokstavs-/sifferkombinationer
anger kontaktstiften i
flerstiftkontakter, t ex T14/12
T 14 = 14-stifts multikontakt
12 = stift 12

Symbol
I detta fall en generator

Siffra i fyrkant anger att
denna ledning fortsätter i
ett annat schema, där
samma symbol återfinns

Siffra i en cirkel
anger var
chassianslutningen
(jord) finns

Beteckningar för enheter
som anges som lägessiffror i
ovanstående delschema

Startmotor och batterikrets   Tändsystem

Siffror som hjälper dig att hitta
detaljerna i schemat
(se hänvisningar)

Kopplingsschema – förklaringar

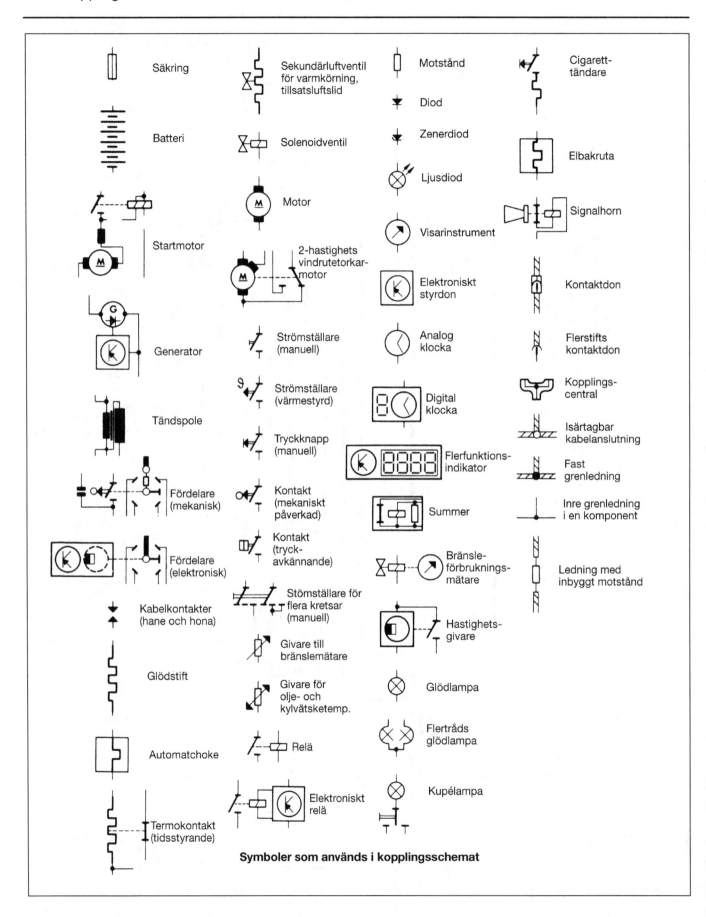

Säkring

Batteri

Startmotor

Generator

Tändspole

Fördelare (mekanisk)

Fördelare (elektronisk)

Kabelkontakter (hane och hona)

Glödstift

Automatchoke

Termokontakt (tidsstyrande)

Sekundärluftventil för varmkörning, tillsatsluftslid

Solenoidventil

Motor

2-hastighets vindrutetorkar-motor

Strömställare (manuell)

Strömställare (värmestyrd)

Tryckknapp (manuell)

Kontakt (mekaniskt påverkad)

Kontakt (tryck-avkännande)

Stömställare för flera kretsar (manuell)

Givare till bränslemätare

Givare för olje- och kylvätsketemp.

Relä

Elektroniskt relä

Motstånd

Diod

Zenerdiod

Ljusdiod

Visarinstrument

Elektroniskt styrdon

Analog klocka

Digital klocka

Flerfunktions-indikator

Summer

Bränsle-förbruknings-mätare

Hastighets-givare

Glödlampa

Flertråds glödlampa

Kupélampa

Cigarett-tändare

Elbakruta

Signalhorn

Kontaktdon

Flerstifts kontaktdon

Kopplings-central

Isärtagbar kabelanslutning

Fast grenledning

Inre grenledning i en komponent

Ledning med inbyggt motstånd

Symboler som används i kopplingsschemat

Reläplacering

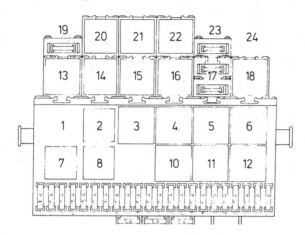

Anslutningar

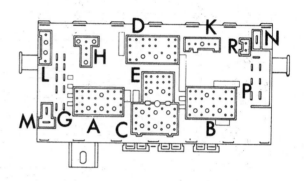

Relän och anslutningar – samtliga modeller

Relän (typiska)
1 Vakant
2 Relä – förvärmning av insugningsgrenrör (förgasarmotor) eller bränslepumprelä (insprutningsmotor)
3 Relä – varningssystem för bilbälten
4 Styrenhet för växellägesindikator
5 Relä – luftkonditionering
6 Signalhornsrelä (två-tons)
7 Relä – främre och bakre dimljus
8 Avlastningsrelä för X-kontakt
10 Relä – intermittent torkare/spolare
11 Relä – bakrutetorkare
12 Relä – blinkers eller varning för bogsering av trailer
13 Relä – varningssystem/bilbälte (spärrfunktion) eller bakruta, färdbelysning och oljetryckvarning
14 Relä – fönsterhissar eller varningssystem/bilbälte
15 Relä – strålkastarspolare
16 Styrenhet för förhöjt tomgångsvarvtal
17 Säkring för dimbakljus
18 Styrenhet för kontroll av kylvätskenivå
19 Termosäkring för fönsterhissar
20 Kontakt för eluppvärmt förarsäte
21 Kontakt för eluppvärmt passagerarsäte
22 Kontakt för övervarvningsskydd
23 Vakant
24 Vakant

Reläsymbolen är en siffra i en svart rektangel

Alla relän finns inte på alla modeller

Anslutningar
A Flerstiftkontakt (blå) för instrumentpanelens kabelkontakt
B Flerstiftkontakt (röd) för instrumentpanelens kabelkontakt
C Flerstiftkontakt (gul) för motorrummets vänstra kabelkontakt
D Flerstiftkontakt (vit) för motorrummets högra kabelkontakt
E Flerstiftkontakt (svart) för bakvagnens kabelkontakt
G Stiftkontakt, enkel
H Flerstiftkontakt (brun) för luftkonditioneringens kabelkontakt
K Flerstiftkontakt (transparent) för bältesvarnarens kabel-kontakt
L Flerstiftkontakt (svart) för belysningsströmställarens stift 56 och avbländnings- och blinkersrelänas stift 56b (förgasar-modeller) eller för 2-tons signalhorn (bränsleinsprutade motorer)
M Flerstiftkontakt (svart) för belysningsströmställarens stift 56 och avbländnings- och blinkersrelänas stift 56b (bränslein-sprutade motorer)
N Stift för separat säkring (insugningsrörets förvärmar-element)
P Stift (anslutning 30)
R Används ej

Säkringarnas färgkoder

Blå	15A
Grön	30A
Röd	10A
Gul	20A

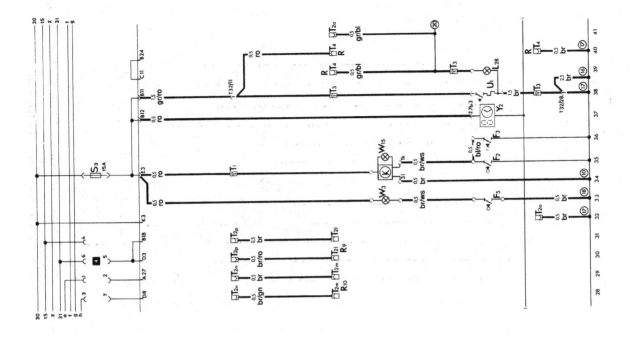

Kopplingsschema för innerbelysning, bagagesutrymmesbelysning, radio och cigarettändare – 1.05, 1.3 och 1.6 liters modeller t o m juli 1987

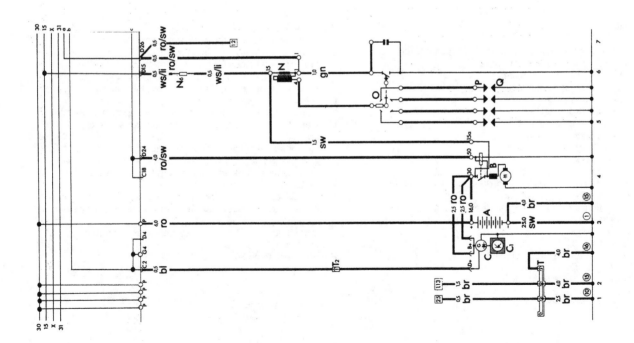

Kopplingsschema för övervarvningsskydd och insugsrörets förvärmning – 1.6 liters modeller t o m juli 1987

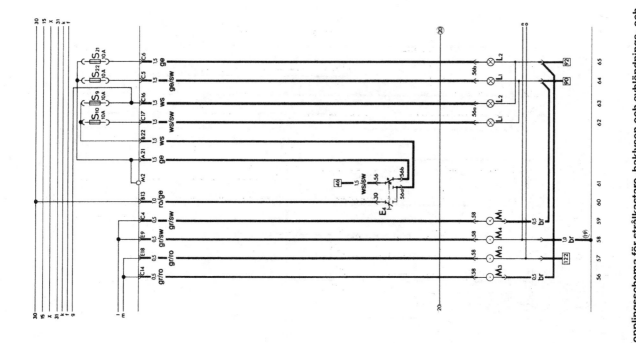

Kopplingsschema för strålkastare, baklysen och avbländnings- och
blinkersrelän – 1.05, 1.3 och 1.6 liters modeller t o m juli 1987

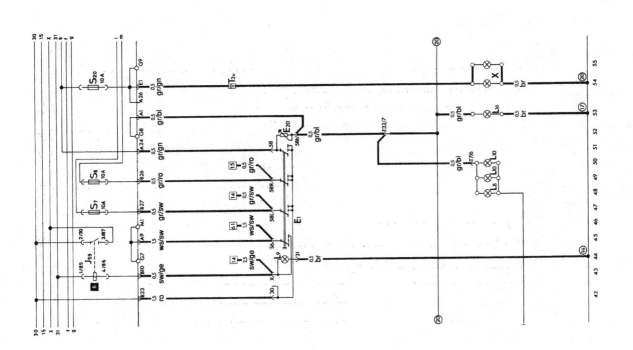

Kopplingsschema för belysningsströmställare, instrument och
instrumentpanellampor – 1.05, 1.3 och 1.6 liters modeller t o m juli 1987

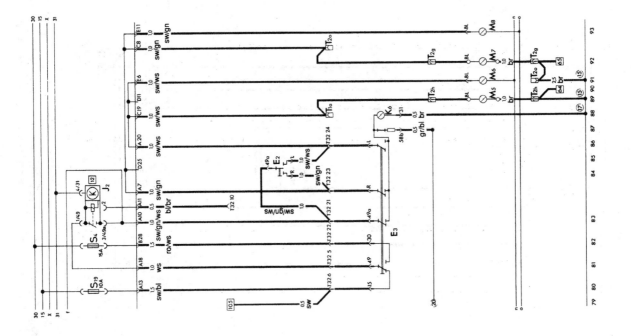

Kopplingsschema för kontrollampor och varningsblinkers –
1.05, 1.3 och 1.6 liters modeller t o m juli 1987

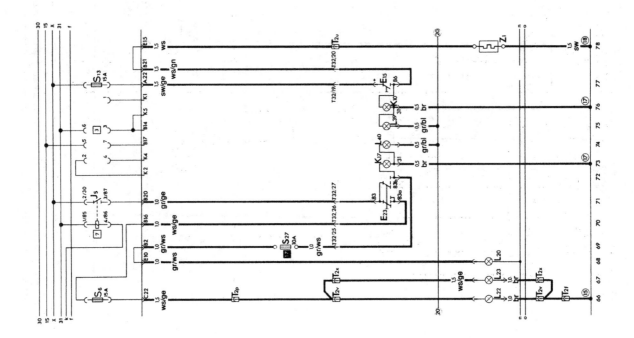

Kopplingsschema för dimljus, dimbakljus och elbakruta – 1.05,
1.3 och 1.6 liters modeller t o m juli 1987

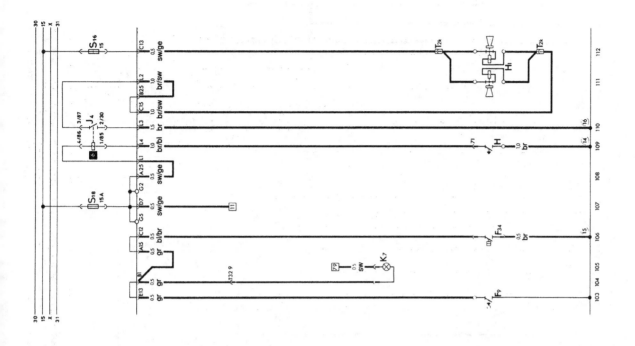

Kopplingsschema för 2-tons signalhorn, varningslampa för handbroms och bromsvätskenivå – 1.05, 1.3 och 1.6 liters modeller t o m juli 1987

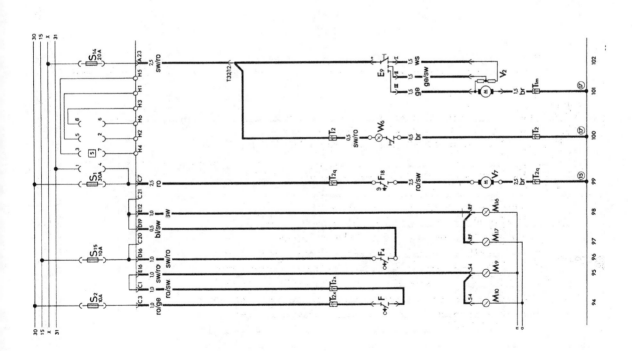

Kopplingsschema för bromsljus, kupéfläkt, backlampa och elektrisk kylfläkt – 1.05, 1.3 och 1.6 liters modeller t o m juli 1987

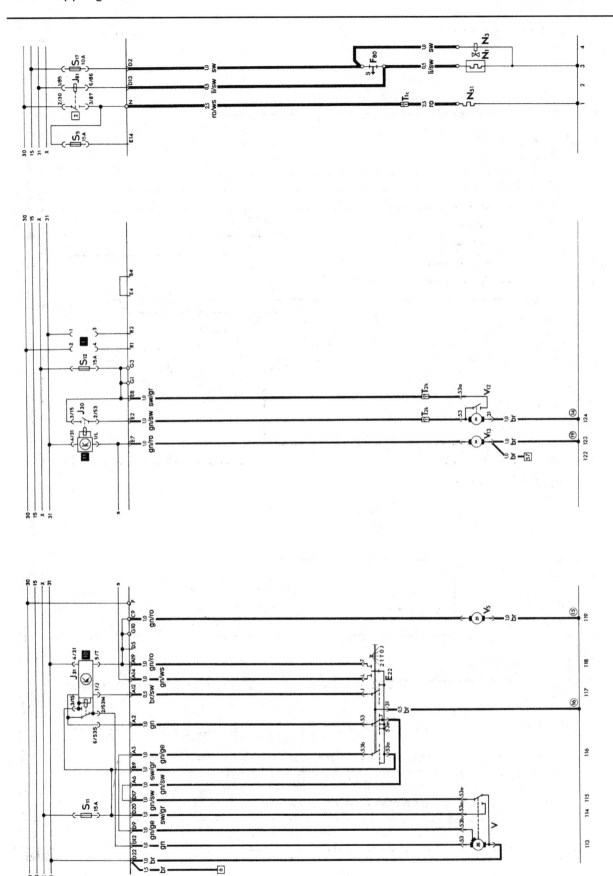

Kopplingsschema för insugsrörets förvärmning och automatchoke – 1.3 liters modeller t o m juli 1986

Kopplingsschema för bakrutetorkare och -spolare 1.05, 1.3 och 1.6 liters modeller t o m december 1985

Kopplingsschema för vindrutetorkare och vindrutespolare – 1.05, 1.3 och 1.6 liters modeller. Golf t o m december 1985, Jetta t o m juli 1987

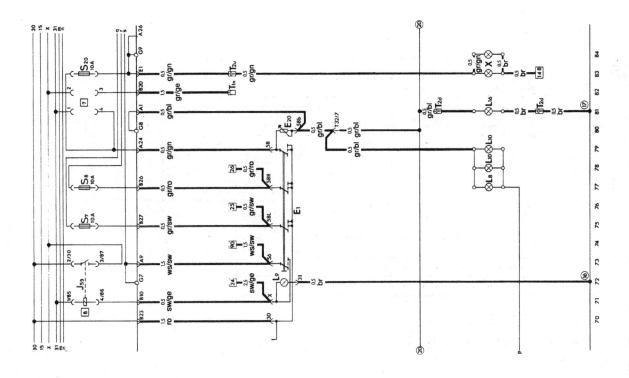

Kopplingsschema för belysningsströmställare samt instrument och instrumentbelysning – 1.8 liters modeller t o m juli 1987

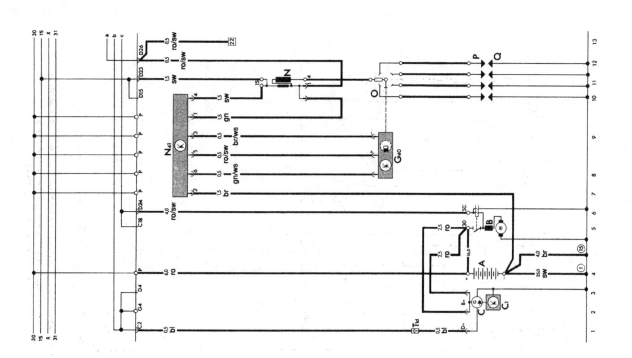

Kopplingsschema för startmotor, generator, batteri och tändning – 1.8 liters modell 1987

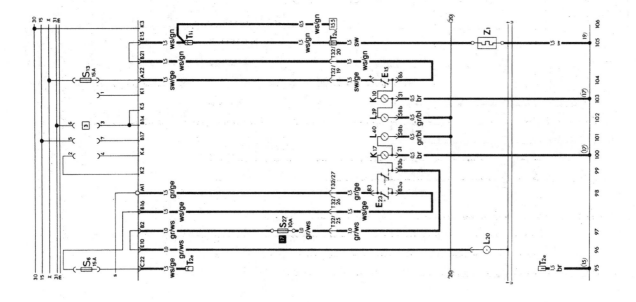

Kopplingsschema för bakre dimljus och elbakruta – 1.8 liters modeller t o m juli 1987

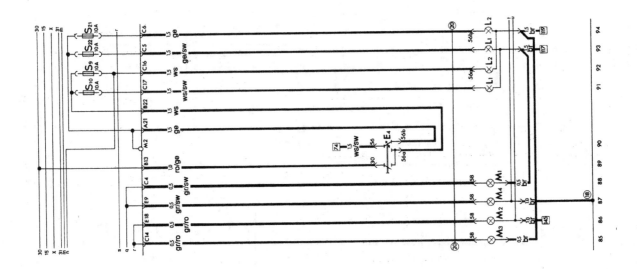

Kopplingsschema för strålkastare, bakljus och avbländnings- och blinkersrelän – 1.8 liter t o m juli 1987

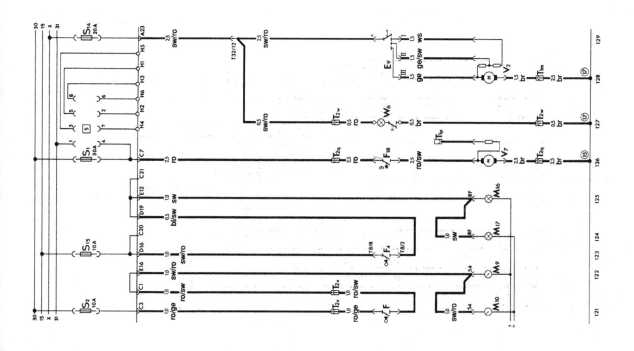

Kopplingsschema för bromsljus, kupéfläkt, backlampor och kylfläkt –
1.8 liters modeller t o m juli 1987

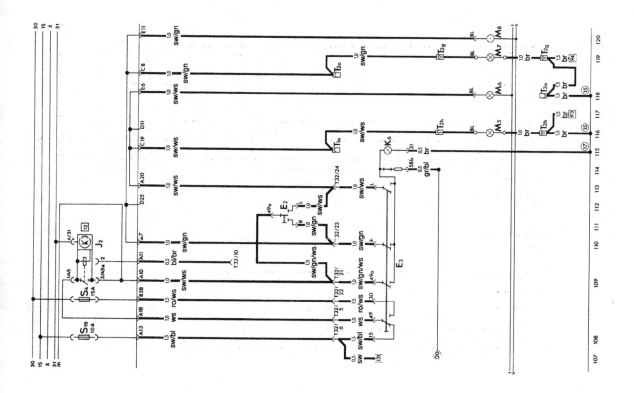

Kopplingsschema för körriktningsvisare och varningsblinkers – 1.8 liters
modeller t o m juli 1987

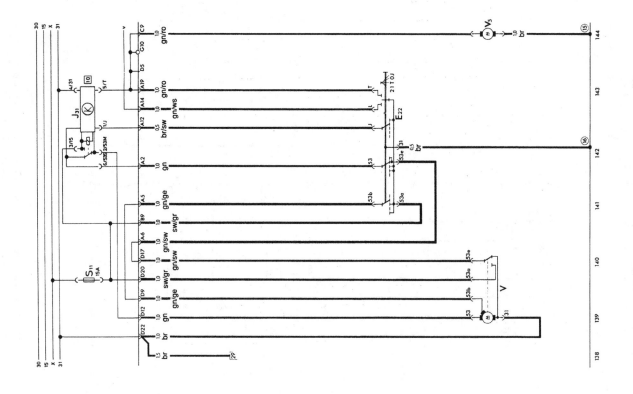

Kopplingsschema för vindrutetorkare och -spolare – 1.8 liters modeller t o m juli 1987

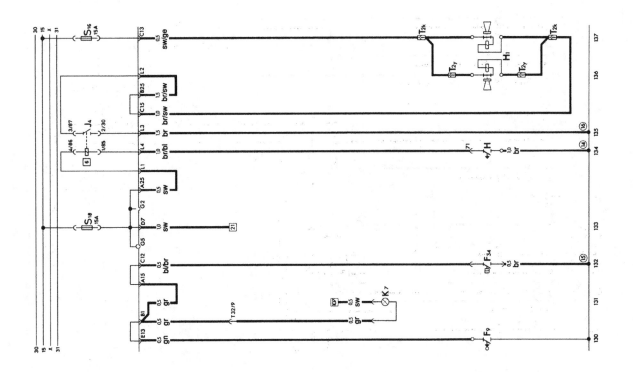

Kopplingsschema för 2-tons signalhorn, varningslampa för handbroms och låg bromsvätskenivå – 1.8 liters modeller t o m juli 1987

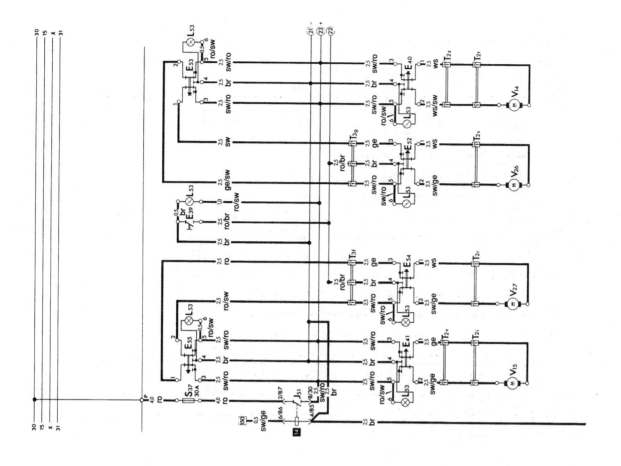

Kopplingsschema för elfönsterhissar – 1.8 liters förgasarmodeller t o m juli 1987

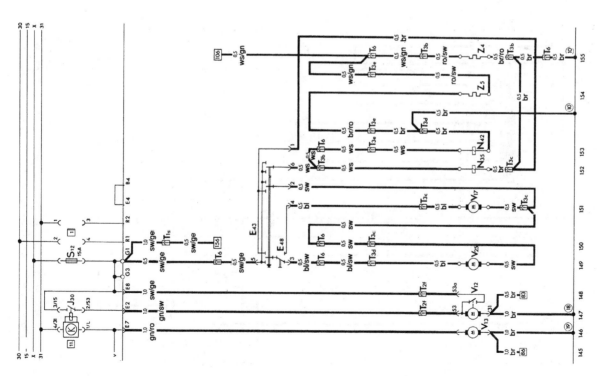

Kopplingsschema för eluppvärmda yttre backspeglar och bakrutetorkare/-spolare – 1.8 liters modeller t o m december 1985

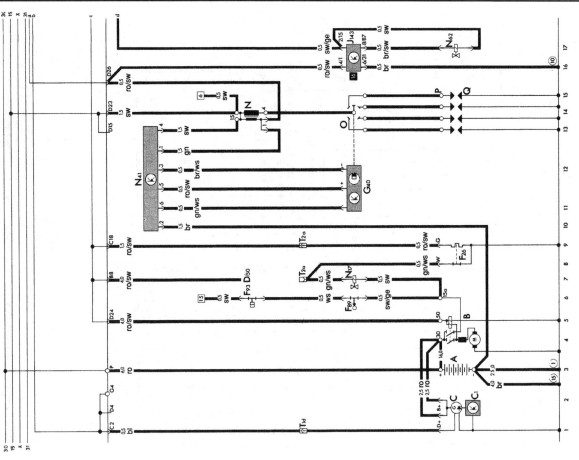

Kopplingsschema för startmotor, generator, batteri, tändsystem och förhöjt tomgångsvarvtal – 1.8 liters modeller med bränsleinsprutning fr om augusti 1984 t o m juli 1987

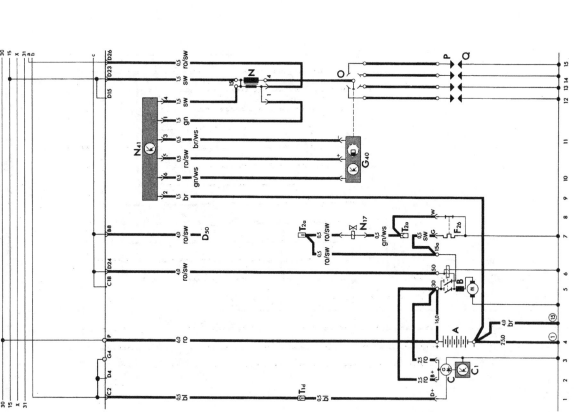

Kopplingsschema för startmotor, generator, batteri och tändsystem – 1.8 liters modeller med bränsleinsprutning t o m juli 1984

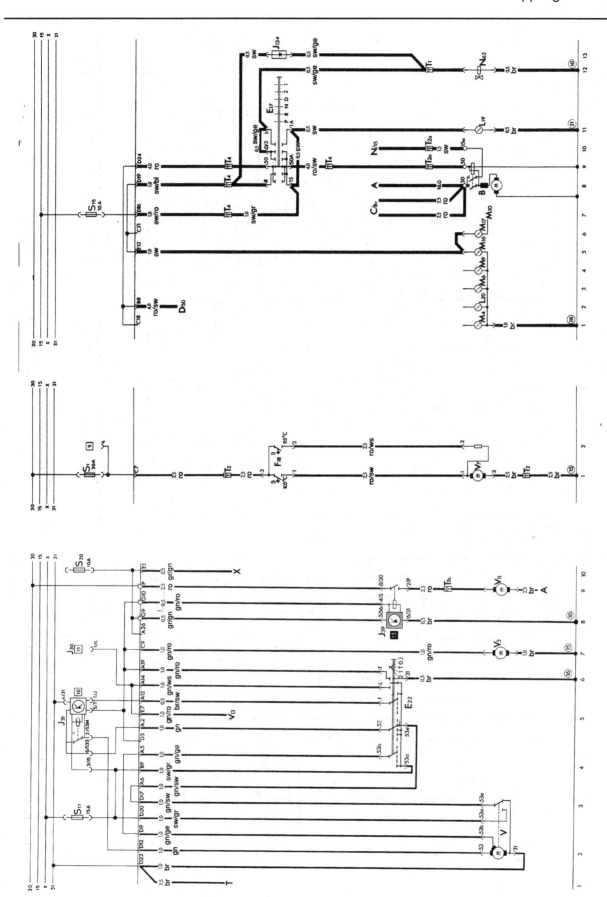

Kopplingsschema för automatlåda – 1.6 liters modell

Kopplingsschema för 250 W
kylfläkt – 1.6 och 1.8 liters modeller

Kopplingsschema för strålkastarspolare – alla modeller

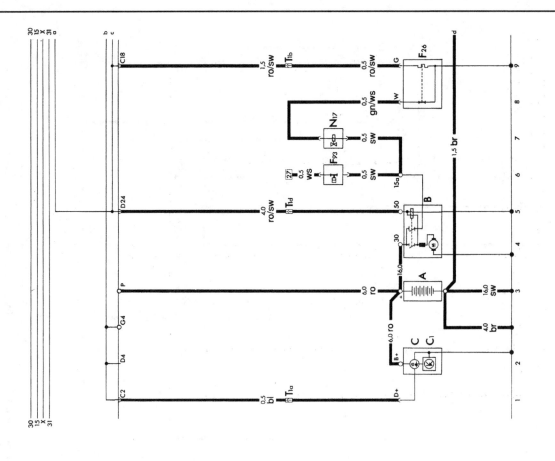

Kopplingsschema för startmotor, generator och batteri – 1.8 liters 16V modell

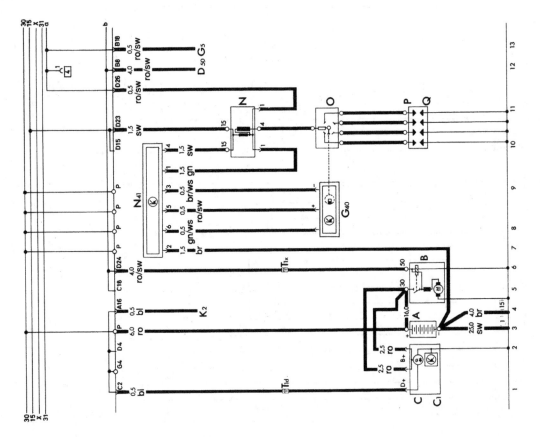

Kopplingsschema för startmotor, generator, batteri och tändning – 1.3 liters modeller fr o m augusti 1985

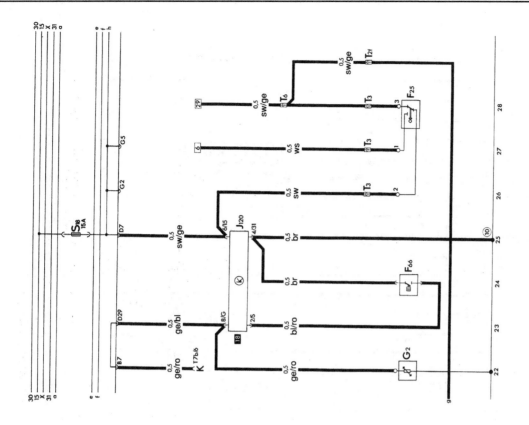

Kopplingsschema för varningssystem för låg kylvätskenivå – 1.8 liters 16V modeller

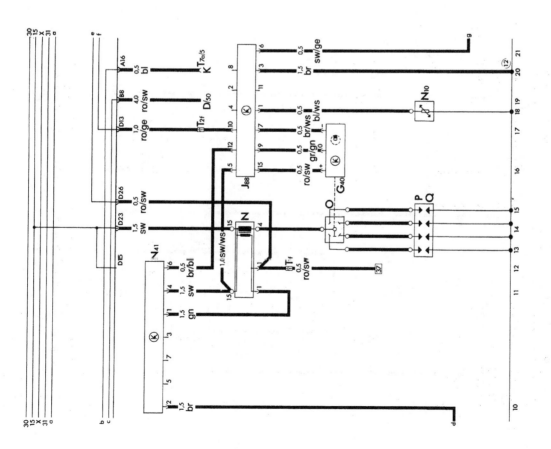

Kopplingsschema för tändning – 1.8 liters 16V modeller

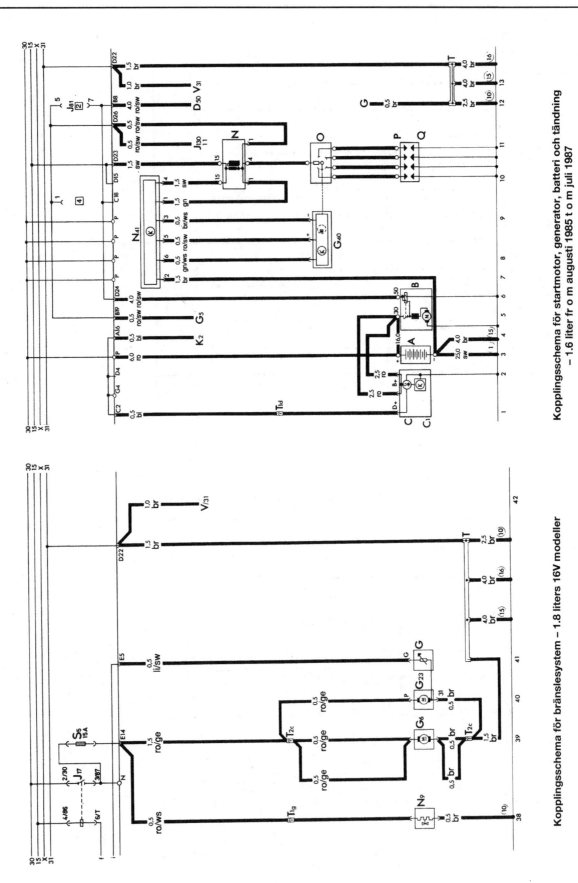

Kopplingsschema för startmotor, generator, batteri och tändning
– 1.6 liter fr o m augusti 1985 t o m juli 1987

Kopplingsschema för bränslesystem – 1.8 liters 16V modeller

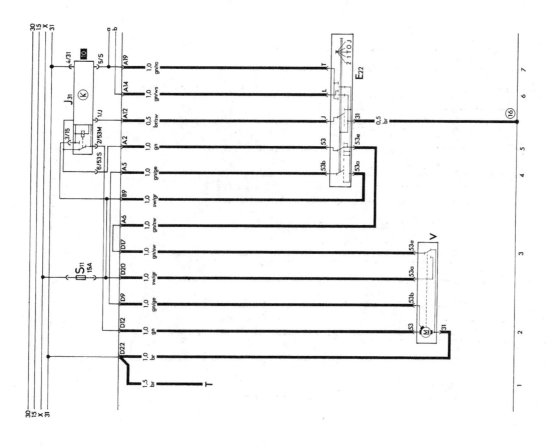

Kopplingsschema för vindrutetorkare – alla Golf-modeller från januari 1986 t o m juli 1987

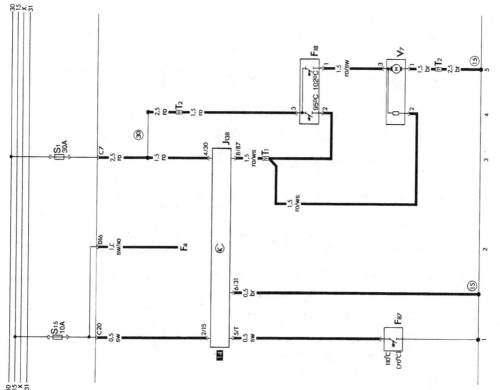

Kopplingsschema för kylfläktautcmatik – 1.6 och 1.8 liters modeller fr o m mars 1986 t o m juli 1987

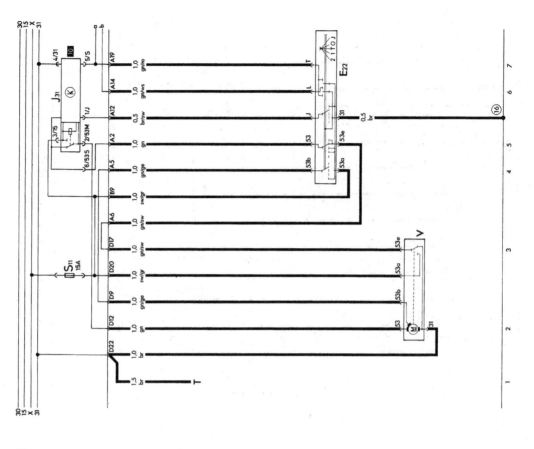

Kopplingsschema för vindrutetorkare – alla Golf-modeller från januari 1986 t o m juli 1987

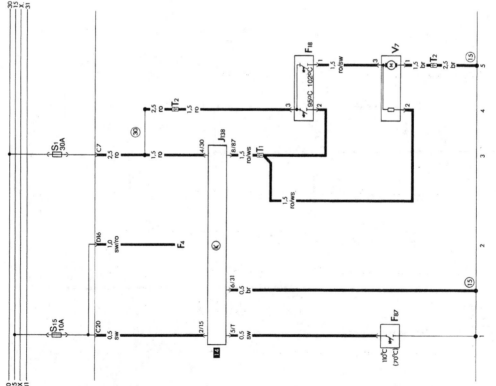

Kopplingsschema för kylfläktsautomatik – 1,6 och 1,8 liters modeller fr o m mars 1986 t o m juli 1987

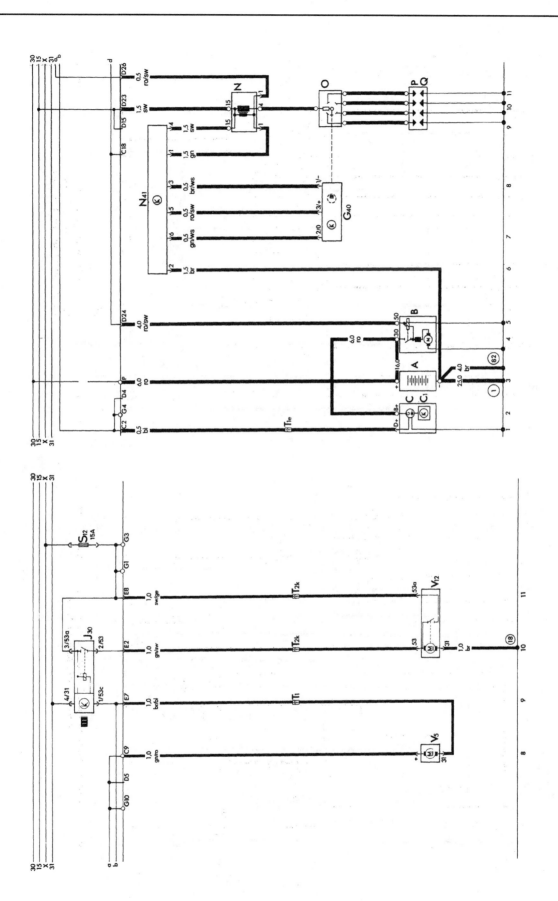

Kopplingsschema för startmotor, generator, batteri och tändning – 1.6 liters modeller fr o m augusti 1987

Kopplingsschema för vindrutespolare, bakrutetorkare/-spolare – alla Golf-modeller fr o m januari 1986 t o m juli 1987

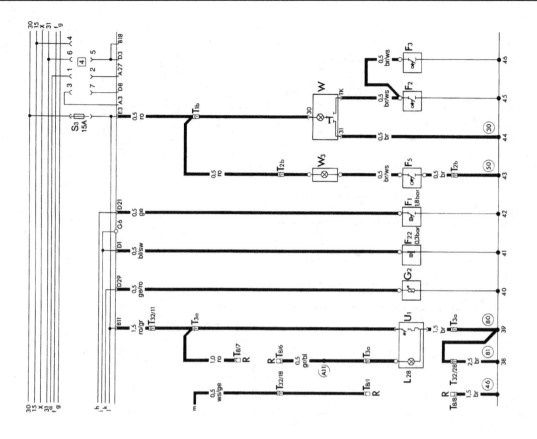

Kopplingsschema för innerbelysning, bagagesutrymmesbelysning och radio – alla modeller fr o m augusti 1987

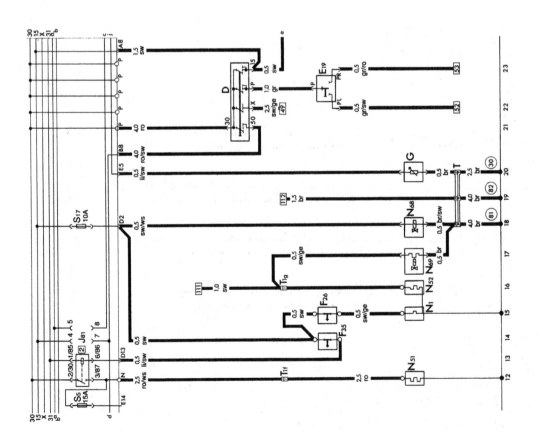

Kopplingsschema för insugsrörets förvärmning och automatchoke – 1.6 liters modeller fr o m augusti 1987

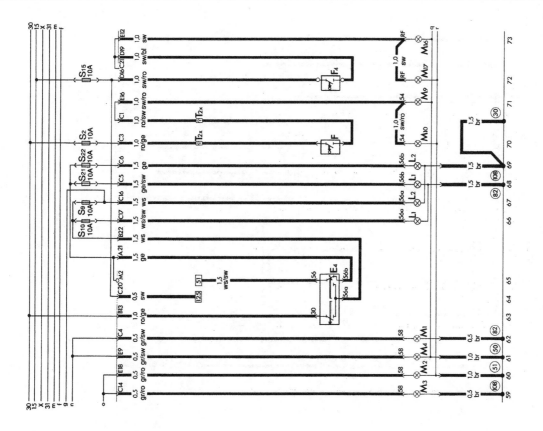

Kopplingsschema för strålkastare, baklampor och avbländnings- och ljus-
blinkrelän, broms- och backljuskontakter – alla modeller fr o m augusti 1987

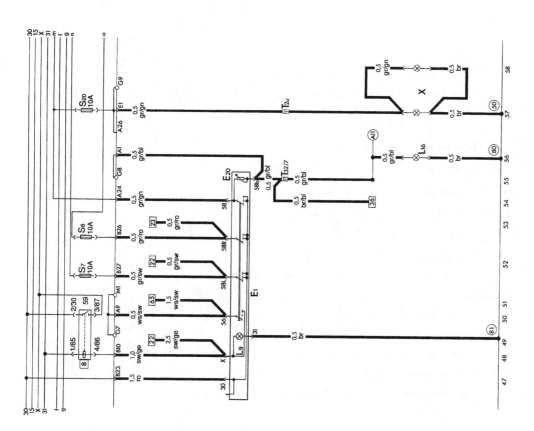

Kopplingsschema för belysningsströmställare och nummerskyltsbelystning
– alla modeller fr om augusti 1987

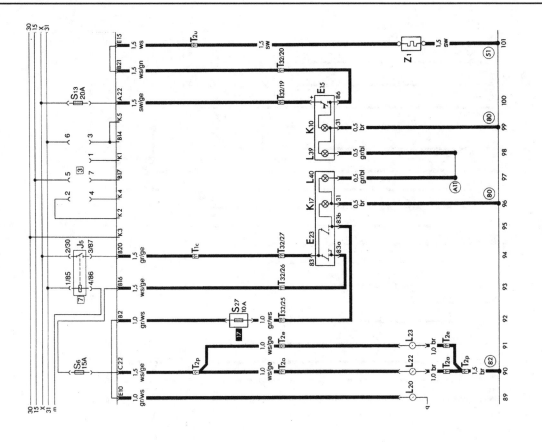

Kopplingsschema för dimljus, dimbakljus och elbakruta – alla modeller fr o m augusti 1987

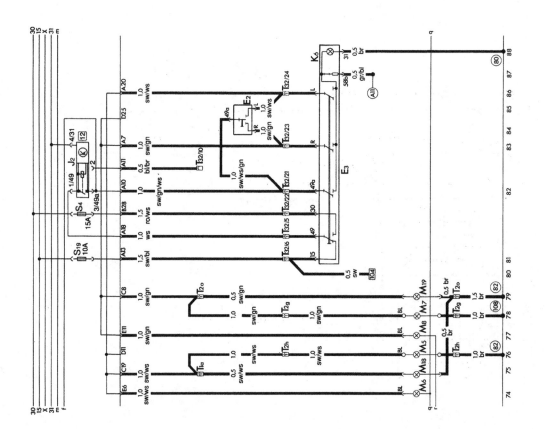

Kopplingsschema för körriktningsvisare och varningsblinkers – alla modeller fr o m augusti 1987

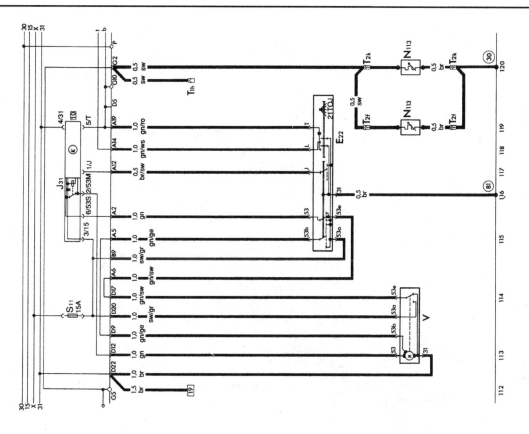

Kopplingsschema för vindrutetorkare och -spolare (med uppvärmda munstycken) – alla modeller fr o m augusti 1987

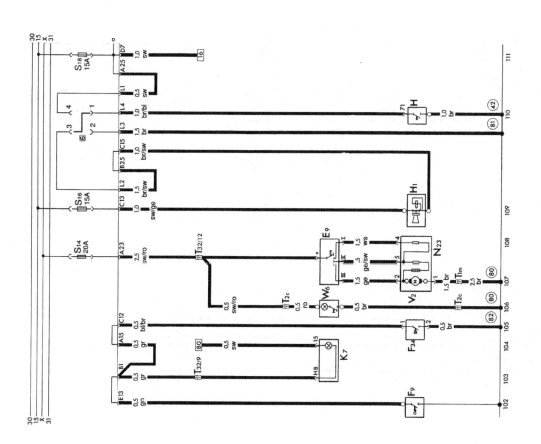

Kopplingsschema för varningslampa till handbroms och låg bromsvätskenivå, kupéfläkt, handskfacksbelysning och signalhorn – alla modeller fr o m augusti 1987

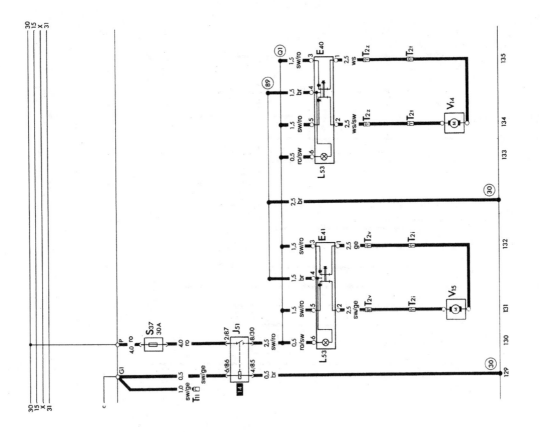

Kopplingsschema för elfönsterhissar – 1.6 liters modeller fr o m augusti 1987

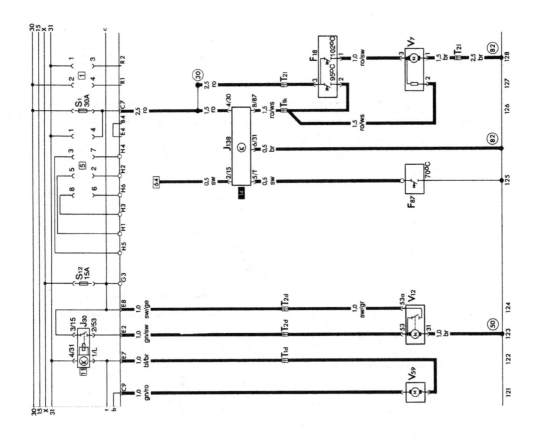

Kopplingsschema för bakrutetorkare och kylfläkt – 1.6 och 1.8 liters modeller med förgasare fr o m augusti 1987

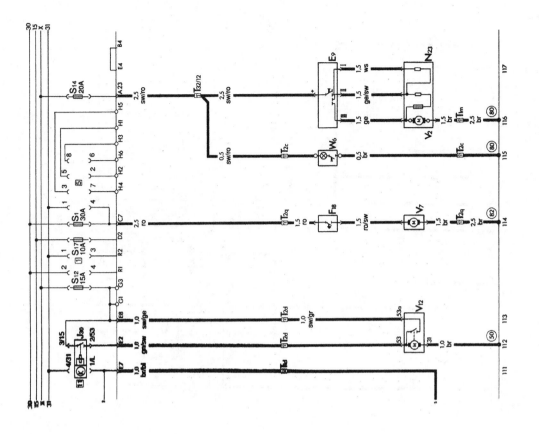

Kopplingsschema för bakrutetorkare och kylfläkt – 1.05, 1.3 och 1.8 liters modeller med bränsleinsprutning fr o m augusti 1987

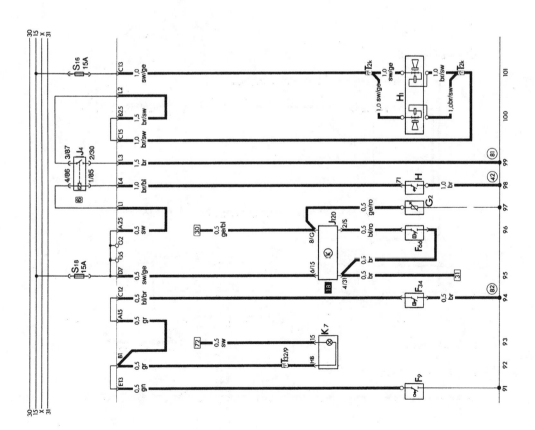

Kopplingsschema för parkeringsbroms, bromsvätskenivå, låg kylvätskenivå och 2-tons signalhorn – alla modeller fr o m 1987

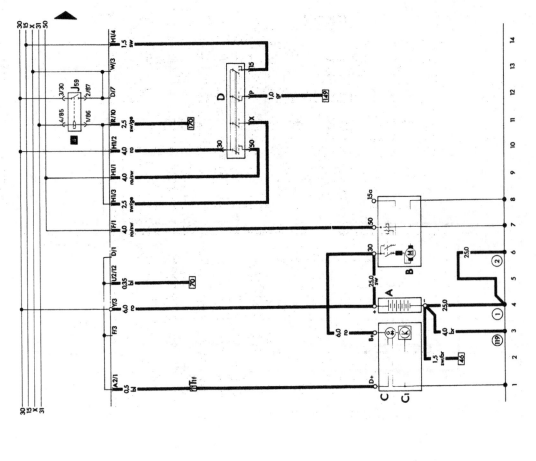

Kopplingsschema för startmotor, generator, batteri och tändning – 1.6 och 1.8 liters modeller med förgasare fr o m januari 1989

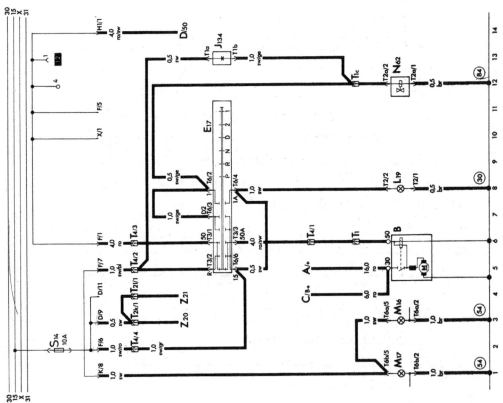

Kopplingsschema för automatväxellåda – 1.6 liters modeller fr o m januari 1989

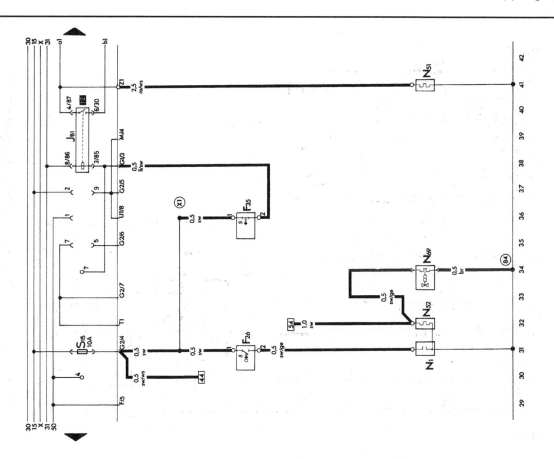

Kopplingsschema för automatchoke och insugsrörets förvärmning – 1.6 och 1.8 liters modeller fr o m januari 1989

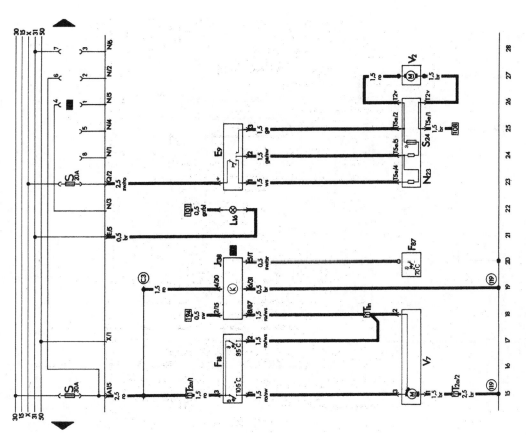

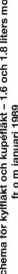

Kopplingsschema för kylfläkt och kupéfläkt – 1.6 och 1.8 liters modeller fr o m januari 1989

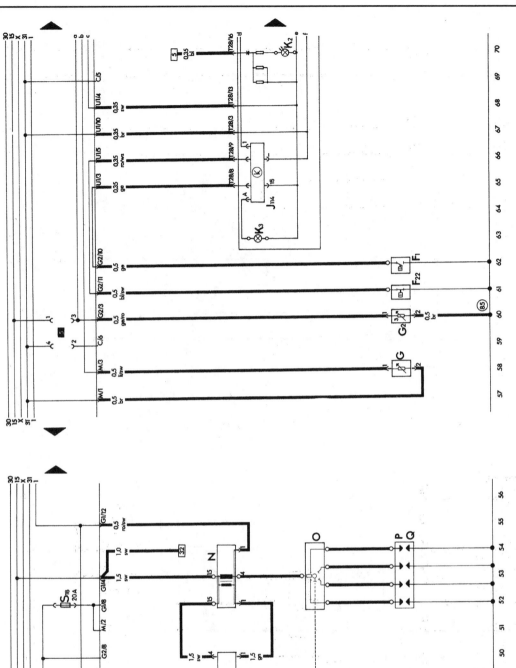

Kopplingsschema för instrumentpanel och varningssystem för lågt
oljetryck – 1.6 och 1.8 liters modeller med förgasare fr o m januari 1989

Kopplingsschema för tändning och övervarvsskydd – 1.6 och 1.8 liters
modeller med förgasare fr o m januari 1989

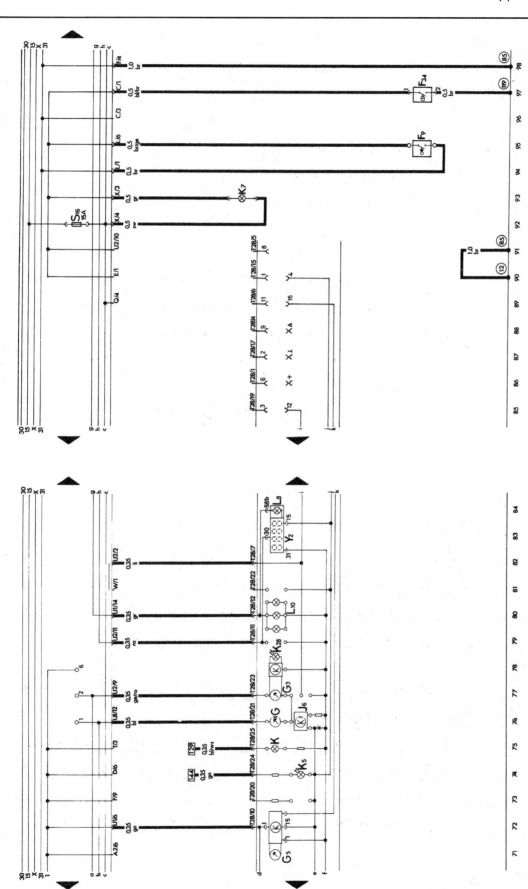

Kopplingsschema för varningslampa för parkeringsbroms och låg broms-vätskenivå – 1.6 och 1.8 liters modeller med förgasare fr o m januari 1989

Kopplingsschema för instrumentpanel (varvräknare, klocka, bränsle- och temperaturmätare) – 1.6 och 1.8 liters modeller med förgasare fr o m januari 1989

Kopplingsschema för kupébelysning, bagagesutrymmesbelysning och nummerskyltsbelysning – 1.6 och 1.8 liters modeller med förgasare fr o m januari 1989

Kopplingsschema för handskfacksbelysning, cigarettändare, radioanslutning och lampa i kassettfack – 1.6 och 1.8 liters modeller med förgasare fr o m januari 1989

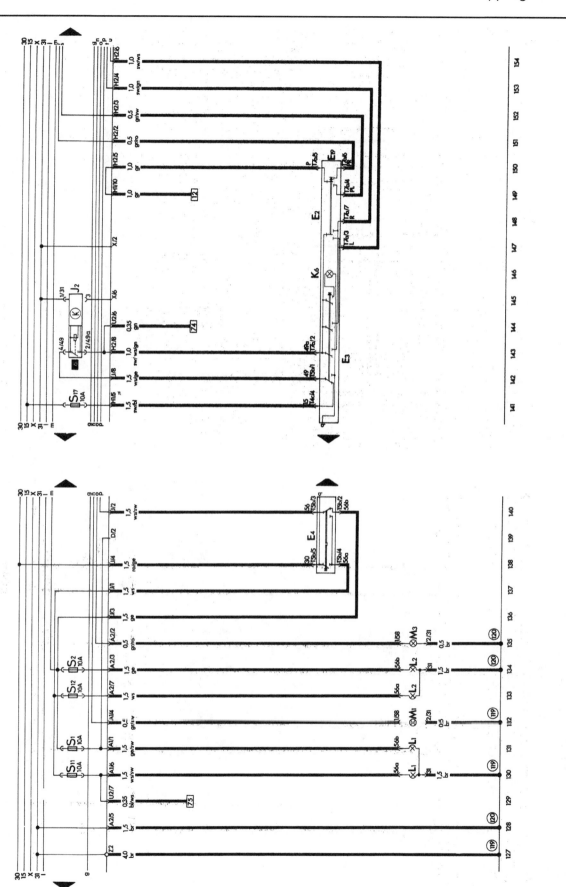

Kopplingsschema för kontrollampor för körriktningsvisare, varnings-
blinkers och strömställare för parkeringsbelysning – 1.6 och 1.8 liters
modeller med förgasare fr o m januari 1989

Kopplingsschema för strålkastare, sidolampor och strålkastarnas
avbländnings-/ljusblinkrelä – 1.6 och 1.8 liters modeller med förgasare fr o m
januari 1989

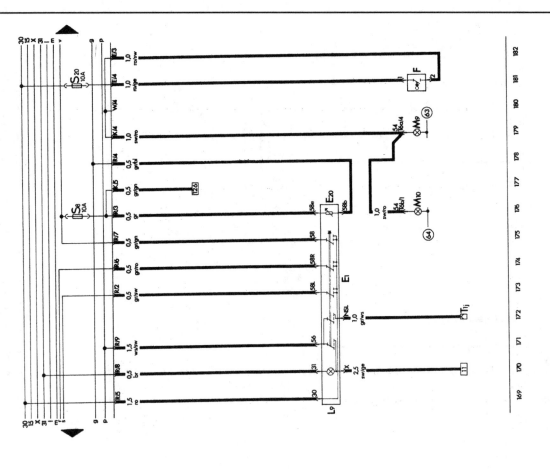

Kopplingsschema för belysningsströmställare och bromsljus – 1.6 och 1.8 liters modeller med förgasare fr o m januari 1989

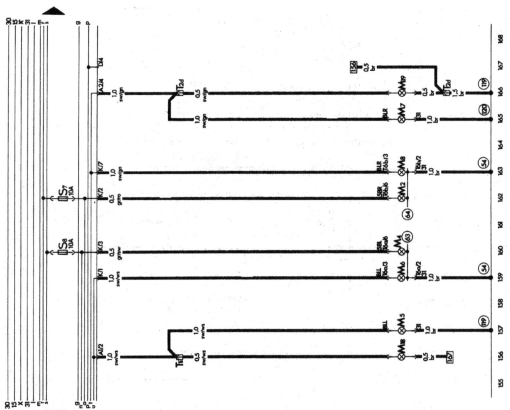

Kopplingsscheman för blinkerslampor och baklampor – 1.6 och 1.8 liters modeller med förgasare fr o m januari 1989

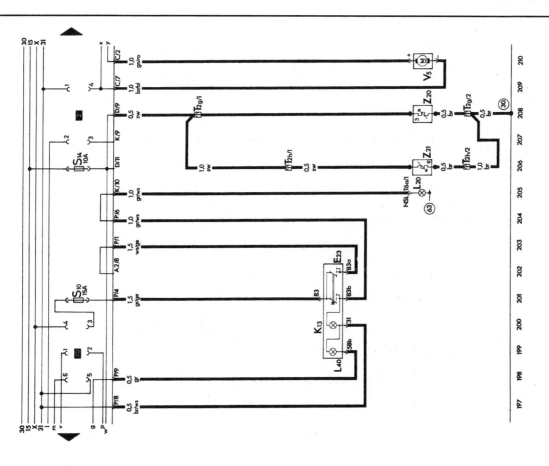

Kopplingsschema för dimbakljus och eluppvärmda munstycken till vindrute-
spolare – 1.6 och 1.8 liters modeller med förgasare fr o m januari 1989

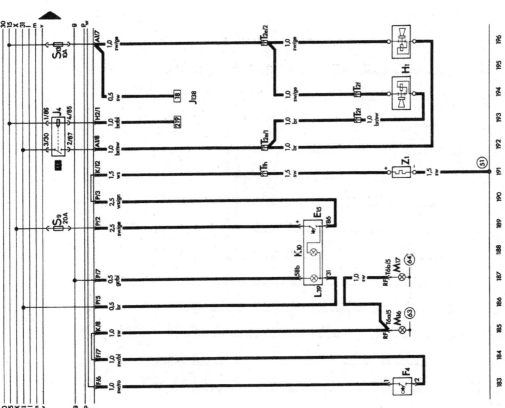

Kopplingsschema för backlampr, elbakruta och 2-tons signalhorn – 1.6
och 1.8 liters förgasare fr o m januari 1989

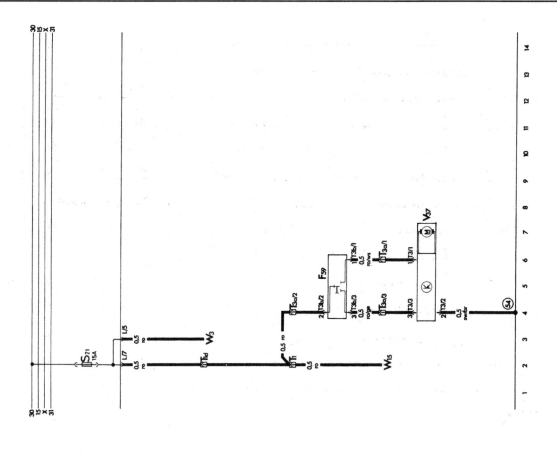

Kopplingsschema för centrallåssystem – alla modeller fr o m januari 1989

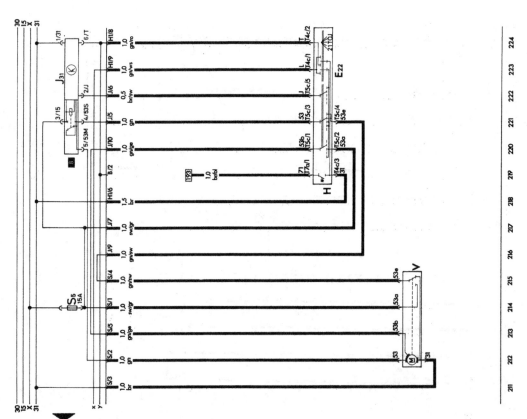

Kopplingsschema för vindrutespolare och -torkare – 1.6 och 1.8 liters
modeller med förgasare fr o m januari 1989

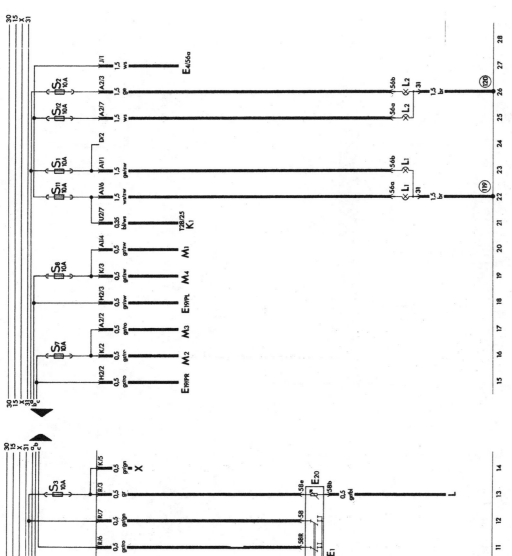

Kopplingsschema för avbländning (strålkastarlampor) – alla modeller fr o m januari 1989

Kopplingsschema för avbländning (seriemotstånd vid belysningsström-ställaren) – alla modeller fr o m januari 1989

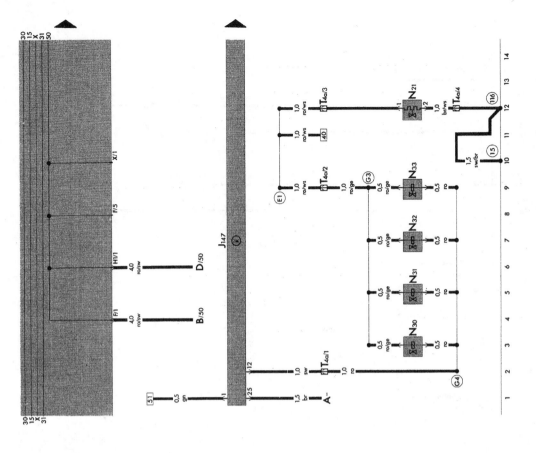

Kopplingsschema för Digijet styrnhet och insprutare – 1.3 liter (kod NZ)

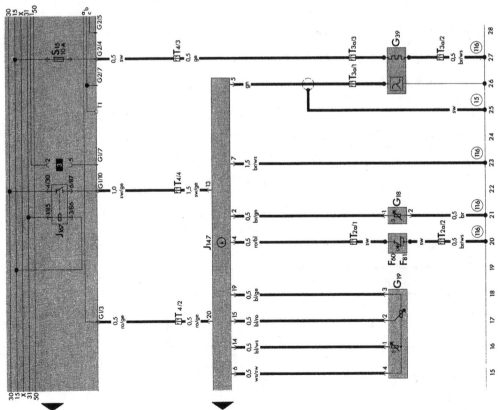

Kopplingsschema för Digijet styrenhet och givare – 1.3 liter (kod NZ)

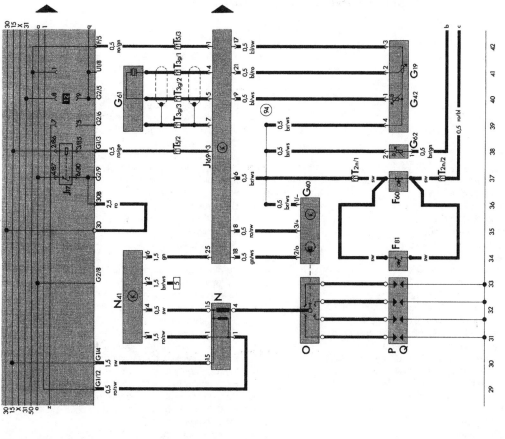

Kopplingsschema för Digifant tändsystem – senare 1.8 liters modeller

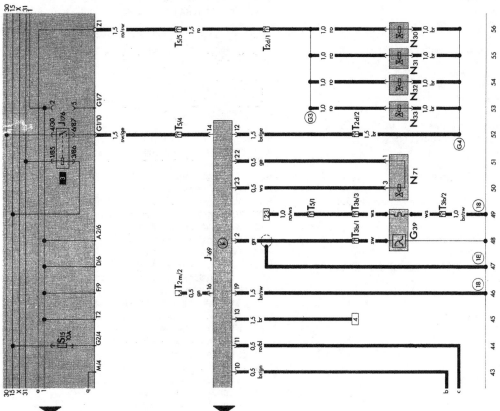

Kopplingsschema för Digifant bränslesystem – senare 1.8 liters modeller

Komponentförteckning till alla kopplingsscheman

Nr	Beskrivning
A	Batteri
B	Startmotor
C	Generator
C1	Spänningsregulator
D	Tändningslås
E1	Belysningsströmställare
E2	Blinkersspak
E3	Varningsblinkerskontakt
E4	Avbländningskontakt
E9	Strömställare till kupéfläkt
E15	Strömställare till elbakruta
W17	Startspärrkontakt och backljuskontakt
E19	Strömställare för parkeringsbelysning
E20	Reglage för instrumentbelysning
E22	Kontakt för vindrutetorkarens pausläge
E23	Strömställare för dimljus och dimbakljus
E39	Strömställare för elektriska fönsterhissar
E40	Strömställare för vänster elfönsterhiss
E41	Strömställare för höger elfönsterhiss
E43	Strömställare för inställning av backspegel
E48	Strömställare för omkoppling av elbackspeglarnas manövrering
E52	Strömställare i vänster bakdörr för elfönsterhiss
E53	Strömställare i konsolen för vänster bakdörrs elfönsterhiss
E54	Strömställare i höger bakdörr för elfönsterhiss
E55	Strömställare i konsolen för höger bakdörrs elfönsterhiss
E86	Knapp för inkoppling av flerfunktionsindikator
E102	Strålkastarnas höjdjustering
E109	Minnes-knapp för flerfunktionsindikator
F	Bromsljuskontakt
F1	Oljetryckskontakt (1,8 bar)
F2	Dörrkontakt, vänster framdörr
F3	Dörrkontakt, höger framdörr
F4	Kontakt för backlampa
F5	Bagageutrymmesbelysning
F9	Kontakt, varning för åtdragen handbroms
F10	Termokontakt för kylfläkt
F18	Kylfläktens temperaturkontakt
F22	Oljetryckskontakt (0,3 bar)
F25	Kontakt för gasspjälläge
F26	Termokontakt för choke
F34	Kontakt, varning låg bromsvätskenivå
F35	Termokontakt, insugningsrörets förvärmning
F59	Kontakt för centrallås
F60	Kontakt för tomgångsläge
F62	Vakuumstyrd kontakt indikering av växling
F66	Kontakt, låg kylvätskenivå
F68	Kontakt för växlings- och bränsleförbrukningsindikator
F69	Kontakt för centrallås (förarsidans dörr)
F80	Termokontakt för N52
F81	Kontakt för gasspjällets fullt öppna läge
F87	Termokontakt för kylfläkten
F89	Kontakt för bränsletillskott vid acceleration
F93	Tidstyrd vakuumkontakt
G	Bränslemätarens givare
G1	Bränslemätare
G2	Givare för kylvätsketemperatur
G3	Mätare för kylvätsketemperatur
G5	Varvräknare
G6	Bränslepump
G8	Givare för oljetemperatur
G17	Givare för omgivningstemperatur
G18	Temperaturgivare
G19	Potentiometer i luftflödesmätaren
G23	Elektrisk bränslepump II

Nr	Beskrivning
G32	Givare, låg kylvätskenivå
G39	Lambdasond med värmeelement
G40	Hallgivare
G42	Givare för insugningstemperatur
G51	Indikator för bränsleförbrukning
G54	Hastighetsgivare för flerfunktionsindikator
G55	Vakuumgivare för flerfunktionsindikator
G61	Detonationssensor
G62	Givare för kylvätsketemperatur
G114	Kontaktenhet, oljetrycksvarning
H	Kontrolldon för signalhorn
H1	2-tons signalhorn
J2	Blinkersrelä
J4	Relä, 2-tons signalhorn
J5	Dimljusrelä
J6	Spänningsstabilisator
J17	Bränslepumprelä
J20	Varningslampa, körning med trailer
J26	Kylfläktens relä
J30	Relä, bakrutespolare/-torkare
J31	Pausrelä, vindrutespolare/-torkare
J39	Strålkastarspolarens relä
J51	Fönsterhissarnas relä
J59	Avlastningsventil (för X-kontakten)
J81	Insugningsrörets förvärmningsrelä
J86	Elektronikenhet för tändningen
J88	Elektronikenhet för tändningen (till vänster i luftintag)
J98	Kontakt för indikering av växling
J114	Kontaktenhet för övervakning av oljetrycket
J119	Flerfunktionsindikator
J120	Kontaktenhet, indikator låg kylvätskenivå
J130	Kontaktenhet för avstängningsventil vid övervarvning
J134	Diod
J138	Styrenhet för kylfläktens efterkylningsperiod
J143	Kontaktenhet för varvtalsökning
J147	Digijet styrenhet
J159	Styrenhet för stabilisering av tomgångsvarvtal och avstängning vid motorbroms
J167	Digijet relä och enhet för tomgångsstabilisering
J169	Digifant styrenhet
J176	Digifant strömförsörjning och tomgångsstabilisering
K	Insats i instrumentpanel
K1	Varningslampa för helljus
K2	Kontrollampa för laddning
K3	Varningslampa lågt oljetryck
K5	Kontrollampa för blinkers
K6	Varningslampa för varningsblinkers
K7	Varningslampa bortfall av bromskrets och handbroms åtdragen
K10	Kontrollampa för elbakruta
K13	Varningslampa dimbakljus
K17	Varningslampa dimljus
K18	Varningslampa släpvagn
K28	Varningslampa för hög kylvätsketemperatur (röd)
K48	Varningslampa för indikering av växling
L1	Strålkastarlampa hel/halvljus, vänster
L2	Strålkastarlampa hel/halvljus, höger
L8	Klockans glödlampa
L9	Belysningsströmställarens glödlampa
L10	Instrumentpanelens glödlampa
L16	Friskluftreglagets kontrollampa
L19	Växelväljarspakens glödlampa
L20	Dimbakljus, glödlampa
L22	Dimljus, glödlampa

Komponentförteckning till alla kopplingsscheman (forts)

Nr	Beskrivning
L23	Dimljus höger, glödlampa
L28	Cigarettändare, glödlampa
L39	Elbakrutans strömställare, glödlampa
L40	Dimljuskontaktens glödlampa
L52	Anslutning för instrumentbelysningens reostat
L53	Fönsterhisskontaktens glödlampa
L54	Reglage för strålkastarnas höjdinställning, glödlampa
L66	Kassettfack, glödlampa
M1	Parkeringsbelysning, vänster glödlampa
M2	Bakljus, höger glödlampa
M3	Parkeringsbelysning, höger glödlampa
M4	Bakljus, vänster glödlampa
M5	Blinkers vänster fram, glödlampa
M6	Blinkers vänster bak, glödlampa
M7	Blinkers höger fram, glödlampa
M8	Blinkers höger bak, glödlampa
M9	Bromsljus vänster bak, glödlampa
M10	Bromsljus höger bak, glödlampa
M16	Backljus vänster, glödlampa
M17	Backljus höger, glödlampa
M18	Sidoblinkers vänster, glödlampa
M19	Sidoblinkers höger, glödlampa
N	Tändspole
N1	Automatchoke
N3	Bypass avstängningsventil
N6	Motståndstråd
N9	Varmkörningsventil
N10	Temperaturkännande motstånd (NTC-motstånd)
N17	Kallstartventil
N21	Tillsatsluftsslid
N23	Seriemotstånd för kupéfläkt
N30	Insprutare, cylinder 1
N31	Insprutare, cylinder 2
N32	Insprutare, cylinder 3
N33	Insprutare, cylinder 4
N35	Solenoid för inställning av förarsidans backspegel
N39	Kylfläktens seriemotstånd
N41	TCI styrenhet
N42	Solenoid för inställning av passagerarsidans backspegel
N51	Värmeelement i insugningsröret
N52	Värmeelement i förgasarens spjällhus
N60	Solenoidventil för bränsleförbrukningsindikator
N62	Tomgångsvarvtal – accelerationsventil
N65	Avstängningsventil vid övervarvning
N68	Tomgång – avstängningsventil för övervarvningsskydd
N69	Termostyrd tidventil för övervarvningsskydd
N71	Regleringsventil för stabilisering av tomgångsvarv
N98	Seriemotstånd, avbländningssystem (till höger i motorrummets främre del)
N113	Värmeelement för vindrutans spolarmunstycken
O	Fördelare
P	Tändstiftshatt
Q	Tändstift
R	Anslutning för radio
R9	Högtalare, vänster fram
R10	Högtalare, höger fram
S24	Säkring, överhettningsskydd
S27	Separat säkring dimbakljus
S37	Säkring för elfönsterhissar
T	Kontakt bakom reläplattan
T1	1-stifts kontakt, varierande placering
T1a	1-stifts kontakt, varierande placering
T1b	1-stifts kontakt, i motorrummets vänstra del eller på reläplattans baksida

Nr	Beskrivning
T1c	1-stifts kontakt, varierande placering
T1d	1-stifts kontakt, varierande placering
T1e	1-stifts kontakt, i motorrummets högra del eller på reläplattans baksida
T1f	1-stifts kontakt, nära förgasaren eller tändspolen
T1g	1-stifts kontakt, varierande placering
T1h	1-stifts kontakt, bakom reläplattan
T1i	1-stifts kontakt, bakom reläplattan
T1k	1-stifts kontakt, bakom reläplattan eller kylargrillen
T1l	1-stifts kontakt, bakom reläplattan
T1m	1-stifts kontakt, bakom instrumentpanelen
T1n	1-stifts kontakt, bakom reläplattan eller intill förgasaren
T1p	1-stifts kontakt, vid kylargrillen
T1q	1-stifts kontakt, bakom reläplattan
T1r	1-stifts kontakt, i bagageutrymmet
T1s	1-stifts kontakt, bakom reläplattan
T1v	1-stifts kontakt, innanför kåpan över strömställarna under ratten
T1x	1-stifts kontakt, intill tändspolen
T1y	1-stifts kontakt, nära förgasaren eller bakom relät
T2	2-stifts kontakt, varierande placering
T2a	2-stifts kontakt, varierande placering
T2b	2-stifts kontakt, varierande placering
T2c	2-stifts kontakt, i bagageutrymmets vänstra sida eller bakom instrumentpanelen
T2d	2-stifts kontakt, i bagageutrymmets vänstra sida eller bakom instrumentpanelen (intill insugningsröret i Digifant-systemet)
T2e	2-stifts kontakt, motorrummets vänstra sida
T2f	2-stifts kontakt, varierande placering
T2g	2-stifts kontakt, motorrummets högra sida
T2h	2-stifts kontakt, motorrummets vänstra sida
T2i	2-stifts kontakt, bakom dörrklädsel
T2k	2-stifts kontakt, varierande placering
T2l	2-stifts kontakt, bakom instrumentpanelen eller i motorrummets främre del
T2m	2-stifts kontakt, bakom instrumentpanelen
T2n	2-stifts kontakt, bakom instrumentpanelen
T2o	2-stifts kontakt, motorrummets högra sida
T2p	2-stifts kontakt, varierande placering
T2q	2-stifts kontakt, motorrummets högra sida
T2r	2-stifts kontakt, bakom dörrklädsel
T2s	2-stifts kontakt, bakom dörrklädsel
T2t	2-stifts kontakt, bakom dörrklädsel
T2u	2-stifts kontakt, bagageutrymmets vänstra sida
T2v	2-stifts kontakt, bakom höger A-stolpes klädsel eller i motorrummet
T2w	2-stifts kontakt, bakom instrumentpanelen
T2x	2-stifts kontakt, i motorrummets framkant eller bakom instrumentpanelen
T2y	2-stifts kontakt, i motorrummets framkant
T2z	2-stifts kontakt, bakom vänster A-stolpes klädsel
T3	3-stifts kontakt, vid gasspjällhuset eller bakom reläplattan
T3a	3-stifts kontakt, bakom reläplattan (vid luftintag på Digifantsystem)
T3b	3-stifts kontakt, bakom dörrklädsel (i motorrummets bakre del, Digifantsystemet)
T3c	3-stifts kontakt, bakom dörrklädsel
T3d	3-stifts kontakt, bakom dörrklädsel
T3e	3-stifts kontakt, bakom dörrklädsel
T3f	3-stifts kontakt, bakom höger B-stolpes klädsel
T3g	3-stifts kontakt, bakom höger B-stolpes klädsel (intill startmotorn på Digifantsystemet)
T3h	3-stifts kontakt, bakom reläplattan
T4	4-stifts kontakt, bakom instrumentpanelen (vid luftintag på Digifantsystemet)

Komponentförteckning till alla kopplingsscheman (forts)

Nr	Beskrivning
T4a	4-stifts kontakt, under rattkåpan (intill insugningsröret vid Digijetsystemet)
T4c	4-stifts kontakt, under rattkåpan
T5	5-stifts kontakt, vänster sida av motorrumsväggen
T5b	5-stifts kontakt, under rattkåpan intill strömställarna
T5c	5-stifts kontakt, under rattkåpan intill strömställarna
T5e	5-stifts kontakt, på seriemotståndet N23
T6	6-stifts kontakt, bakom reläplattan
T6a	6-stifts kontakt, vid vänster baklampenhet
T6b	6-stifts kontakt, vid höger baklampenhet
T7	7-stifts kontakt, på instrumentpanelens insats eller under rattaxelkåpan
T7a	7-stifts kontakt, på instrumentpanelens insats
T7b	7-stifts kontakt, på instrumentpanelens insats
T7c	7-stifts kontakt, på instrumentpanelens insats
T8	8-stifts kontakt, på växellådan eller bakom instrument- panelen
T16	16-stifts kontakt, på flerfunktionsindikatorn
T28	28-stifts kontakt, på instrumentpanelen
T32	32-stifts kontakt, bakom instrumentpanelen
U	Kontakt
U1	Cigarettändare
V	Vindrutetorkarens motor
V2	Kupéfläkt
V5	Vindrutespolarens pump
V7	Kylfläkt

Nr	Beskrivning
V11	Strålkastarspolarens pump
V12	Torkarmotor
V13	Spolarpumpmotor
V14	Fönsterhissmotor, vänster
V15	Fönsterhissmotor, höger
V17	Backspegelns motor, förarsida
V25	Backspegelns motor, passagerarsida
V26	Fönsterhissmotor, vänster bakdörr
V27	Fönsterhissmotor, höger bakdörr
V37	Motor till centrallås
V48	Strålkastarens motor, vänster
V49	Strålkastarens motor, höger
V59	Spolarens pump
W	Innerbelysning fram
W3	Bagageutrymmesbelysning
Nr	Beskrivning
W6	Handskfacksbelysning
W15	Tidrelä för innerbelysning
X	Nummerskyltsbelysning
Y2	Digital klocka
Z1	Elbakruta
Z4	Eluppvärmd backspegel, förarsida
Z5	Eluppvärmd backspegel, passagerarsida
Z20	Värmeelement, vänster spolarmunstycke
Z21	Värmeelement, höger spolarmunstycke

Jordanslutningar

Nr	Beskrivning
1	Batteriets jordkabel
10	Intill reläplattan
12	På ventilkåpan eller fördelaren
14	Intill rattaxeln eller i bakdörren
15	I främre kabelstammen eller på topplocket
16	Vid instrumentens kabelstam
17	Vid instrumentens kabelstam
17	På insugningsröret (fr o m 1989)
18	På cylinderblocket
19	I bagageutrymmets högra sida
20	På framsätets tvärstag, i bakluckan eller i instrumentens kabelstam
21	Elfönsterhissens kabelstam
22	Elfönsterhissens kabelstam
23	Elfönsterhissens kabelstam
30	I främre kabelstammen eller intill reläplattan
42	Intill rattaxelröret
44	Nedre delen av A-stolpen
46	Intill reläplattan
50	På vänster sida i bagageutrymmet
51	På höger sida i bagageutrymmet
54	På bakre tvärgående panelen
63	Vänster baklampenhet, lamphållaren

Nr	Beskrivning
64	Höger baklampenhet, lamphållaren
80	Vid instrumentens kabelstam
81	Vid instrumentens kabelstam
82	Vid främre kabelstammen
84	Motorblockets kabelstam
85	Motorrummets kabelstam
89	Elfönsterhissens kabelstam
94	Digifantsystemets kabelstam
107	Elbackspeglarnas kabelstam
108	Främre kabelstammen
116	Digijetsystemets kabelstam
119	Strålkastarens kabelstam
120	Strålkastarens kabelstam
A11	Instrumentens kabelstam
C3	Positiva (+) kontakten (30) i strålkastarnas kabelstam
C10	Positiva kontakten (30) i strålkastarnas kabelstam
E1	Positiva (+) kontakten i Digijetsystemets kabelstam
G3	Positiva (+) kontakten i kabelhylsan – insprutaren
G4	Kontakten i kabelhylsan – insprutaren
Q1	Elfönsterhissens kabelstam
Q9	Elfönsterhissens upp-kabelstam
X1	Positiva kontakten (15) i förgasarens kabelstam

Inledning

En uppsättning bra verktyg är ett grundläggande krav för var och en som överväger att underhålla och reparera ett motorfordon. För de ägare som saknar sådana kan inköpet av dessa bli en märkbar utgift, som dock uppvägs till en viss del av de besparingar som görs i och med det egna arbetet. Om de anskaffade verktygen uppfyller grundläggande säkerhets- och kvalitetskrav kommer de att hålla i många år och visa sig vara en värdefull investering.

För att hjälpa bilägaren att avgöra vilka verktyg som behövs för att utföra de arbeten som beskrivs i denna handbok har vi sammanställt tre listor med följande rubriker: Underhåll och mindre reparationer, Reparation och renovering samt Specialverktyg. Nybörjaren bör starta med det första sortimentet och begränsa sig till enklare arbeten på fordonet. Allt eftersom erfarenhet och självförtroende växer kan man sedan prova svårare uppgifter och köpa fler verktyg när och om det behövs. På detta sätt kan den grundläggande verktygssatsen med tiden utvidgas till en reparations- och renoveringssats utan några större enskilda kontantutlägg. Den erfarne hemmamekanikern har redan en verktygssats som räcker till de flesta reparationer och renoveringar och kommer att välja verktyg från special-kategorin när han känner att utgiften är berättigad för den användning verktyget kan ha.

Underhåll och mindre reparationer

Verktygen i den här listan ska betraktas som ett minimum av vad som behövs för rutinmässigt underhåll, service och mindre reparationsarbeten. Vi rekommenderar att man köper blocknycklar (ring i ena änden och öppen i den andra), även om de är dyrare än de med öppen ände, eftersom man får båda sorternas fördelar.

☐ Blocknycklar - 8, 9, 10, 11, 12, 13, 14, 15, 17 och 19 mm
☐ Skiftnyckel - 35 mm gap (ca.)
☐ Tändstiftsnyckel (med gummifoder)
☐ Verktyg för justering av tändstiftens elektrodavstånd

☐ Sats med bladmått
☐ Nyckel för avluftning av bromsar
☐ Skruvmejslar:
Spårmejsel - 100 mm lång x 6 mm diameter
Stjärnmejsel - 100 mm lång x 6 mm diameter
☐ Kombinationstång
☐ Bågfil (liten)
☐ Däckpump
☐ Däcktrycksmätare
☐ Oljekanna
☐ Verktyg för demontering av oljefilter
☐ Fin slipduk
☐ Stålborste (liten)
☐ Tratt (medelstor)

Reparation och renovering

Dessa verktyg är ovärderliga för alla som utför större reparationer på ett motorfordon och tillkommer till de som angivits för Underhåll och mindre reparationer. I denna lista ingår en grundläggande sats hylsor. Även om dessa är dyra, är de oumbärliga i och med sin mångsidighet - speciellt om satsen innehåller olika typer av drivenheter. Vi rekommenderar 1/2-tums fattning på hylsorna eftersom de flesta momentnycklar har denna fattning.

Verktygen i denna lista kan ibland behöva kompletteras med verktyg från listan för Specialverktyg.

☐ Hylsor, dimensioner enligt föregående lista (se bild)
☐ Spärrskaft med vändbar riktning (för användning med hylsor) (se bild)

☐ Förlängare, 250 mm (för användning med hylsor)
☐ Universalknut (för användning med hylsor)
☐ Momentnyckel (för användning med hylsor)
☐ Självlåsande tänger
☐ Kulhammare
☐ Mjuk klubba (plast/aluminium eller gummi)
☐ Skruvmejslar:
Spårmejsel - en lång och kraftig, en kort (knubbig) och en smal (elektrikertyp)
Stjärnmejsel - en lång och kraftig och en kort (knubbig)
☐ Tänger:
Spetsnostång/plattång
Sidavbitare (elektrikertyp)
Låsringstång (inre och yttre)
☐ Huggmejsel - 25 mm
☐ Ritspets
☐ Skrapa
☐ Körnare
☐ Purr
☐ Bågfil
☐ Bromsslangklämma
☐ Avluftningssats för bromsar/koppling
☐ Urval av borrar
☐ Stållinjal
☐ Insexnycklar (inkl Torxtyp/med splines) (se bild)
☐ Sats med filar
☐ Stor stålborste
☐ Pallbockar
☐ Domkraft (garagedomkraft eller en stabil pelarmodell)
☐ Arbetslampa med förlängningssladd

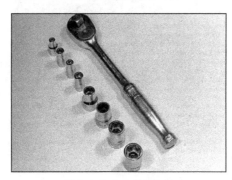
Hylsor och spärrskaft

Ventilfjäderkompressor (ventilbåge)

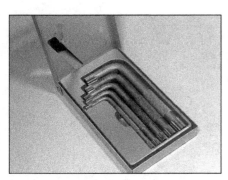
Nycklar med splines

Kolvringskompressor

Centreringsverktyg för koppling

Specialverktyg

Verktygen i denna lista är de som inte används regelbundet, är dyra i inköp eller som måste användas enligt tillverkarens anvisningar. Det är bara om du relativt ofta kommer att utföra tämligen svåra jobb som många av dessa verktyg är lönsamma att köpa. Du kan också överväga att gå samman med någon vän (eller gå med i en motorklubb) och göra ett gemensamt inköp, hyra eller låna verktyg om så är möjligt.

Följande lista upptar endast verktyg och instrument som är allmänt tillgängliga och inte sådana som framställs av biltillverkaren speciellt för auktoriserade verkstäder. Ibland nämns dock sådana verktyg i texten. I allmänhet anges en alternativ metod att utföra arbetet utan specialverktyg. Ibland finns emellertid inget alternativ till tillverkarens specialverktyg. När så är fallet och relevant verktyg inte kan köpas, hyras eller lånas har du inget annat val än att lämna bilen till en auktoriserad verkstad.

☐ *Ventilfjäderkompressor (se bild)*
☐ *Ventilslipningsverktyg*
☐ *Kolvringskompressor (se bild)*
☑ *Verktyg för demontering/montering av kolvringar*
☐ *Honingsverktyg (se bild)*
☐ *Kulledsavdragare*
☐ *Spiralfjäderkompressor (där tillämplig)*
☐ *Nav/lageravdragare, två/tre ben*
☐ *Slagskruvmejsel*
☐ *Mikrometer och/eller skjutmått (se bild)*
☐ *Indikatorklocka (se bild)*
☐ *Stroboskoplampa*
☐ *Kamvinkelmätare/varvräknare*
☐ *Multimeter*
☐ *Kompressionsmätare (se bild)*
☐ *Handmanövrerad vakuumpump och mätare*
☐ *Centreringsverktyg för koppling (se bild)*
☐ *Verktyg för demontering av bromsbackarnas fjäderskålar*
☐ *Sats för montering/demontering av bussningar och lager*
☐ *Bultutdragare (se bild)*
☐ *Gängningssats*
☐ *Lyftblock*
☐ *Garagedomkraft*

Inköp av verktyg

När det gäller inköp av verktyg är det i regel bättre att vända sig till en specialist som har ett större sortiment än t ex tillbehörsbutiker och bensinmackar. Tillbehörsbutiker och andra försöljningsställen kan dock erbjuda utmärkta verktyg till låga priser, så det kan löna sig att söka.

Det finns gott om bra verktyg till låga priser, men se till att verktygen uppfyller grundläggande krav på funktion och säkerhet. Fråga gärna någon kunnig person om råd före inköpet.

Vård och underhåll av verktyg

Efter inköp av ett antal verktyg är det nödvändigt att hålla verktygen rena och i fullgott skick. Efter användning, rengör alltid verktygen innan de läggs undan. Låt dem inte ligga framme sedan de använts. En enkel upphängningsanordning på väggen för t ex skruvmejslar och tänger är en bra idé. Nycklar och hylsor bör förvaras i metalllådor. Mätinstrument av skilda slag ska förvaras på platser där de inte kan komma till skada eller börja rosta.

Lägg ner lite omsorg på de verktyg som används. Hammarhuvuden får märken och skruvmejslar slits i spetsen med tiden. Lite polering med slippapper eller en fil återställer snabbt sådana verktyg i gott skick igen

Arbetsutrymmen

När man diskuterar verktyg får man inte glömma själva arbetsplatsen. Om mer än rutinunderhåll ska utföras bör man skaffa en lämplig arbetsplats.

Vi är medvetna om att många bilägare/hemmamekaniker under vissa omständigheter tvingas att lyfta ur motor eller liknande utan tillgång till garage eller verkstad. Men när detta är gjort ska det fortsatta arbetet göras inomhus.

Närhelst möjligt ska isärtagning ske på en ren, plan arbetsbänk eller ett bord med passande arbetshöjd.

En arbetsbänk behöver ett skruvstycke. En käftöppning om 100 mm räcker väl till för de flesta arbeten. Som tidigare sagts, ett rent och torrt förvaringsutrymme krävs för verktyg liksom för smörjmedel, rengörings-medel, bättringslack (som också måste förvaras frostfritt) och liknande.

Ett annat verktyg som kan behövas och som har en mycket bred användning är en elektrisk borrmaskin med en chuckstorlek om minst 8 mm. Denna, tillsammans med en sats spiralborrar, är i praktiken oumbärlig vid montering av tillbehör.

Sist, men inte minst, ha alltid ett förråd med gamla tidningar och rena luddfria trasor tillgängliga och håll arbetsplatsen så ren som möjligt.

Mikrometerset

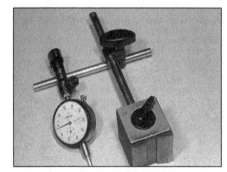
Indikatorklocka med magnetstativ

Honingsverktyg

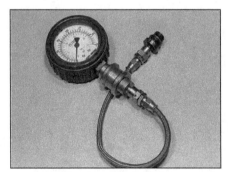
Kompressionsmätare

Bultutdragare

När service, reparationer och renoveringar utförs på en bil eller bildel bör följande beskrivningar och instruktioner följas. Detta för att reparationen ska utföras så effektivt och fackmannamässigt som möjligt.

Tätningsytor och packningar

Vid isärtagande av delar vid deras tätningsytor ska dessa aldrig bändas isär med skruvmejsel eller liknande. Detta kan orsaka allvarliga skador som resulterar i oljeläckage, kylvätskeläckage etc. efter montering. Delarna tas vanligen isär genom att man knackar längs fogen med en mjuk klubba. Lägg dock märke till att denna metod kanske inte är lämplig i de fall styrstift används för exakt placering av delar.

Där en packning används mellan två ytor måste den bytas vid ihopsättning. Såvida inte annat anges i den aktuella arbetsbeskrivningen ska den monteras torr. Se till att tätningsytorna är rena och torra och att alla spår av den gamla packningen är borttagna. Vid rengöring av en tätningsyta ska sådana verktyg användas som inte skadar den. Små grader och repor tas bort med bryne eller en finskuren fil.

Rensa gängade hål med piprensare och håll dem fria från tätningsmedel då sådant används, såvida inte annat direkt specificeras.

Se till att alla öppningar, hål och kanaler är rena och blås ur dem, helst med tryckluft.

Oljetätningar

Oljetätningar kan tas ut genom att de bänds ut med en bred spårskruvmejsel eller liknande. Alternativt kan ett antal självgängande skruvar dras in i tätningen och användas som dragpunkter för en tång, så att den kan dras rakt ut.

När en oljetätning tas bort från sin plats, ensam eller som en del av en enhet, ska den alltid kasseras och bytas ut mot en ny.

Tätningsläpparna är tunna och skadas lätt och de tätar inte annat än om kontaktytan är fullständigt ren och oskadad. Om den ursprungliga tätningsytan på delen inte kan återställas till perfekt skick och tillverkaren inte gett utrymme för en viss omplacering av tätningen på kontaktytan, måste delen i fråga bytas ut.

Skydda tätningsläpparna från ytor som kan skada dem under monteringen. Använd tejp eller konisk hylsa där så är möjligt. Smörj läpparna med olja innan monteringen. Om oljetätningen har dubbla läppar ska utrymmet mellan dessa fyllas med fett.

Såvida inte annat anges ska oljetätningar monteras med tätningsläpparna mot det smörjmedel som de ska täta för.

Använd en rörformad dorn eller en träbit i lämplig storlek till att knacka tätningarna på

plats. Om sätet är försedd med skuldra, driv tätningen mot den. Om sätet saknar skuldra bör tätningen monteras så att den går jäms med sätets yta (såvida inte annat uttryckligen anges).

Skruvgängor och infästningar

Muttrar, bultar och skruvar som kärvar är ett vanligt förekommande problem när en komponent har börjat rosta. Bruk av rostupplösningsolja och andra krypsmörjmedel löser ofta detta om man dränker in delen som kärvar en stund innan man försöker lossa den. Slagskruvmejsel kan ibland lossa envist fastsittande infästningar när de används tillsammans med rätt mejselhuvud eller hylsa. Om inget av detta fungerar kan försiktig värmning eller i värsta fall bågfil eller mutterspräckare användas.

Pinnbultar tas vanligen ut genom att två muttrar låses vid varandra på den gängade delen och att en blocknyckel sedan vrider den undre muttern så att pinnbulten kan skruvas ut. Bultar som brutits av under fästytan kan ibland avlägsnas med en lämplig bultutdragare. Se alltid till att gängade bottenhål är helt fria från olja, fett, vatten eller andra vätskor innan bulten monteras. Underlåtenhet att göra detta kan spräcka den del som skruven dras i, tack vare det hydrauliska tryck som uppstår när en bult dras in i ett vätskefyllt hål.

Vid åtdragning av en kronmutter där en saxsprint ska monteras ska muttern dras till specificerat moment om sådant anges, och därefter dras till nästa sprinthål. Lossa inte muttern för att passa in saxsprinten, såvida inte detta förfarande särskilt anges i anvisningarna.

Vid kontroll eller omdragning av mutter eller bult till ett specificerat åtdragningsmoment, ska muttern eller bulten lossas ett kvarts varv och sedan dras åt till angivet moment. Detta ska dock inte göras när vinkelåtdragning använts.

För vissa gängade infästningar, speciellt topplocksbultar/muttrar anges inte åtdragningsmoment för de sista stegen. Istället anges en vinkel för åtdragning. Vanligtvis anges ett relativt lågt åtdragningsmoment för bultar/muttrar som dras i specificerad turordning. Detta följs sedan av ett eller flera steg åtdragning med specificerade vinklar.

Låsmuttrar, låsbleck och brickor

Varje infästning som kommer att rotera mot en komponent eller en kåpa under åtdragningen ska alltid ha en bricka mellan åtdragningsdelen och kontaktytan.

Fjäderbrickor ska alltid bytas ut när de använts till att låsa viktiga delar som exempelvis lageröverfall. Låsbleck som viks

över för att låsa bult eller mutter ska alltid byts ut vid ihopsättning.

Självlåsande muttrar kan återanvändas på mindre viktiga detaljer, under förutsättning att motstånd känns vid dragning över gängen. Kom dock ihåg att självlåsande muttrar förlorar låseffekt med tiden och därför alltid bör bytas ut som en rutinåtgärd.

Saxsprintar ska alltid bytas mot nya i rätt storlek för hålet.

När gänglåsmedel påträffas på gängor på en komponent som ska återanvändas bör man göra ren den med en stålborste och lösningsmedel. Applicera nytt gänglåsningsmedel vid montering.

Specialverktyg

Vissa arbeten i denna handbok förutsätter användning av specialverktyg som pressar, avdragare, fjäderkompressorer med mera. Där så är möjligt beskrivs lämpliga lättillgängliga alternativ till tillverkarens specialverktyg och hur dessa används. I vissa fall, där inga alternativ finns, har det varit nödvändigt att använda tillverkarens specialverktyg. Detta har gjorts av säkerhetsskäl, likväl som för att reparationerna ska utföras så effektivt och bra som möjligt. Såvida du inte är mycket kunnig och har stora kunskaper om det arbetsmoment som beskrivs, ska du aldrig försöka använda annat än specialverktyg när sådana anges i anvisningarna. Det föreligger inte bara stor risk för personskador, utan kostbara skador kan också uppstå på komponenterna.

Miljöhänsyn

Vid sluthantering av förbrukad motorolja, bromsvätska, frostskydd etc. ska all vederbörlig hänsyn tas för att skydda miljön. Ingen av ovan nämnda vätskor får hällas ut i avloppet eller direkt på marken. Kommunernas avfallshantering har kapacitet för hantering av miljöfarligt avfall liksom vissa verkstäder. Om inga av dessa finns tillgängliga i din närhet, fråga hälsoskyddskontoret i din kommun om råd.

I och med de allt strängare miljöskyddslagarna beträffande utsläpp av miljöfarliga ämnen från motorfordon har alltfler bilar numera justersäkringar monterade på de mest avgörande justeringspunkterna för bränslesystemet. Dessa är i första hand avsedda att förhindra okvalificerade personer från att justera bränsle/luftblandningen och därmed riskerar en ökning av giftiga utsläpp. Om sådana justersäkringar påträffas under service eller reparationsarbete ska de, närhelst möjligt, bytas eller sättas tillbaka i enlighet med tillverkarens rekommendationer eller aktuell lagstiftning.

Inköp av reservdelar

Reservdelar kan fås från många källor, t ex: VW-verkstäder, andra verkstäder, tillbehörsaffärer och varuhus. Vårt råd beträffande reservdelar är följande.

Auktoriserade VW-verkstäder – Detta är den bästa källan för reservdelar, och kan vara det enda stället där vissa delar är tillgängliga (t ex topplock, växellådsdetaljer, emblem och klädseldetaljer) Det är också det enda ställe där du skall köpa reservdelar om fordonet fortfarande har giltig garanti – icke originaldelar kan påverka garantins giltighet. För att rätt del skall kunna levereras, är det nödvändigt att uppge chassinummer, motoreller växellådsnummer. Tag om möjligt med den gamla delen som jämförelse. Kom ihåg att vissa detaljer kan fås som utbyte – delar som lämnas in måste alltid vara rena! Det är naturligtvis förståndigt att gå till en VW-handlare eftersom de är bäst utrustade att tillfredsställa dina behov.

Övriga verkstäder och tillbehörsaffärer – Dessa är i allmänhet bra leverantörer av material som behövs för rutinmässigt underhåll (t ex oljefilter, tändstift, glödlampor, drivremmar, oljor och fetter, förbättringsfärg, spackel). De säljer också andra tillbehör, har ofta längre öppethållande, lägre priser och kan ofta hittas på närmare håll.

Specialfirmor – Bra specialfirmor lagerhåller viktiga detaljer som slits relativt snabbt (t ex kopplingsdetaljer, kolvar, ventiler, vgassystem och bromsdetaljer). Ofta erbjuds såväl nya som utbytesdetaljer, vilket kan spara en hel del pengar.

Varuhus – Varuhusen erbjuder idag många gånger ett begränsat reservdelssortiment.

Identifikationsnummer

Det är mycket viktigt att ange korrekt identifikation av bilen när du beställer reservdelar eller frågar efter allmän information.

Typplåten är placerad i motorrummet på höger panel.

Chassinumret finns i motorrummet på torpedväggen.

Motornumret på 1,05 och 1,3 liters motorer finns på cylinderblocket intill generatorfästet.

Motornumret på 1,6 och 1,8 liters motorer finns på vänster sida av cylinderblocket.

Dessa nummer bör identifieras och noteras av ägaren; de är av stor vikt vid beställning av reservdelar, när man passerar tullar, samt för polisen om bilen rapporteras stulen.

När du monterar tillbehör är det naturligtvis bäst att använda sådana som rekommenderas av VW – dessa är trots allt konstruerade för att passa fordonet.

Identifikationsnumrens placering i motorrummet

1 *Typplåt*
2 *Motornummer*
3 *Chassinummer*

Motornumrets placering – 1,6 och 1,8 liter

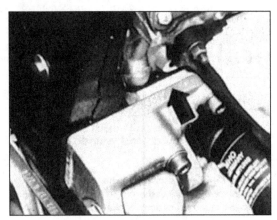

Motornumrets placering – 1,05 och 1,3 liter

Inledning

Bilägaren som själv utför regelbunden service enligt rekommendationerna i tabellerna, kommer inte att ha behov av att använda detta avsnitt så ofta. Moderna komponenter har hög pålitlighet och förutsatt att de delar som är utsatta för slitage och åldring kontrolleras och byts ut vid de intervall som föreskrivs, inträffar plötsliga haverier sällan. Fel uppstår sällan plötsligt, utan utvecklas ofta under en längre tid. Större mekaniska fel signaleras genom typiska symptom, som märks flera hundra mil innan något allvarligt inträffar. De detaljer och enheter som havererar utan förvarning, är oftast ganska små och lätta att ha med sig i bilen.

När det gäller felsökning är det första steget alltid att bestämma sig för var man ska börja söka. Ibland är det helt uppenbart, men vid andra tillfällen kan det krävas lite detektivarbete. Bilägaren som slumpmässigt gör lite justeringar och byten av delar här och var, kan lyckas med att rätta till ett fel (eller felets symptom). Om felet sedan återkommer vet han fortfarande inte vad det berodde på och han kan mycket väl ha spenderat både mer tid och pengar än nödvändigt. En lugn och logisk undersökning av felet och dess tänkbara ursprung, ger ett betydligt bättre resultat i det långa loppet. Var uppmärksam på varningssignaler och onormala händelser som inträffar under perioden före det att felet blir påtagligt – kraftförlust, mätarnas och kontrollampornas signaler förändras, ovanliga ljud och lukter osv – och kom ihåg att om komponenter som t ex säkringar löser ut och tändstift ger upp, är detta oftast ett tecken på andra bakomliggande fel.

Följande sidor är avsedda som hjälp vid de tillfällen när bilen inte startar, eller havererar under körning. Det finns även felsökningsavsnitt i slutet av varje kapitel och om du inte lyckas ta reda på felet i första skedet, ska felsökningen ske med hjälp av dessa mer specialiserade avsnitt. Vilken typ av fel det än är frågan om, gäller alltid följande:

Fastställ felets art. Enkelt uttryckt – övertyga dig om hur felet uppträder och vad som faktiskt händer, innan du börjar arbeta. Detta är särskilt viktigt när du undersöker ett fel på någon annan persons bil, eftersom denne kanske inte beskrivit felet särskilt väl.

Bortse inte från det uppenbara. Om bilen inte startar, finns det bränsle i tanken? (Lita inte på någons ord och inte heller på bränslemätaren!) Om det verkar vara ett elektriskt fel, leta efter lösa kabelkontakter eller skadade kablar, innan du plockar fram hela testutrustningen.

Reparera felet, inte bara symptomen. Att byta ut ett urladdat batteri mot ett fulladdat hjälper för stunden, men om den underliggande orsaken inte rättas till, kommer det nya batteriet att sluta på samma sätt. Att byta ut tändstift som är igensatta med oljesot betyder att motorn fungerar ett tag till, men kom ihåg att orsaken till detta (om inte stiften har fel värmetal) måste undersökas och åtgärdas.

Ta inget för givet. Kom ihåg att även en ny detalj kan vara felaktig (speciellt om den legat i bagageutrymmet under lång tid) och uteslut inte nya delar vid den kontroll som sker vid felsökningen. När du slutligen lyckas ringa in ett besvärligt fel, kommer du säkert att finna att alla indikationer fanns där redan från början.

Elektriska fel

Fel i elsystemet kan vara mycket mer komplicerade än de mer raka och tydliga mekaniska felen, men de kan fortfarande spåras om man förstår principerna för hur systemet ska fungera. Bilens ledningssystem är utsatt för svåra förhållanden, som värme, vibrationer och kemisk påverkan. Det man först ska leta efter är lösa och korroderade anslutningar, brustna och skadade ledningar, där dessa går igenom hål i karossplåten och är utsatta för vibrationer.

Alla bilar har ena batteripolen ansluten till jord, och nästan undantagslöst är det den negativa (–) polen. De olika elektriska enheterna – motorer, lampsocklar o s v – är även de anslutna till chassit, endera via en kabel eller också i direkt kontakt med omgivande metall. Elektrisk ström flyter genom komponenten och tillbaka till batteriet via chassit. Om en komponent är korroderad eller inte är ordentligt fastsatt, blir kretsen bruten eller ofullständig och felfunktion uppstår. Motorn och/eller växellådan är förbundna med chassit via jordflätor och om dessa är dåliga eller saknas, uppstår problem med startmotorn, generatorn och tändningen.

Under förutsättning att returledningen av strömmen till batteriet är fullgod, kan dålig funktion hos komponenterna bero på endera att komponenten är felaktig eller att strömförsörjningen till den är otillräcklig. De elektriska enheterna beskrivs ingående i kapitel 9. Om anslutningsledningarna är brustna, eller det är avbrott inuti t ex en strömställare eller säkring, kan detta kontrolleras med hjälp av en bit elkabel med krokodilklämmor, som kopplas in över anslutningskontakterna. Alternativt kan en 12 volts testlampa användas, som ansluts på olika ställen längs med ledningen, tills avbrottsstället hittas.

Om en strömförande ledning kommer i direkt kontakt med chassits metall, uppstår en kortslutning så att strömmen kan gå direkt tillbaka till batteriet. Förhoppningsvis finns det en säkring i denna ledning, som då brinner av och bryter förbindelsen. Om ledningen går direkt till batteriet utan säkring, kan dess isolation börja smälta och även brinna, med flera kortslutningsvägar som resultat. Detta är anledningen till att man aldrig ska koppla förbi säkringar, eller ersätta säkringar som ofta brinner av, med starkare eller med hemmagjorda sådana av koppar- eller järntråd. Man bör inte heller reparera säkringar med metallfolie.

Reservdelar och verktygssats

De flesta bilar levereras bara med de verktyg som behövs för att byta hjul. Om man vill kunna klara enklare justeringar och reparationer ute på vägkanten, är den verktygsuppsättning som rekommenderas för Underhåll och mindre justeringar, eventuellt kompletterad med en hammare, väl lämpad. Utöver detta finns det några saker som kan vara bra att ha med sig som en säkerhet vid oförutsedda händelser under färd. Erfarenhet och tillgängligt utrymme bestämmer vad som ska tas med från förslagslistan nedan, men många av de upptagna artiklarna kan bli till stor hjälp om något oväntat händer:

☐ Nya tändstift med rätt injusterat elektrodavstånd
☐ En extra tändkabel (den längsta) med tändstiftshatt

☐ Rotor, kondensator och brytarkontakter (i förekommande fall)
☐ Drivremmar till generator, styrservo och ev luftkonditioneringskompressor
☐ Reservsäkringssats
☐ Glödlampor, en sats med alla förekommande lamptyper
☐ Tätningsmedel till kylaren och reparationssats för slangar
☐ Tätningspasta för hål i avgassystemet
☐ Rulle med isoleringsband
☐ Mjuk järntråd (en rulle)
☐ Elkabel
☐ Ficklampa eller testlampa
☐ Hjälpstartkablar till batteriet
☐ Bogserlina
☐ Fuktabsorberande spray till tändsystemet
☐ En liter motorolja
☐ En förpackning hydraulolja
☐ Tillfällig vindruta som reserv
☐ Slangklämmor av skruvtyp

Om reservbränsle ska tas med, måste detta förvaras i en godkänd typ av bränsledunk för att minimera risken för läckage och olyckor vid kollision. Första förbandslåda och varningstriangel är andra nödvändiga tillbehör.

Vid resa i ett annat land är det alltid klokt att ha med sig extra reservdelar, som – även om du inte kan montera dem själv – kan spara tid som annars går åt till att skaffa fram dem lokalt. Följande delar kan då vara bra att ha med:

☐ Vajrar till koppling och förgasare
☐ Topplockspackning
☐ Generatorkol
☐ Ventilinsatser till däcken

Motororganisationerna kan ge information om bränslekvaliteter o s v i främmande länder.

Motorn startar inte

Starmotorn drar inte runt motorn

☐ Batteriet urladdat (ladda, använd hjälpstartkablar eller bogsera)
☐ Batterianslutningarna lösa eller korroderade
☐ Batteriets chassianslutning felaktig
☐ Motorns jordfläta lös eller avsliten
☐ Startmotorns (eller solenoidens) kabel lös eller felaktig
☐ Automatväxelns spak inte i läge "P" eller "N", eller startspärrkontakten är felaktig
☐ Tändningslåsets kontaktenhet felaktig
☐ Mekaniskt fel (motorn har låst sig)
☐ Inre fel i startmotor eller startsolenoid (se kapitel 9)
☐ Fel i start-/stoppsystemet (där sådant förekommer)

Startmotorn går långsamt

☐ Dålig batterikapacitet (ladda, använd

hjälpstartkablar eller bogsera)
☐ Batterianslutningarna lösa eller korroderade
☐ Batteriets chassianslutning felaktig
☐ Motorns jordfläta lös eller avsliten
☐ Startmotorns (eller solenoidens) kabel lös eller felaktig
☐ Inre fel i startmotorn eller startsolenoiden (se kapitel 9)

Startmotorn roterar med drar inte runt motorn

☐ Batteriet urladdat

☐ Startmotorns drev har fastnat
☐ Svänghjulets startkrans defekt
☐ Startmotorn inte ordentligt fastdragen

Motorn dras runt men startar inte

☐ Fukt eller smuts i tändsystemet (dra runt med startmotorn och kontrollera tändgnistan), se foto. Försök med att torka detaljerna och använd även fuktabsorberande spray
☐ Smutsiga eller fel inställda brytarkontakter (beroende på typ av tändsystem)
☐ Inget bränsle i tanken (kontrollera tillförsel)

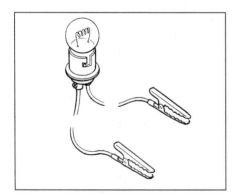

En enkel testlampa är användbar vid elektrisk felsökning

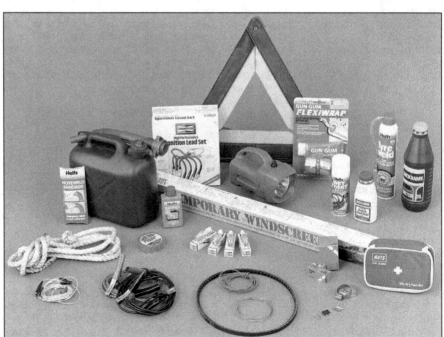

Några få reservdelar i bilen kan bespara dig en lång promenad

- [ ] För mycket choke (varm motor) eller för lite choke (kall motor)
- [ ] Beläggning på tändstift eller fel elektrodavstånd (ta loss och justera, eller byt ut)
- [ ] Annat fel på tändsystemet (se kapitel 4)
- [ ] Annat fel på bränslesystemet (se kapitel 3)
- [ ] Dålig kompression
- [ ] Större mekaniskt fel (t ex kamaxeldrivningen)

Motorn tänder men vill inte gå igång

- [ ] För lite choke (kall motor)
- [ ] Luftläckage vid förgasare och/eller insugningsrör
- [ ] Bränslebrist (se kapitel 3)
- [ ] Tändspolens förkopplingsmotstånd trasigt eller annat tändningsfel (se kapitel 4)

Motorn stannar och går inte att starta igen

Motorn stannar plötsligt – tändningsfel

- [ ] Lösa förbindningar eller avbrott i tändsystemets lågspänningsdel
- [ ] Fukt i högspänningsdelen, kablar eller fördelare våta (efter körning i vatten)
- [ ] Fel i tändspolen eller kondensatorn (kontrollera tändgnistan)
- [ ] Annat tändningsfel (se kapitel 4)

Motorn misständer innan den stannar – bränslefel

- [ ] Bränsletanken tom

Starta motorn och kontrollera att det finns en gnista. Observera användandet av isolerat verktyg

- [ ] Bränslepumpen defekt eller bränslefiltret igensatt (kontrollera bränsle-tillförseln)
- [ ] Bränsletanklockets ventilationshål igensatt (sugljud hörs när locket tas av)
- [ ] Förgasarens flottörventil kärvar
- [ ] Förgasarens munstycken igensatta (förorenat bränsle)
- [ ] Annat fel i bränslesystemet (se kapitel 3)

Motorn stannar – andra orsaker

- [ ] Allvarlig överhettning
- [ ] Svår mekanisk skada (t ex kamaxeldrivningen)

Motorn blir överhettad

Varningslampan för laddning lyser

- [ ] Generatorremmen slirar eller har gått av – justera eller montera en ny rem (se kapitel 9)

Varningslampan för laddning lyser inte

- [ ] För lite kylvätska i systemet beroende på yttre eller inre läckage (se kapitel 2)
- [ ] Termostaten felaktig
- [ ] För låg oljenivå
- [ ] Bromsarna ligger an
- [ ] Kylarens kanaler igensatta invändigt eller utvändigt
- [ ] Kylfläkten fungerar inte
- [ ] Motorns kylkanaler igensatta
- [ ] Felaktigt tändläge eller den automatiska tändförställningen ur funktion
- [ ] För mager bränsleblandning

Observera: När motorn är överhettad får inte kallt vatten fyllas på, eftersom detta kan orsaka svåra motorskador

Lågt oljetryck

Oljetrycksmätaren visar lågt tryck eller varningslampan för oljetryck lyser när motorn är igång

- [ ] För låg oljenivå eller fel oljetyp
- [ ] Fel på oljetrycksgivare eller mätare
- [ ] Ledningen till givaren kortsluten till jord
- [ ] Motorn överhettad

- [ ] Oljefiltret igensatt eller överströmningsventilen felaktig
- [ ] Oljetryckregulatorventilen defekt
- [ ] Oljepumpen utsliten eller dess fäste har lossnat
- [ ] Vevaxelns och/eller vestakarnas lager slitna

Observera: Lågt oljetryck hos en motor som gått många mil är normalt vid tomgång och behöver inte vara ett allvarligt fel. Plötsligt bortfall av oljetrycket vid normal körning är betydligt allvarligare. Under alla förhållanden måste oljetryckgivaren och mätaren kontrolleras först innan några större åtgärder vidtas.

Oljud från motorn

För tidig tändning vid acceleration

- [ ] Bränslet har för lågt oktantal
- [ ] Tändläget är fel injusterat
- [ ] Fördelaren är felaktig eller sliten
- [ ] Förgasaren sliten eller feljusterad
- [ ] Kraftig sotbildning i motorn

Visslande eller susande ljud

- [ ] Läckande vakuumslang
- [ ] Läckage i förgasarens- och/eller insugningsrörets packningar
- [ ] Topplockets packning läcker

Knackningar och skrammel

- [ ] Fel ventilspel
- [ ] Slitage i kamaxeldrivningen
- [ ] Kamremmen sliten
- [ ] Brusten kolvring (tickande ljud)

Slagljud och dunkningar

- [ ] Oavsiktlig metallisk kontakt (t ex fläktvingar)
- [ ] Sliten drivrem
- [ ] Fel i någon hjälpenhet (generator, vattenpump etc)
- [ ] Nedslitna vevstakslager (regelbundet tungt dunkljud, kanske mindre märkbart vid körning)
- [ ] Nedslitna ramlager (dunkande och knackande ljud, kanske mer märkbart vid körning)
- [ ] Kolvslammer (mest påtagligt vid kall motor)

Teknisk ordlista

A

ABS (Anti-lock brake system) Låsningsfria bromsar. Ett system, vanligen elektroniskt styrt, som känner av påbörjande låsning av hjul vid inbromsning och lättar på hydraul-trycket på hjul som ska till att låsa.

Air bag (krockkudde) En uppblåsbar kudde dold i ratten (på förarsidan) eller instrument-brädan eller handskfacket (på passagerar-sidan) Vid kollision blåses kuddarna upp vilket hindrar att förare och framsätespassagerare kastas in i ratt eller vindruta.

Ampere (A) En måttenhet för elektrisk ström. 1 A är den ström som produceras av 1 volt gående genom ett motstånd om 1 ohm.

Anaerobisk tätning En massa som används som gänglås. Anaerobisk innebär att den inte kräver syre för att fungera.

Antikärvningsmedel En pasta som minskar risk för kärvning i infästningar som utsätts för höga temperaturer, som t.ex. skruvar och muttrar till avgasrenrör. Kallas även gäng-skydd.

Antikärvningsmedel

Asbest Ett naturligt fibröst material med stor värmetolerans som vanligen används i bromsbelägg. Asbest är en hälsorisk och damm som alstras i bromsar ska aldrig inandas eller sväljas.

Avgasrenrör En del med flera passager genom vilka avgaserna lämnar förbrännings-kamrarna och går in i avgasröret.

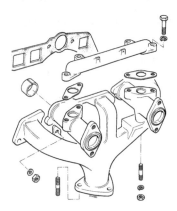

Avgasgrenrör

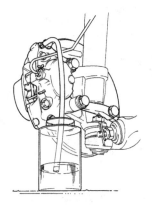

Avluftning av bromsarna

Avluftning av bromsar Avlägsnande av luft från hydrauliskt bromssystem.

Avluftningsnippel En ventil på ett bromsok, hydraulcylinder eller annan hydraulisk del som öppnas för att tappa ur luften i systemet.

Axel En stång som ett hjul roterar på, eller som roterar inuti ett hjul. Även en massiv balk som håller samman två hjul i bilens ena ände. En axel som även överför kraft till hjul kallas drivaxel.

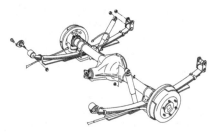

Axel

Axialspel Rörelse i längdled mellan två delar. För vevaxeln är det den distans den kan röra sig framåt och bakåt i motorblocket.

B

Belastningskänslig fördelningsventil En styrventil i bromshydrauliken som fördelar bromseffekten, med hänsyn till bakaxelbelast-ningen.

Bladmått Ett tunt blad av härdat stål, slipat till exakt tjocklek, som används till att mäta spel mellan delar.

Bladmått

Bromsback Halvmåneformad hållare med fastsatt bromsbelägg som tvingar ut beläggen i kontakt med den roterande bromstrumman under inbromsning.

Bromsbelägg Det friktionsmaterial som kommer i kontakt med bromsskiva eller bromstrumma för att minska bilens hastighet. Beläggen är limmade eller nitade på broms-klossar eller bromsbackar.

Bromsklossar Utbytbara friktionsklossar som nyper i bromsskivan när pedalen trycks ned. Bromsklossar består av bromsbelägg som limmats eller nitats på en styv bottenplatta.

Bromsok Den icke roterande delen av en skivbromsanordning. Det grenslar skivan och håller bromsklossarna. Oket innehåller även de hydrauliska delar som tvingar klossarna att nypa skivan när pedalen trycks ned.

Bromsskiva Den del i en skivbroms-anordning som roterar med hjulet.

Bromstrumma Den del i en trumbroms-anordning som roterar med hjulet.

C

Caster I samband med hjulinställning, lutningen framåt eller bakåt av styrningens axialled. Caster är positiv när styrningens axialled lutar bakåt i överkanten.

CV-knut En typ av universalknut som upp-häver vibrationer orsakade av att drivkraft förmedlas genom en vinkel.

D

Diagnostikkod Kodsiffror som kan tas fram genom att gå till diagnosläget i motor-styrningens centralenhet. Koden kan an-vändas till att bestämma i vilken del av systemet en felfunktion kan förekomma.

Draghammare Ett speciellt verktyg som skruvas in i eller på annat sätt fästs vid en del som ska dras ut, exempelvis en axel. Ett tungt glidande handtag dras utmed verktygsaxeln mot ett stopp i änden vilket rycker avsedd del fri.

Drivaxel En roterande axel på endera sidan differentialen som ger kraft från slutväxeln till drivhjulen. Även varje axel som används att överföra rörelse.

Drivaxel

Drivrem(mar) Rem(mar) som används till att driva tillbehörsutrustning som generator, vattenpump, servostyrning, luftkonditione-ringskompressor mm, från vevaxelns rem-skiva.

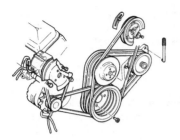

Drivremmar till extrautrustning

Dubbla överliggande kamaxlar (DOHC) En motor försedd med två överliggande kamaxlar, vanligen en för insugsventilerna och en för avgasventilerna.

E

EGR-ventil Avgasåtercirkulationsventil. En ventil som för in avgaser i insugsluften.

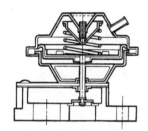

Ventil för avgasåtercirkulation (EGR)

Elektrodavstånd Den distans en gnista har att överbrygga från centrumelektroden till sidoelektroden i ett tändstift.

Justering av elektrodavståndet

Elektronisk bränsleinsprutning (EFI) Ett datorstyrt system som fördelar bränsle till förbränningskamrarna via insprutare i varje insugsport i motorn.

Elektronisk styrenhet En dator som exempelvis styr tändning, bränsleinsprutning eller låsningsfria bromsar.

F

Finjustering En process där noggranna justeringar och byten av delar optimerar en motors prestanda.

Fjäderben Se MacPherson-ben.

Fläktkoppling En viskös drivkoppling som medger variabel kylarfläkthastighet i förhållande till motorhastigheten.

Frostplugg En skiv- eller koppformad metallbricka som monterats i ett hål i en gjutning där kärnan avlägsnats.

Frostskydd Ett ämne, vanligen etylenglykol, som blandas med vatten och fylls i bilens kylsystem för att förhindra att kylvätskan fryser vintertid. Frostskyddet innehåller även kemikalier som förhindrar korrosion och rost och andra avlagringar som skulle kunna blockera kylare och kylkanaler och därmed minska effektiviteten.

Fördelningsventil En hydraulisk styrventil som begränsar trycket till bakbromsarna vid panikbromsning så att hjulen inte låser sig.

Förgasare En enhet som blandar bränsle med luft till korrekta proportioner för önskad effekt från en gnistantänd förbränningsmotor.

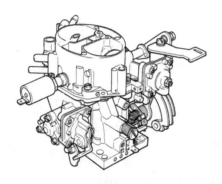

Förgasare

G

Generator En del i det elektriska systemet som förvandlar mekanisk energi från drivremmen till elektrisk energi som laddar batteriet, som i sin tur driver startsystem, tändning och elektrisk utrustning.

Generator (genomskärning)

Glidlager Den krökta ytan på en axel eller i ett lopp, eller den del monterad i endera, som medger rörelse mellan dem med ett minimum av slitage och friktion.

Gängskydd Ett täckmedel som minskar risken för gängskärning i bultförband som utsätts för stor hetta, exempelvis grenrörets bultar och muttrar. Kallas även antikärvningsmedel.

H

Handbroms Ett bromssystem som är oberoende av huvudbromsarnas hydraulikkrets. Kan användas till att stoppa bilen om huvudbromsarna slås ut, eller till att hålla bilen stilla utan att bromspedalen trycks ned. Den består vanligen av en spak som aktiverar främre eller bakre bromsar mekaniskt via vajrar och länkar. Kallas även parkeringsbroms.

Harmonibalanserare En enhet avsedd att minska fjädring eller vridande vibrationer i vevaxeln. Kan vara integrerad i vevaxelns remskiva. Även kallad vibrationsdämpare.

Hjälpstart Start av motorn på en bil med urladdat eller svagt batteri genom koppling av startkablar mellan det svaga batteriet och ett laddat hjälpbatteri.

Honare Ett slipverktyg för korrigering av smärre ojämnheter eller diameterskillnader i ett cylinderlopp.

Hydraulisk ventiltryckare En mekanism som använder hydrauliskt tryck från motorns smörjsystem till att upprätthålla noll ventilspel (konstant kontakt med både kamlob och ventilskaft). Justeras automatiskt för variation i ventilskaftslängder. Minskar även ventilljudet.

I

Insexnyckel En sexkantig nyckel som passar i ett försänkt sexkantigt hål.

Insugsrör Rör eller kåpa med kanaler genom vilka bränsle/luftblandningen leds till insugsportarna.

K

Kamaxel En roterande axel på vilken en serie lober trycker ned ventilerna. En kamaxel kan drivas med drev, kedja eller tandrem med kugghjul.

Kamkedja En kedja som driver kamaxeln.

Kamrem En tandrem som driver kamaxeln. Allvarliga motorskador kan uppstå om kamremmen brister vid körning.

Kanister En behållare i avdunstningsbegränsningen, innehåller aktivt kol för att fånga upp bensinångor från bränslesystemet.

Kanister

Kardanaxel Ett långt rör med universalknutar i bägge ändar som överför kraft från växellådan till differentialen på bilar med motorn fram och drivande bakhjul.

Kast Hur mycket ett hjul eller drev slår i sidled vid rotering. Det spel en axel roterar med. Orundhet i en roterande del.

Katalysator En ljuddämparliknande enhet i avgassystemet som omvandlar vissa föroreningar till mindre hälsovådliga substanser.

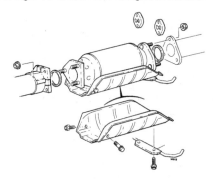

Katalysator

Kompression Minskning i volym och ökning av tryck och värme hos en gas, orsakas av att den kläms in i ett mindre utrymme.

Kompressionsförhållande Skillnaden i cylinderns volymer mellan kolvens ändlägen.

Kopplingsschema En ritning över komponenter och ledningar i ett fordons elsystem som använder standardiserade symboler.

Krockkudde (Airbag) En uppblåsbar kudde dold i ratten (på förarsidan) eller instrumentbrädan eller handskfacket (på passagerarsidan) Vid kollision blåses kuddarna upp vilket hindrar att förare och framsätespassagerare kastas in i ratt eller vindruta.

Krokodilklämma Ett långkäftat fjäderbelastat clips med ingreppande tänder som används till tillfälliga elektriska kopplingar.

Kronmutter En mutter som vagt liknar kreneleringen på en slottsmur. Används tillsammans med saxsprint för att låsa bultförband extra väl.

Kronmutter

Krysskruv Se Phillips-skruv

Kugghjul Ett hjul med tänder eller utskott på omkretsen, formade för att greppa in i en kedja eller rem.

Kuggstångsstyrning Ett styrsystem där en pinjong i rattstångens ände går i ingrepp med en kuggstång. När ratten vrids, vrids även pinjongen vilket flyttar kuggstången till höger eller vänster. Denna rörelse överförs via styrstagen till hjulets styrleder.

Kullager Ett friktionsmotverkande lager som består av härdade inner- och ytterbanor och har härdade stålkulor mellan banorna.

Kylare En värmeväxlare som använder flytande kylmedium, kylt av fartvinden/fläkten till att minska temperaturen på kylvätskan i en förbränningsmotors kylsystem.

Kylmedia Varje substans som används till värmeöverföring i en anläggning för luftkonditionering. R-12 har länge varit det huvudsakliga kylmediet men tillverkare har nyligen börjat använda R-134a, en CFC-fri substans som anses vara mindre skadlig för ozonet i den övre atmosfären.

L

Lager Den böjda ytan på en axel eller i ett lopp, eller den del som monterad i någon av dessa tillåter rörelse mellan dem med minimal slitage och friktion.

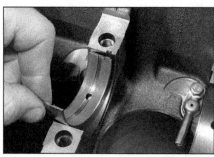

Lager

Lambdasond En enhet i motorns grenrör som känner av syrehalten i avgaserna och omvandlar denna information till elektricitet som bär information till styrelektroniken. Även kallad syresensor.

Luftfilter Filtret i luftrenaren, vanligen tillverkat av veckat papper. Kräver byte med regelbundna intervaller.

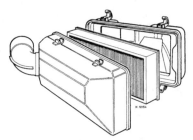

Luftfilter

Luftrenare En kåpa av plast eller metall, innehållande ett filter som tar undan damm och smuts från luft som sugs in i motorn.

Låsbricka En typ av bricka konstruerad för att förhindra att en ansluten mutter lossnar.

Låsmutter En mutter som låser en justermutter, eller annan gängad del, på plats. Exempelvis används låsmutter till att hålla justermuttern på vipparmen i läge.

Låsring Ett ringformat clips som förhindrar längsgående rörelser av cylindriska delar och axlar. En invändig låsring monteras i en skåra i ett hölje, en yttre låsring monteras i en utvändig skåra på en cylindrisk del som exempelvis en axel eller tapp.

M

MacPherson-ben Ett system för framhjulsfjädring uppfunnet av Earle MacPherson vid Ford i England. I sin ursprungliga version skapas den nedre bärarmen av en enkel lateral länk till krängningshämmaren. Ett fjäderben - en integrerad spiralfjäder och stötdämpare - finns monterad mellan karossen och styrknogen. Många moderna MacPherson-ben använder en vanlig nedre A-arm och inte krängningshämmaren som nedre fäste.

Markör En remsa med en andra färg i en ledningsisolering för att skilja ledningar åt.

Motor med överliggande kamaxel (OHC) En motor där kamaxeln finns i topplocket.

Motorstyrning Ett datorstyrt system som integrerat styr bränsle och tändning.

Multimätare Ett elektriskt testinstrument som mäter spänning, strömstyrka och motstånd. Även kallad multimeter.

Mätare En instrumentpanelvisare som används till att ange motortillstånd. En mätare med en rörlig pekare på en tavla eller skala är analog. En mätare som visar siffror är digital.

N

NOx Kväveoxider. En vanlig giftig förorening utsläppt av förbränningsmotorer vid högre temperaturer.

O

O-ring En typ av tätningsring gjord av ett speciellt gummiliknande material. O-ringen fungerar så att den trycks ihop i en skåra och därmed utgör tätningen.

O-ring

Ohm Enhet för elektriskt motstånd. 1 volt genom ett motstånd av 1 ohm ger en strömstyrka om 1 ampere.

Ohmmätare Ett instrument för uppmätning av elektriskt motstånd.

P

Packning Mjukt material - vanligen kork, papp, asbest eller mjuk metall - som monteras mellan två metallytor för att erhålla god tätning. Exempelvis tätar topplockspackningen fogen mellan motorblocket och topplocket.

Packning

Phillips-skruv En typ av skruv med ett korsspår istället för ett rakt, för motsvarande skruvmejsel. Vanligen kallad kryssskruv.

Plastigage En tunn plasttråd, tillgänglig i olika storlekar, som används till att mäta toleranser. Exempelvis så läggs en remsa Plastigage tvärs över en lagertapp. Delarna sätts ihop och tas isär. Bredden på den klämda remsan anger spelrummet mellan lager och tapp.

Plastigage

R

Rotor I en fördelare, den roterande enhet inuti fördelardosan som kopplar samman mittelektroden med de yttre kontakterna vartefter den roterar, så att högspänningen från tändspolens sekundärlindning leds till rätt tändstift. Även den del av generatorn som roterar inuti statorn. Även de roterande delarna av ett turboaggregat, inkluderande kompressorhjulet, axeln och turbinhjulet.

S

Sealed-beam strålkastare En äldre typ av strålkastare som integrerar reflektor, lins och glödtrådar till en hermetiskt försluten enhet. När glödtråden går av eller linsen spricker byts hela enheten.

Shims Tunn distansbricka, vanligen använd till

att justera inbördes lägen mellan två delar. Exempelvis sticks shims in i eller under ventiltryckarhylsor för att justera ventilspelet. Spelet justeras genom byte till shims av annan tjocklek.

Skivbroms En bromskonstruktion med en roterande skiva som kläms mellan bromsklossar. Den friktion som uppstår omvandlar bilens rörelseenergi till värme.

Skjutmått Ett precisionsmätinstrument som mäter inre och yttre dimensioner. Inte riktigt lika exakt som en mikrometer men lättare att använda.

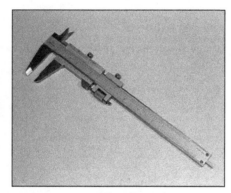

Skjutmått

Smältsäkring Ett kretsskydd som består av en ledare omgiven av värmetålig isolering. Ledaren är tunnare än den ledning den skyddar och är därmed den svagaste länken i kretsen. Till skillnad från en bränd säkring måste vanligen en smältsäkring skäras bort från ledningen vid byte.

Spel Den sträcka en del färdas innan något inträffar. "Luften" i ett länksystem eller ett montage mellan första ansatsen av kraft och verklig rörelse. Exempelvis den sträcka bromspedalen färdas innan kolvarna i huvudcylindern rör på sig. Även utrymmet mellan två delar, till exempel kolv och cylinderlopp.

Spiralfjäder En spiral av elastiskt stål som förekommer i olika storlekar på många platser i en bil, bland annat i fjädringen och ventilerna i topplocket.

Startspärr På bilar med automatväxellåda förhindrar denna kontakt att motorn startas annat än om växelväljaren är i N eller P.

Storändslager Lagret i den ände av vevstaken som är kopplad till vevaxeln.

Svetsning Olika processer som används för att sammanfoga metallföremål genom att hetta upp dem till smältning och sammanföra dem.

Svänghjul Ett tungt roterande hjul vars energi tas upp och sparas via moment. På bilar finns svänghjulet monterat på vevaxeln för att utjämna kraftpulserna från arbetstakterna.

Syresensor En enhet i motorns grenrör som känner av syrehalten i avgaserna och omvandlar denna information till elektricitet som bär information till styrelektroniken. Även kalla Lambdasond.

Säkring En elektrisk enhet som skyddar en krets mot överbelastning. En typisk säkring

innehåller en mjuk metallbit kalibrerad att smälta vid en förbestämd strömstyrka, angiven i ampere, och därmed bryta kretsen.

T

Termostat En värmestyrd ventil som reglerar kylvätskans flöde mellan blocket och kylaren vilket håller motorn vid optimal arbetstemperatur. En termostat används även i vissa luftrenare där temperaturen är reglerad.

Toe-in Den distans som framhjulens framkanter är närmare varandra än bakkanterna. På bakhjulsdrivna bilar specificeras vanligen ett litet toe-in för att hålla framhjulen parallella på vägen, genom att motverka de krafter som annars tenderar att vilja dra isär framhjulen.

Toe-ut Den distans som framhjulens bakkanter är närmare varandra än framkanterna. På bilar med framhjulsdrift specificeras vanligen ett litet toe-ut.

Toppventilsmotor (OHV) En motortyp där ventilerna finns i topplocket medan kamaxeln finns i motorblocket.

Torpedplåten Den isolerade avbalkningen mellan motorn och passagerarutrymmet.

Trumbroms En bromsanordning där en trumformad metallcylinder monteras inuti ett hjul. När bromspedalen trycks ned pressas böjda bromsbackar försedda med bromsbelägg mot trummans insida så att bilen saktar in eller stannar.

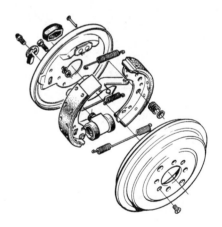

Trumbroms, montage

Turboaggregat En roterande enhet, driven av avgastrycket, som komprimerar insugsluften. Används vanligen till att öka motoreffekten från en given cylindervolym, men kan även primäranvändas till att minska avgasutsläpp.

Tändföljd Turordning i vilken cylindrarnas arbetstakter sker, börjar med nr 1.

Tändläge Det ögonblick då tändstiftet ger gnista. Anges vanligen som antalet vevaxelgrader för kolvens övre dödpunkt.

Tätningsmassa Vätska eller pasta som används att täta fogar. Används ibland tillsammans med en packning.

U

Universalknut En koppling med dubbla piváer som överför kraft från en drivande till en driven axel genom en vinkel. En universalknut består av två Y-formade ok och en korsformig del kallad spindeln.

Urtrampningslager Det lager i kopplingen som flyttas inåt till frigöringsarmen när kopplingspedalen trycks ned för frikoppling.

V

Ventil En enhet som startar, stoppar eller styr ett flöde av vätska, gas, vakuum eller löst material via en rörlig del som öppnas, stängs eller delvis maskerar en eller flera portar eller kanaler. En ventil är även den rörliga delen av en sådan anordning.

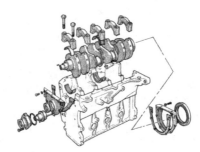

Vevaxel, montage

Ventilspel Spelet mellan ventilskaftets övre ände och ventiltryckaren. Spelet mäts med stängd ventil.

Ventiltryckare En cylindrisk del som överför rörelsen från kammen till ventilskaftet, antingen direkt eller via stötstång och vipparm. Även kallad kamsläpa eller kamföljare.

Vevaxel Den roterande axel som går längs med vevhuset och är försedd med utstickande vevtappar på vilka vevstakarna är monterade.

Vevhus Den nedre delen av ett motorblock där vevaxeln roterar.

Vibrationsdämpare En enhet som är avsedd att minska fjädring eller vridande vibrationer i vevaxeln. Enheten kan vara integrerad i vevaxelns remskiva. Kallas även harmonibalanserare.

Vipparm En arm som gungar på en axel eller tapp. I en toppventilsmotor överför vipparmen stötstångens uppåtgående rörelse till en nedåtgående rörelse som öppnar ventilen.

Viskositet Tjockleken av en vätska eller dess flödesmotstånd.

Volt Enhet för elektrisk spänning i en krets 1 volt genom ett motstånd av 1 ohm ger en strömstyrka om 1 ampere.

Anteckningar

Anteckningar

Anteckningar

Anteckningar

Anteckningar